Die binnenmarktbezogene Rechtsangleichungskompetenz des Art. 95 EG

Beiträge zum nationalen und internationalen öffentlichen Recht

Herausgegeben von Prof. Dr. Burkhard Schöbener

Band 7

PETER LANG
Frankfurt am Main · Berlin · Bern · Bruxelles · New York · Oxford · Wien

Marnie Silny

Die binnenmarktbezogene Rechtsangleichungskompetenz des Art. 95 EG

Reichweite und Grenzen
der Harmonisierungskompetenz sowie
ihre Stellung in der gemeinschaftsrechtlichen
Kompetenzverfassung

PETER LANG
Internationaler Verlag der Wissenschaften

Bibliografische Information der Deutschen Nationalbibliothek
Die Deutsche Nationalbibliothek verzeichnet diese Publikation in der Deutschen Nationalbibliografie; detaillierte bibliografische Daten sind im Internet über <http://www.d-nb.de> abrufbar.

Zugl.: Köln, Univ., Diss., 2006

D 38
ISSN 1613-8406
ISBN 978-3-631-56069-3

www.peterlang.de

Vorwort

Die vorliegende Arbeit wurde im Sommersemester 2006 von der Rechtswissenschaftlichen Fakultät der Universität zu Köln als Dissertation angenommen. Literatur und Rechtsprechung konnten bis zum Februar 2007 berücksichtigt werden.

Die Aktualität der Thematik der binnenmarktbezogenen Rechtsangleichung der mitgliedstaatlichen Rechtsvorschriften und die damit einhergehenden Diskussionen hinsichtlich des Umfangs der gemeinschaftlichen Kompetenz des Gemeinschaftsgesetzgebers wurde durch das Ende Dezember 2006 ergangene Tabakwerbeurteil II des EuGH erneut unterstrichen.

Mein Dank gilt meinem Doktorvater, Herrn Prof. Dr. *Burkhard Schöbener*, der die Arbeit mit großem persönlichem Engagement begleitet und gefördert hat. Sein breites fachliches Wissen und die ständige Bereitschaft, über einzelne Themen zu diskutieren waren für mich eine große Hilfe. Bedanken möchte ich mich auch bei Herrn Prof. Hobe für die zügige Erstellung des Zweitgutachtens.

Für die Gewährung eines Druckkostenzuschusses bedanke ich mich herzlich bei der Johanna und Fritz Buch Gedächtnis-Stiftung.

Besondere Erwähnung verdient mein Bruder *Deny-Jean* für seine umfassenden Korrekturhilfen. Mit seinen Hinweisen und kritischen Fragen hat er mich bei meiner Arbeit sehr unterstützt. Auch allen Freunden, die mich während meiner Arbeit begleitet und damit motiviert haben möchte ich danken. Besonders zu erwähnen sind meine Freunde *Sascha Schubert* und *Florian Stork*, für fruchtbare Diskussionen und *Nicole Nüsser*, für ihre Korrekturhilfen. Auch die anderen Mitarbeitern und meine Mitstreiter im Rechtshaus Gottfried-Keller-Straße in Köln, haben für eine hervorragende Arbeitsatmosphäre gesorgt.

Besonders herzlicher Dank gebührt meinen *Eltern*, denen ich diese Arbeit widme. Ihre uneingeschränkte Förderung meiner Ausbildung und ihre liebevolle Unterstützung hat die Anfertigung der vorliegenden Arbeit erst ermöglicht.

Inhaltsverzeichnis

Literaturverzeichnis

Amtenbrink, Fabian — Harmonisierungsmaßnahmen im Binnenmarkt im Lichte der Entscheidung des Europäischen Gerichtshofs zur Tabakwerberichtlinie, in: Verbraucher und Recht 2001, S. 163-174, (zitiert: *Amtenbrink*, VuR 2001, S.).

Anselmann, Norbert — Die Rolle der europäische Normung bei der Schaffung des europäischen Binnenmarktes, in: Recht der Internationalen Wirtschaft 1986, S. 936-941, (zitiert: *Anselmann*, RIW 1986, S.).

Augustin, Angela — Das Volk der Europäischen Union – zu Inhalt und Kritik eines normativen Begriffs, Berlin 2000, (zitiert: *Augustin*, Das Volk der EU, S.).

Barents, René — The Community and the Unity of the Common Market – Some Reflections on the Economic Constitution of the Community, in: German Yearbook of International Law 33 (1990), S. 9-36, (zitiert: *Barents*, GYIL 33 (1990), S.).

Barents, René — The internal Market unlimited: Some observation on the legal basis of community legislation, in: Common Market Law Review 30 (1993), S. 85-109, (zitiert: *Barents*, CMLR 30 (1993), S.).

Barnard, Catherine — European Communities – Institutional and Jurisdictional Questions, in: European Law Review 17 (1992), S. 126-177, (zitiert: *Barnard*, E.L.Rev. 17 (1992), S.).

Basedow, Jürgen — Der kollisionsrechtliche Gehalt der Produktfreiheit im europäischen Binnenmarkt – favor offerentis, in: Rabels Zeitschrift für ausländisches und internationales Privatrecht 59 (1995), S. 1-55, (zitiert: *Basedow*, RabelsZ 59 (1995), S.).

Basedow, Jürgen — Das BGB im künftigen europäischen Privatrecht – der hybride Kodex,
in: Archiv für die civilistische Praxis 200 (2000),
S. 445-492,
(zitiert: *Basedow,* AcP 200 (2000), S.).

Basedow, Jürgen — Zielkonflikte und Zielhierarchien im Vertrag über die Europäische Gemeinschaft,
in: Due, Ole/Lutter, Marcus/Schwarze, Jürgen (Hrsg.),
Festschrift für Ulrich Everling, 1995
Band I, S. 49-68,
(zitiert: *Basedow*, FS für Everling, Bd. I, S.).

Basedow, Jürgen — Grundlagen der europäischen Privatrechtsharmonisierung,
in: Kieninger, Eva Maria/Remien, Oliver (Hrsg.),
Privat- und Wirtschaftsrecht im Zeichen der Europäischen Integration,
Baden-Baden 2004,
S. 101-121,
(zitiert: *Basedow*, in: Kieninger/Remien, Privat- und Wirtschaftsrecht im Zeichen der Europäischen Integration, S.).

Basedow, Jürgen — Codification of Private Law in the European Union: the making of a Hybrid,
in: European Review of Private Law 9 (2001),
S. 35-49,
(zitiert: *Basedow*, ERPL 9 (2001), S.).

Basedow, Jürgen/ *Rösler*, Hannes — Einführung in das internationale Recht: Wege zur Privatrechtseinheit in Europa,
in: Jura 2006, S. 228-233,
(zitiert: *Basedow/Rösler*, Jura 2006, S.).

Baur, Jürgen — Integration durch Recht,
Baur, Jürgen/*Watrin,* Christian (Hrsg.),
Recht und Wirtschaft in der Europäischen Union,
Berlin 1998,
S. 115-125,
(zitiert: *Baur*, in: Baur/Watrin, Recht und Wirtschaft in der EU, S.).

Baur, Jürgen F. — Wirtschaftliche Integration durch Recht, durch Gemeinschaftsrecht,
in: Wendt, Rudolf/Höfling, Wolfram/Karpen, Ulrich/Oldiges, Martin (Hrsg.),
Staat, Wirtschaft, Steuern,
Festschrift für Friauf, 1996,
S. 2-12,
(zitiert: *Baur*, in: FS für Friauf, S.).

Baur, Jürgen/*Lückenbach,* Andreas — Rechtliche Grenzen europäischer Wirtschaftsregulierung – Beispiel Erdgasbinnenmarkt,
in: Energiewirtschaftliche Tagungsfragen 2002,
S. 420-425,
(zitiert: *Baur/Lückenbach*, ET 2002, S.).

Baur, Jürgen/*Watrin,* Christian (Hrsg.) — Recht und Wirtschaft in der Europäischen Union,
Berlin 1998,
(zitiert: *Bearbeiter*, in: Baur/Watrin, Recht und Wirtschaft in der EU, S.).

Becker, Ulrich — Differenzierung der Rechtseinheit durch „abgestufte Integration",
in: Schwarze, Jürgen (Hrsg.),
Europäische Rechtseinheit durch einheitliche Rechtsdurchsetzung,
Europarecht, Beiheft 1/1998, S. 29-57,
(zitiert: *Becker*, EuR Beiheft 1/1998, S.).

Becker, Ulrich — Von „Dassonville" über „Cassis" zu „Keck" – Der Begriff der Maßnahmen gleicher Wirkung in Art. 30 EGV,
in: Europarecht 1994, S. 162-174,
(zitiert: *Becker*, EuR 1994, S.).

Behrens, Fritz — Rechtsgrundlagen der Umweltpolitik der Europäischen Gemeinschaften,
Berlin 1976,
(zitiert: *Behrens*, Rechtsgrundlagen der Umweltpolitik, S.).

Behrens, Peter — Integrationstheorie – Internationale, wirtschaftliche Integration als Gegenstand politischer, ökonomischer und juristischer Forschung,
in: Rabels Zeitschrift für ausländisches und internationales Privatrecht 45 (1981), S. 8-50,
(zitiert: *Behrens*, RabelsZ 45 (1981), S.).

Behrens, Peter
Mindestharmonisierung im Binnenmarkt – Stellungnahme,
in: Everling, Ulrich/Roth, Wulf-Henning (Hrsg.), Mindestharmonisierung im Europäischen Binnenmarkt,
Referate des 7. Bonner Europa-Symposium vom 27.04.1996,
Baden-Baden 1997,
(zitiert: *Behrens*, in: Everling/Roth, Mindestharmonisierung, S.).

Berg, Werner/ *Karpenstein*, Rolf
Änderungen der rechtlichen Grundlagen der EU durch den Vertrag von Amsterdam,
in: Europäisches Wirtschafts- und Steuerrecht 1998, S. 77-83,
(zitiert: *Berg/Karpenstein*, EWS 1998, S.).

Beutler, Bengt/ *Bieber*, Roland/ *Pipkorn*, Jörn/ *Streil*, Jochen (Hrsg.)
Die Europäische Union,
6. Auflage,
Baden-Baden 2004,
(zitiert: *Bearbeiter*, in: BBPS, Die EU, Rdnr.).

Beyer, Thomas
Gemeinschaftsrecht und Umweltschutz,
in: Juristische Schulung 1997, S. 294-298,
(zitiert: *Beyer*, JuS 1997, S.).

Bleckmann, Albert
Die Wahrung der „nationalen Identität" im Unionsvertrag,
in: Juristen Zeitung 1997, S. 265-269,
(zitiert: *Bleckmann*, JZ 1997, S.).

Bleckmann, Albert (Hrsg.)
Europarecht,
6. Auflage,
Köln, Berlin, Bonn, München 1997,
(zitiert: *Bearbeiter*, in: Bleckmann, EuR, Rdnr.).

Boeck, Ilka
Die Abgrenzung der Rechtsetzungskompetenzen von Gemeinschaft und Mitgliedstaaten in der Europäischen Union,
Baden-Baden 2000,
(zitiert: *Boeck*, Abgrenzung der Rechtssetzungskompetenzen, S.).

Bogdandy, Armin von
Konturen des integrierten Europa –
Stand und Perspektiven der europäischen Union,
in: Europa-Archiv 1993, S. 49-58,
(zitiert: *von Bogdandy*, Europa-Archiv 1993, S.).

Bogdandy, Armin von — Grundrechtsgemeinschaft als Integrationsziel, in: Juristen Zeitung 2001, S. 157-171, (zitiert: *von Bogdandy*, JZ 2001, S.).

Bogdandy, Armin von — Europäische Prinzipienlehre, in: von Bogdandy, Armin, Europäisches Verfassungsrecht, 1. Auflage, Berlin, Heidelberg, New York 2003, S. 149-203, (zitiert: *von Bogdandy*, in: von Bogdandy, Europäisches Verfassungsrecht, S.).

Bogdandy, Armin von — Die Europäische Union als supranationale Föderation, in: Integration 1999, S. 95-112, (zitiert: *von Bogdandy,* Integration 1999, S.).

Bogdandy, Armin von — Grundrechtsgemeinschaft als Integrationsziel? – Grundrechte und das Wesen der Europäischen Union, in: Juristen Zeitung 2001, S. 157-171, (zitiert: *von Bogdandy*, JZ 2001, S.).

Bogdandy, Armin von (Hrsg.) — Europäisches Verfassungsrecht, 1. Auflage, Berlin, Heidelberg, New York 2003, (zitiert: *Bearbeiter*, in: von Bogdandy, Europäisches Verfassungsrecht, S.).

Bogdandy, Armin von/ *Bast*, Jürgen — Die vertikale Kompetenzordnung der Europäischen Union, in: Europäische Zeitschrift für Grundrechtsschutz 2001, S. 441, (zitiert: *von Bogdandy/Bast*, EuGRZ 2001,S.).

Bogdandy, Armin von/ *Nettesheim*, Martin — Die Verschmelzung der EG in der EU, in: Neue Juristische Wochenzeitschrift 1995, S. 2324-2328, (zitiert: *von Bogdandy/Nettesheim*, NJW 1995, S.).

Borries, Reimer von — Das Subsidiaritätsprinzip im Recht der Europäischen Union, in: Europarecht 1994, S. 263-300, (zitiert: *von Borries*, EuR 1994, S.).

Borries, Reimer von — Gedanken zur Tragweite des Subsidiaritätsprinzips im Europäischen Gemeinschaftsrecht,
in: Everling, Ulrich/ Narjes, Karl Heinz/Sedemund, Jochim,
Europarecht, Kartellrecht, Wirtschaftrecht, Festschrift für Arved Deringer, 1993,
(zitiert: *von Borries*, FS für Deringer, S.).

Borries, Reimer von/ *Winkel*, Klaus — Europäisches Wirtschaftsrecht,
Sammlung von EG-Rechtsvorschriften für den europäischen Markt ,
Loseblatt,
München, Stand Oktober 2002,
(zitiert: *von Borries/Winkel*, Europäisches Wirtschaftsrecht, S.).

Boß, Siegfried — Überlegungen zum gegenwärtigen Stand des Europäischen Einigungsprozesses – Probleme, Risiken und Chancen,
in: Europäische Zeitschrift für Grundrechtsschutz 2002, S. 574-580,
(zitiert: *Boß*, EuGRZ 2002, S.).

Breier, Siegfried — Der Streit um die richtige Rechtsgrundlage des Europäischen Gerichtshofes,
in: Europarecht 1995, S. 46-53,
(zitiert: *Breier*, EuR 1995, S.).

Breuer, Rüdiger — Legislative und administrative Prognoseentscheidungen,
in: Der Staat 16 (1977), S. 21-54,
(zitiert: *Breuer*, Der Staat 16 (1977), S.).

Bruha, Thomas — Rechtsangleichung in der Europäischen Wirtschaftsgemeinschaft –
Deregulierung durch „Neue Strategien“,
in: Zeitschrift für ausländisches öffentliches Recht und Völkerrecht 46 (1986), S. 1-30,
(zitiert: *Bruha*, ZaöRV 46 (1987), S.).

Busse, Christian — Die Geltung der EMRK für Rechtsakte der EU,
in: Neue Juristische Wochenzeitschrift 2000, S. 1074-1079,
(zitiert: *Busse*, NJW 2000, S.).

Calliess, Christian — Kontrolle zentraler Kompetenzausübung in Deutschland und Europa: Ein Lehrstück für die Europäische Verfassung,
in: Europäische Grundrechte Zeitschrift 2003, S. 181-197,
(zitiert: *Calliess*, EuGRZ 2003, S.).

Calliess, Christian — Die Justitiabilität des Art. 72 Abs. 2 GG vor dem Hintergrund von kooperativem und kompetitivem Föderalismus,
in: Die Öffentliche Verwaltung 1997, S. 889-899,
(zitiert: *Calliess*, DÖV 1997, S.).

Calliess, Christian — Der Schlüsselbegriff der „ausschließlichen Zuständigkeit" im Subsidiaritätsprinzip des Art. 3 b II EG,
in: Europäische Zeitschrift für Wirtschaftsrecht 1995, S. 693-700,
(zitiert: *Calliess*, EuZW 1995, S.).

Calliess, Christian — Nach dem „Tabakwerbe-Urteil" des EuGH: Binnenmarkt und gemeinschaftsrechtliche Kompetenzverfassung im neuen Licht,
in: Jura 2001, S. 311-318,
(zitiert: *Calliess*, Jura 2001, S.).

Calliess, Christian — Subsidiaritäts- und Solidaritätsprinzip in der Europäischen Union,
2. Auflage,
Baden-Baden 1999,
(zitiert: *Calliess*, Subsidiaritätsprinzip, S.).

Calliess, Christian — Über den Staaten- und Verfassungsverbund zum Gemeinwohlverbund,
in: Institut für Völkerrecht der Universität Göttingen, Abteilung Europarecht,
Göttinger Online-Beiträge zum Europarecht,
Nr. 10, S. 1-17,
(zitiert: *Calliess*, Göttinger Online-Beiträge zum Europarecht, Nr. 10, S.).

Calliess, Christian/ *Ruffert*, Matthias (Hrsg.) — Kommentar zum EU-Vertrag und EG–Vertrag,
2. Auflage,
Neuwied, Kriftel 2002,
(zitiert: *Bearbeiter*, in: Calliess/Ruffert, Art., Rdnr.).

Caspar, Johannes
Nationale Grundrechtsgarantien und sekundäres Gemeinschaftsrecht,
in: Die Öffentliche Verwaltung 2000, S. 349-361,
(zitiert: *Caspar*, DÖV 2000, S.).

Caspar, Johannes
Das europäische Tabakwerbeverbot und das Gemeinschaftsrecht,
in: Europäische Zeitschrift für Wirtschaftsrecht 2000, S. 237-243,
(zitiert: *Caspar*, EuZW 2000, S.).

Classen, Claus
Maastricht und die Verfassung: kritische Bemerkungen zum neuen „Europa-Artikel" 23 GG,
in: Zeitschrift für Rechtspolitik 1993, S. 57-61,
(zitiert: *Classen*, ZRP 1993, S.).

Colneric, Ninon
Der Gerichtshof der Europäischen Gemeinschaften als Kompetenzgericht,
in: Europäische Zeitschrift für Wirtschaftsrecht 2002, S. 709-715,
(zitiert: *Colneric*, EuZW 2003, S.).

Conrad, Stefanie
Das Konzept der Mindestharmonisierung –
Eine Analyse anhand der Verbrauchervertragsrichtlinie,
Baden-Baden 2004,
(zitiert: *Conrad*, Das Konzept der Mindestharmonisierung, S.).

Constantinesco, Léontin-Jean
Das Recht der Europäischen Gemeinschaften I,
Baden-Baden 1977,
(zitiert: *Constantinesco*, Recht der EG, S.).

Craig, Paul/ *de Búrca*, Gráinne
EU Law,
2. Auflage,
1998 Oxford,
(zitiert: *Craig/de Búrca,* EU Law, S.).

Crosby, Scott
The new Tobacco Controle Directive: an unliberal and illigal disdain for the law,
in: European Law Review 27 (2002), S. 177-193,
(zitiert: *Crosby*, ELR 27 (2002), S.).

Danwitz, Thomas von — Rechtssetzung und Rechtsangleichung, Handbuch des Europäischen Wirtschaftsrechts, Loseblatt, Stand: März 2002, S. 1-48, (zitiert: *Bearbeiter*, in: Dauses, Buchst., Nr., Rdnr.).

Danwitz, Thomas von — Der Grundsatz der Verhältnismäßigkeit im Gemeinschaftsrecht, Europäisches Wirtschafts- und Steuerrecht 2003, S. 393-402, (zitiert: *von Danwitz*, EWS 2003, S.).

Danwitz, Thomas von — Grundfragen einer Verfassungsbindung der Europäischen Union, in: Juristen Zeitung 2003, S. 1125-1132, (zitiert: *von Danwitz*, JZ 2003, S.).

Danwitz, Thomas von — Zur Reichweite der Gemeinschaftskompetenz nach Art. 100a I und III EGV a.F. (Art. 95 I und III EGV n.F.), in: Europäische Zeitschrift für Wirtschaftsrecht 1999, S. 622-626, (zitiert: *von Danwitz*, EuZW 1999, S.).

Danwitz, Thomas von — Produktwerbung in der Europäischen Union zwischen gemeinschaftlichen Kompetenzschranken und europäischem Grundrechtsschutz, Berlin 1998, (zitiert: *von Danwitz*, Produktwerbung, S.).

Danwitz, Thomas von — Zur Geltendmachung einer Theorie der subjektiv-öffentlichen Gemeinschaftsrechte, in: Die Öffentliche Verwaltung 1996, S. 481-490, (zitiert: *von Danwitz*, DÖV 1996, S.).

Danwitz, Thomas von — Zur Entwicklung der gemeinschaftsrechtlichen Staatshaftung, in: Juristen Zeitung 1994, S. 335-342, (zitiert: *von Danwitz*, JZ 1994, S.).

Dänzer-Vanotti, Wolfgang — Unzulässige Rechtsfortbildung des Europäischen Gerichtshofs, in: Recht der Internationalen Wirtschaft 1992, S. 733-742, (zitiert: *Dänzer-Vanotti*, RIW 1992, S.).

Dashwood, Alan
Community Legislative Procedure in the Era of the Treaty of European Union,
in: E.L.Rev. 19 (1994), S. 343-366,
(zitiert: *Dashwood*, E.L.Rev. 19 (1994), S.).

Dashwood, Alan
The Limits of European Community Powers,
in: European Law Review 21 (1996), S. 113-128,
(zitiert: *Dashwood*, E.L.Rev. 21 (1996), S.).

Dauses, Manfred
Die Rechtsprechung des EuGH zum Verbraucherschutz und zur Werbefreiheit im Binnenmarkt,
in: Europäische Zeitschrift für Wirtschaftsrecht 1995, S. 425-431,
(zitiert: *Dauses*, EuZW 1995, S.).

Dauses, Manfred
Die rechtliche Bedeutung des Binnenmarktes,
in: Europäische Zeitschrift für Wirtschaftsrecht 1990, S. 8-11,
(zitiert: *Dauses*, EuZW 1990, S.).

Dauses, Manfred
Eine Lanze für „Solange III",
in: Europäische Zeitschrift für Wirtschaftsrecht 1997, S. 705 (Editorial)
(zitiert: *Dauses*, EuZW 1997, S.).

Dauses, Manfred A. (Hrsg.)
Handbuch des Europäischen Wirtschaftsrechts, Loseblatt,
Stand: März 2002,
(zitiert: *Bearbeiter*, in: Dauses, Buchst., Nr., Rdnr.).

Deckert, Martina/ *Lilienthal*, Nicolas
Die Rechtsetzungskompetenz der EG im Privatrecht,
in: Europäisches Wirtschafts- und Steuerrecht 1999, S. 121-133,
(zitiert: *Deckert/Lilienthal*, EWS 1999, S.).

Denninger, Erhard
Integration und Identität,
in: Kritische Justiz 2001 S. 442-452,
(zitiert: *Denninger*, KJ 2001, S.).

Di Fabio, Udo
Werbeverbot – Bewährungsprobe für europäische Grundfreiheiten und Grundrechte,
in: Archiv für Presserecht 1998, S. 564 – 570,
(zitiert: *Di Fabio*, AfP 1998, S.).

Doehner, Rupert
Die Schuldrechtsreform vor dem Hintergrund der Verbrauchsgüterkauf-Richtlinie,
Baden-Baden 2004,
(zitiert: *Doehner*, Die Schuldrechtsreform, S.).

Doehring, Karl — Die nationale „Identität“ der Mitgliedstaaten der EU, in: Due, Ole/Lutter, Marcus/Schwarze, Jürgen (Hrsg.), Festschrift für Ulrich Everling, 1995 Band I, S. 263-271, (zitiert: *Doehring*, FS für Everling, Bd. I, S.).

Dougan, Michael — Minimum Harmonization and the internal market, in: Commen Market Law Review 37 (2000), S. 853-885, (zitiert: *Dougan*, CMLR 37 (2000), S.).

Drappatz, Thomas — Die Überführung des internationalen Zivilverfahrensrechts in eine Gemeinschaftskompetenz nach Art. 65 EG, Tübingen 2002, (zitiert: *Drappatz*, Internationales Zivilverfahrensrecht, S.).

Dreher, Meinrad — Wettbewerb oder Vereinheitlichung der Rechtsordnungen in Europa?, in: Juristenzeitung 1999, S. 105-112, (zitiert: *Dreher*, JZ 1999, S.).

Duschanek, Alfred/ *Griller*, Stefan (Hrsg.) — Grundrechte für Europa – Die Europäische Union nach Nizza, Wien, New York 2002, (zitiert: *Bearbeiter*, in: Duschanek/Griller, Grundrechte für Europa, S.).

Eckert, Dieter — Zur Regelungskompetenz der Europäischen Gemeinschaft für Zusatzstoffe zu Tabakerzeugnissen, in: Zeitschrift für Lebensmittelrecht 2000, S. 636-652, (zitiert: *Eckert*, ZLR 2000, S.).

Eger, Thomas — Einige ökonomische Aspekte der Europäischen Verbrauchsgüterkauf-Richtlinie, in: Schäfer, Hans-Bernhard/ Luwowski, Hans Bernhard (Hrsg.), Konsequenzen wirtschaftlicher Normen. Kreditrecht – Verbraucherschutz – Allgemeines Wirtschaftsrecht, Festschrift für Claus Ott, Wiesbaden 2002, S. 183-198, (zitiert: *Eger*, in FS für Ott, S.).

Ehlermann, C.D. The internal market following the Single European Act,
in: Common Market Law Review 24 (1987), S. 361-409,
(zitiert: *Ehlermann*, CMLR 24 (1987), S.).

Ehlers, Dirk Die Europäisierung des Verwaltungsprozessrechts,
Köln 1999,
(zitiert: *Ehlers*, Die Europäisierung des Verwaltungsprozessrechts, S.).

Ehlers, Dirk Die Grundfreiheiten des europäischen Gemeinschaftsrechts (Teil I),
in: Jura 2001, S. 266- 275,
(zitiert: *Ehlers*, Jura 2001, S.).

Ehlers, Dirk Europäische Grundrechte und Grundfreiheiten,
Berlin 2002,
(zitiert: *Bearbeiter*, in: Ehlers, Grundrechte und Grundfreiheiten, §, Rdnr.).

Ehlers, Dirk Die Grundrechte des europäischen Gemeinschaftsrechts,
in: Jura 2002, S. 468-477,
(zitiert: *Ehlers*, Jura 2002, S.).

Ehmann, Horst/ *Rust*, Ulrich Die Verbrauchsgüterkaufrichtlinie,
in: Juristen Zeitung 1999, S. 853-864,
(zitiert: *Ehmann/Rust*, JZ 1999, S.).

Eiden, Christoph Die Rechtsangleichung gemäß Art 100 des EWG-Vertrages,
Berlin 1984,
(zitiert: *Eiden*, Rechtsangleichung, S.).

Elsner, Bernd Roland/ *Penski*, Ulrich Eigentumsgewährleitung und Beruffreiheit als Gemeinschaftsgrundrechte in der Rechtsprechung des Europäischen Gerichtshofs,
in: Die Öffentliche Veraltung 2001, S. 265-275,
(zitiert: *Elsner/Penski*, DÖV 2001, S.).

Emmerich-Fritsche, Angelika Der Grundsatz der Verhältnismäßigkeit als Direktive und Schranke der EG-Rechtsetzung,
1. Auflage,
Berlin 2000,
(zitiert: *Emmerich-Fritsche*, Der Grundsatz der Verhältnismäßigkeit, S.).

Emmerisch-Fritsche, Angelika — Der Grundsatz der Verhältnismäßigkeit als Direktive und Schanke der EG-Rechtssetzung,
Berlin 2002,
(zitiert: *Emmerich-Fritsche*, Der Grundsatz der Verhältnismäßigkeit, S.).

Epiney, Astrid — Zur Abgrenzung der Kompetenzen zwischen EU und Mitgliedstaaten in der Europäischen Verfassung,
in: Jura 2006, S. 755-761,
(zitiert: *Epiney*, Jura 2006, S.).

Epiney, Astrid — Der Stellenwert des europäischen Gemeinschaftsrechts im Integrationsvertrag,
1992,
(zitiert: *Epiney*, Stellenwert des Gemeinschaftsrechts, S.).

Epiney, Astrid — Gemeinschaftsrechtlicher Umweltschutz und Verwirklichung des Binnenmarktes-„Harmonisierung“ auch der Rechtsgrundlage?,
Zur Entscheidung des EuGH in der Rs. C-300/89-Titandioxid,
in: Juristische Zeitung 1992, S. 564-570,
(zitiert: *Epiney*, JZ 1992, S.).

Epiney, Astrid/ *Furrer*, Andreas — Umweltschutz nach Maastricht –
Ein Europa der drei Geschwindigkeiten?,
in: Europarecht 1992, S. 369-408,
(zitiert: *Epiney/Furrer*, EuR 1992, S.).

Everling, Ulrich — Durchführung und Umsetzung des Europäischen Gemeinschaftsrechts im Bereich des Umweltschutzes unter Berücksichtigung der Rechtsprechung des EuGH,
in: Neue Zeitschrift für Verwaltungsrecht 1993, S. 209-216,
(zitiert: *Everling*, NVwZ 1993, S.).

Everling, Ulrich — Die Stellung des Bürgers in der Europäischen Gemeinschaft,
in: Zeitschrift für Rechtsvergleichung, Internationales Privatrecht und Europarecht 1992, S. 241-256,
(zitiert: *Everling*, ZfRV 1992, S.).

Everling, Ulrich
Der Ausschluss der Rückwirkung bei der Feststellung der Ungültigkeit von Verordnungen durch den Gerichtshof der EG,
in:Baur, Jürgen/Müller-Graff, Peter-Christian, Zuleeg, Manfred,
Europarecht, Energierecht, Wirtschaftsrecht, Festschrift für Bodo Börner, 1992,
S. 57-75,
(zitiert: *Everling*, in: FS für Börner, S.).

Everling, Ulrich
Abgrenzung der Rechtsangleichung zur Verwirklichung des Binnenmarktes nach Art. 100a EWGV durch den Gerichtshof,
in: Europarecht 1991, S. 179-182,
(zitiert: *Everling*, EuR 1991, S.).

Everling, Ulrich
Probleme der Rechtsangleichung zur Verwirklichung des europäischen Binnenmarktes,
in: Baur, Jürgen F. (Hrsg.),
Festschrift für Ernst Steindorff, 1990,
S. 1155-1174,
(zitiert: *Everling*, FS für Steindorff, S.).

Everling, Ulrich
Subsidiaritätsprinzip und „ausschließliches" Gemeinschaftsrecht – ein „faux problème" der Verfassungsauslegung,
in: Burmeister, Joachim
Festschrift für Klaus Stern, 1997,
Verfassungsstaatlichkeit,
S. 1227-1237,
(zitiert: *Everling*, FS für Stern, S.).

Everling, Ulrich
Von der europäischen Gemeinschaft zur Europäischen Union –
Durch Konvergenz zur Kohärenz,
in: Classen, Claus Dieter/Dittmann, Armin/Fechner Fran/Gassner, Ulrich/Kilian, Michael,
„In einem vereinten Europa dem Frieden der Welt zu dienen…",
Festschrift für Thomas Oppermann, 2001,
S. 163-186,
(zitiert: *Everling*, FS für Oppermann, S.).

Everling, Ulrich
Zur Funktion der Rechtsangleichung in der EG – Vom Abbau der Verzerrungen zur Schaffung des Binnenmarktes,
in: Capotori/Ehlermann/Frowein/Jacobs/Joheit/Koopman/Kovar,
Festschrift für PierrePescatore, 1987,
S. 227-245,
(zitiert: *Everling*, FS für Pescatore, S.).

Everling, Ulrich/ *Roth*, Wulf-Henning (Hrsg.)
Mindestharmonisierung im Europäischen Binnenmarkt,
Referate des 7. Bonner Europa-Symposium vom 27.04.1996,
Baden-Baden 1997,
(zitiert: *Bearbeiter*, in: Everling/Roth, Mindestharmonisierung, S.).

Farnleitner, Hannes
Die Abgrenzung der Zuständigkeit zwischen der EU und ihren Mitgliedstaaten,
in: CONV 58/02 Annex,
www. register.consilium.eu.int/pdf.; 15.10.2003,
(zitiert: *Farnleitner*, CONV 58/02, Annex, S.).

Fezer, Karl-Heinz
Europäisierung des Wettbewerbsrechts – Gemeinschaftsrechtliche Grenzen im Recht des unlauteren Wettbewerbs, Kommentar zur jüngsten Entwicklung der Rechtsprechung des EuGH zum Warenverkehrsrecht,
in: Juristen Zeitung 1994, S. 317-326,
(zitiert: *Fezer*, JZ 1994, S.).

Fischer, Peter/ *Köck*, Herbert/ *Karrolus*, Margit
Europarecht – Recht der Europäischen Union, des Europarates und der wichtigsten anderen europäischen Organisation,
Wien 2002,
4. Auflage
(zitiert: *Fischer/Köck/Karollus*, EuR, S.).

Forwood, Nicholas/ *Clough*, Mark
The Single European Act and Free Movement – Legal Implications of the provisions for completion of the internal market,
in: European Law Review 1986, S. 383-408;
(zitiert: *Forwood/Clough*, ELRev. 1986, S.).

Franzen, Martin — Privatrechtsangleichung durch die Europäische Gemeinschaft,
Berlin, New York 1999,
(zitiert: *Franzen*, Privatrechtsangleichung, S.).

Frenz, Walter — Private Normung, Richtlinienkonformität und freier Warenverkehr,
in: Gewerbe Archiv 2006, S. 49-55,
(zitiert: *Frenz*, GewArch 2006, S.).

Frenz, Walter — Handbuch Europarecht, 1. Europäische Grundfreiheiten,
Berlin 2004,
(zitiert: *Frenz*, Europäische Grundfreiheiten, S.).

Frenz, Walter — Grundfreiheiten und Grundrechte,
in: Europarecht 2002, S. 603-618,
(zitiert: *Frenz*, EuR 2002, S.).

Frowein, Jochen — Die rechtliche Bedeutung des Verfassungsprinzips der parlamentarischen Demokratie für den europäischen Integrationsprozess,
in: Europarecht 1983, S. 301-317,
(zitiert: *Frowein*, EuR 1983, S.).

Furrer, Andreas — Die Sperrwirkung des sekundären Gemeinschaftsrechts auf die nationalen Rechtsordnungen,
Baden-Baden 1994,
(zitiert: *Furrer*, Die Sperrwirkung sekundären Gemeinschaftsrechts, S.).

Furrer, Andreas — Zivilrecht im gemeinschaftsrechtlichen Kontext – Das Europäische Kollisionsrecht als Koordinationsinstrument für die Einbindung des Zivilrechts in das europäische Wirtschaftsrecht,
Bern 2002,
(zitiert: *Furrer*, Zivilrecht im gemeinschaftsrechtlichen Kontext, S.).

Geiger, Rudolf — EUV/EGV – Vertrag über die Europäische Union und Vertrag zur Gründung der Europäischen Gemeinschaft; Kommentar,
München 2000,
3. Auflage,
(zitiert: *Geiger*, Art. EG, Rdnr.).

Gleichmann, Karl
Methode der Rechtsangleichung und Rechtsvereinheitlichung innerhalb der EWG,
in: Coing, Helmut/Schmitthoff, Clive/Helner, Jan/Gleichamnn, Karl,
Methoden der Rechtsangleichung,
Frankfurt am Main 1974,
S. 35-47,
(zitiert: *Gleichmann*, Methoden der Rechtsangleichung, S.).

Goppel, Thomas
Die Bedeutung des Subsidiaritätsprinzips,
in: Europäische Zeitschrift für Wirtschaftsrecht 1993,
S. 367-370,
(zitiert: *Goppel*, EuZW 1993, S.).

Görlitz, Niklas
EU-Binnenmarktkompetenz und Tabakwerbeverbote – Kompetenzrechtliche Anmerkungen zur neuen Richtlinie über Werbung und Sponsoring zu Gnsten von Tabakerzeugnissen,
in: Europäische Zeitschrift für Wirtschaftsrecht 2003,
S. 485-490,
(zitiert: *Görlitz*, EuzW 2003, S.).

Götz, Volkmar
Verfassungsschranken interventionistischer Regulierung nach europäischem Gemeinschaftsrecht im Vergleich mit dem Grundgesetz,
in: Juristen Zeitung 1989, S. 1021-1024,
(zitiert: *Götz,* JZ 1989, S.).

Götz, Volkmar
Anmerkung zum Urteil vom 5.10.2000, Rs. C-376/98,
in: Juristenzeitung 2001, S. 34-36,
(zitiert: *Götz*, JZ 2001, S.).

Götz, Volkmar
Auf dem Weg zu einer Rechtseinheit in Europa?,
in: Juristen Zeitung 1994, S. 265-269,
(zitiert: *Götz*, JZ 1994, S.).

Götz, Volkmar
Der Grundsatz der gegenseitigen Anerkennung im europäischen Binnenmarkt,
in: Götz, Volkmar/Selmer,Peter/Wolfrum, Rüdiger (Hrsg.),
Liber amicorum Günther Jaenicke,
Festschrift für Günther Jaenicke, 1998,
S. 763-791,
(zitiert: *Götz*, FS für Jaenicke, S.).

Grabenwarter, Christoph
Die Charta der Grundrechte für die Europäische Union,
in: Deutsches Verwaltungsblatt 2000, S. 1-13,
(zitiert: *Grabenwarter*, DVBl 2000, S.).

Grabenwarter, Christoph
Die Menschenrechtskonvention und Grundrechts-Charta in der europäischen Verfassungsentwicklung,
in: Cremer, Hans-Joachim/Giegerich, Thomas/Richter, Dagmar/
Zimmermann, Andreas
Festschrift für Helmut Steinberger,
Berin 2002,
S. 1129-1142,
(zitiert: *Grabenwarter*, FS für Steinberger, S.).

Grabitz, Eberhard/ *Hilf*, Meinhard
Kommentar zur Europäischen Union,
Band 1 (Alt), Teil I,
Maastrichter Fassung, Art. 1-136 a EGV,
(zitiert: *Bearbeiter*, in: Grabitz/Hilf, Art. EGV, Rdnr.).

Grabitz, Eberhard/ *Bogdandy*, Armin von
Vom Gemeinsamen Markt zum Binnenmarkt – Statik und Dynamik des Europäischen Marktes,
in: Juristische Schulung 1990, S. 170-175,
(zitiert: *Grabitz/von Bogdandy*, JuS 1990, S.).

Griller, Stefan
Der Anwendungsbereich der Grundrechtcharta und das Verhältnis zu sonstigen Gemeinschaftsrechten, Rechten aus der EMRK und verfassungsgesetzlich gewährleisteten Rechten,
in: Duschanek, Alfred/ Griller, Stefan (Hrsg.),
Grundrechte für Europa – Die Europäische Union nach Nizza,
Wien, New York 2002,
S. 131-153,
(zitiert: *Griller*, in: Duschanek/Griller, Grundrechte für Europa, S.).

Grimm, Dieter
Braucht Europa eine Verfassung?,
in: Juristen Zeitung 1995, S. 581-591,
(zitiert: *Grimm*, JZ 1995, S.).

Groeben, Hans von der
Die Politik der Europäischen Kommission auf dem Gebiet der Rechtsangleichung,
in: Neue Juristische Wochenschrift 1970, S. 359-364,
(zitiert: *von der Groeben*, NJW 1970, S.).

Groeben, Hans von der
Wie es begann – Von der Montanunion zum Binnenmarkt,
In: Zeitschrift für Europäisches Privatrecht 2003,
S. 1-10,
(zitiert: *von der Groeben*, ZEuP 2003, S.).

Groeben, Hans von der/ *Schwarze*, Jürgen
Kommentar zum EU-/EG-Vertrag,
Band I, Art. 1-53 EU, Art. 1-80 EG,
Band II, Art. 81-97 EG,
6. Auflage,
Baden-Baden 2003,
(zitiert: *Bearbeiter*, in: von der Groeben/*Schwarze*, Art., Rdnr.).

Gulmann, Claus
The Single European Act – some remarks from a Danish perspective,
In: Common Market Law Review 24 (1987),
S. 31-40,
(zitiert: *Gulmann*, CMLR 24 (1987), S.).

Gundel, Jörg
Die Neuordnung der Rechtsangleichung durch den Vertrag von Amsterdam – Neue Voraussetzungen für den „nationalen Alleingang“,
in: Juristische Schulung 1999, S. 1171-1177,
(zitiert: *Gundel*, JuS 1999, S.).

Gundel, Jörg
Die Tabakprodukt-Richtlinie vor dem EuGH. Zur Zulässigkeit der Nutzung doppelter Rechtsgrundlagen im Rechtssetzungsverfahren der Gemeinschaft-Anmerkung zu EuGH Rs. 491/01-BAT/Secretary of State,
in: Europarecht 2003, S. 100-110,
(zitiert: *Gundel*, EuR 2003, S.).

Gundel, Jörg
Neue Grenzlinie für die Direktwirkung nicht umgesetzter EG-Richtlinien unter Privaten,
in: Europäische Zeitschrift für Wirtschaftsrecht 2001,
S. 143-149,
(zitiert: *Gundel*, EuZW 2001, S.).

Gunther, Hans
Grenzen der Rechtsangleichung nach Art. 95 EG-Zugleich eine Anmerkung zu den Urteilen des EuGH vom 14.12.2004 (Arnold André und Swedish Match),
in: Europäische Zeitschrift für Wirtschaftsrecht 2005,
S. 171-173,
(zitiert: *Gunther*, EuZW 2005, S.).

Hallstein, Walter — Angleichung des Privat- und Prozessrechts in der Europäischen Wirtschaftsgemeinschaft,
in: Rabels Zeitschrift für ausländisches und internationales Privatrecht Bd. 28 (1964), S. 211-231,
(zitiert: *Hallstein*, RabelsZ 28 (1964), S.).

Hallstein, Walter — Die echten Probleme der europäischen Integration,
Kiel 1965,
(zitiert: *Hallstein*, Die echten Probleme der Integration, S.).

Hartwig, Matthias — Der Eigentumsschutz nach Art. 1 des 1. Zusatzprotokolls zur EMRK,
in: Rabels Zeitschrift für ausländisches und internationales Privatrecht 63 (1999), S. 561-579,
(zitiert: *Hartwig*, RabelsZ 63 (1999), S.).

Hatje, Armin — Werbung und Grundrechtsschutz in rechtsvergleichender Betrachtung,
in: Schwarze, Jürgen (Hrsg.),
Werbung und Werbeverbot im Lichte des europäischen Gemeinschaftsrechts,
Baden-Baden 1999,
S. 46-51,
(zitiert: Hatje, in: Schwarze, Werbung und Werbeverbot, S.).

Hatje, Armin (Hrsg.) — Das Binnenmarktrecht als Daueraufgabe,
Europarecht Beiheft 1/2002, S. 7-73,
(zitiert: *Bearbeiter*, EuR Beiheft 1/2002, S.).

Hattenhauer, Hans — Europäische Rechtsgeschichte,
Heidelberg 1992,
(zitiert: *Hattenhauer*, Europäische Rechtsgeschichte, S.).

Hayder, Roberto — Neue Wege der europäischen Rechtsangleichung?,
Die Auswirkungen der einheitlichen Europäischen Akte von 1986,
in: Rabels Zeitschrift für ausländisches und internationales Privatrecht 53 (1989), S. 623-698,
(zitiert: *Hayder*, RabelsZ 53 (1989), S.).

Heilbronner, Kay — Der „nationale Alleingang" im Gemeinschaftsrecht am Beispiel der Abgasstandards für Pkw, in: Europäische Grundrechte Zeitschrift 1989, S. 101-122, (zitiert: *Heilbronner*, EuGRZ 1989, S.).

Heiss, Helmut — Verbraucherschutz im Binnenmarkt: Art. 129 a EG und die wirtschaftlichen Verbraucherinteressen, in: Zeitschrift für Europäisches Privatrecht 1996, S. 625-647, (zitiert: *Heiss,* ZEuP 1996, S.).

Heß, Burkhard — Anmerkung zum Urteil vom 14.07.1994, Rs. C.91/92, in: Juristen Zeitung 1995, S. 150-152, (zitiert: *Heß*, JZ 1995, S.).

Heusel, Wolfgang (Hrsg.) — Neues europäisches Vertragsrecht und Verbraucherschutz – Regelungskonzepte der Europäischen Union und ihre Auswirkungen auf die nationale Zivilrechtsordnung, Köln 1999, (zitiert: *Bearbeiter*, in: Heusel, Vertragsrecht und Verbraucherschutz, S.).

Hilf, Meinhard — Die Europäische Union und nationale Identität der Mitgliedstaaten, in: Randelzhofer, Albrecht/Scholz, Rupert/Wilke, Dieter, Gedächtnisschrift für Eberhard Grabitz, 1995, S. 157-170, (zitiert: *Hilf*, GS für Grabitz, S.).

Hilf, Meinhard — Die Richtlinie der EG- ohne Richtung, ohne Licht?, in: Europarecht 1993, S. 1-22, (zitiert: *Hilf*, EuR 1993, S.).

Hilf, Meinhard/ *Frahm*, Katharina — Nichtigerklärung der Richtlinie zum Tabakwerbeverbot: Das letzte Wort?, in: Recht der Internationalen Wirtschaft 2001, S. 128-133, (zitiert: *Hilf/Frahm*, RIW 2001, S.).

Hillgruber, Christian — Die Verwirklichung des Binnenmarktes durch Rechtsangleichung: Gemeinschaftsziel und -kompetenz ohne Grenzen?,
in: Krause, Rüdiger/ Veelken, Winfried/ Vieweg, Klaus,
Recht der Wirtschaft und der Arbeit in Europa, Gedächtnisschrift für Wolfgang Blomeyer, 2004,
S. 597-616,
(zitiert: Hillgruber, GS für Blomeyer, S.).

Hirsch, Günter — Gemeinschaftsgrundrechte als Gestaltungsaufgabe,
in: Kreuzer, Karl/Scheuing, Dieter/Sieber, Ulrich (Hrsg.),
Europäischer Grundrechtsschutz,
Baden-Baden 1998,
(zitiert: *Hirsch*, in: Kreuzer u.a., Europäischer Grundrechtsschutz, S.).

Hirsch, Günter — Der Europäische Gerichtshof – Auswirkungen des Subsidiaritätsprinzips auf die Rechtssetzung der Europäischen Gemeinschaft,
in: Hrbek, Rudolf (Hrsg.),
Das Subsidiaritätsprinzip in der EU- Erfahrung und Perspektiven,
Berlin 1995, S. 93-103,
(zitiert: *Hirsch*, in: Hrbek, S.).

Hirsch,Günter — EG: Kein Staat, aber eine Verfassung,
in: Neue Juristishe Wochenschrift 2000, S. 46-47,
(zitiert: *Hirsch*, NJW 2000, S.).

Hobe, Stephan — Zur Kompetenzdiskussion nach dem Urteil des EuGH zur Tabakverbotsrichtlinie,
in: Büdenbender, Ulrich/Kühne, Gunther (Hrsg.),
Festschrift für Jürgen F. Baur,
Köln 2002,
S. 661-671,
(zitiert: *Hobe*, in: FS für Baur, S.).

Hoffmann, Dieter Analyse der europäischen Rechtssetzungstechnik im Bereich des Vertragsrechts aus der Sicht der Europäischen Kommission,
in: Heusel, Wolfgang (Hrsg.), Neues europäisches Vertragsrecht und Verbraucherschutz–Regelungskonzepte der Europäischen Union und ihre Auswirkungen auf die nationale Zivilrechtsordnung,
Köln 1999,
S. 39-50,
(zitiert: *Hoffmann*, in: Heusel, Vertragsrecht und Verbraucherschutz, S.).

Hoffmann, Dieter „Gerechtigkeitsprinzipien" im europäischen Verbraucherprivatrecht – fortschreitende Privatechtskodifikation als Teil des sozialen Europas,
in: Krämer, Ludwig/Micklitz, Hans-W./Tonner, Klaus (Hrsg.),
Recht und diffuse Interessen in der Europäischen Rechtsordnung,
Liber amicorum Reich, S. 291-308,
(zitiert: *Hoffmann*, Liber amicorum Reich, S.):

Hrbek, Rudolf, Das Subsidiaritätsprinzip in der EU-Erfahrung und Perspektiven,
Berlin 1995,
(zitiert: *Bearbeiter*, in: Hrbek, S.).

Huber, Peter Das Kooperationsverhältnis zwischen BVerfG und EuGH in Grundrechtsfragen,
in: Europäische Zeitschrift für Wirtschaftsrecht 1997,
S. 517-521,
(zitiert: *Huber*, EuZW 1997, S.).

Hummer, Waldemar Subsidiarität und Föderalismus als Strukturprinzipien der Europäischen Gemeinschaft?,
in: Zeitschrift für Rechtsvergleichung, Internationales Privatrecht und Europarecht 1992, S. 81-91,
(zitiert: *Hummer*, ZfRV 1992, S.).

Iglesias, Rodríguez Gedanken zum Entstehen einer Europäischen Rechtsordnung,
in: Neue Juristische Wochenschrift 1999, S. 1-9,
(zitiert: *Iglesias*, NJW 1999, S.).

Immenga, Ulrich — Binnenmarkt durch europäisches Gemeinschaftsrecht, in: Juristische Arbeitsblätter 1993, S. 257-264, (zitiert: *Immenga*, JA 1993, S.).

Ipsen, Hans-Peter — Europäisches Gemeinschaftsrecht, Tübingen 1972, (zitiert: *Ipsen*, EG, Nr., S.).

Ipsen, Hans-Peter — Verfassungsrolle des Europäischen Gerichtshofes für die Integration, in: Schwarze, Jürgen (Hrsg.), Der Europäische Gerichtshof als Verfassungsgericht und Rechtsschutzinstanz, Baden-Baden 1983, S. 29-67, (zitiert: *Ipsen*, in: Schwarze, Der EuGH als Verfassungsgericht, S.).

Isensee, Josef — Integrationsziel Europastaat, in: Due, Ole/Lutter, Marcus/Schwarze, Jürgen (Hrsg.), Festschrift für Ulrich Everling, 1995, Band I, S. 567-592, (zitiert: *Isensee*, FS für Everling, Bd. I, S.).

Jarass, Hans — EG-Kompetenzen und das Prinzip der Subsidiarität nach Schaffung der Europäischen Union, in: Europäische Zeitschrift für Grundrechtsschutz 1994, S. 209-221, (zitiert: *Jarass*, EuGRZ 1994, S.).

Jarass, Hans — Grundfragen der innerstaatlichen Bedeutung des EG-Rechts – Die Vorgaben des Rechts der Europäischen Gemeinschaft für die nationale Rechtsanwendung und die nationale Rechtsetzung nach Maastricht, Köln, Berlin, Bonn, München 1994, (zitiert: *Jarass*, Innerstaatliche Bedeutung des EG Rechts, S.).

Jarass, Hans — Elemente einer Dogmatik der Grundfreiheiten, in: Europarecht 1995, S. 202-226, (zitiert: *Jarass*, EuR 1995, S.).

Jarass, Hans — Die Kompetenzverteilung zwischen der Europäischen Gemeinschaft und den Mitgliedstaaten, in: Archiv des öffentlichen Rechts 121 (1996), S. 173-199, (zitiert: *Jarass*, AöR 121 (1996), S.).

Jarass, Hans — Elemente einer Dogmatik der Grundfreiheiten II, in: Europarecht 2000, S. 705-723, (zitiert: *Jarass*, EuR 2000, S.).

Jennert, Carsten — Die zukünftige Kompetenzabgrenzung zwischen Europäischer Union und den Mitgliedstaaten, in: Neue Zeitschrift für Verwaltungsrecht 2003, S. 936-943, (zitiert: *Jennert*, NVwZ 2003, S.).

Jickeli, Joachim — Der Binnenmarkt im Schatten des Subsidiaritätsprinzips, Juristische Zeitung 1995, S. 57-64, (zitiert: *Jickeli*, JZ 1995, S.).

Joerges, Chistian/ *Brüggemeier*, Gert — Europäisierung des Vertragsrechts und des Haftungsrechts, in: *Müller- Graff,* Peter-Christian (Hrsg.) Gemeinsames Privatrecht in der Europäischen Gemeinschaft, 2. Auflage, Baden-Baden 1999, S. 301-321 (zitiert: *Joerges/Brüggemeier*, in: Müller-Graff, Gemeinsames Privatrecht in der EG, S.).

Kahl, Wolfgang — Möglichkeiten und Grenzen des Subsidiaritätsprinzips nach Art. 3 b EG-Vertrag, in: Archiv des öffentlichen Rechts 118 (1993), S. 414-446, (zitiert: *Kahl*, AöR 118 (1993), S.).

Kahl, Wolfgang — Umweltprinzip und Gemeinschaftsrecht, Die Untersuchung zur Rechtsidee des „bestmöglichen Umweltschutzes" im EWG-Vertrag, Heidelberg 1993, (zitiert: *Kahl*, Umweltprinzip und Gemeinschaftsrecht, S.).

Kaiser, Joseph — Grenzen der EG-Zuständigkeit, in: Europarecht 1980, S. 97-118, (zitiert: *Kaiser*, EuR 1980, S.).

Kamann, Hans-Georg — Viel Rauch um nichts? – Gesundheitsschutz im Rahmen der Binnenmarktharmonisierung gemäß Art. 95 EG nach dem „Tabakwerbeurteil" des EuGH, in: Zeitschrift für Europäische Studien 2001, S. 23-41, (zitiert: *Kamann*, ZEuS 2001, S.).

Kamann, Hans-Georg/ *Schroeder*, Werner — EG-Kompetenzen am Scheideweg – Die gemeinschaftliche Kompetenzordnung und das EuGH–Verfahren gegen das EG-Tabakwerbeverbot, in: Europablätter 1999, S. 83-91, (zitiert: *Kamann/Schroeder*, Europablätter 1999, S.).

Kenntner, Markus — Das Subsidiaritätsprotokoll des Amsterdamer Vertrags – Anmerkung zum Begrenzungscharakter des gemeinschaftsrechtlichen Subsidiaritätsprinzips, in: Neue Juristische Wochenschrift 1998, S. 2871-2875, (zitiert: *Kenntner*, NJW 1998, S.).

Kenntner, Markus — Die Schrankenbestimmungen der EU Grundrechtecharta – Grundrechte ohne Schutzwirkung?, in: Zeitschrift für Rechtspolitik 2000, S. 423-432, (zitiert: *Kenntner*, ZRP 2000, S.).

Keßler, Jutta — Das System der Warenverkehrsfreiheit im Gemeinschaftsrecht – Zwischen Produktbezug und Verkaufsmodalitäten, Berlin 1997, (zitiert: *Keßler*, System der Warenverkehrsfreiheit, S.).

Kieninger, Eva Maria/ *Remien*, Oliver (Hrsg.) — Privat- und Wirtschaftsrecht im Zeichen der Europäischen Integration, Baden-Baden 2004, (zitiert: *Bearbeiter*, in: Kieninger/Remien, Privat- und Wirtschaftsrecht im Zeichen der Europäischen Integration, S.).

Kieninger, Eva-Maria — Wettbewerb der Privatrechtsordnungen im Europäischen Binnenmarkt,
Tübingen 2002,
(zitiert: *Kieninger*, Wettbewerb der Privatrechtsordnungen, S.).

Kilian, Wolfgang — Europäisches Wirtschaftsrecht,
2. Auflage,
München 2003,
(zitiert: Kilian, Europäisches Wirtschaftsrecht, S.).

Kingreen, Thorsten — Die Struktur der Grundfreiheiten des Europäischen Gemeinschaftsrechts,
Berlin 1999,
(zitiert: *Kingreen*, Die Struktur der Grundfreiheiten des EG-Rechts, S.).

Kingreen, Thorsten — Grundfreiheiten,
in: Bogdandy, Armin von (Hrsg.),
Europäisches Verfassungsrecht,
1. Auflage,
Berlin, Heidelberg, New York 2003,
S. 631-682,
(zitiert: *Kingreen*, in: von Bogdandy, Europäisches Verfassungsrecht, S.).

Kingreen, Thorsten/ *Störmer*, Rainer — Die subjektiv-öffentlichen Rechte des primären Gemeinschaftsrechts,
in: Europarecht 1998, S. 263-290,
(zitiert: *Kingreen/Störmer*, EuR 1998, S.).

Kinkel, Klaus — Das Subsidiaritätsprinzip in der Europäischen Union,
in: Burmeister, Joachim (Hrsg.),
Festschrift für Klaus Stern, 1997,
Verfassungsstaatlichkeit,
S. 1287-1299,
(zitiert: *Kinkel*, FS für Stern, S.).

Kirchhof, Paul — Die Gewaltenbalance zwischen staatlichen und europäischen Organen,
in: Juristen Zeitung 1998, S. 965-1020,
(zitiert: *Kirchhof*, JZ 1998, S.).

Kirchner, Christian — Ökonomische Theorie des Rechts,
Berlin, New York 1997,
(zitiert: *Kirchner*, Ökonomische Theorie des Rechts, S.).

Kischel, Uwe — Die Kontrolle der Verhältnismäßigkeit durch den Europäischen Gerichtshof,
in: Europarecht 2000, S. 380-402,
(zitiert: *Kischel*, EuR 2000, S.).

Klauer, Irene — Die Europäisierung des Privatrechts – Der EuGH als Zivilrichter,
Baden-Baden 1998,
(zitiert: *Klauer*, Die Europäisierung des Privatrechts, S.).

Koch, Oliver — Der Grundsatz der Verhältnismäßigkeit in der Rechtsprechung des Gerichtshofs der Europäischen Gemeinschaft,
Berlin 2003,
(zitiert: *Koch*, Verhältnismäßigkeitsgrundsatz in der EuGH-Rspr., S.).

Koenig, Christian/ *Kühling*, Jürgen — Der Streit um die neue Tabakproduktrichtlinie,
in: Europäisches Wirtschafts- und Steuerrecht 2002, S. 12-20,
(zitiert: *Koenig/Kühling*, EWS 2002, S.).

Koenig, Christian/ *Lorz*, Ralph Alexander — Stärkung des Subsidiaritätsprinzips,
in: Juristen Zeitung 2003, S. 167-173,
(zitiert: *Koenig/Lorz*, JZ 2003, S.).

Konow, Gerhard — Zum Subsidiaritätsprinzip des Vertrags von Maastricht,
in: Die Öffentliche Verwaltung 1993, S. 405-412,
(zitiert: *Konow*, DÖV 1993, S.).

Koopmans, T. — The role of law in the next stage of European integration,
The International and Comparative Law Quarterly Vol. 35 (1986),
S. 925-931,
(zitiert: *Koopmans*, ICLQ Vol. 35 (1986), S.).

Korioth, Stefan — Europäische und nationale Identität: Integration durch Verfassung,
in: Veröffentlichung der Vereinigung der Deutschen Staatsrechtslehrer, Band 62, S. 118-150,
Berlin 2003,
(zitiert: *Korioth*, VVDStRL, 62 (2003), S.).

Krämer, Hans
Formen und Methoden der internationalen wirtschaftlichen Integration –
Versuch einer Systematik,
Tübingen 1969,
(zitiert: *Krämer*, Formen und Methoden, S.).

Krämer, Ludwig
The Single European Act and environment protection: Reflections on several new provisions in Community Law,
In: Common Market Law Review 1987, S. 659-688,
(zitiert: *Krämer*, CMLR 24 (1987), S.).

Kraußer, Hans-Peter
Das Prinzip der begrenzten Einzelermächtigung im Gemeinschaftsrecht als Strukturprinzip des EWG-Vertrages,
Berlin 1991,
(zitiert: *Kraußer*, Das Prinzip der begrenzten Einzelermächtigung, S.).

Kreuzer, Karl/
Scheuing, Dieter/
Sieber, Ulrich (Hrsg.)
Europäischer Grundrechtsschutz,
Baden-Baden 1998,
(zitiert: *Bearbeiter*, in: Kreuzer u.a., Europäischer Grundrechtsschutz, S.).

Kühling, Jürgen
Grundrechte,
in: von Bogdandy (Hrsg.),
Europäisches Verfassungsrecht,
1. Auflage,
Berlin, Heidelberg, New York 2003,
S. 583-630,
(zitiert: *Kühling*, in: von Bogdandy, Europäisches Verfassungsrecht, S.).

Lambers, Hans-Jürgen
Subsidiarität in Europa –
Allheilmittel oder juristische Leerformel?,
in: Europarecht 1993, S. 229-242,
(zitiert: *Lambers*, EuR1993, S.).

Langeheine, Bernd
Rechtsangleichung unter Art. 100a EWGV –
Harmonisierung vs. nationale Schutzinteressen –,
in: Europarecht 1988, S. 235-256,
(zitiert: *Langeheine*, EuR 1988, S.).

Langner, Olaf — Das Kaufrecht auf dem Prüfstand der Warenverkehrsfreiheit des EG-Vertrages,
in: Rabels Zeitschrift für ausländisches und internationales Pivatrecht 65 (2001), S. 222-244,
(zitiert: *Langner*, RabelsZ 65 (2001), S.).

Lecheler, Helmut — Der Beitrag der allgemeinen Rechtsgrundsätze zur Europäischen Integration – Rückblick und Ausblick,
in: Zeitschrift für Europarechtliche Studien 2003, S. 338-352,
(zitiert: *Lecheler*, ZeuS 2003, S.).

Lietzmann, Kurt — Einheitliche Europäische Akte und Umweltschutz: Die neuen Umweltbestimmungen im EWG-Vertrag,
in: Rengeling, Hans-Werner (Hrsg.),
Europäisches Umweltrecht und europäische Umweltpolitik,
Köln, Berlin, Bonn, München 1989,
S. 163-181,
(zitiert: *Lietzmann*, in: Rengeling, Europäisches Umweltrecht, S.).

Lindner, Franz — EG-Grundrechtecharta und gemeinschaftsrechtlicher Kompetenzvorbehalt,
in: Die Öffentliche Verwaltung 2000, S. 543-550,
(zitiert: *Lindner*, DÖV 2000, S.).

Lubitz, Sandra — Die Angleichung des Privatrechts in den Mitgliedstaaten durch die europäischen Richtlinien und Verordnungen,
Köln 2000,
(zitiert: *Lubitz*, Die Angleichung des Privatrechts, S.).

Ludwigs, Markus — Art. 95 EG als allgemeine Kompetenz zur Regelung des Binnenmarktes oder als „begrenzte Einzelermächtigung“,
in: Europäische Zeitschrift für Wirtschaftsrecht 2006, S. 417,
(zitiert: *Ludwigs*, EuZW 2006, S.).

Ludwigs, Markus — Harmonisierung des Schuldvertragsrechts in Europa – Zur Reichweite der gemeinschaftsrechtlichen Zuständigkeit für eine Europäisierung des Privatrechts,
in: Europarecht 2006, S. 370-398,
(zitiert: *Ludwig*, EuR 2006, S.).

Lurger, Brigitta
Regulierung und Deregulierung im europäischen Privatrecht,
Frankfurt a.M. 1997,
(zitiert: *Lurger*, Regulierung und Deregulierung, S.).

Lurger, Brigitta
Grundfragen der Vereinheitlichung des Vertragsrechts in der Europäischen Union,
Wien, New York 2002,
(zitiert: *Lurger*, Vereinheitlichung des Vertragsrechts in der EU, S.).

Lutter, Marcus
Die Angleichung des Gesellschaftsrechts nach dem EWG-Vertrag,
NJW 1966, S. 273-278,
(zitiert: *Lutter*, NJW 1966, S.).

Magiera, Siegfried
Die Einheitliche Europäische Akte und die Fortentwicklung der Europäischen Gemeinschaft zur Europäischen Union,
in: Fiedler, Wilfried/Ress, Georg,
Verfassungsrecht und Völkerrecht,
Gedächtnisschrift für Wilhelm, Karl Geck,
S. 507-530,
(zitiert: *Magiera*, GS für Geck, S.).

Mansel, Heinz-Peter
Anerkennung als Grundprinzip des Europäischen Rechtsraums,
in: Rabels Zeitschrift für ausländisches und internationales Privatrecht 2006, S. 651-731,
(zitiert: *Mansel*, RabelsZ 2006, S.).

Matthies, Heinrich
Art. 30 EG-Vertrag nach Keck,
in: Due, Ole/Lutter, Marcus/Schwarze, Jürgen (Hrsg.),
Festschrift für Ulrich Everling, 1995
Band I, S. 803-817,
(zitiert: *Matthies*, FS für Everling, Bd. I, S.).

Mayer, Franz
Die drei Dimensionen der Europäischen Kompetenzdebatte,
in: Zeitschrift für ausländisches öffentliches Recht und Völkerrecht 61 (2001),
S. 577-640,
(zitiert: *Mayer*, ZaöRV 61 (2001), S.).

Meier, Gert — Einheitliche Europäische Akte und freier EG-Warenverkehr,
in: Neue Juristische Wochenschrift 1987, S. 537-542,
(zitiert: *Meier*, NJW 1987, S.).

Merkert, Hanno — Europäische Rechtsetzung und strenges autonomes Recht
Zur Auslegung von Gemeinschaftsnormen als Mindeststandard,
in: Rabels Zeitschrift für ausländisches und internationales Privatrecht 61 (1997), S. 647-684,
(zitiert: *Merkert*, RabelsZ 61 (1997), S.).

Merkt, Hanno — Aktuelle Entwicklungen im Europäischen Gesellschaftsrecht,
in: Kieninger, Eva Maria/Remien, Oliver (Hrsg.),
Privat- und Wirtschaftsrecht im Zeichen der Europäischen Integration,
Baden-Baden 2004,
S. 17-34,
(zitiert: *Merkt*, in: Kieninger/Remien, Privat- und Wirtschaftsrecht im Zeichen der Europäischen Integration, S.).

Merten, Detlef — Die Subsidiarität Europas,
Berlin 1993,
(zitiert: *Bearbeiter*, Titel, in: Mertens, Subsidiarität Europas, S.).

Mestmäcker, Ernst-Joachim — Zur Anwendbarkeit der Wettbewerbsregeln auf die Mitgliedstaaten und die Europäische Gemeinschaften,
in: Baur, Jürgen/Müller-Graff, Peter-Christian/Zuleeg, Manfred,
Europarecht, Energierecht, Wirtschaftsrecht, Festschrift für Bodo Börner, 1992,
S. 277-301,
(zitiert: *Mestmäcker*, in: FS für Börner, S.).

Meyer-Cording, Ulrich — Die europäische Integration als geistiger Entwicklungsprozess,
in: Archiv des Völkerrechts, Band 10 (1962),
S. 42-68,
(zitiert: *Meyer-Cording*, AVR 10 (1962), S.).

Meyer-Cording, Ulrich — Fortschritte der Europapolitik nur mit wirklich integrierenden Maßnahmen möglich!,
in: Mestmacker, Ernst J./Möller, Hans/Schwarz, Hans-Peter (Hrsg.),
Festschrift für Hans von der Groeben, 1987,
Eine Ordnungspolitik für Europa,
S. 221-229,
(zitiert: *Meyer-Cording*, FS für von der Groeben, S.).

Micklitz, Hans/ *Reich*, Norbert — Verbraucherschutz im Vertrag über die Europäische Union
in: Europäische Zeitschrift für Wirtschaftsrecht 1992, S. 593-598,
(zitiert: *Micklitz/Reich*, EuZW 1992, S.).

Micklitz, Hans — Perspektiven eines Europäischen Privatrechts,
in: Zeitschrift für Europäisches Privatrecht 1998, S. 253-276,
(zitiert: *Micklitz*, ZEuP 1998, S.).

Middeke, Andreas — Der Kompetenznormkonflikt umweltrelevanter Gemeinschaftsakte im Binnenmarkt,
in: Deutsches Verwaltungsblatt 1993, S. 769-777,
(zitiert: *Middeke*, DVBl 1993, S.).

Mittelberger, Philipp — Die Rechtsprechung des ständigen Europäischen Gerichtshofs für Menschenrechte zum Eigentumsschutz-Bilanz nach den ersten zwei Jahren (November 1998 bis April 2001),
in: Europäische Zeitschrift für Grundrechtsschutz 2001, S. 364-371,
(zitiert: *Mittelberger*, EuGRZ 2001, S.).

Möller, Orstrom — Binnenmarkt und Umweltschutz – Art. 100a der Einheitlichen Europäischen Akte,
in: Europa Archiv 1987, S. 497-504,
(zitiert: *Möller*, EA 1987, S.).

Mosler, Hermann — Die europäische Integration aus der Sicht der Gründungsphase,
in: Due, Ole/Lutter, Marcus/Schwarze, Jürgen (Hrsg.),
Festschrift für Ulrich Everling, 1995,
Band II, S. 911-924,
(zitiert: *Mosler*, FS für Everling, Bd. II, S.).

Möstl, Markus
Grenzen der Rechtsangleichung im europäischen Binnenmarkt – Kompetenzielle, grundfreiheitliche und grundrechtliche Schranken des Gemeinschaftsgesetzgebers,
in: Europarecht 2002, S. 318 – 350,
(zitiert: *Möstl*, EuR 2002, S.).

Müller- Graff, Peter-Christian
Gemeinsames Privatrecht in der Europäischen Gemeinschaft –
Ansatzpunkte, Ausgangsfragen, Ausfaltungen,
in: *Müller- Graff*, Peter-Christian (Hrsg.)
Gemeinsames Privatrecht in der Europäischen Gemeinschaft,
2. Auflage,
Baden-Baden 1999,
S. 9-100,
(zitiert: *Müller-Graff*, in: ders. Gemeinsames Privatrecht in der EG, S.).

Müller- Graff, Peter-Christian (Hrsg.)
Gemeinsames Privatrecht in der Europäischen Gemeinschaft,
2. Auflage,
Baden-Baden 1999,
(zitiert: *Bearbeiter*, in: Müller-Graff, Gemeinsames Privatrecht in der EG, S.).

Müller, Markus
Systemwettbewerb, Harmonisierung und Wettbewerbsverzerrungen –
Europa zwischen dem Wettbewerb der Gesetzgeber und vollständiger Harmonisierung,
Baden-Baden 2000,
(zitiert: *Müller*, Systemwettbewerb, Harmonisierung und Wettbewerbsverzerrungen, S.).

Müller-Graff, Peter-Christian
Die Rechtsangleichung zur Verwirklichung des Binnenmarktes,
in: Europarecht 1989, S. 107-151,
(zitiert: *Müller-Graff*, EuR 1989, S.).

Müller-Graff, Peter-Christian
Europäisches Gemeinschaftsrecht und Privatrecht,
in: Neue Juristische Wochenschrift 1993, S. 13-23,
(zitiert: *Müller-Graff*, NJW 1993, S.).

Müller-Graff, Peter-Christian
Binnenmarktauftrag und Subsidiaritätsprinzip?, in: Zeitschrift für das gesamte Handelsrecht und Wirtschaftsrecht 159 (1995), S. 34-95, (zitiert: *Müller-Graff*, ZHR 159 (1995), S.).

Müller-Graff, Peter-Christian
Die Verdichtung des Binnenmarktrechts zwischen Handlungsfreiheit und Sozialgestaltung, in: Hatje, Armin (Hrsg.), Das Binnenmarktrecht als Daueraufgabe, Europarecht Beiheft 1/2002, S. 7-73, (zitiert: *Müller-Graff*, EuR Beiheft 1/2002, S.).

Nettesheim, Martin
Kompetenzen, in: Bogdandy, Armin von (Hrsg.), Europäisches Verfassungsrecht, 1. Auflage, Berlin, Heidelberg, New York 2003, S. 415-478, (zitiert: *Nettesheim*, in: von Bogdandy, Europäisches Verfassungsrecht, S.).

Nettesheim, Martin
Grundrechtliche Prüfungsdichte durch den EuGH, in: Europäische Zeitschrift für Wirtschaftsrecht 1995, S. 106-108, (zitiert: *Nettesheim*, EuZW 1995, S.).

Nettesheim, Martin
Horizontale Kompetenzkonflikte in der EG, in: Europarecht 1993, S. 243-260, (zitiert: *Nettesheim*, EuR 1993, S.).

Nicolaysen, Gert
Europarecht II . Das Wirtschaftsrecht im Binnenmarkt, 1. Auflage, Baden-Baden 1996, (zitiert: *Nicolaysen*, EuR II, S.).

Nolte, Georg
Die Kompetenzgrundlage der Europäischen Gemeinschaft zum Erlass eines weitreichenden Tabakwebeverbots, in: Neue Juristische Wochenzeitschrift 2000, S. 1144-1148, (zitiert: *Nolte*, NJW 2000, S.).

Nörr, Knut Wolfgang/ *Oppermann*, Thomas (Hrsg.)
Subsidiarität: Idee und Wirklichkeit: Zur Reichweite eines Prinzips in Deutschland und Europa, Tübingen 1997, (zitiert: *Bearbeiter*, in: Nörr/Oppermann, Subsidiarität, S.).

Obwexer, Walter/ *Happacher Brezinka*, Esther
Diplomanerkennung in der EU – Berufliche und akademische Anerkennung von Qualifikationen im Binnenmarkt, in: Zeitschrift für öffentliches Recht 2001, S. 465-500, (zitiert: *Obwexer/Hppacher Brezinka*, ZÖR 2001, S.).

Oehlert, Sebastian
Harmonisierung durch EG-Richtlinien: Kompetenzen, Legitimation, Effektivität, in: Juristische Schulung 1997, S. 317-322, (zitiert: *Oehlert*, JuS 1997, S.).

Oeter, Stefan
Europäische Integration als Konstitutionalisierungsprozess, in: Zeitschrift für ausländisches öffentliches Recht und Völkerrecht 59 (1999), S. 901-917, (zitiert: *Oeter*, ZaöRV 59 (1999), S.).

Ohler, Christoph
Zu den Voraussetzungen für ein opting out nach EG Art. 95 Abs. 5, in: Zeitschrift für Lebensmittelrecht 2005, S. 732-737, (zitiert: *Ohler*, ZLR 2005, S.).

Ohler, Christoph
Das Beschränkungeverbot der Grundfreiheiten, in: Juristische Arbeitsblätter 2006 , S. 839-844, (zitiert: *Ohler*, JA 2006, S.).

Oppermann, Thomas
Der europäische Traum zur Jahrhundertwende, in: Juristen Zeitung 1999, S. 317-326, (zitiert: *Oppermann*, JZ 1999, S.).

Oppermann, Thomas
Europarecht, 3. Auflage, München 2005, (zitiert: *Oppermann*, EuR, Rdnr.).

Ossenbühl, Fritz
Der gemeinschaftliche Staatshaftungsanspruch, in: Deutsches Verwaltungsblatt 1992, S. 993-998, (zitiert: *Ossenbühl*, DVBl. 1992, S.).

Pache, Eckhard — Der Grundsatz der Verhältnismäßigkeit in der Rechtsprechung der Gerichte der Europäischen Gemeinschaft,
in: Neue Zeitschrift für Verwaltungsrecht 1999, S. 1033- 1040,
(zitiert: *Pache*, NVwZ 1999, S.).

Pache, Eckhard — Europäische und nationale Identität durch Verfassungsrecht,
Deutsche Verwaltungsblätter 2002, S. 1154-1167,
(zitiert: *Pache*, DVBl. 2002, S.).

Papier, Hans-Jürgen/ *Petz,* Helmut — RechtlicheGrenzen des ärztlichen Werbeverbots,
in: Neue Juristische Wochenzeitschrift 1994,
S. 1553-1562,
(zitiert: *Papier/Petz*, NJW 1994, S.).

Pauly, Walter — Strukturfragen des unionsrechtlichen Grundrechtsschutzes –
Zur konstitutionellen Bedeutung von Art. F II EUV,
in: Europarecht 1998, S. 242-262,
(zitiert: *Pauly*, EuR 1998, S.).

Pechstein, Matthias/ *Koenig,* Christian — Die Europäische Gemeinschaft –
Die Verträge von Maastricht und Amsterdam,
2. Auflage,
Tübingen 1998,
(zitiert: *Pechstein/Koenig*, Die EU, S.).

Penski, Ulrich/ *Elsner* Bernd Roland — Eigentumsgewährleistung und Berufsfreiheit als Gemeinschaftsgrundrecht in der Rechtsprechung des Europäischen Gerichtshofes,
in: Die Öffentliche Verwaltung 2001, S. 265-275,
(zitiert: *Penski/Elsner*, DÖV 2001, S.).

Pernice, Ingolf — Maastricht, Staat und Demokratie,
in: Die Verwaltung 1993, S. 449-488,
(zitiert: *Pernice*, Die Verwaltung 1993, S.).

Pernice, Ingolf — Gemeinschaftsverfassung und Grundrechtsschutz –
Grundlagen, Bestand und Perspektiven,
in: Neue Juristische Wochenschrift 1990,
S. 2409-2420,
(zitiert: *Pernice*, NJW 1990, S.).

Pernice, Ingolf — Auswirkungen des europäischen Binnenmarktes auf das Umweltrecht – Gemeinschafts(verfassungs-)rechtliche Grundlagen,
in: Neue Zeitschrift für Verwaltungsrecht 1990, S. 201-211,
(zitiert: *Pernice*, NVwZ 1990, S.).

Pernice, Ingolf — Kompetenzabgrenzung im Europäischen Verfassungsverbund,
in: Juristenzeitung 2000, S. 866-876,
(zitiert: *Pernice*, JZ 2000, S.).

Pescatore, Pierre — Die „Einheitliche Europäische Akte" – Eine ernste Gefahr
für den Gemeinsamen Markt,
in: Europarecht 1986, S. 153-169,
(zitiert: *Pescatore*, EuR 1986, S.).

Pescatore, Pierre — Mit der Subsidiarität leben,
in: Due, Ole/Lutter, Marcus/Schwarze, Jürgen (Hrsg.),
Festschrift für Ulrich Everling, 1995
Band II, S. 1071-1079,
(zitiert: *Pescatore*, FS für Everling, Bd. II, S.).

Philipps, Günther — Erscheinungsformen und Methoden der Privatrechts-Vereinheitlichung,
Frankfurt/M, Berlin 1965,
(zitiert: *Philipps*, Privatrechts-Vereinheitlichung, S.).

Pieper, Stefan Ulrich — Subsidiarität,
Köln, Berlin, Bonn, München 1994,
(zitiert: *Pieper*, Subsidiarität, S.).

Pipkorn, Jörn — Das Subsidiaritätsprinzip im Vertrag über die Europäische Union –
Rechtliche Bedeutung und gerichtliche Überprüfbarkeit,
in: Europäische Zeitschrift für Wirtschaftsrecht 1992, S. 697-701,
(zitiert: *Pipkorn*, EuZW 1992, S.).

Pollak, Christiana
Verhältnismäßigkeitsprinzip und Grundrechtsschutz in der Judikatur des Europäischen Gerichtshofs und des Österreichischen Verfassungsgerichtshofs, Baden-Baden 1991,
(zitiert: *Pollak*, Verhältnismäßigkeitsprinzip und Grundrechtsschutz, S.).

Prieß, Hans-Joachim
Die Haftung der EG-Mitgliedstaaten bei Verstößen gegen das Gemeinschaftsrecht,
in: Neue Zeitschrift für Verwaltungsrecht 1993, S. 118-125,
(zitiert: *Prieß*, NVwZ 1993, S.).

Pühs, Wolfgang
Der Vollzug von Gemeinschaftsrecht, Formen und Grenzen eines effektiven Gemeinschaftsrechtsvollzugs und Überlegungen zu seiner Effektuierung, Berlin 1997,
(zitiert: *Pühs*, Der Vollzug des Gemeinschaftsrechts, S.).

Rambow, Gerhard
Möglichkeiten und Grenzen der Verbraucherpolitik im Gemeinsamen Markt,
in: Europarecht 1981, S. 240-252,
(zitiert: *Rambow*, EuR 1981, S.).

Ranacher, Christian
Grundfreiheiten und Spürbarkeitstheorie – Überlegung zu den Konsequenzen des Urteils in der Rs. Graf/Filzmoser für die Dogmatik der Grundfreiheiten,
in: Zeitschrift für Rechtsvergleichung, Internationales Privatrecht und Europarecht 2001, S. 95-107,
(zitiert: *Ranacher*, ZfRV 2001, S.).

Reher, Tim/
Schöner, Markus
Das Werbeverbot für Tabakerzeugnisse – Geht das Prinzip der begrenzten Einzelermächtigung in Rauch auf?,
in: Europäisches Wirtschafts- und Steuerrecht 1998, S. 294-298,
(zitiert: *Reher/Schöner*, EWS 1998, S.).

Reher, Tim/
Schöner, Markus
Gesetzgebungskompetenz der Gemeinschaft nach dem Urteil des EuGH zur Einlagensicherungsrichtlinie,
in: Europäisches Wirtschafts- und Steuerrecht 1997, S. 366-373,
(zitiert: *Reher/Schöner*, EWS 1997, S.).

Reich, Norbert — Binnenmarkt als Rechtsbegriff,
in: Europäische Zeitschrift für Wirtschaftsrecht 1991, S. 203-210,
(zitiert: *Reich*, EuZW 1991, S.).

Remien, Oliver — Zwingendes Vertragsrecht und Grundfreiheiten des EG-Vertrages,
Tübungen 2003,
(zitiert: *Remien*, Zwingendes Vertragsrecht und Grundfreiheiten, S.).

Remien, Oliver — Illusion und Realität eines europäischen Privatrechts,
in: Juristen Zeitung 1992, S. 277-284,
(zitiert: *Remien*, JZ 1992, S.).

Remien, Oliver — European private International Law, The European community and its emerging area of freedom, security and justice,
in: Common Market Law Review 38 (2001), S. 53-86,
(zitiert: *Remien*, CMLR 38 (2001), S.).

Renegeling, Hans-Werner (Hrsg.), — Europäisches Umweltrecht und europäische Umweltpolitik,
Köln, Berlin, Bonn, München 1989,
(zitiert: *Bearbeiter*, in: Rengeling, Europäisches Umweltrecht, S.).

Rengeling, Hans-Werner/ *Szczekalla*, Peter — Grundrechte in der Europäischen Union – Charta der Grundrechte und Allgemeine Rechtsgrundsätze,
Köln, Berlin, München 2004,
(zitiert: *Rengeling/Szczekalla*, Grundrechte der EU, §, Rdnr.).

Ress, Georg — Die Europäische Grundrechtecharta und das Verhältnis zwischen EGMR, EuGH und den nationalen Verfassungsgerichten,
in: Duschanek, Alfred/Griller, Stefan (Hrsg.), Grundrechte für Europa – Die Europäische Union nach Nizza,
Wien, New York 2002,
S. 183-204,
(zitiert: *Ress*, in: Duschanek/Griller, Grundrechte für Europa, S.).

Ress, Georg — Rechtsprobleme der Rechtsangleichung, Vorträge, Reden und Berichte aus dem Europa-Institut/ Nr. 137, Wissenschaftliches Kolloquium aus Anlass des 70. Geburtstages von Heinrich Matthies, 1988, (zitiert: *Bearbeiter*, Titel, in: Ress, Rechtsprobleme der Rechtsangleichung, S.).

Rittner, Fritz — Die wirtschaftsrechtliche Ordnung der EG und das Privatrecht, in: Juristen Zeitung 1990, S. 838-846, (zitiert: *Rittner*, JZ 1990, S.).

Rittner, Fritz — Das Gemeinschaftsprivatrecht und die europäische Integration, in: Juristen Zeitung 1995, S. 849-858, (zitiert: *Rittner*, JZ 1995, S.).

Roth, Wulf-Henning — Freier Warenverkehr nach „Keck", in: Hübner, Ulrich/Ebke, Werner (Hrsg.), Festschrift für Werner Großfeld zum 65. Geburtstag, Heidelberg 1999, S. 929-949, (zitiert: *Roth*, in: FS für Großfeld, S.).

Roth, Wulf-Henning — Funktionen des privatrechtlichen Vertrags im Gemeinschaftsrecht, in: Schulze, Reiner/Schulte-Nölke, Hans (Hrsg.), Europäisches Vertragsrecht im Gemeinschaftsrecht, Köln 2002, S. 23-53, (zitiert: *Roth*, in: Schulze/Schulte-Nölke, Europäisches Vertragsrecht im Gemeinschaftsrecht, S.).

Roth, Wulf-Henning — Die Harmonisierung des Dienstleistungsrechts in der EWG, in: Europarecht 1987, S. 7-27, (zitiert: *Roth*, EuR 1987, S.).

Roth, Wulf-Henning — Europäischer Verbraucherschutz und BGB, in: Juristen Zeitung 2001, S. 475-490, (zitiert: *Roth*, JZ 2001, S.).

Roth, Wulf-Henning
Marktwirtschaft und Wettbewerb im sich erweiternden europäischen Räumen,
in: Forschungsinstitut für Wirtschaft, Verfassung und Wettbewerb,
Köln, Berlin, Bonn, München 1995,
S. 21-42,
(zitiert: *Roth*, FIW, S.).

Röttinger, Moritz/ *Weyringer*, Claudia (Hrsg.)
Handbuch der Integration,
2. Auflage,
Wien 1996,
(zitiert: *Beabeiter*, Titel, in: Röttinger/Weyring, Hdb. der Integration, S.).

Ruffert, Matthias
Kontinuität oder Kehrtwende im Streit um die gemeinschaftlichen Umweltschutzkompetenzen?,
in: Jura 1994, S. 635-643,
(zitiert: *Ruffert*, Jura 1994, S.).

Sadeleer, Nicolas
Procedures for derogations from the principle of approximation of Law under Art. 95 IV EG,
in: Common Market Law Review 40 (2003),
S. 889-915,
(zitiert: *Sadeleer*, CMLR 40 (2003), S.).

Scheffer, Urban
Die Marktfreiheiten des EG-Vertrages als Ermessensgrenze des
Gemeinschaftsgesetzgebers,
Heidelberg 1997,
(zitiert: *Scheffer*, Die Marktfreiheiten als Ermessensgrenze, S.).

Scherzberger, Arno
Mittelbare Rechtssetzung durch Gemeinschaftsrecht – Richtlinien als Instrument der Integration,
in: Jura 1992, S. 572-578,
(zitiert: *Scherzberger*, Jura 1992, S.).

Scheuing, Dieter
Umweltschutz auf der Grundlage der Einheitlichen Europäischen Akte,
in: Europarecht 1989, S. 152-192,
(zitiert: *Scheuing*, EuR 1989, S.).

Schildknecht, Urs
Grundrechtsschranken in der Europäischen Gemeinschaft,
Franfurt 2000,
(zitiert: *Schildknecht*, Grundrechtsschranken in der EG, S.).

Schildknecht, Urs — Grundrechtsschranken in der Europäischen Gemeinschaft – Eine Untersuchung der Rechtsprechung des Europäischen Gerichtshofes, Frankfurt am Main 2000, (zitiert: *Schildknecht*, Grundrechtsschranken, S.).

Schilling, Theodor — Eigentum und Marktordnung nach Gemeinschafts- und nach deutschem Recht, in: Europäische Grundrechte Zeitschrift 1998, S. 177-190, (zitiert: *Schilling*, EuGRZ 1998, S.).

Schilling, Theodor — Bestand und allgemeine Lehren der bürgerschützenden allgemeinen Rechtsgrundsätze des Gemeinschaftsrechts, in: Europäische Grundrechte Zeitschrift 2000, S. 3-43, (zitiert: *Schilling*, EuGRZ 2000, S.).

Schindler, Dierk — Die Kollision von Grundfreiheiten und Gemeinschaftsgrundrechten, Berlin 2001, (zitiert: *Schindler*, Die Kollision von Grundfreiheiten und Gemeinschaftsrechten, S.).

Schink, Alexander — Die europäische Regionalisierung, in: Die Öffentliche Verwaltung 1992, S. 385-393, (zitiert: *Schink*, DÖV 1992, S.).

Schlemmer-Schulte, Sabine/*Ukrow*, Jörg — Haftung des Staates gegenüber dem Marktbürger für gemeinschaftsrechtswidriges Verhalten, in: Europarecht 1992, S. 82-95, (zitiert: *Schlemmer-Schulte/Ukrow*, EuR 1992, S.).

Schlochauer, Hans-Jürgen — Wörterbuch des Völkerrechts, 2. Auflage, Berlin 1960, (zitiert: *Bearbeiter*, Titel, in: Schlochauer, Wörterbuch des VR, Bd. I, S.).

Schmeder, Winfried — Die Rechtsangleichung als Integrationsmittel der Europäischen Gemeinschaft, Köln, Berlin, Bonn, München 1978, (zitiert: *Schmeder*, Rechtsangleichung, S.).

Schmidhuber, Peter — Das Subsidiaritätsprinzip im Vertrag von Maastricht, in: Deutsches Verwaltungsblatt 1993, S. 417-422, (zitiert: *Schmidhuber*, DVBl 1993, S.).

Schmidhuber, Peter/ *Hitzler*, Gerhard — Die Verankerung des Subsidiaritätsprinzip im EWG-Vertrag – Ein wichtiger Schritt auf dem Weg zu einer föderalen Verfassung der Europäischen Gemeinschaft, in: Neue Zeitschrift für Verwaltungsrecht 1992, S. 720-725, (zitiert: *Schmithuber/Hitzler*, NVwZ 1992, S.).

Schmidhuber, Peter/ *Hitzler*, Gerhard — Binnenmarkt und Subsidiaritätsprinzip, in: Europäische Zeitschrift für Wirtschaftsrecht 1993, S. 8-10, (zitiert: *Schmidhuber/Hitzler*, EuZW 1993, S.).

Schmidt, Reiner — Neue höchstrichterliche Rechtsprechung zum Umweltrecht, in: Juristen Zeitung 1995, S. 545-556, (zitiert: *Schmidt*, JZ 1995, S.).

Schmitz, Thomas — Die EU-Grundrechtscharta aus grundrechtsdogmatischer und grundrechtstheoretischer Sicht, in: Juristen Zeitung 2001, S. 833-843, (zitiert: *Schmitz*, JZ 2001, S.).

Schneider, Hans-Peter — Tollhaus Europa, in: Neu Juristische Wochenzeitschrift 1998, S. 576-578, (zitiert: *Schneider*, NJW 1998, S.).

Scholz, Rupert/ *Langer*, Stefan — Europäischer Binnenmarkt und Energiepolitik, Berlin 1992, (zitiert: *Scholz/Langer*, Europäischer Binnenmarkt und Energiepolitik S.).

Schröder, Meinhard — Wirkungen der Grundrechtecharta in der europäischen Rechtsordnung, in: Juristen Zeitung 2002, S. 849-854, (zitiert: *Schröder*, JZ 2002, S.).

Schröder, Meinhard — Vertikale Kompetenzverteilung und Subsidiarität im Konvententwurf für eine europäische Verfassung, in: Juristen Zeitung 2004, S. 8-13, (zitiert: *Schröder*, JZ 2004, S.).

Schroeder, Werner — Die Sicherung eines hohen Schutzniveaus für Gesundheits-, Umwelt- und Verbraucherschutz im europäischen Binnenmarkt,
in: Deutsches Verwaltungsblatt 2002, S. 213-221,
(zitiert: *Schroeder*, DVBl. 2002, S.).

Schroeder, Werner — Vom Brüsseler Kampf gegen den Tabakrauch – 2.Teil,
in: Europäische Zeitschrift für Wirtschaftsrecht 2001, S. 489-495,
(zitiert: *Schroeder*, EuZW 2001, S.).

Schröer, Thomas — Abgrenzung der Gemeinschaftskompetenzen zum Schutz der Gesundheit vor radioaktiver Strahlung,
in: Europäische Zeitschrift für Wirtschaftsrecht 1992, S. 207-210,
(zitiert. *Schröer*, EuZW 1992, S.).

Schröer, Thomas — Die Kompetenzverteilung zwischen der Europäischen Wirtschaftsgemeinschaft und ihren Mitgliedstaaten auf dem Gebiet des Umweltschutzes,
Berlin 1992,
(zitiert: *Schröer*, Die Kompetenzverteilung zwischen der Europäischen Wirtschaftsgemeinschaft und ihren Mitgliedstaaten, S.).

Schröer, Thomas — Mehr Demokratie statt umweltpolitischer Subsidiarität,
in: Europarecht 1991, S. 356-368,
(zitiert: *Schröer*, EuR 1991, S.).

Schulze, Reiner/ *Schulte-Nölke*, Hans (Hrsg.) — Europäisches Vertragsrecht im Gemeinschaftsrecht,
Köln 2002,
(zitiert: *Bearbeiter*, in: Schulze/Schulte-Nölke, Europäisches Vertragsrecht im Gemeinschaftsrecht, S.).

Schwartz, Ivo — 30 Jahre EG Rechtsangleichung,
in: Mestmäcker, Ernst J./Möller, Hans/Schwarz, Hans-Peter (Hrsg.),
Festschrift für Hans von der Groeben, 1987,
Eine Ordnungspolitik für Europa,
S. 333-368,
(zitiert: *Schwartz*, FS für von der Groeben, S.).

Schwartz, Ivo | Exklusiv oder Konkurrierend/subsidiär?, in: Due, Ole/Lutter, Marcus/Schwarze, Jürgen (Hrsg.), Festschrift für Ulrich Everling, 1995, Band II, S. 1331-1354, (zitiert: *Schwartz*, FS für Everling, Bd. II, S.).

Schwartz, Ivo | Perspektiven der Angleichung des Privatrechts in der europäischen Gemeinschaft, in: Zeitschrift für Europäisches Privatrecht 1994, S. 559-584, (zitiert: *Schwartz*, ZEuP 1994, S.).

Schwartz, Ivo | Wege zur EG-Rechtsvereinheitlichung: Verordnung der Europäischen Gemeinschaft oder Übereinkommen unter den Mitgliedstaaten, in: Festschrift für Ernst Caemmerer, 1978, Ficker, Claudius/Köig, Detlef/Kreuzer, Karl/Bleser, Hans/Marschall von Bieberstein/Schlechtriem, Peter, S. 1067-1116, (zitiert: *Schwartz*, FS für Caemmerer, S.).

Schwartz, Ivo | Zur Konzeption der Rechtsangeichung in der Europäischen Wirtschaftsgemeinschaft, in: Caemmerer, Ernst von/Schlochauer, Hans-Jürgen/Steindorff, Ernst, Festschrift für Walter Hallstein, 1966, S. 474-514, (zitiert: *Schwartz*, FS für Hallstein, S.).

Schwarze, Jürgen | Werbung im Gemeinschaftsrecht – Rechtsbestand und Grundfragen, S. 9-25, in: Schwarze, Jürgen (Hrsg.), Werbung und Werbeverbote im Lichte des europäischen Gemeinschaftsrechts, Baden-Baden 1999, (zitiert.: *Schwarze*, in: Schwarze, Werbung und Werbeverbote, S.).

Schwarze, Jürgen — Das Recht als Integrationsinstrument,
in: Capotori/Ehlermann/Frowein/Jacobs/Joliet/Koopmans/Kovar (Hrsg.),
Festschrift für Pierre Psecatore, 1987,
Du Doit international au droit de l'intégration,
S. 637-650,
(zitiert.: *Schwarze*, FS für Pescatore, S.).

Schwarze, Jürgen — Das wirtschaftsverfassungsrechtliche Konzept des Verfassungsentwurfs des Europäischen Konvents – Zugleich eine Untersuchung der Grundprobleme des europäischen Wirtschaftsrechts,
in: Europäische Zeitschrift für Wirtschaftsrecht 2004,
S. 135-140,
(zitiert: *Schwarze*, EuZW 2004, S.).

Schwarze, Jürgen — EU – Kommentar,
1. Auflage,
Baden-Baden, 2000,
(zitiert: *Bearbeiter*, in: Schwarze, Art., Rdnr.).

Schwarze, Jürgen — Werbung und Werbeverbote im Lichte des europäischen Gemeinschaftsrechts,
Baden-Baden 1999,
(zitiert: *Bearbeiter*, Titel, in: Schwarze, Werbung und Werbeverbote, S.).

Schwarze, Jürgen — Der Grundrechtsschutz für Unternehmen in der Europäischen Grundrechte-Charta,
in: Europäische Zeitschrift für Wirtschaftsrecht 2001,
S. 517-524,
(zitiert: *Schwarze*, EuZW 2001, S.).

Schwarze, Jürgen (Hrsg.) — Der Europäische Gerichtshof als Verfassungsgericht und Rechtsschutzinstanz,
Baden-Baden 1983,
(zitiert: *Bearbeiter*, in: Schwarze, Der EuGH als Verfassungsgericht, S.).

Schweitzer, Michael/ *Schroeder*, Werner/ *Bock*, Yves — Binnenmarkt und Gesundheitsschutz – Am Beispiel der neuen Tabakrichtlinie der Europäischen Gemeinschaft,
Heidelberg 2002,
(zitiert: *Schweitzer/Schroeder/Bock*, Binnenmarkt und Gesundheitsschutz, S.).

Schweitzer, Michael/ *Fixon*, Oliver
Subsidiarität und Regionalismus,
in: Jura 1992, S. 579-586,
(zitiert: *Schweitzer/Fixon*, Jura 1992, S.).

Schweitzer, Michael/ *Hummer*, Waldemar
Europarecht: Das Recht der Europäischen Union; Das Recht der Europäischen Gemeinschaften; mit Schwerpunkt EG,
5. Auflage,
Neuwied, Kriftel, Berlin, 1996,
(zitiert: *Schweitzer/Hummer*, EuR, S.).

Seidel, Martin
Präventive Rechtsangleichung im Bereich des Gemeinsamen Marktes,
in: Europarecht 2006, S. 26-45,
(zitiert: *Seidel*, EuR 2006, S.).

Seidel, Martin
Mindestharmonisierung im Binnenmarkt – Stellungnahme,
in: Everling, Ulrich/Roth, Wulf-Henning (Hrsg.), Mindestharmonisierung im Europäischen Binnenmarkt,
Referate des 7. Bonner Europa-Symposiums vom 27.04.1996,
Baden-Baden 1997,
(zitiert: *Seidel*, in: Everling/Roth, Mindestharmonisierung, S.).

Seidel, Martin
Ziele und Ausmaß der Rechtsangleichung in der EWG –
Zur britischen Auffassung,
in: Europarecht 1979, S. 171-185,
(zitiert: *Seidel*, EuR 1979, S.).

Selmayr, Martin; *Kamann*, Hans-Georg; *Ahlers*, Sabine
Die Binnenmarktkompetenz der Europäischen Gemeinschaft,
in: Europäisches Wirtschafts- und Steuerrecht 2003, S. 49-61,
(zitiert: *Selmayr/Kamann/Ahlers*, EWS 2003, S.).

Simm, Marion
Der Gerichtshof der Europäischen Gemeinschaften im föderalen Kompetenzkonflikt,
Baden-Baden 1998,
(zitiert: *Simm*, Der EuGH im föderalen Kompetenzkonflikt, S.).

Simma, Bruno/ *Weiler*, J.H.H./ *Zöckler*, Markus — Kompetenzen und Grundrechte: Beschränkung der Tabakwerbung aus der Sicht des Europarechts, Berlin 1999, (zitiert: *Simma/Weiler/Zöckler*, Kompetenzen und Grundrechte, S.).

Simons, Werner von — „Das Recht" in der EG, in: Mestmäcker, Ernst J./Möller, Hans/Schwarz, Hans-Peter (Hrsg.), Festschrift für Hans von der Groeben, 1987, Eine Ordnungspolitik für Europa, S. 391-405, (zitiert: *von Simons*, FS für von der Groeben, S.).

Slot, Piet Jan — Harmonization, European Law Review 1996, S. 378-397, (zitiert.: *Slot*, ELR 1996, S.).

Smend, Rudolf — Integration (verfasst 1966), abgedruckt in: Staatsrechtliche Abhandlungen und andere Aufsätze, S. 482-486, 3. Auflage, Berlin 1994, (zitiert: *Smend*, Integration, S.).

Speer, Benedikt — Die Europäische Union als Wertegemeinschaft, in: Die Öffentliche Verwaltung 2001, S. 980-988, (zitiert: *Speer*, DÖV 2001, S.).

Staudinger, Ansgar — Die Mitteilung der Kommission zum Europäischen Vertragsrecht, in: Verbraucher und Recht 2001, S. 353-359, (zitiert: *Staudinger*, VuR 2001, S.).

Stein, Torsten — Das Tabakwerbeverbot, in: Schwarze, Jürgen (Hrsg.), Baden-Baden 1999, Werbung und Werbeverbote im Lichte des europäischen Gemeinschaftsrechts, S. 52-59, (zitiert.: *Stein*, in: Schwarze, Werbung und Werbeverbote, S.).

Stein, Torsten „Bananen-Split“? – Entzweien sich BVerfG und EuGH über den Bananenstreit,
in: Europäische Zeitschrift für Wirtschaftsrecht 1998, S. 261-264,
(zitiert: *Stein*, EuZW 1998, S.).

Stein, Torsten Keine Europäische „Verbots“ – Gemeinschaft – Zum Urteil des EuGH über die Tabakwerbeverbotsrichtlinie,
in: Europäisches Wirtschafts- und Steuerrecht 2001, S. 12-17,
(zitiert: *Stein*, EWS 2001, S.).

Stein, Torsten Die Querschnittsklausel zwischen Maastricht und Karlsruhe,
in: Due, Ole/Lutter, Marcus/Schwarze, Jürgen (Hrsg.),
Festschrift für Ulrich Everling, 1995,
Band II, S. 1439-1453,
(zitiert: *Stein*, FS für Everling, Bd. II, S.).

Steindorff, Ernst Grenzen der EG-Kompetenzen,
Heidelberg 1990,
(zitiert: *Steindorff*, Grenzen der EG-Kompetenzen, S.).

Steindorff, Ernst Unvollkommener Binnenmarkt,
in: Zeitschrift für das gesamte Handelsrecht und Wirtschaftsrecht 158 (1994), S. 149-169,
(zitiert: *Steindorff*, ZHR 158 (1994), S.).

Stern, Klaus Der Weg zur politischen Union Europas,
in: Classen, Claus Dieter/Dittmann, Armin/Fechner Fran/Gassner, Ulrich/Kilian, Michael (Hrsg.),
„In einem vereinten Europa dem Frieden der Welt zu dienen...“,
Festschrift für Thomas Oppermann, 2001,
S. 143-162,
(zitiert: *Stern*, FS für Oppermann, S.).

Stewing, Clemens Subsidiarität und Föderalismus in der Europäischen Union,
Köln 1992,
(zitiert: *Stewing*, Subsidiarität und Föderalismus, S.).

Stieglitz, Jürgen — Allgemeine Lehren des Grundrechtsverständnisses nach der EMRK und der Grundrechtsjudikatur des EuGH,
Bochum 2002,
(zitiert: *Stieglitz*, Allgemeinen Lehren des Grundrechtsverständnis, S.).

Storr, Stefan — Grundrechtsschutz in der EU,
in: Der Staat 36 (1997), S. 547-573,
(zitiert: *Storr*, Der Staat, S.).

Streinz, Rudolf — Das Verbot des Apothekenversandhandels mit Arzneimitteln – Eine „Verkaufsmodalität" im Sinne der Keck-Rechtsprechung?,
in: Europäische Zeitschrift für Wirtschaftsrecht 2003, S. 34-44,
(zitiert: *Streinz*, EuZW 2003, S.).

Streinz, Rudolf — Anmerkung zu EuGH, Urteil vom 05.10.2000, Rs. C-376/98 u. 74/99, Slg. 2000, I-8419, „Tabakwerbeurteil",
in: Juristische Schulung 2001, S. 288-290,
(zitiert: *Streinz*, JuS 2001, S.).

Streinz, Rudolf — Der Vertrag von Amsterdam,
in: Europäische Zeitschrift für Wirtschaftsrecht 1998, S. 137-147,
(zitiert: *Streinz*, EuZW 1998, S.).

Streinz, Rudolf — Europarecht,
6. Auflage,
Heidelberg 2003,
(zitiert: *Streinz*, EuR, Rdnr.).

Streinz, Rudolf — Kommentar zum EUV/EGV,
1. Auflage,
München 2003,
(zitiert: *Bearbeiter*, in: Streinz, Art., Rdnr.).

Streinz, Rudolf
Mindestharmonisierung im Binnenmarkt, in: Everling, Ulrich/Roth, Wulf-Henning (Hrsg.), Mindestharmonisierung im Europäischen Binnenmarkt, Referate des 7. Bonner Europa-Symposiums vom 27.04.1996, Baden-Baden 1997, (zitiert: *Streinz*, in: Everling/Roth, Mindestharmonisierung, S.).

Szczekalla, Peter
Die so genannten grundrechtlichen Schutzpflichten im deutschen und europäischen Recht – Inhalt und Reichweite einer „gemeineuropäischen Grundrechtsfunktion", Berlin 2002, (zitiert: *Szczekalla*, Grundrechtliche Schutzpflichten, S.).

Taschner, Hans Claudius
Mindestharmonisierung im Verbraucherschutz, in: Everling, Ulrich/Roth, Wulf-Henning, Mindestharmonisierung im Europäischen Binnenmarkt, Referate des 7. Bonner Europa-Symposium vom 27.04.1996, Baden-Baden 1997, S. 159-188, (zitiert: *Taschner*, in: Everling/Roth, Mindestharmonisierung, S.).

Taschner, Hans Claudius
Privatrechtsentwicklung durch die Europäische Gemeinschaft – Rechtsgrundlagen, Ziele, Sachgebiete, Verfahren, in: *Müller-Graff*, Peter-Christian (Hrsg.) Gemeinsames Privatrecht in der Europäischen Gemeinschaft, 2. Auflage, Baden-Baden 1999, S. 225-236, (zitiert: *Taschner*, in: ders., Gemeinsames Privatrecht in der EG, S.).

Ter Steeg, Marcus — Eine neue Kompetenzordnung für die Europäische Union – Die Reformüberlegungen des Konvents zur Zukunft Europas, in: Europäische Zeitschrift für Wirtschaftsrecht 2003, S. 325-330, (zitiert: *ter Steeg*, EuZW 2003, S.).

Teufel, Erwin — Leitlinien für die Ordnung der Kompetenzen zwischen der Europäischen Union und den Mitgliedstaaten im künftigen Verfassungsvertrag, in: CONV 410/02 www. register.consilium.eu.int/pdf.; 8.07.2004, (zitiert: *Teufel*, CONV 410/02, S.).

Timmermans, Christiaan — Werbung und Grundfreiheiten, in: Schwarze, Jürgen (Hrsg.), Werbung und Werbeverbote im Lichte des europäischen Gemeinschaftsrechts, Baden-Baden 1999, S. 26-36, (zitiert.: *Timmermans*, in: Schwarze, Werbung und Werbeverbote, S.).

Tinbergen, Jan — International Economic Integration, 2. Auflage, Amsterdam, London, New York 1965, (zitiert: *Tinbergen*, International Economic Integration, S.).

Tomuschat, Christian — Das Ende der europäischen Integration-Maastricht ad infinitum?, in: Deutsches Verwaltungsblatt 1996, S. 1073-1082, (zitiert: *Tomuschat*, DVBl. 1996, S.).

Toth, A.G. — The legal status of the declarations annexed to the Single European Act, In: Common Market Law Review 23 (1986), S. 803-812, (zitiert: *Toth*, CMLR 23 (1986), S.).

Toth, A.G. — The Principle of Subsidiary in the Maastricht Treaty, in: Common Market Law Review 29 (1992), S. 1079-1105, (zitiert: *Toth*, CMLR 29 (1992), S.).

Trüe, Christiane — Das System der Rechtssetzungskompetenzen der Europäischen Gemeinschaft und der Europäischen Union,
Baden-Baden 2002,
(zitiert: *Trüe*, System der Rechtssetzungskompetenzen, S.).

Ullrich, Meike — Die Wahl der Rechtsgrundlage als Rechtsproblem des Gemeinschaftsrechts,
in: Zeitschrift für Europarechtliche Studien 2000, S. 243-272,
(zitiert: *Ullrich*, ZEuS 2000, S.).

Ulmer, Peter — Vom deutschen zum europäischen Privatrecht,
in: Juristen Zeitung 1992, S. 1-8,
(zitiert: *Ulmer*, JZ 1992, S.).

Verloren van Themaat, Peter — Die Rechtsangleichung als Integrationsinstrument,
in: Hallsteiner, Walter/Schlochauer, Hans-Jürgen (Hrsg.),
Zur Integration Europas,
Festschrift für Carl Friedrich Ophüls,
S. 243-256,
(zitiert: *Verloren van Themaat*, FS für Ophüls, S.).

Vogel, Louis — Die Harmonisierung des europäischen Wirtschaftsrechts: Mythos oder Realität,
in: Rabels Zeitschrift für ausländisches und internationales Privatrecht 65 (2001), S. 591-614,
(zitiert: *Vogel*, RabelsZ 65 (2001), S.).

Vogelaar, Theodore — The approximation of the laws of member states under the Treaty of Rome,
In: Common Market Law Review 12 (1975), S. 211-230,
(zitiert: *Vogelaar*, CMLR 12 (1975), S.).

Voß, Ulrike/*Wenner*, Gregor — Der EuGH und die gemeinschaftsrechtliche Kompetenzordnung – Kontinuität oder Neuorientierung?,
in: Neue Zeitschrift für Verwaltungsrecht 1994, S. 332-337,
(zitiert: *Voß/Wenner*, NVwZ 1994, S.).

Wägenbaur, Bertrand
Binnenmarkt und Gesundheitsschutz – Eine schwierige Kohabitation,
in: Europäische Zeitschrift für Wirtschaftsrecht 2000, S. 549-551,
(zitiert.: *Wägenbaur*, EuZW 2000, S.).

Wägenbaur, Rolf
Das Verbot „indirekter" Tabakwerbung und seine Vereinbarkeit mit Art. 30 EGV,
in: Europäische Zeitschrift für Wirtschaftsrecht 1998, S. 709-716,
(zitiert: *Wägenbaur*, EuZW 1998, S.).

Wagner, Mathias
Das Konzept der Mindestharmonisierung,
Berlin 2001,
(zitiert: *Wagner*, Mindestharmonisierung, S.).

Wagner, Rolf
Zur Vereinheitlichung des Interntionalen Privat- und Zivilverfahrensrechts sieben Jahre nach In-Kraft-Treten des Amsterdamer Vertrags,
in: EuZW 2006, S. 424-428,
(zitiert: *Wagner*, EuZW 2006, S.).

Weidenfeld, Werner
Maastricht in der Analyse,
Gütersloh 1994,
(zitiert: *Dokument*, in: Weidenfeld, Maastricht in der Analyse, S.).

Wetter, Irmgard
Die Grundrechtscharta des Europäischen Gerichtshofes,
Frankfurt 1998,
(zitiert: *Wetter*, Die Grundrechtscharta des Europäischen Gerichtshofes, S.).

Wiedmann, Thomas
Anmerkung zum Vertrag von Nizza,
in: Juristische Schulung 2001, S. 846-851,
(zitiert: *Wiedmann*, JuS 2001, S.).

Wiener, Antje
Institutionen,
in: Bogdandy, Armin von (Hrsg.),
Europäisches Verfassungsrecht,
1. Auflage,
Berlin, Heidelberg, New York 2003,
S. 121-147,
(zitiert: *Wiener*, in: von Bogdandy, Europäisches Verfassungsrecht, S.).

Wilmowsky, Peter von — EG-Freiheiten und Vertragsrecht, in: Juristen Zeitung 1996, S. 590-596, (zitiert: *von Wilmowsky*, JZ 1996, S.).

Wunderlich, Nina — Das Grundrecht der Berufsfreiheit im Europäischen Gemeinschaftsrecht – Der Schutz der Wirtschaftsteilnehmer gegenüber Eingriffen der Gemeinschaft in ihre berufliche Freiheit, Baden-Baden 2000, (zitiert: *Wunderlich*, Das Grundrecht der Berufsfreiheit, S.).

Zacker, Christian — Binnenmarkt und Gemeinsamer Markt, in: Recht der internationalen Wirtschaft 1989, S. 489- 450, (zitiert: *Zacker*, RIW 1989, S.).

Zöllner, Wolfgang — Die politische Rolle des Privatrechts, in: Juristische Schulung 1988, S. 329-336, (zitiert: *Zöllner*, JuS 1988, S.).

Zuleeg, Manfred — Die Europäische Gemeinschaft als Integrationsverband, in: Börner, Bodo/Jahreiß,Hermann/Stern, Klaus (Hrsg.), Festschrift für Karl Carstens, 1984, Einigkeit und Recht und Freiheit, Band I, S. 289-303, (zitiert: *Zuleeg*, FS für Carstens, S.).

Zweigert, Konrad — Grundsatzfragen der europäischen Rechtsangleichung, ihrer Schöpfung und Sicherung, in: Caemmerer, Ernst von/Nikisch, Arthur/Zweigert, Konrad (Hrsg.), Von deutschen zum europäischen Recht, Festschrift für Dölle, Band II, Tübingen 1963, S. 401-412 (zitiert: *Zweigert*, FS für Dölle, S.).

Fundstellen der EuGH – Urteile

Kurzbezeichnung	**Urteil von**	**Rechtssache; Slg**	**Parteien**
„Dinke"	12.07.1957	Rs. 7/56, 3, 7/57, Slg. 1957, 81	Dinke Alegra u.a. gegen Gemeinsame Versammlung der Europäischen Gemeinschaft für Kohle und Stahl
„Van Gend & Loos"	05.02.1963	Rs. C-26/62, Slg. 1963, 1	N.V. Algemene Transport- en Expeditie Onderneming Van Gend en Loos gegen Niederländische Finanzverwaltung
„Costa/ENEL"	15.07.1964	Rs. C. 6/64, Slg. 1964, 1251	Flaminio Costa gegen E.N.E.L.
„Kommission/Italien"	10.12.1968	Rs. C-7/68, Slg. 1968, I-633	Kommission der Europäische Gemeinschaft gegen Italienische Republik
„Stauder"	12.11.1969	Rs. C-29/69, Slg. 1969, 419	Erich Stauder gegen Stadt Ulm, Sozialamt. (Ersuchen um Vorabentscheidung vorgelegt vom Verwaltungsgericht Stuttgart-Deutschland.)
„Hauptzollamt Hamburg/ Bollman"	18.02.1970	Rs. C-40/69, Slg. 1970, 69	Hauptzollamt Hamburg-Oberelbe gegen Firma Paul G. Bollmann. (Ersuchen um Vorabentscheidung, vorgelegt vom Bundesfinanzhof)
„Internationale Handelsgesellschaft"	17.12.1970	Rs. C-11/70, Slg. 1970, 1125	Internationale Handelsgesellschaft mbH gegen Einfuhr- und Vorratsstelle für Getreide und Futtermittel. (Ersuchen um Vorhabentscheidung, vorgelegt vom

			Verwaltungsgericht Frankfurt-Deutschland.)
„Europäisches Übereinkommen über Straßenverkehr“ – „AETR“	31.03.1971	Rs. 22/70, Slg. 1971, 263	Kommission der Europäischen Gemeinschaft gegen Rat der Europäischen Gemeinschaft
„Grammophon“	08.06.1971	Rs.78/70, Slg. 1971, 487	Deutsche Grammophon Gesellschaft mbH gegen Metro-SB-Großmärkte GmbH & Co. KG. (Ersuchen um Vorabentscheidung : Hanseatischen Oberlandesgericht Hamburg-Deutschland.)
„Politi s.a.s.“	14.12.1971	Rs. 43/71, Slg. 1971, 1039	Politi s.a.s. gegen Finanzministerium der Italienischen Republik (Vorabentscheidung, vorgelegt vom Präsidenten des Tribunals in Turin)
„Schröder KG“	07.02.1973	Rs. 40/72, Slg. 1973, 125	Schroeder KG gegen Bundesrepublik Deutschland. (Ersuchen um Vorabentscheidung Verwaltungsgericht Frankfurt/Main-Deutschland.)
„Balkan-Import-Export“	14.10.1973	Rs. C-5/73, Slg. 1973, 1091	*Balkan-Import-Export* GmbH gegen Hauptzollamt Berlin-Packhof. (Ersuchen um Vorabentscheidung, Finanzgericht, Berlin-Deutschland.)
„Istituto Chemioterapico“	22.01.1974	Rs. 6 u. 7/73, Slg. 1974, 223	Istituto Chemioterapico Italiano S.p.A. und Commercial Solvents Corporation gegen Kommission der Europäischen Gemeinschaften
„Nold“	14.05.1974	Rs. 4/73, Slg. 1974, 491	J. Nold, Kohlen- und Baustoffgroßhandlung gegen

			Kommission der Europäischen Gemeinschaft
„Reyners/ Belgien“	21.06.1974	Rs. C-2/74, Slg. 1974, 631	Jean Reyners gegen belgischen Staat. (Ersuchen um Vorabentscheidung, vorgelegt vom belgischen Conseil d'Ĕtat-Frankreich.)
„Dassonville“	11.07.1974	Rs. C-8/74, Slg. 1974, 837	Staatsanwaltschaft gegen Benoît und Gustav Dasonville. (Ersuchen um Vorabentscheidung vorgelegt vom Tribunal de premère instance Brüssel-Belgien.)
„Centrafarm“	31.10.1974	Rs. C-15/74, Slg. 1974, 1147	Centrafarm B.V. und Adriaan de Piejper gegen Sterling Drug inc. (Ersuchen um Voranentscheidung, vorgelegt vom Hoge Raad-Niederlande.)
„van Binsbergen/ Bedrijfsvereniging Metaalnijverheid“	03.12.1974	Rs. C-33/74, Slg. 1974, 1299	Johannes Henricus Maria van Binsbergen gegen Bestuur van de Bedrijfsvereniging voor de Mataalnijverheid. (Ersuchen um Vorabentscheidung, vorgelegt von Centrale Raad Beroep-Niederlande.)
„Van Duyn/Home Office“	04.12.1974	Rs. C-41/74, Slg. 1974, 1337	Yvonne van Duyn gegen Home Office. (Ersuchen um Vorabentscheidung, vorgelegt von der Chancery Division of the High Court of Justice-England.)
„Royer“	08.04.1976	Rs. C-48/75, Slg. 1976, 497	Jean Noël Royer. (Ersuchen um Vorabentscheidung, vorgelegt vom Tribunal de première instance Lüttich-Belgien)
„Kramer“	14.07.1976	Rs. 3, 4, 6/76, Slg. 1976, 1279	Cormelius Kramer u.a. (Ersuchen um Vorabentschei-

			dung, vorgelegt von den Aronidssementsrechtbanken Zolle und Alkmaar-Niederlande.)
„Doncker-wolcke“	15.12.1976	Rs. 41/76, Slg. 1976, 1921	Su zanne Donckerwolcke verehelchte Criel und Henri Schou gegen Procureur de la Republique beim Tribunal de grande instance Lille und Directeur gĕnĕral des douanes et droits indirects, Paris. (Ersuchen um Vorabentscheidung, vorgelegt von der Cour d'appel Douai-Frankreich.)
„Iannelli und Volpi/Meroni“	22.03.1977	Rs. C-74/76, Slg. 1977, 557	Iannelli und Volpi S.p.A. gegen Firma Paolo Meroni. (Ersuchen um Vorabentscheidung vorgelegt vom Pretore in Mailand-Italien.)
„Tedeschi“	05.10.1977	Rs. C-5/77, Slg. 1977, 1555	Caro Tedeschi gegen Denkavit Commerciale s.r.l. (Ersuchen um Vorabentscheidung, vorgelegt vom Pretura Lodi-Italien.)
„Metro“	25.10.1977	Rs. C-26/76, Slg. 1977, 1875	Metro SB-Großmärkte GmbH & Co. KG gegen Kommission der Europäischen Gemeinschaften
„Simmenthal II“	09.03.1978	Rs. C-106/77, Slg. 1978, 629	Staatliche Finanzverwaltung gegen S.p.A. Simmenthal. (Ersuchen um Vorabentscheidung, vorgelegt vom Pretore in Susa-Italien.)
„Société les Commissinai-res Réunis“	20.04.1978 „	Rs. C-80, 81/77, Slg. 1978, 927	Société les Commissinaires Réunis S.A.R.L. gegen Receveur des Douanes S.A.R.L. Les files de Henri Ramel gegen Receveur Receveur des Douanes. (Er-

			suchen um Vorabentscheidung: Tribunal d'instance Bourg-en-Bresse-Frankreich.)
„Hansen/FZA Flensburg“	10.10.1978	Rs. 148/77, Slg. 1978, 1787	H. Hansen jun. & O.C. Balle GmbH & Co. gegen Hauptzollamt Flensburg. (Ersuchen auf Vorabentscheidung, vorgelegt vom Finanzgericht Hamburg-Deutschland)
„Schumalla“	28.11.1978	Rs. 97/78, Slg. 1978, 2311	Fritz Schumalla. (Ersuchen um Vorabentscheidung, vorgelegt vom Oberlandesgericht Düsseldorf-Deutschland.)
„Welding“	30.11.1978	Rs. C-87/78, Slg. 1978, 2457	Welding und Co. Gegen Hauptzollamt Hamburg-Waltershof. (Ersuchen um Vorabentscheidung, vorgelegt vom Finanzgericht Hamburg-Deutschland.)
„Camera Care“	17.01.1979	Rs. 792/79, Slg. 1980, 119	Camera Care Ltd. Gegen Kommssion der Europäischen Gemeinschaft
„Cassis de Dijon“	20.02.1979	Rs. C-120/78, Slg. 1979, 649	Rewe-Zentral-AG gegen Bundesmonopolverwaltung für Branntwein. (Ersuchen um Vorabentscheidung vorgelegt vom Hessischen Finanzgericht-Deutschland.)
„Ratti“	05.04.1979	Rs. C-148/78, Slg. 1979, 1629	Strafverfahren gegen Tullio Ratti. (Ersuchen auf Vorabentscheidung, vorgelegt vor der Pretura Penale Mailand-Italien.)
„Hauer“	13.12.1979	Rs. C-44/79, Slg. 1979, 3727	Lielotte Hauer gegen Land Rheinland Pfalz. (Ersuchen um Vorabentscheidung, vorgelegt vom Verwal-

			tungsgericht Neustadt-Deutschland.)
„National Panasonic“	26.06.1980	Rs. 136/79, Slg. 1980, 2033	National Panasonic (UK) Limited gegen Kommission der Europäischen Gemeinschaft
„Broekmeulen“	06.10.1980	Rs. 246/80, Slg. 1981, 2311	C. Broekmeulen gegen Huisarts Registratie Commissie. (Ersuchen um Vorabentscheidung, vorgelegt von der Comissie van Beroep Huisartsgeneskunde, Den Haag-Niderlande.)
„Seefischerei“	05.05.1981	Rs. 804/79, Slg. 1981, S. 1045	Kommission der Europäischen Gemeinschaft gegen Vereinigtes Königreich Großbritannien und Nordirland
„Kommission gegen Italienische Republik“	09.12.1981	Rs. 193/80, Slg. 1981, 3019	Kommission der Europäischen Gemeinschaft gegen Italienische Republik
„Schädlingsbekämpfungsmittel“	17.12.1981	Rs. 272/80, Slg. 1981, 3277	Strafverfahren gegen Frans-Nederlandse Maatschappij voor Biologische Producten BV. (Ersuchen um Vorabentscheidung, vorgelegt vom Gerechtshof Den Haag-Niederlande.)
„Polydor“	09.02.1982	Rs. 270/80, Slg. 1982, 329	Polydor Limited und RSO Records Inc. gegen Harlequin Records Shops Limited und Simon Records Limited. (Ersuchen um Vorabentscheidung, vorgelegt vom Court of Appeal of England and Wales.)
„Merkur Fleischimport“	29.04.1982	Rs. 147/81, Slg. 1982, 1389	Merkur Fleisch-Import GmbH gegen Hauptzollamt Hamburg-Ericus (Ersuchen um Vorabentscheidung,

			vorgelegt vom Finanzgericht Hamburg-Deutschland.)
„Schul“	05.05.1982	Rs. C-15/81, Slg. 1982, 1409	Gaston Schul Douane Expediteur BV gegen Inspecteur de in vorrechten en accijnzen, Roosendaal. (Ersuchen auf Vorabentscheidung, vorgelegt von Gerechtshof ,s-Hertogenbosch-Niederlande.)
„Deutsches Milchkontor“	21.09.1983	Rs. 205, 215/82, Slg 1983, 2633	Deutsches Milchkontor GmbH u.a. gegen Bundesrepublik Deutschland. (Ersuchen um Vorabentscheidung, vorgelegt vom Verwaltungsgericht Frankfurt/Main-Deutschland.)
„VBVB und VBBB“	17.01.1984	Rs. C-43/82 und 63/82, Slg. 1984, 19	De Vereeniging ter Bevordering van het Vlaamsche Boekwezen, VBVB und de Vereeniging ter Bevordering van de belangen des Boekhandels gegen Kommission der Europäischen Gemeinschaft
„Luisi“	31.01.1984	Rs. C-286/82 u. 26/83, Slg. 1984, 377	Graziana Luisi und Giuseppe Carbone gegen Ministro del Tesoro. (Ersuchen um Vorsbentscheidung vorgelegt vom Tribunale di Genova-Italien.)
„Senta Einberger“	28.02.1984,	Rs. 294/82, Slg. 1984, 1177	Senta Einberger gegen Hauptzolamt Freiburg. (Ersuchen um Vorabentscheidung, vorgelegt vom Finanzgericht Baden-Württemberg-Deutschland.)
„Rewe“	29.02.1984	Rs. 37/83, Slg. 1984, 1229	Firma REWE-Zentrale AG gegen Direktor der Land-

			wirtschaftskammer Rheinland. (Ersuchen um Vorabentscheidung: Verwaltungsgericht Köln-Deutschland.)
„Prantl“	13.03.1984	Rs. 16/83, Slg. 1984, 1299	Strafverfahren gegen Karl Prantl. (Ersuchen um Vorabentscheidung, vorgelegt vom Landgericht München II-Deutschland.)
„Colson/Kamann“	10.04.1984	Rs. 14/83, Slg. 1984, 1891	Sabine von Colson und Elisabeth Kamann gegen Land NRW
„Campus Oil“	10.07.1984	Rs. C-72/83, Slg. 1984, 2727	Campus Oil und andere gegen Minister für Industrie und Energie und andere. (Ersuchen um Vorabentscheidung, vorgelegt vom irischen High Court-Königreich von Großbritannien.)
„Gravier“	13.02.1985	Rs. 293/83, Slg. 1985, 593	François Gravier gegen Stadt Lüttich. (Ersuchen um Vorabentscheidung, vorgelegt vom Tribunal de première instance Lüttich-Belgien.)
„Zusatzstoffe“	03.10.1985	Rs. C- 28/84, Slg. 1985, 3115	Kommission der Europäischen Gemeinschaft gegen die Bundesrepublik Deutschland
„Motte“	10.12.1985	Rs. C. 247/84, Slg. 1985, 3887	Strafverfahren gegen Lèon Motte. (Ersuchen um Vorabentscheidung vorgelegt von der Cour d'appel Brüssel-Belgien.)
„Zulassung von Holzbearbeitungsmaschinen“	28.01.1986	Rs. 188/84, Slg. 1986, 419	Kommission der Europäischen Gemeinschaft gegen Französische Republik

„Bulk Oil"	18.02.1986	Rs. C- 174/84, Slg. 1986, 559	Bulk Oil (Zug) AG gegen Sun International Limited und Sun Oil Trading Company. (Ersuchen um Vorabentscheidung, vorgelegt vom High Court of Justice, Queen's Bench Division, Commercial Court-Königreich von Großbritannien.)
„Marshall"	26.02.1986	Rs. 152/84, Slg 1986, 737	M. H. Marshall gegen Southhampton and South-West Hampshire Area Health Authority (Teaching) (Vorabentscheidung, vorgelegt vom Court of Appeal)
„Cerafel"	25.11.1986	Rs. 218/85, Slg. 1986, 3513	Association Comité économique agricole régional fruits et Légumes de Bretagne gegen A. Le Campion. (Ersuchen um Vorabentscheidung, vorgelegt vom Tribunal de grande instance Saint-Brieuc- Königreich von Großbritannien.)
„Allgemeine Zollpräferenzen"	27.03.1987	Rs. 45/86, Slg. 1987, 1493	Kommission der Europäischen Gemeinschaft gegen Rat der Europäischen Gemeinschaft
„Wanderungspolitik"	09.07.1987	Rs. 281, 283, 285, 287/85, Slg. 1987, 3203	Bundesrepublik Deutschalnd u.a. gegen Kommission der Europäischen Gemeinschaften
„Hormonfall"	23.02.1988	Rs. C 68/86, Slg. 1988, 855	Vereinigtes Königreich Großbritannien und Nordirland gegen Rat der Europäischen Gemeinschaften

„Legehennen-fall“	23.02.1988	Rs. 131/86, Slg. 1988, 905	Vereinigtes Königreich Großbritannien und Nordirland gegen Rat der Europäischen Gemeinschaften
„Gesundheits-behördliche Kontrolle“	20.09.1988	Rs. 190/87, Slg. 1988, 4689	Oberkreisdirektor des Kreises Borken und Vertreter des öffentlichen Interesses beim Oberverwaltungsgericht für das Land Nordrhein-Westfalen gegen Handelsonderneming Moormann BV. (Ersuchen um Vorabentscheidung vorgelegt vom Bundesverwaltungsgericht-Niederlande.)
„Cowan“	02.02.1989	Rs. C-186/87, Slg 1989, I-195	Ian William Cowan gegen Tresor Public. (Ersuchen um Vorabentscheidung, vorgelegt vom Tribunal de grande instance de Paris-Frankreich.)
„Kommission/Italien“	02.02.1989	Rs. 22/87, Slg. 1989, 143	Kommission der Europäischen Gemeinschaft gegen Italienische Republik
„Schumacher“	07.03.1989	Rs. C-215/87, Slg. 1989, I-617	Heinz Schuhmann gegen Hauptzollamt Frankfurt am Main-Ost. (Ersuchen um Vorabentscheidung vorgelegt vom Hessischen Finanzgericht-Deutschland.)
„Erasmus-programm“	30.05.1989	Rs. 242/87, Slg, 1989, 1425	Kommission der Europäischen Gemeinschaft gegen Rat der Europäischen Gemeinschaft
„Schräder“	11.07.1989	Rs. 267/87, Slg. 1989, 2237	Hermann Schräder HS Kraftfutter GmbH &Co. KG gegen Hauptzollamt Gronau. (Ersuchen um Vorabentscheidung, vorgelegt

			vom Finanzgericht Düssel-dorf-Deutschland.)
„Hoechst AG"	21.09.1989	Rs. C-46/87 u. 227/88, Slg. 1989, 2859	Hoechst AG gegen Kommission der Europäischen Gemeinschaft
„Grimaldi/ Fonds des maladies profession-nelles"	13.12.1989	Rs. C-322/88, Slg. 1989, 4407	Salvatore Grimaldi gegen Fonds des Maladies Professionnelles. (Ersuchen um Vorabentscheidung : Tribunal du Travail de Brüssel-Belgien.)
„Oyowe und Traore"	13.12.1989	Rs. C-100/88, Slg. 1989, 4285	Augustin Oyowe und Amadou Traore gegen Kommission der Europäischen Gemeinschaft
„Krantz"	07.03.1990	Rs. C-69/88, Slg. 1990, I-583	H. Krantz GmbH & Co. Gegen Ontvanger der Directe Belastingen und Staat der Niederlanden. (Vorabentscheidungsersuchen der Arrondissements-rechtbank Maastricht-Niederland.)
„GB-Inno-BM"	07.03.1990	Rs. C- 362/88, Slg. 1990, I-667	GB-INNO-BM gegen Confédération du commerce luxembourgeois. (Vorabentscheidungsersuchen der Court de cassation des Großherzogtums Luxemburg.)
„Tschernobyl"	29.03.1990	Rs. 62/88, Slg. 1990, I-1527	Griechische Republik gegen Rat der Europäischen Gemeinschaften
„Parla-ment/Rat"	22.05.1990	Rs. C 70/88, Slg. 1990, I-2041	Europäisches Parlament gegen Rat der Europäischen Gemeinschaften
„The Queen/Ministr y of Agricul-ture"	13.11.1990	Rs. C- 31/88, Slg 1990, I-4023	The Queen gegen The Minister of Agriculture, Fisheries and Food und The Secretary of State for

			Health, ex parte: Fedesa u.a. (Vorabendscheidungsersuchen des High Court of Justice, Queen's Bench Division- Königreich von Großbritannien.)
„Caves Neto Costa“	19.01.1991	Rs. C-76/90, Slg. 1991, I-4221	Caves Neto Costa SA gegen Ministro do Commercio e Turisma und Secretario de Estrado do Commercio externo. (Ersuchen um Vorabentscheidung: Supremo Tribunal Administrativo-Portugal.)
„Zuckerfabrik“	21.02.1991	Rs. C-143/88, C-92/89, Slg. 1991, I-415	Zuckerfabrik Süderdithmarschen AG gegen Hauptzollamt Izehoe und Zuckerfabrik Soest GmbH gegen Hauptzollamt Paderborn. (Vorabentscheidungsersuchen des Finanzgerichts Hamburg und des Finanzgerichts Düsseldorf-Deutschland.)
„Trinkwasserrichtlinie“	28.02.1991	Rs. C-131/88, Slg. 1991, I- 825	Kommission der Europäischen Gemeinschaft gegen Bundesrepublik Deutschland
„Assurances du Crédite“	18.04.1991	Rs. C-63/89, Slg. 1991, I-1842	Assurances du Crédite und Belge D'aussurance crédit SA gegen Rat und Kommission der Europäischen Gemeinschaft
„Vlassopoulou“	07.05.1991	Rs. C-340/89, Slg. 1991, I-2357	Irene Vlassopoulou gegen Ministerium für Justiz, Bunds- und Europaangelegenheiten Baden-Würtenberg. (Vorabentscheidungsersuchen des

			Bundesgerichtshofs-Deutschland.)
„Titandioxid“	11.06.1991	Rs. C-300/89, Slg. 1991, I-2867	Kommission der Europäischen Gemeinschaft gegen Rat der Europäischen Gemeinschaft
„Rundfunk und Fernsehen“	18.06.1991	Rs. C-260/89, Slg. 1991, I-2925	Ellinki Radiophonia Tileorassi Anonimi Etaira und Panellinia Omospondia Syllogon Prossopikou Ert gegen Dimotiki Etaira Pliroforissis und Sortirios Kouvelas und Nicolaos Avdellas und andere. (Vorabentscheidungsersuchen des Monomeles Protodikeio Thessaloniki-Griechenland.)
„Stichting“	25.07.1991	C-288/89, Slg. 1991, I-4007	Srichting Collectieve Antennevoorziening Gouda und andere gegen commissariaat voor de media. (Ersuchen um Vorabentscheidung: Raad van state Niederlande.)
„Grogan“	04.10.1991	Rs. C-159/90, Slg. 1991, I-4685	The society for the protection of unborn children Irland ltd. Gegen Stephan Grogan und andere (Ersuchen um Vorabentscheidung: High Court – Irland)
„Tschnernobyl“	04.10.1991	Rs. C-70/88, Slg. 1991, I-4529	Euopäisches Parlament gegen Rat der Europäischen Union
„Francovich“	19.11.1991	Rs. C-6/90 und C-9/90, Slg. 1991, I-5357	Andrea Francovich gegen Italienische Republik. (Vorabentscheidungsersuchen der Pretura Bassano del Grappa-Italien.)

„Abfallrichtlinie“	17.03.1992	Rs. C-155/91, Slg. 1993, I-939	Kommission der Europäischen Gemeinschaft gegen Rat der Europäischen Gemeinschaft
„Parlament/Rat“	07.07.1992	Rs. C-295/90, Slg. 1992, I-4193	Parlament der Europäischen Gemeinschaft gegen Rat der Europäischen Gemeinschaft
„Kommission gegen Belgien“	25.11.1992	Rs. C-376/90, Slg. 1992, I-6153	Kommission der Europäischen Gemeinschaft gegen Belgien
„Kommission/Belgien“	09.12.1992	Rs. C-2/90, Slg. 1992, I-4431	Kommission der Europäischen Gemeinschaft gegen Königreich Belgien
„Kraus“	31.03.1993	Rs. C-19/92, Slg. 1993, I-1663	Dieter Kraus gegen Land Baden-Württemberg. (Ersuchen um Vorabentscheidung: Verwaltungsgericht Stuttgart-Deutschland.)
„Yves Rocher“	18.05.1993	Rs. C-126/91, Slg. 1993, I-2361	Schutzverband gegen Unwesen in der Wirtschaft e.V. gegen Yves Rocher GmbH. (Vorabentscheidungsverfahren des Bundesgerichtshofs-Deutschland)
„Gallaher“	22.06.1993	Rs. C-11/92, Slg. 1993, I-3545	The Queen / Secretary of State for Health, ex parte Gallaher und andere
„CMC Motorradcenter“	13.10.1993	Rs. C-93/92, Slg. 1993, I-5009	CMC Motorradcenter GmbH gegen Pelin Baskiciogullari. (Ersuchen um Vorabentscheidung: Landgericht Augsburg-Deutschland.).
„Mondiet“	24.11.1993	Rs. C- 405/92, Slg. 1993, I-6133	Etablissement Armand Mondiet SA gegen Armement Islais SARL. (Vorabentscheidungsersuchen des Tribunal de

			commerce La Roche-sur Yon-Frankreich.)
„Keck“	24.11.1993	Rs. C-267/91 u. 268/91, Slg. 1993, I-6097	Strafverfahren gegen Bernard Keck und Daniel Mithouard. (Vorbentscheidungsersuchen des Tribunals de grande instance Straßburg-Frankreich.)
„Clinique“	02.02.1994	Rs. C-315/92, Slg. 1994, I-317	Verband sozialer Wettbewerb e.V. gegen Clinique Laboratoires SNC und Estee Lauder cosmetics GmbH. (Ersuchen um Vorabentscheidung Landgericht Berlin-Deutschland.)
„PCP-Entscheidung“	17.05.1994	Rs. C-41/93, Slg. 1994, I-1829	Französische Republik gegen Kommission der Europäischen Gemeinschaften
„Tankstation't Heukske“	02.06.1994	Rs. C-401/92 u. 402/92, Slg. 1994, I-2199	Strafverfahren gegen Tankstation't Heukske vof und J.B.E. Boermans. (Vorabentscheidungsersuchen des Gerechtshof Herzogenbusch-Niederlande.)
„Punto Casa“	02.06.1994	Rs. C- 69/93 u. C-258/93, Slg. 1994, I-2355	Punto Casa SpA gegen Sindaco del Comune di Capna und Comune di Capena und Promozioni Polivalenti Venete Soc. coop.arl (PPV) gegen Sindaco del Comune di Torri di Quartesolo und Comune di Torri di Quartesolo. (Vorabentscheidungsersuchen der Pretura circondariale Rom, Auswärtige Kammer Castelnuovo di Porto-Italien.)

„Abfallverbringungsordnung“	28.06.1994	Rs. C-187/93, Slg. 1994, I-2857	Europäisches Parlament gegen Rat der Europäischen Union
„Faccini Dori“	14.07.1994	Rs. C-91/92, Slg. 1994, I-3325	Paola Faccini Dori gegen Recreb Srl. (Vorabentscheidungsersuchen des Giudice conciliatore Florenz-Italien.)
„Peralta“	Rs. C-34/97, Slg. 1994, I-3453	Rs. C-379/92, Slg. 1994, I-3453	Strafverfahren gegen Matteo Peralta. (Ersuchen um Vorabentscheidung Pretura Circondariale di RaVenna – Italien.)
„Meyhui NV“	09.08.1994	Rs. C-51/93, Slg. 1994, I-3879	Meyhui NV gegen Schott Zwiesel Glaswerke AG. (Ersuchen um Vorabentscheidung: Rechtbank van Koophandel Brügge-Belgien.)
„Lodomira Neeltje“	15.09.1994	Rs. C-293/93, Slg. 1994, I-4249	Strafverfahren gegen Lodomira Neeltje Barbara Houtwipper. (Ersuchen um Vorabentscheidung: Arrondissementrechtsbank Zutphen-Niderlande.)
„Bananenurteil“	05.10.1994	Rs. C-280/93, Slg. 1994, I-4973	Bundesrepublik Deutschland gegen Rat der Europäischen Union
„Aidstest“	05.10.1994	Rs. C-404/92, Slg. 1994, I-4737	X gegen die Kommission der Europäischen Gemeinschaft
„Methodé champenoise“	13.12.1994	Rs. C-306/93, Slg. 1994, I-5555	SMW Winzersekt GmbH gegen Land Rheinland-Pfalz. (Ersuchen um Vorabentscheidung-Deutschland)
„Leclerc-Siplec“	09.02.1995	Rs. C-412/93, Slg. 1995, I-179	Societe d'importation Edouard Leclerc-Siplec gegen TF1 Publicite SA und M6 Publicite SA. (Ersuchen

			um Vorabentscheidung: Tribuna de Commerce de Paris – Frankreich.)
„Säuglings-nahrung“	29.06.1995	Rs. C-391/92, Slg. 1995, I-1621	Kommission der Europäischen Gemeinschaften gegen Republik Griechenland
„Mars“	06.07.1995	Rs. C-470/93, Slg. 1995, I-1923	Verein gegen Unwesen in Handel und Gewerbe Köln e.V. gegen Mars GmbH. (Ersuchen um Vorabentscheidung: Landgericht Köln-Deutschland)
„Arzneimittel-schutz-zertifikat“	13.07.1995	Rs. C-350/92, Slg. 1995, I-1985	Königreich Spanien gegen Rat der Europäischen Union
„Spediporto“	05.10.1995	Rs. C-96/94, Slg. 1995, I-2883	Centro Servizi spediporto SRL gegen Spedizioni Marittima del Golfo SRL. (Ersuchen um Vorabentscheidung Tribunale di Genova-Italien.)
„Kommission/ Deutschland“	26.10.1995	Rs. C-51/94, Slg. 1995, I-3599	Kommission der Europäischen Gemeinschaft gegen die Bundesrepublik Deutschland
„Francovich II“	09.11.1995	Rs. C-479/93, Slg. 1995, I-3843	Andrea Francovich gegen Italienische Republik. (Vorabentscheidungsersuchen der Pretura cicondariale Vicenza-Italien.)
„Gebhard“	30.11.1995	Rs. C-55/94, Slg. 1995, 4165	Reinhard Gebhard gegen Consiglio Del’Ordine degli Avvocati e Procuratori di Milano. (ersuchen um Vorabentscheidung: Consiglio Nazionale Forense – Italien.)
„Bosman“	15.12.1995	Rs. 415/93, Slg. 1995, I-4921	Union royale belge des sociétés de football association ASBL gegen

			Jean-Marc Bosman, Royal club liégeois SA gegen Jean-Marc Bosman und andere und Union des associations européennes de football (UEFA) gegen Jean-Marc Bosman. (Ersuchen um Vorabentscheidung: Cour d'appel de Liège – Belgien.)
„Brasserie du Pêcheur"	05.03.1996	Rs. C-66/93 und C 48/93, Slg. 1996, I 1029	Brasserie du pêcheur SA gegen Bundesrepublik Detschland und The Queen gegen Secretary of State for Transport ex parte: Factortame Ltd u.a. (Vorabendscheidungsersuchen des Bundesgerichtshofs und des High Court of Justice, Queen'- Königreich von Großbritannien.)
„CIA Security"	30.04.1996	Rs. C-194/94, Slg. 1996, I-2201	CIA Security International SA gegen Signalson SA und Securitel SPRL
„DIP SpA"	17.05.1996	Rs. C-140, 141 u. 142/94, Slg. 1995, I-3257	DIP SpA gegen Comune di Bassano del Grappa, Lidl Italia SRL gegen Comune di Chioggia und Lingral SRL gegen Comune di Chiogga. (Ersuchen um Vorabentscheidung: Tribunale Amministrativo Regionale per il Veneto – Italien.)
„Queen/Ministry of Agriculture"	23.05.1996	Rs. C-5/94, Slg. 1996, I-2553	Queen gegen Ministry of Agriculture, Fisheries and Food, ex parte: Hedley Lomas (Ireland) Ltd (Vorabentscheidungsersuchen des High Court of Justice, Queen's Bench Division-

			Königreich von Großbritannien)
„Brandsma“	27.06.1996	Rs. C-293/94, Slg. 1996, I-3159	Strafverfahren gegen Jacqueline Brandsma. (Ersuchen um Vorabentscheidung: Rechtbank van eerste aanleg Turnhout – Belgien.)
„Bosphorus“	30.07.1996	Rs. C-84/95, Slg. 1996, I-3953	Bosphorus Hava Yollari Turizm ve Ticaret AS gegen Minister for Transport, Energy and Communications und andere. (Ersuchen um Vorabentscheidung: Supreme Court – Irland.)
„MP Travel Line“	08.10.1996	Rs. C-178, 179, 188-190/94, Slg. 1996, I-4845	Erich Dillenkofer u.a. gegen Bundesrepublik Deutschland (Vorabentscheidungsersuchen des Landgerichts Bonn)
„Arbeitszeitgestaltung“	12.11.1996	Rs. C-84/94, Slg. 1996, I-5755	Vereinigtes Königreich Großbritannien und Nordirland gegen Rat der Europäischen Union
„Arbeitszeitrichtlinie“	12.11.1996	Rs. C-84/94, Slg. 1996, I-5755	Vereinigtes Königreich Großbritanien und Nordirland gegen Rat der Europäischen Union
„Graffione“	26.11.1996	Rs. C-313/94, Slg. 1996, I-6039	F.lli Graffione SNC gegen Ditta Fransa. (Ersuchen um Vorabentscheidung: Tribunale di Chiavari – Italien.)
„Mindestvorschriften für die Arbeit mir Bildschirmen“	12.12.1996	Rs. C-74/95 und C-129/95; Slg. 1996, I-6609	Strafverfahren gegen X. (Vorabentscheidungsersuchen der Procura della Repubblica presso la Pretura circondariale Turin und der Pretura circindariale Turin-Italien.)

„Einlagen-sicherung“	13.05.1997	Rs. C-233/94, Slg. 1997, I-2405	Deutschalnd gegen Parlament und Rat der Europäischen Gemeinschaft
„Kremzow“	29.05.1997	Rs. C-299/95, Slg. 1997, I-2629	Friedrich Kremzow gegen Republik Österreich. (Vorabentscheidungsersuchen des obersten Gerichtshof Östereich.)
„Celestini“	05.06.1997	Rs. C-105/94, Slg. 1997, I-2971	Ditta Angelo Celestini gegen Saar-Sektkellerei Faber GmbH & Co. KG. (Ersuchen um Vorabentscheidung: Tribunale civile e penale di Ravenna – Italien.)
„Kieffer	25.06.1997	Rs. C-114/96, Slg. 1997, I-3629	Strafverfahren gegen René Kieffer und Romain Thill. (Ersuchen um Vorabentscheidung: Tribunal de police Luxemburg – Grossherzogtum Luxemburg.)
„Kieffer“	25.06.1997	Rs. 114/96, Slg. 1997, I-3629	Strafverfahren gegen René Kieffer und Roman Thill (Ersuchen um Vorabentscheidung)
„Familiapress“	26.06.1997	Rs. C-368/95, Slg. 1997, I-3689	Vereinigte Familiapress Zeitungsverlags- und vertriebs GmbH gegen Heinrich Bauer Verlag. (Ersuchen um Vorabentscheidung: Handelsgericht Wien – Österreich.)
„Decker“	28.04.1998	Rs. C-120/95, Slg. 1998, I-1831	Nicolas Decker gegen Caisse de maladie des employés privés. (Ersuchen um Vorabentscheidung: Conseil arbitral des assurances sociales – Grossherzogtum Luxemburg.)
„Metronome“	28.04.1998	Rs. C-200/96, Slg. 1998, I-1953	Metronome Musik GmbH gegen Music Point Hokamp

			GmbH. (Ersuchen um Vorabentscheidung: Landgericht Köln – Deutschland.
„Bellone"	30.04.1998	Rs. 215/97, Slg. 1998, I-2191	Barbara Bellone gegen Yokohama SpA
„Rinderwahnsinn"	05.05.1998	Rs. C-180/96, Slg. 1998, I-2265	Vereinigtes Königreich von Großbritannien und Nordirland gegen Kommission der Europäischen Gemeinschaft
„Corsica Ferries France"	18.06.1998	Rs. C-266/96, Slg. 1998, I-3949	Corsica Ferries France SA gegen Gruppo Antichi Ormeggiatori del porto di Genova Coop. Arl u.a. (Vorabentscheungsersuchen des Tribunale Genua)
„Safety Hi-Tech Srl"	14.07.1998	Rs.C-284/95, Slg. 1998, I-4301	Safety Hi-Tech Srl gegen S. & T. Srl (Vorabentscheidungsersuchen des Giudice di Pace Genua-Italien.)
„Bettati"	14.07.1998	Rs. C-341/95, Slg. 1998, I-4355	Gianni Bettati gegen Safety Hi-Tech Srl (Vorabentscheidungsersuchen der Pretura circondariale Avezzano-Italien.)
„Edis"	15.09.1998	Rs. 231/96, Slg. 1998, I-4951	Edilizia Industriale Siderugica Srl (Edis) gegen Ministero delle Finanze (Ersuchen um Vorabentscheidung vorgelegt Tribunal Genua-Italien.)
„Harpegnies"	17.09.1998	Rs. C-400/96, Slg. 1998, I-5121	Strafverfahren gegen Jean Harpegnies. (Ersuchen um Vorabentscheidung: Tribunal correctionnel de Charleroi – Belgien.)
„Kommission/ Frankreich"	22.10.1998	Rs. C-184/96, Slg. 1998, I-6197	Kommission der Europäischen Gemeinschaften gegen Französische Republik.

„Sprachenvielfalt“	23.02.1999	Rs. C-42/97, Slg. 1999, I-869	Europäisches Parlament gegen Rat der Europäischen Union
„Schutz des Waldes“	25.02.1999	Rs. C-164/97 u. C-165/97, Slg. 1999, I-1139	Europäisches Parlament gegen Rat der Europäischen Union
„Travel Vac SL“	22.04.1999	Rs. C-423/97, Slg. 1999, I-2195	Travel Vac SL gegen Manuel José Antelm Sanchis. (Ersuchen um Borabentscheidung: Juzgado de Primera Instancia de Valencia-Spanien.)
„Kortas“	1.06.1999	Rs. C-319/97, Slg. 1999, I-3143	Strafverfahren gegen Antoine Kortas (Vorabentscheidungseruchen des Landskrona-Schweden)
„Rechberger“	15.06.1999	Rs. C-140/97, Slg. 1999, I-3499	Walter Rechberger, Renate Greindl, Hermann Hofmeister u. a. gegen Republik Österreich. (Ersuchen um Vorabentscheidung: Landesgericht Linz – Österreich.)
„BASF“	21.09.1999	Rs.C-44/98, Slg. 1999, I-6269	BASF AG gegen Präsident des Deutschen Patentamts. (Vorabentscheidungsersuchen des Bundespatentgerichts).
„van der Wal“	11.01.2000	Rs. C-174/98 P u. C-189/98 P	Königreich der Niederlande gegen Gerard van der Wal (Ersuchen um Vorabentscheidung).
„Unlauterer Wettbewerb“	13.01.2000	Rs. C-254/98, Slg. 2000, I-151	Schutzverband gegen unlauteren Wettbewerb gegen TK-Heimdienst Sass GmbH. (Ersuchen um Vorabentscheidung: Oberster Gerichtshof – Österreich.)

„Graf“	27.01.2000	Rs. C-190/98, Slg. 2000, I-493	Volker Graf gegen Filzmoser Maschinenbau GmbH. (Vorabentscheidungsersuchen des Oberlandesgericht Linz-Österreich.)
„Krombach“	28.03.2000	Rs. C-7/98, Slg. 2000, I-1935	Dieter Krombach gegen André Bamberski. (Ersuchen um Vorabentscheidung: Bundesgerichtshof – Deutschland.)
„Ettiketierung von Rindfleisch“	04.04.2000	Rs. C-269/97; Slg. 2000, I-2257	Kommission der Europäischen Gemeinschaft und Europäisches Parlament gegen Rat der Europäischen Union
„Océano“	27.06.2000	Rs. C-240 u. 244/98, Slg. 2000, I-4941	Océano Grupo Editorial SA gegen Roció Murciano Quintero (C-240/98) und Salvat Editores SA gegen José M. Sánchez Alcón Prades (C-241/98), José Luis Copano Badillo (C-242/98), Mohammed Berroane (C-243/98) und Emilio Viñas Feliú (C-244/98). (Ersuchen um Vorabentscheidung: Juzgado de Primera Instancia nº 35 de Barcelona – Spanien.)
„Emesa Sugar“	14.09.2000	Rs. 17/98, Slg. 2000, I-665	Emesa Sugar (Free Zone) NV gegen Aruba. Ersuchen um. (Vorabentscheidung: Arrondissementsrechtbank te 's-Gravenhage – Niederlande.)
„Unilever Italia SpA/Central Food SpA“	26.09.2000	Rs. C-443/98, Slg. 2000, I-7535	Unilever Italia SpA gegen Central Food SpA. (Ersuchen um Vorabentscheidung.)

„Vorabentscheidung zum Tabakproduk-turteil“	05.10.2000	Rs. C-74/99, Slg. 2000, I-8419	The Queen gegen Secretary of Health u.a., ex parte: Imperial Tobacco Ltd u.a. (Ersuchen um Vorabentscheidung.)
„Tabakwerbe-urteil“	05.10.2000	Rs. C-376/98 und 74/99, Slg. 2000, I-8419	Bundesrepublik Deutschland gegen Europäisches Parlament und Rat der Europäischen Union
„Auswärtige Beziehungen“	30.01.2001	Rs. 36/98, Slg. 2001, I-779	Königreich Spanien gegen Rat der Europäischen Union
„Connolly“	06.03.2001	Rs. C-274/99, Slg. 2001, I-1611	Bernard Connolly gegen Kommission der Europäischen Gemeinschaften
„Konsumen-tombudsman-nen“	08.03.2001	Rs. C-405/98, Slg. 2001, 1795	Konsumentombudsmannen (KO) gegen Gourmet International Products AB (GIP). (Ersuchen um Vorabentscheidung: Stockholms tingsrätt – Schweden.)
„Kommission/ Niederlande“	10.05.2001	Rs. C-144/99, Slg. 2001, I-3541	Kommission der Europäischen Gemeinschaften gegen Königreich der Niederlande.
„Schwarzkopf/ Zentrale“	13.09.2001,	Rs. C-169/99, Slg. 2001, 5901	Schwarzkopf GmbH &Co.KG gegen Zentrale zur Bekämpfung unlauteren Wettbewerbs eV. (Ersuchen um Vorabentscheidung.)
„Biopa-tentrichtlinie“	09.10.2001	Rs. C-377/98, Slg. 2001, I-7079	Königreich der Niederlande gegen Europäisches Parlament und Rat der Europäischen Union
„Leitner“	12.03.2002	Rs. C-168/00, Slg. 2002, I-2631	Simone Leitner gegen TUI Deutschland GmbH & Co. KG. Ersuchen um Vorabentscheidung: Landesgericht Linz – Österreich.

„Club Tour“	30.04.2002	Rs. C-400/00, Slg. 2002, I-4051	Club-Tour, Viagens e Turismo SA gegen Alberto Carlos Lobo Gonçalves Garrido, Beteiligte: Club Med Viagens Ld[a]. Ersuchen um Vorabentscheidung: Tribunal Judicial da Comarca do Porto – Portugal.
„Mary Carpenter“	11.07.2002	11.07.2002, Rs. C-60/00, Slg. 2002, I-6279	Mary Carpenter gegen Secretary of the Home Department (Ersuchen um Vorabentscheidung.)
„Tabak(produkt)urteil“	10.12.2002	Rs. C-491/01, Slg. 2002, I-11453	The Queen gegen Secretary of State for Health, ex parte Britisg American Tobacco (Investments) Ltd und Imperial Tobacco Ltd u.a.
„Mineralwolle“	21.01.2003	Rs. C-512/99, Slg. 2003, I-845	Bundesrepublik Deutschland gegen Kommission der Europäischen Gemeinschaften
„Lebensmittelzusatzstoffe“	20.03.2003	Rs. C-3/00, Slg. 2003, I-2643	Königreich Dänemark gegen Kommission der Europäischen Gemeinschaften
„Booker Aquavulture Ltd“	10.07.2003	Rs. C-20/00 u. 64/00, Slg. 2003, I-7411	Booker Aquaculture Ltd, Firma Marine Harvest Mc Connell, Hydro Seafood GSP Ltd gegen the Scottish Minister (Ersuchen um Vorabentscheidung.)
„Arnold André GmbH“	14.12.2004	Rs. C-434/02, Slg. 2004, I-11825,	Arnold André GmbH & Co. KG gegen Landrat des Kreises Herford. (Ersuchen um Vorabentscheidung: Verwaltungsgericht Minden – Deutschland.)
Tabakwerbeurteil II“	12.12.2006	Rs. C-380/03, Slg. 2006, I-0000	Bundesrepublik Deutschland gegen Europäisches Parlament und Rat der Europäischen Union.

Einleitung

Die vorliegende Untersuchung befasst sich mit der Vereinheitlichung der Rechtsordnungen in Europa aufgrund der Rechtsgrundlage des Art. 95 EG. Ziel der Gemeinschaft ist gemäß Art. 14 EG die schrittweise Verwirklichung des Binnenmarktes. Die Rechtsangleichung ist von Anfang an Bestandteil der gemeinschaftlichen Kompetenzordnung gewesen. Sie hat die europäische Integration begleitet und geprägt. Dieser Prozess wird elementar von der Rechtsangleichungskompetenz des Art. 95 EG getragen. Art. 95 EG verleiht der Gemeinschaft die Kompetenz zur Rechtsangleichung von Rechts- und Verwaltungsvorschriften, welche die Errichtung und das Funktionieren des Binnenmarktes zum Gegenstand haben. Im Wesentlichen ist die Norm auf die Förderung des Integrationsprozesses gerichtet.

Die Kompetenzen des Gemeinschaftsgesetzgebers sind seit jeher, heute insbesondere im Zusammenhang mit dem europäischen Verfassungsvertrag, einer der wichtigsten Diskussionspunkte des Europarechts. Die Geschichte der europäischen Integration ist seit ihrem Beginn durch die Tendenz des expandierenden Gebrauchs der Gemeinschaftskompetenzen, nicht nur in ihren wirtschaftlichen Aufgaben im weitesten Sinne, sondern auch in den politischen Konsequenzen, gekennzeichnet.[1] Bei der Frage nach dem Umfang der Gemeinschaftskompetenz handelt es sich um eine Machtfrage, deren Klärung aufgrund der Osterweiterung an Dringlichkeit zugenommen hat. Die heutigen Entscheidungsmechanismen der Gemeinschaft können in der erweiterten EG die Handlungsfähigkeit der Organe nicht garantieren.

In der Diskussion um die Kompetenzen geht es um die grundsätzliche Problematik, welche Schranken der europäischen Gesetzgebung gerade auch gegenüber den Mitgliedstaaten gezogen werden können. Da eine ausdrückliche Kompetenzabgrenzung keinen Niederschlag in der zukünftigen EU-Verfassung gefunden hat, muss anhand der Entwicklung objektiver Kriterien eine Abgrenzung möglich gemacht werden. Dem Gemeinschaftsgesetzgeber ist durch Art. 95 EG eine erhebliche legislative Gestaltungsmacht in die Hand gegeben worden, die aufgrund der fortschreitenden Kompetenzerweiterung und der Forderung nach einer angemessenen Verteilung der Zuständigkeiten zwischen Gemeinschaft und

1 *Mosler*, FS für Everling, Bd. II, S. 911 (912).

Mitgliedstaaten verstärkt ins Blickfeld gerückt ist.[2] Die Rechtsprechung des EuGH der vergangenen Jahre hat deutlich gemacht, dass Reichweite und Grenzen dieser Harmonisierungskompetenz, sowie ihre Stellung in der gemeinschaftsrechtlichen Kompetenzordnung, nach wie vor nicht geklärt sind. Um dem jeweiligen Stand der Integration gerecht zu werden, nutzt der Gemeinschaftsgesetzgeber die binnenmarktbezogene Rechtsangleichungskompetenz um Regelungen in binnenmarktunabhängigen Gebieten zu treffen. Als Begründung führt der Gemeinschaftsgesetzgeber die Dynamik der Kompetenzordnung an. Um die Gemeinschaft voranzutreiben, müssen die Kompetenznormen extensiv ausgelegt werden. Diese Vorgehensweise ruft regelmäßig die Mitgliedstaaten auf die Tagesordnung, die sich angesichts ihres Verlustes an Regelungshoheit wegen einer vermeintlichen Kompetenzüberschreitung der Gemeinschaft an den Gerichtshof wenden.

Das Problem hierbei ist, dass sich aufgrund des weitgefassten Tatbestandes grundsätzlich fast jede Gesetzgebungsmaßnahme auf Art. 95 I EG stützen und der erforderliche Binnenmarktbezug sich argumentativ schnell herstellen lässt. Fraglich ist aber, ob damit jede Regelung, die im Schwerpunkt sich eben nicht mit dem Binnenmarkt befasst, gerechtfertigt werden kann. Zudem widerspricht diese Vorgehensweise dem Prinzip der begrenzten Einzelermächtigung, welches eine konkrete Befugnis der Gemeinschaft zum Handeln voraussetzt. Der EuGH hat durch seine Urteile zu Art. 95 EG versucht die Voraussetzungen des Art. 95 I EG zu konkretisieren. In diesem Zusammenhang sind insbesondere das *Tabakwerbe-*[3] und das *Tabakprodukturteil*[4] zu nennen, in denen der Gerichtshof den auf dem Prinzip der begrenzten Einzelermächtigung basierenden Schutz der mitgliedstaatlichen Gesetzgebungskompetenzen hervorgehoben hat.[5] Es wird zu untersuchen sein, inwiefern sich aus den vom EuGH aufgestellten Kriterien über die Beurteilung des Einzelfalles hinaus auch eine Allgemeingültigkeit abgewinnen lässt.

Neben der Konkretisierung des Tatbestandes des Art. 95 EG dienen auch die in Art. 5 EG festgelegten Prinzipien sowie die Grundfreiheiten und Grundrechte als Kontrollmaßstäbe. Zu klären wird sein, inwiefern aus diesen kompetenzbeschränkenden Normen Kriterien entwickelt werden können, die die Heranziehung des Art. 95 EG als Rechtsgrundlage objektiv nachprüfbar machen.

---

2 *Möstl*, EuR 2002, S. 318 (319); *Caspar*, EuZW 2000, S. 237 (238); *Everling*, EuR 1991, S. 179 (182); *Reich*, EuZW 1999, S. 203 (207); *Pernice*, JZ 2000, S. 866 (868).

3 *EuGH*, Urteil vom 05.10.2000, Rs. C-376/98, Slg. 2000, I-7079, „*Tabakwerbeurteil*"; bzgl. Richtlinie 1998/43/EG.

4 *EuGH*, Urteil vom 10.12.2002, *EuGH*, Rs. C-491/01, Slg. 2002, I-11453, „*Tabakprodukturteil*"; bzgl. Richtlinie 2001/37/EG.

5 *von Danwitz*, in: Dauses, B II, 5., Rdnr. 115; *Calliess*, Jura 2001, S. 311 (316); *Hobe*, in: FS für Baur, S. 666; *Stein* EWS 2001, 12 (12); *Hilf/Frahm*, RIW 2001, S. 128.

Kapitel I. Die Rechtsangleichung im Gesamtgefüge der Europäischen Integration

Die Rechtsangleichung spielt eine wichtige Rolle im Gesamtgefüge der europäischen Integration. Die gesamte Entwicklung Europas, von der Montanunion zu dem Europa der Gegenwart, wurde von dem Begriff der „*Europäischen Integration*" geprägt. Sie steht am Anfang der Entwicklung der Europäischen Gemeinschaften[1] und ist der Auftakt der rechtlichen Entwicklung mit Bezug auf Europa. Die Integration liegt aber nicht nur der rechtlichen Entwicklung zugrunde. Sie ist Grundlage der wirtschaftlichen, politischen und kulturellen Entwicklung der Gemeinschaft.

Die auf den Gemeinsamen Markt gerichtete Angleichungskompetenz war von Anfang an Bestandteil der Verträge. Sie ist ein Instrument der Integration und der rechtlichen Entwicklung der Gemeinschaft zuzuordnen. Durch die Rechtsangleichung werden allerdings auch die wirtschaftlichen, politischen und kulturellen Bereiche der Integration betroffen. Beispielhaft hierfür ist die Verbraucherschutzrichtlinie. Hiermit wurde den Mitgliedstaaten ein bestimmtes Mindestmaß an rechtlicher Übereinstimmung hinsichtlich des Verbraucherschutzes auferlegt, so dass der Handel zwischen Privaten nunmehr auf einer europarechtlichen Grundlage basiert. Nun stellt sich die Frage, wie weit die Rechtsangleichung in die anderen Bereiche der Integration hineinwirken darf. Während die Integration auf der einen Seite den Anwendungsbereich der Rechtsangleichung eröffnet, könnte sie auf der anderen Seite durch die tatsächlichen politischen, wirtschaftlichen und institutionellen Möglichkeiten die Grenzen setzen. Um auf die Wechselwirkung der Rechtsangleichung und der Integration eingehen zu können, muss daher zunächst auf den Begriff der Integration und ihre einzelnen Bereiche eingegangen werden.

1 Der Begriff „*Gemeinschaften*" umfasst die Europäische Gemeinschaft auch die Europäische Atomgemeinschaft (EAG) und die heute nicht mehr existierende Europäische Gemeinschaft für Kohle und Stahl (EGKS). Wird im Folgenden der Begriff „*Gemeinschaft*" verwendet, so bezieht er sich auf die Europäische Union, die als solche aber keine Rechtsfähgkeit besitzt (umstritten) und die Europäische Gemeinschaft. Bezüglich der Frage, ob die Europäische Union und die Europäischen Gemeinschaften eine Einheit bilden vgl. ausführlich: *Everling*, FS für Oppermann, S. 163 (175), *von Bogdandy/Nettesheim*, NJW 1995, S. 2324.

A. Begriff der europäischen Integration

Dem Begriff der „*Integration*"[2] kommt eine disziplinenübergreifende Bedeutung zu.[3]

I. Begriff der Integration

Der Begriff der „Integration" ist in der juristischen Sprache nicht explizit geklärt. In der Literatur wird er im Zusammenhang mit der Entstehung und Entwicklung der Europäischen Gemeinschaft selbstverständlich verwendet und umschrieben, ohne dass sich die Verfasser veranlasst sehen, den Begriff näher zu definieren. Losgelöst von der europarechtlichen Materie versteht man unter Integration die Herstellung eines *höheren Grades an Einheit.* Sie ist ein in ständiger Bewegung befindlicher sozialer Prozess, in dem sich die Elemente zu einem größeren Ganzen zusammenfinden.[4] Das Resultat ist dann „*mehr als die Summe der vereinigten Teile*",[5] wobei der gesamte Integrationsprozess als ergebnisoffen beschrieben werden muss. Eine ergebnisoffene Entwicklung bedeutet zugleich nicht nur dauernde Aktualität als Gegenstand des konkret betroffenen Integrationsbereichs, sondern es bedeutet, dass eine große Bandbreite möglicher Verdichtungsformen des sozialen „Miteinander" oder „Nebeneinander" in Betracht gezogen werden muss.[6] Wegen seiner inhaltlichen Unbestimmtheit ist der Begriff der „Integration" mehr *politisch* als rechtstechnisch und je nach Gegenstand und Ziel der Vereinheitlichungstendenzen in verschiedenem Sinn gebraucht worden.[7] So übt die Integration sowohl auf wirtschaftlichem und rechtlichem als auch politischem Sektor Einfluss aus, wobei die Übergänge zwischen den einzelnen Bereichen fließend sind.

Im *staatsrechtlichen* Sinne bedeutet Integration eine Verfassung, ein Gemeinwesen und eine Gesellschaft mit den Mitteln des Rechtssystems zusammenzuhalten.[8] Auch in diesem Zusammenhang muss die Entwicklung berücksichtigt werden. Das menschliche Sozialgebilde ist das Einzelelement, aus dem sich die Gesamtheit Staat zusammensetzt. Da dieses sich in einem stetigen Lebensvorgang

---

2 Abgeleitet wurde der Begriff von dem lateinischen Wort „*integratio*", welches den Vorgang des Neuwerdens und der Erneuerung umschreibt.

3 *Fischer/Köck/Karollus*, EuR, S. 47.

4 *Krämer*, Formen und Methoden, S. 2; *Meyer-Cording*, AVR 10 (1962), S. 42 (43); *Constantinesco*, Recht der EG, S. 123; *Epiney*, Stellenwert des Gemeinschaftsrechts S. 16.

5 *Smend*, Integration, S. 482 (482); *Ipsen*, EG, 2/38, S. 66.

6 *Denninger*, KJ 2001, S. 442 (448).

7 *Jaenicke*, Europäische Integration, in: Schlochauer, Wörterbuch des VR, Bd. I, S. 466.

8 *Korioth*, VVDStRL 62 (2003), S. 118 (118).

entwickelt, muss die Integration als ein Prozess der geistig-seelischen Übereinstimmung verstanden werden, die die Basis für die Ordnung der fraglichen Lebensbeziehung abgibt.[9] Der Staat ist ein dynamischer Prozess beständiger Aktualisierung, Reproduzierung und Erneuerung der geistig seelischen Übereinstimmung der Bürger, der aufgrund seiner Ziele und Sinngehalte existiert. Die Integration ist somit ein Prozess auf dem Gebiet der Politik, dem Recht oder der Wirtschaft, bei dem verschiedene Einzelteile im Bestreben nach einer „übergeordneten" Ordnung, zusammenfügt und von einer sozialen, also einer inneren Verbundenheit, getragen wird.

II. Europäische Integration

Die Wesensmerkmale der Integration sind in der einen oder anderen Ausprägung in der *europäischen* Integration wieder zu finden. Die *europäische Dimension* bringt jedoch Eigenheiten mit sich, auf die im Folgenden eingegangen wird.

1.) Begriff der europäischen Integration

Im Rahmen der europäischen Integration haben sich europäische Nationalstaaten in eine Staatenverbindung eingefügt. Hier bedeutet Integration demnach der *Zusammenschluss der Mitgliedstaaten* zu einer Europäischen Gemeinschaft.[10] Kennzeichnend für die Integration in der Gemeinschaft[11] ist von Beginn an die *eigenständige Entscheidungsstruktur* und die zunehmende Angleichung der mitgliedstaatlichen Rechtsordnungen und ihrer gesellschaftlichen Systeme, um eine

9 *Meyer-Cording*, AVR 10 (1962), S. 42 (43).

10 Diese ist von den Mitgliedstaaten mit *Hoheitsrechten* ausgestattet worden, die sie nun an deren Stelle, aber mit derselben Wirkung, ausübt. Die mitgliedstaatlichen Verfassungen regeln zwar die Voraussetzungen der Übertragung von Hoheitsrechten auf die Gemeinschaft, ihre Ausübung untersteht aber nicht mehr nationaler Kontrolle. Damit verfügt die Gemeinschaft über Herrschaftsbefugnisse, wie sie traditionell nur Staaten besaßen, ohne aber selbst Staat zu sein. Es geht also nicht um die durch privates Verhalten bewirkte Verbindung von Einzelteilen, sondern um hoheitliches Verhalten, wie z.B. zwischenstaatliche Kooperation oder Kompetenzübertragung. *Epiney*, Stellenwert des Gemeinschaftsrechts, S. 18; *Grimm*, JZ 1995, S. 581 (585).

11 Sie ist von der *Kooperation* zu unterscheiden. Bei der Kooperation wirkt ein Staat, unter Wahrung seiner vollen Autonomie, bei der Gestaltung seiner inneren und äußeren Angelegenheiten mit anderen Staaten zusammen. Der wesentliche Unterschied besteht darin, dass die einzelnen Mitgliedstaaten durch Mehrheitsbeschlüsse auch gegen ihren Willen verpflichtet werden können. *Magiera*, GS für Gerke, S. 507 (511); *Schweitzer/Hummer*, EuR, Rdnr. 30. So z.B. im Fall des Art. 95 EG bei dem für den zu integrierenden Bereich eine Bindung des einzelnen Staates, auch gegen seinen Willen, durch die Mehrheit der Organisation zulässig ist.

europäische Ordnung zu entwickeln.[12] Die Eigenständigkeit der europäischen Rechtsordnung hat zur Folge, dass die neue Gemeinschaftsgewalt selbständig und von der Staatsgewalt der Mitgliedstaaten unabhängig ist.[13] Die europäische Integration ist mithin eine spezielle Art der völkerrechtlichen Organisation, bei der die Mitgliedstaaten gewisse, bisher staatliche Funktionen und Befugnisse auf die Institutionen der Gemeinschaft übertragen haben.[14] Ungeachtet der Entstehung aus einem Übertragungsakt der Mitgliedstaaten nimmt das Gemeinschaftsrecht kraft eigenem Antrieb eine selbständige Entwicklung.[15] Die durch diesen Zusammenschluss in Gang gesetzte Entwicklung soll im Folgenden, unter Berücksichtigung bestimmter Sachbereiche und sozialer Elemente, näher erläutert werden. Schließlich soll auf die Rolle des Rechts und der Rechtsangleichung eingegangen werden, die als Mittel der Integration dienen.

2.) Der Integrationsprozess

Im europäischen Kontext taucht der Begriff der Integration erstmals im Pariser Protokoll vom 23.10.1954 über die *Westeuropäische Union* auf, in dem sich die Mitgliedstaaten zur *„fortschreitenden Integration in Europa“* verpflichten.[16] Grundlagen des Europagedankens waren nach dem II. Weltkrieg insbesondere die Friedenssicherung, die Supranationalität, die Freiheit von Handel und Verkehr sowie die Machterhaltung Europas.[17] Mit den *Verträgen* der Europäischen Gemeinschaften[18] und der Europäischen Union[19] verfolgten die Mitgliedstaaten das Ziel, diesem Grundgedanken Europas näher zu kommen. Indem jenseits der Nationalstaaten ein neues politisches und rechtliches System geschaffen wurde, welches ohne hierarchische Spitze, ohne Konzentration der Macht auf einem Punkt operiert, wurde eine völlig neue Form der Stabilisierung des internationalen Systems erreicht.[20]

12 *Zuleeg*, in: von der Groeben/Schwarze, Art. 1 EG, Rdnr. 7; *Bleckmann/Pieper*, in: Bleckmann, EuR, Rdnr. 33; *Lubitz*, Die Angleichung des Privatrechts, S. 5.

13 *Lecheler*, ZEuS 2003, S. 338 (340).

14 *Jaenicke*, Europäische Integration, in: Schlochauer, Wörterbuch des VR, Bd. I, S. 466.

15 Vgl. dazu: Kapitel I.C.

16 Abgedruckt in: Europa-Archiv 1954, Bd. 2, S. 7138 f.

17 *Streinz*, EuR, Rdnr. 8; *Tomuschat*, DVBl. 1996, S. 1073 (1076); *von der Groeben*, ZEuP 2003, S. 1 (2).

18 EGKS-Vertrag, in Kraft getreten am 23.07.1952; Verträge der EWG und der EAG, in Kraft getreten am 01.01.1958.

19 Vertrag über die Europäische Union, in Kraft getreten am 01.01.1993. Der Unionsvertrag – ursprünglich bekannt auch als Vertrag von Maastricht – ist in seiner durch den Amsterdamer Vertrag vom 02.10.1997 geänderten Fassung am 01.05.1999 in Kraft getreten.

20 *von Bogdandy*, Europa-Archiv 1993, S. 49 (50).

In der *ersten Phase der Integration (1960-1985)* standen die Frage nach der Motivation der europäischen Integration und die Institutionsbildung im Vordergrund. Der Antrieb ging von den Mitgliedstaaten aus, die mit dem Abschluss der Verträge den Grundstein für die Entwicklung gelegt haben. Die darauf *folgende Phase (ab 1985)* der Integration war von der „Binnenmarkt-1992“-Initiative geprägt. Durch die Einheitliche Europäische Akte wurden im Jahre 1986 die Regelungs- und Entscheidungsverfahren, unter anderem auch durch die Einführung des Art. 95 EG (a.F.: Art. 100a EGV) verdichtet und die nationalen Rechtsordnungen schrittweise europäisiert. Bei dieser Entwicklung ging es nicht allein um die Begründung einer Herrschaftsstruktur, sondern um europäische Ziele, wie einen Gemeinsamen Markt, eine gemeinsame Währung, eine gemeinsame Außen- und Verteidigungspolitik und einen gemeinsamen Raum der Freiheit, der Sicherheit und des Rechts.[21] Die territoriale Beschränktheit zahlreicher Lebensbereiche sollte durch die Angleichung *nationalen Rechts* überwunden werden.

Die durch die Ost- und Süderweiterung eingeleitete und durch den Vertrag von Amsterdam manifestierte konstitutionelle Wende, die heute in der Debatte um eine europäische Verfassung mündet, hat *eine neue Phase der europäischen Integration eingeleitet (seit 1993)*.[22] Im Vordergrund steht nunmehr das Bemühen, die Handlungsfähigkeit der Gemeinschaft trotz der erweiterten Mitgliederzahl beizubehalten und durch institutionelle Veränderung dem weiteren Integrationsprozess den Weg zu ebnen.

3.) Politische, wirtschaftliche und rechtliche Integration

Die europäische Integration ist ein Prozess, der von politischen, wirtschaftlichen und rechtlichen Faktoren bestimmt wird.

a.) Begrifflichkeit

Von der *wirtschaftlichen Integration* spricht man dann, wenn zwei oder mehr Staaten sich auf gleiche Marktbedingungen einigen und gleichzeitig die Handelsbarrieren zwischen ihren nationalen Märkten reduzieren, mit dem Ziel einen Gemeinsamen Markt bzw. Binnenmarkt zu schaffen. Damit werden sowohl der *faktische* als auch der *rechtliche* Vorgang der Vereinheitlichung der Märkte mit einbezogen. Im Zusammenhang mit der *rechtlichen Integration* wird das Ziel eines einheitlichen rechtlichen Rahmens zur Regelung der zwischenstaatlichen Ziele

---

21 *von Bogdandy*, in: von Bogdandy, Europäisches Verfassungsrecht, S. 186.

22 Vgl. zum „Phasenmodell“: *Wiener*, in: von Bogdandy, Europäisches Verfassungsrecht, S. 131 ff.; insbesondere zur Rechtsentwicklung: *Koopmans*, ICLQ Vol. 35 (1986), S. 925 (926); von Bogdandy, Integration 1999, S. 95 (97).

angestrebt. In der *politischen Integration* werden schließlich die Entwicklungen zusammengeführt, die in den wirtschaftlichen und rechtlichen Vereinheitlichungen angelegt sind. Hierbei geht es um die organisatorische Verschmelzung der Entscheidungsstrukturen der Staaten zu einem – meist föderalen – Gemeinwesen.[23]

b.) Scheitern der politischen Gemeinschaft

Mit dem Scheitern der Europäischen Politischen Gemeinschaft und der Europäischen Verteidigungsgemeinschaft im Jahre 1954 wurde der politischen Integration in Europa zunächst der Boden entzogen.[24] Eine europäische Gesamtkonstruktion, die alle drei Integrationsformen in sich birgt, rückte in weite Ferne. Man bemühte sich allerdings um Teilzusammenschlüsse.[25] Daher wurde in der Gründungsphase nach Teilgebieten gesucht, auf denen der Wille zur Verständigung über gemeinsame Ziele und Werte und damit die erforderliche „Integrationsreife" vorhanden war.[26] Das Zustandekommen der Europäischen Gemeinschaft für Kohle und Stahl zeigte, dass der wirtschaftliche Sektor derjenige war, in dem das europäische Einigungswerk am ehesten zu realisieren war.[27] Man konzentrierte sich auf die wirtschaftliche Integration in der Hoffnung, dass diese eine politische Integration nach sich ziehen werde.[28] Die frühe Gemeinschaft legitimierte sich mithin über Ziele und Aufgaben, die weitgehend neutral gegenüber verfassungsrechtlichen Fragen waren.[29] Der Weg der europäischen Integration war demnach nicht der konstitutionelle, sondern der funktionale.

---

23 Zu den verschiedenen Begrifflichkeiten: *Fischer/Köck/Karollus*, EuR, S. 47 ff., *Bleckmann*, in: ders., EuR, Rdnr. 803 ff.

24 *Hattenhauer*, Europäische Rechtsgeschichte, S. 760 f.

25 Diesen Bestrebungen lag der Gedanke zugrunde, dass die Integration geistige Übereinstimmung voraussetzt und daher nur soweit wirken kann, wie die gemeinsamen Interessen der Mitgliedstaaten reichen.

26 *Meyer-Cording*, AVR 10 (1962), S. 42 (47).

27 *Stern*, FS für Oppermann, S. 143 (148); *Ipsen*, EG, 6/25, S. 155.

28 *Streinz*, EuR, Rdnr. 7; von der Groeben, ZEuP 2003, S. 1 (4); *Weber/Bohr*, Der Binnenmarkt und die Grundfreiheiten, in: Hdb. der Integration, S. 315; *Meyer-Cording*, AVR 10 (1962), S. 42 (60).

29 *von Bogdandy*, in: von Bogdandy, Europäisches Verfassungsrecht, S. 155.

c.) Wirtschaftliche Integration

Die Errichtung einer einheitlichen europäischen Wirtschaftsunion[30] ist das Hauptziel und der Motor des europäischen Integrationsprozesses und bis heute der Kern des europäischen Rechts.[31]

Die Entwicklung des Gemeinsamen Marktes der ersten Jahrzehnte zum heutigen Binnenmarkt vollzog sich in mehreren in der Intensität abgestuften Schritten, die staatenübergreifend eine Regelung der Wirtschaftsabläufe zum Gegenstand haben. Diese Entwicklung basiert auf den unterschiedlichen Intensitätsstufen der *ökonomischen Theorie.*[32] Entsprechend unterscheidet man auch bei der wirtschaftlichen Entwicklung in der EU zwischen folgenden beschriebenen Integrationsstufen:

aa.) Integrationstypen der ökonomischen Integrationstheorie

(1) Freihandelszone

Die Freihandelszone ist ein Gebiet, in dem zwar der interne Warenverkehr durch Beseitigung von Zöllen und anderen Handelsbeschränkungen liberalisiert ist, im Verhältnis zu Drittstaaten aber weiterhin unterschiedliche Zollsätze Anwendung finden.[33] Nachteil der Freihandelszone ist daher, dass alle Güter aus Drittstaaten, die für die Gemeinschaft bestimmt sind, zunächst in das Land eingeführt werden, welches die günstigsten Zölle hat. Folglich werden die Zollvorschriften der anderen Mitgliedstaaten umgangen, soweit das Gut anschließend frei in die anderen Mitgliedstaaten ausgeführt wird.

Auch eine Begrenzung der Freihandelszone auf Güter, die in den Mitgliedstaaten erzeugt wurden, führt zu Wettbewerbsverzerrungen. Denn die Güter hätten in den Mitgliedstaaten, in denen günstige Bedingungen für die Einfuhr von

---

30 Zu den Hintergründen: *von der Groeben*, ZEuP 2003, S. 1 (5 ff.).

31 Der *EuGH* hat wiederholt unterstrichen, dass Binnenmarkt und Wettbewerb nicht Selbstzweck, sondern *Mittel zum Zweck* der Erreichung der übergeordneten Integrationsziele sind, die über die Wirtschaft als speziellen Funktionszusammenhang hinausweisen. Anknüpfend an die Zollunion sollte ein dem Binnenmarkt möglichst angenäherter Wirtschaftsraum, auf der Grundlage einer allgemeinen wirtschaftlichen Chancengleichheit, verbunden mit einer weitest gehenden wirtschaftlichen Freizügigkeit, erreicht werden. *EuGH*, Gutachten 1/91, vom 14.12.1991, EWR, Slg. 1991, I-6079, Rdnr. 50. *Grundlegend*: *EuGH*, Urteil vom 05.05.1982, Rs. C-15/81, Slg. 1982, 1409; Rdnr. 33, „*Schul*".

32 Im Rahmen internationaler Beziehungen unterscheidet die *ökonomische Integrationstheorie* zwischen 5 verschiedenen Integrationstypen, die dadurch ermittelt werden, dass man die jeweils wesentlichen Einzelmerkmale hervorhebt, systematisiert und in Abstufung zunehmender Integrationsdichte idealtypisch erfasst. Vgl. hierzu auch: *Behrens*, RabelsZ 45 (1981), S. 8 (35).

33 *Bleckmann*, in: Bleckmann, EuR, Rdnr. 1474.

Rohstoffen und Halbfertigfabrikaten aus Drittländern bereitgestellt wurden, preisgünstiger hergestellt werden können.[34] Daher wären in der Freihandelszone komplizierte Ursprungslandregelungen notwendig, die zwischen Waren mit Ursprung aus den Mitgliedstaaten und solchen aus Drittstaaten unterscheiden.[35]

(2) Zollunion

Die Zollunion[36] geht über diese Integrationsstufe hinaus, indem die Zölle und andere handelspolitische Maßnahmen im Außenverhältnis vereinheitlicht und damit Nachteile der Freihandelszone vermieden werden. Nach Art. 23 EG ist die „*Grundlage der Gemeinschaft eine Zollunion, die sich auf den gesamten Warenaustausch erstreckt*“ und „*das Verbot zwischen den Mitgliedstaaten Ein- und Ausfuhrzölle und Abgaben gleicher Wirkung zu erheben sowie die Einführung eines Gemeinsamen Zolltarifs gegenüber dritten Ländern*“ umfasst. Die Zollunion beschränkt sich auf die Liberalisierung des Güterhandels. Die grenzüberschreitende Mobilität der Produktionsfaktoren, Arbeit und Kapital, wird dagegen nicht gefördert.

(3) Gemeinsamer Markt

Der Begriff des Gemeinsamen Marktes taucht in den Verträgen erstmals in Art. 1 EGKS auf und hat sich schnell zum *Leitbegriff* der Integration der ersten Jahrzehnte der Gemeinschaft entwickelt.[37] Er stand von nun an über allen weiteren Schritten der wirtschaftlichen Integration. Seine Geltung dauerte 35 Jahre an, bis 1986 der Begriff des Binnenmarktes in den Vertrag eingeführt wurde.[38] Der Gemeinsame Markt wird im EG-Vertrag nicht definiert. Der Gerichtshof hat den Gemeinsamen Markt aber als „*binnenmarktsähnlich*“[39] und als „*einheitlichen*

34 *Bleckmann*, in: Bleckmann, EuR, Rdnr. 1474.

35 *Beutler*, in: BBPS, Die EU, Rdnr. 732.

36 Die Begriffe der „*Freihandelszone*" sowie der „*Zollunion*" werden durch das GATT (General Agreement on Tarifs and Trade) verbindlich festgelegt und heute von der Lehre einheitlich verwendet. Die durch das GATT und die OEFC noch nicht beseitigten Ein- und Ausfuhrzölle in der Gemeinschaft sind schrittweise zuletzt durch die Entscheidung des Rates vom 26.07.1966 über die Abschaffung der Zölle und das Verbot mengenmäßiger Beschränkungen zwischen den Mitgliedstaaten, sowie über die Anwendung der Zollsätze des Gemeinsamen Marktes am 1.07.1968 (Abl. Vom 21.09.1966, S. 2071) endgültig abgeschafft worden.

37 Vgl. Kapitel I.A.II.3.)c.).

38 *Grunwald*, in: Röttinger/Weyring, Hdb. der Integration, S. 54. Zur Begriffsabgrenzung zwischen Gemeinsamen Markt un Binnenmarkt: Kapitel III.A.I.

39 *EuGH*, Urteil vom 25.10.1977, Rs. C-26/76, Slg. 1977, 1875, Rdnr. 20, „*Metro*“.

Markt, dessen Bedingungen denen eines wirklichen Binnenmarktes möglichst nahe kommen"[40] bezeichnet.

Die sich aus Art. 3 EG ergebenden Merkmale des Gemeinsamen Marktes beruhen auf der Erkenntnis, dass der Abbau der Zölle zwischen den Mitgliedstaaten und ein gemeinsamer Zolltarif gegenüber dritten Ländern nicht genügen, um einen Gemeinsamen Markt zu schaffen.[41] Erforderlich sind gemäß Art. 3 EG außerdem die Beseitigung der sonstigen Hindernisse des Handels und Wettbewerbs zwischen den Mitgliedstaaten, insbesondere die grenzüberschreitende Freiheit der Arbeits-, Dienstleistungs- und Kapitalmärkte.[42]

(4) Wirtschaftsunion

Rechtliche Konsequenzen für die Verwirklichung eines Gemeinsamen Marktes war das Erfordernis eines *einheitlichen oder zumindest angeglichenen* Rechts innerhalb der Gemeinschaft. Neben dem rein negativen Aspekt der verschiedenen Verbote und Gebote des Vertrages (*negative Integration*) trat eine positive, aktive Herstellung der Chancengleichheit (*positive Integration*).[43] Die nächste Integrationsstufe, die Wirtschaftsunion, reicht daher von der Koordinierung mitgliedstaatlicher Wirtschaftspolitiken,[44] über deren Harmonisierung bis hin zu deren eigentlicher Vergemeinschaftung.

(5) Der Binnenmarkt

Die Einführung des Begriffs des Binnenmarktes führte zu einer weiteren Verdichtung des europäischen Wirtschaftsraums.[45]

i.) Der Begriff des Binnenmarktes

Der Begriff des Binnenmarktes tauchte erstmals in der Rechtsprechung des EuGH auf.[46] Die Kommission hat den Begriff schließlich 1985 in das Weiß-

---

40 *EuGH*, Urteil vom 05.05.1982, Rs. C-15/81, Slg. 1982, 1409, Rdnr. 33, „*Schul*".

41 *Verloren van Themaat*, FS für Ophüls, S. 243 (246 ff.).

42 *Schwartz*, FS für Hallstein, S. 474 (475/476).

43 Vgl. zu diesen Begrifflichkeiten und deren Einordnung: Kapitel I.C.III.1.); *Kingreen*, in: von Bogdandy, Europäisches Verfassungsrecht, S. 631 (647).

44 Hierbei handelt es sich um die Kooperation der Mitgliedstaaten in bestimmten Wirtschaftssektoren mit dem Ziel die Wirtschaftspolitiken anzugleichen. Die Kompetenzen verbleiben bei den Mitgliedstaaten. *Constantinesco*, Recht der EG, S. 574; *Magiera*, GS für Geck, S. 507 (516).

45 Näheres zur Abgrenzung des Binnenmarktes vom Gemeinsamen Markt, vgl. Kapitel III.A.I.

46 So sprach der Gerichtshof im „*Grammophon*"-Urteil im Jahre 1971 von dem „Zusammenschluss der nationalen Märkte zu einem einheitlichen Markt" als Ziel des Vertrages. In den Entschei-

buch[47] aufgenommen und ihn zur zentralen Forderung der Gemeinschaftspolitik gemacht.[48] Durch die Einführung des Binnenmarktes in Art. 14 EG und Art. 95 EG mit der EEA ist ein zusätzliches Vertragsziel aufgestellt worden.[49]

ii.) Funktion und Bedeutung des Binnenmarktes

Dem Binnenmarkt kommen unterschiedliche Bedeutungen zu. Wie die Entstehungsgeschichte des Art. 95 EG zeigt, handelt es sich bei dem Binnenmarktbegriff um ein *politisches Programm.*[50] Der Binnenmarkt ist danach als Ausgangspunkt und Antriebskraft für eine politische Bewegung geworden, die sich eine Belebung und Fortführung des europäischen Integrationsprozesses zum Ziel gesetzt hat.[51] Gemäß Art. 3 I lit. c) EG dient der Binnenmarkt auch als *Zielvorgabe* der Gemeinschaft. Danach sind alle Maßnahmen der Gemeinschaftsorgane, die für die Herstellung eines Raumes ohne Binnengrenzen erforderlich sind, geboten. Maßnahmen, die nachteilige Folgen für die Verwirklichung des Binnenmarktes haben, müssen hingegen unterlassen werden.

Durch Art. 14 EG wird die Zielvorgabe des Binnenmarktes schließlich zu einem *Gesetzgebungsauftrag* erhoben. Die Verpflichtung der Gemeinschaft zum rechtzeitigen Erlass der für die Verwirklichung des Binnenmarktes erforderlichen Rechtsakte ist eine echte Rechtspflicht und kann im Wege der Untätigkeitsklage geltend gemacht werden.[52] Dem Begriff kommt aber auch eine wichtige *rechtliche Funktion* zu, da der Terminus „Binnenmarkt" u.a. in verschiedenen Normen des EG-Vertrages den Ausgangspunkt zur Kompetenzbestimmung bildet.[53] In der

---

dungen *Polydor* und *Schul* aus dem Jahre 1982 wurde der Gemeinsame Markt bereits als dem „Binnenmarkt möglichst nahekommend" umschrieben. *EuGH*, Urteil vom 8.06.1971, Rs.78/70, Slg. 1971, 487, Rdnr. 12, „*Grammophon*"; *EuGH*, Urteil vom 9.02.1982, Rs. 270/80, Slg. 1982, 329, Rdnr. 16, „*Polydor*"; *EuGH*, Urteil vom 05.05.1982, Rs. C-15/81; Slg. 1982, 1409, Rdnr. 33, „*Schul*".

47 *Kommission der EG*, Brüssel 14.06 1985, KOM (85) 310 endg., www. europa.eu.int./comm/index_de.htm, Rdnr. 4.

48 Vgl. *Reich*, EuZW 1991, S. 203 (203).

49 *Everling*, FS für Steindorff, S. 1155 (1161); *Reich*, EuZW 1999, S. 203 (207); strittig ist allerdings, ob es sich beim Binnenmarkt, um ein den bisherigen Rahmen erweiterndes Vertragsziel handelt. Vgl. zur *EEA:* Kapitel II.B.III; zum *Binnenmarktbegriff*: Kapitel III.A.I.

50 *Nicolaysen*, EuR II, S. 33; *Everling*, FS für Steindorff, S. 1155 (1161).

51 *Leible*, in: Streinz, Art. 14 EG, Rdnr. 9; vgl. zur Entwicklung normativer Leitlinien des Binnenmarktes ausführlich: *Müller-Graff*, EuR Beiheft 1/2002, S. 7 (20 ff.).

52 *Leible*, in: Streinz, Art. 14 EG, Rdnr. 30; *Hatje*, in: Schwarze, Art. 14 EG, Rdnr. 15.

53 So z.B. bei Art. 93 EG der eine Rechtsangleichung im Bereich der Umsatzsteuer, Verbrauchsabgaben und sonstigen indirekten Steuern, „*soweit diese Harmonisierung für die Errichtung und das Funktionieren des Binnenmarktes ... notwendig ist*", ermöglicht. Der notwendige Binnenmarktbezug weiterer Gemeinschaftsmaßnahmen wird schließlich auch durch den in Art. 14 I EG enthaltenen Verweis auf die Artt. 15, 26, 47 II EG, sowie Artt. 49 und 80 EG hergestellt.

Gemeinschaftspraxis ist Art. 95 EG am wichtigsten. Er räumt der Gemeinschaft die Kompetenz zum Erlass von Verordnungen oder Richtlinien zur Verwirklichung der Ziele des Art. 14 EG ein.[54]

(6) Vollintegration

Ziel der Vollintegration ist eine völlige Integration der Märkte zu einem einzigen Markt, der sich vor allem durch eine einheitliche Rechtsordnung auszeichnet.[55] Dieser Endzustand der Integration geht soweit, dass alle wirtschaftspolitischen Entscheidungen von zentralen Instanzen getroffen werden. Der Integrationsraum erstreckt sich dann nicht mehr nur auf den Binnenmarkt, sondern auch auf einen politischen Raum, in dem die internationale Wirtschaftspolitik zur Innenpolitik geworden ist.[56] Diese Integrationsstufe ist in der Gemeinschaft bisher nicht verwirklicht worden.[57]

bb.) Von der wirtschaftlichen zur rechtlichen Integration

Ab einer bestimmten Integrationsintensität zieht die wirtschaftliche Integration auch eine rechtliche und politische Integration nach sich.[58] Dies wird deutlich, wenn man die einzelnen Integrationsstufen betrachtet. Spätestens ab der Intensitätsstufe der *Wirtschaftsunion* erfordert die wirtschaftliche Entwicklung mit der so genannten positiven Integration eine normative Regulierung des Wirtschaftslebens. Auch wenn man nicht von der konkreten Stufe der wirtschaftlichen Integration auf einen bestimmten Umfang rechtlicher oder politischer Integration schließen kann, so stehen die Integrationsformen doch in einer gegenseitigen Wechselwirkung.

Soweit die Gemeinschaftskompetenzen durch dynamische Auslegung und Weiterentwicklung der gemeinschaftlichen Kompetenzordnung genauer bestimmt werden müssen,[59] richtet sich der Umfang nach der jeweiligen Integrationsstufe. Die Gemeinschaftskompetenz reicht nur soweit, wie dies für die wirtschaftliche Integration erforderlich ist. Die tatsächliche Umsetzung unterliegt dem Gestal-

---

54 Anders als Art. 94 EG, der allein die Form der Richtlinie vorsieht; *Streinz*, in: Streinz, Art. 14 EG, Rdnr. 32.

55 Vgl. *Grabitz/von Bogdandy*, JuS 1990, S.170 (171).

56 *Behrens*, RabelsZ 45 (1989), S. 8 (35).

57 Zu der ungeklärten Frage, ob die Vollintegration Ziel der europäischen Gemeinschaft ist, Kapitel I.A.III.

58 *Epiney*, Stellenwert des Gemeinschaftsrechts, S. 19.

59 Grundsätzlich gilt das Prinzip der begrenzten Einzelermächtigung. Vgl. hierzu Kapitel IV.A.I. Ausnahmsweise sind die Kompetenzen so weit gefasst, dass der Umfang der gemeinschaftlichen Handlungsmöglichkeiten durch Auslegung ermittelt werden muss Kapitel IV.A.II.

tungsspielraum der Mitgliedstaaten und ist eine politische Entscheidung. Dazu dient das Beispiel der Grundfreiheiten, die die Stützpfeiler der gemeinschaftsrechtlichen Wirtschaftsverfassung darstellen.[60] Die Anerkennung der Grundfreiheiten als *subjektive Rechte*[61] und der Übergang vom Diskriminierungs- zum Beschränkungsverbot bzw. vom Bestimmungsland- zum Herkunftslandprinzip hat wesentlich zur wirtschaftlichen Integration beigetragen.[62]

d.) Rechtliche Integration

Die Gemeinschaft wird vor allem aber als eine Rechtsgemeinschaft bezeichnet.[63] Die Wirtschaftsintegration findet hier ihre normativen Grundlagen und wird mit den Instrumenten des Rechts ermöglicht und durchgesetzt.[64] Die drei Gründungsverträge haben eine Grundlage für das Recht in der Gemeinschaft geschaffen. Die Verträge konstituieren und begrenzen legitime Hoheitsgewalt und legen die Verfahren der Beschlussfassung, die Organe, die individuellen Rechte sowie den Status und die Beteiligung der Mitgliedstaaten und der Gemeinschaftsorgane fest. Basierend auf dieser Rechtsordnung wurden Institutionen für die Erfüllung bestimmter gemeinsamer Zwecke von den Gründerstaaten errichtet.

Damit sind den Gemeinschaftsorganen Rechtsinstrumente zur Verfügung gestellt worden, mit denen sie die verfolgten Integrationsziele, und hier vorrangig die Schaffung eines Gemeinsamen Marktes, später des Binnenmarktes, realisieren können. In Gestalt sekundärer Gesetzgebung und durch Reformen der Verträge bis zum heutigen EG-Vertrag im Stand von Nizza (2002) wird für den weiteren Ausbau und die Fortentwicklung des grenzüberschreitenden einheitlichen Wirtschaftsraumes gesorgt, indem das Recht dem aktuellen Stand der Integration angepasst wird.[65]

e.) Abgestufte Integration

Mit der abgestuften Integration wird den unterschiedlichen Interessen der Mitgliedstaaten bei der rechtlichen Weiterentwicklung der Gemeinschaft Rechnung getragen. Sie ermöglicht die befristete bzw. unbefristete „Nicht-Teilnahme“ von Mitgliedstaaten an ansonsten einheitlichen Angleichungsmaßnahmen, so dass sich

---

60 *Kingreen*, Die Struktur der Grundfreiheiten des EG-Rechts, S. 13.

61 Vgl. Kapitel I.A.IV.1.)c.)aa.).

62 Ausführlich: *Kingreen*, Die Struktur der Grundfreiheiten des EG-Rechts, S. 23 ff., 38 ff.

63 *Grimm*, JZ 1995, S. 581 (585); *Baur*, in: *Baur/Watrin*, Recht und Wirtschaft in der EU, S. 115 (116/117).

64 *Behrens*, RabelsZ 45 (1981), S. 8 (37).

65 Ausführlich zur Integration durch Recht, vgl. Kapitel I.B.

die Mitgliedstaaten, entsprechend den jeweiligen nationalen Gegebenheiten, langsam strukturell an das Angleichungsziel anpassen können.[66] Auf diesem Wege kann gewährleistet bleiben, dass die Integration trotz wachsender Mitgliederzahl und die daraus resultierenden Erschwernisse bei der Findung von Einstimmigkeitsentscheidungen nicht gänzlich ins Stocken kommt. Die „abgestufte Integration“ hilft mithin Hindernisse zu überwinden, die sich aus der unterschiedlichen Bereitschaft der Mitgliedstaaten hinsichtlich der Öffnung für Europa ergeben.[67]

Hinsichtlich des Stichwortes „*Europa der zwei Geschwindigkeiten*“ befinden sich seit Maastricht im Vertrag generelle und spezielle Klauseln, die auf die „abgestufte Integration“ hinweisen.[68] Leistungsfähigere oder leistungsbereitere Staaten (das sog. „*Kerneuropa*“) sollen innerhalb der EG in der Integration voranschreiten, während die anderen auf jeweils niedrigeren Integrationsstufen zurückbleiben dürfen und später aufschließen.[69] Als Beispiel für die abgestufte Integration dient hier die Europäische Währungsunion, bei der sich das Vereinigte Königreich und Dänemark einen Beitritt nach wie vor vorbehalten.[70]

Dieses Beispiel zeigt, dass die Integration aufgrund übereinstimmender nationaler Interessen vorangetrieben wird, aber dort ihre Grenzen findet, wo ein Mitgliedstaat abweichende Vorstellung von der Regelung einer Materie hat.

f.) Die EU und die EG aus heutiger Sicht

Die europäische Integration ist in der Gegenwart sowohl auf wirtschaftlicher und rechtlicher als auch auf politischer Ebene präsent. Die wirtschaftlich-rechtliche Integration diente den Gründern als Ausgangspunkt und weist auch heute noch die größten Fortschritte auf. Kennzeichnend hierfür ist die ständige Aktualisierung des Vertragwerks durch die EEA, den Vertrag von Maastricht, den Vertrag von Amsterdam sowie den Vertrag von Nizza.Trotz wachsender Vorbehalte ist

---

66 *Hayder*, RabelsZ 53 (1989), S. 623 (643); ausführlich hierzu: *Becker*, EuR Beiheft 1/1998, S. 29 ff.

67 *Berg/Karpenstein*, EWS 1998, S. 77 (78).

68 Dazu sind eine Generalklausel in Art. 43 II EU, sowie Spezialklauseln für die Zusammenarbeit in den Bereichen Inneres und Justiz, Art. 40 I EU und in Art. 11 EG vorgesehen. Kritisch: *Streinz*, EuZW 1998, S. 137 (146).

69 *Meyer-Cording*, FS für von der Groeben, S. 221 (225); kritisch: *Schwartz*, FS für von der Groeben, S. 333 (359).

70 Maastricht-Vertrag, Protokolle Nr. 25 und 26; BGBl. 1992 II, S. 1312; Sart. II, S. 24 ff. Ein Beispiel für die Harmonisierung nach erfolgter Differenzierung sind die Sozialvorschriften, Artt. 136-143 EG. Sie mussten neu gefasst werden, nachdem der Regierungswechsel im Vereinigten Königreich die Integration des Abkommens in den EG-Vertrag ermöglichte; vgl. Denkschrift der Bundesregierungen, BR-Dr 784/97, S. 155 f.

die Erweiterung der Rechtsgemeinschaft stets in Bewegung und nimmt an Bedeutung zu.[71]

aa.) Die Einheitliche Europäische Akte (EEA)

Die EEA verfolgte inhaltlich ein „Zwei-Säulen-System", welches wichtige Vereinbarungen auf dem Weg zur EU geschaffen hat.[72] Die *erste Säule* bildeten die drei Gemeinschaften, wobei der der EWG zugrunde liegende Vertrag wesentliche Änderungen erfahren hat. So wurde der Binnenmarkt als verbindliches Ziel bis 31.12.1992 vertraglich verankert. Dazu wurde Art. 100a EWGV (jetzt Art. 95 EG) eingeführt, der das Mehrheitsprinzip für Rechtsangleichungsmaßnahmen vorsieht.[73] Die *zweite Säule* sicherte die bereits seit 1970 praktizierte Europäische Politische Zusammenarbeit als Vorläufer der späteren Gemeinsamen Außen- und Sicherheitspolitik. Die Ziele des Binnenmarktes waren bis 1992 zu ca. 95 % erfüllt.[74] Schon 1990 berief der Rat von Dublin daher zwei Regierungskonferenzen zur Schaffung einer politischen Union.[75] Bis 1992 sollte die EG entsprechend reformiert sein.

bb.) Vertrag von Maastricht

In dem Vertrag von Maastricht einigten sich die Mitgliedstaaten[76] 1991 über den EUV und benannten die Europäische Wirtschaftsgemeinschaft (EWG) um in die Europäische Gemeinschaft. Der Europäischen Union liegt eine *Drei-Säulen Konzeption* zugrunde, wobei die erste Säule den entscheidenden Stützpfeiler der gesamten Konstruktion bildet und sich aus den drei Gemeinschaften (EG, EAG, EGKS) zusammensetzt.[77] Mit den Ergänzungen des EG-Vertrages in den Bereichen Kultur (Art. 151 EG) und Bildung, der Verankerung des Subsidiaritätsprinzips (Art. 5 II EG), sowie der Konzeption einer Unionsbürgerschaft

---

71 *Kamann/Schroeder*, Europablätter 1999, S. 83 (85); *Hirsch*, NJW 2000, S. 46 (47).

72 *Stern*, FS für Oppermann, S. 143 (154).

73 Zu den einzelnen Veränderungen ausführlich: *Magiera*, GS für Geck, S. 507 (526/527): *Magiera* erkennt in der EEA zwar eine Fortentwicklung der Kompetenzverteilung zugunsten der gemeinschaftlichen Verfahrens- und Entscheidungsstrukturen, hält die Verteilung der Kompetenzen aber auch für komplizierter als zuvor.

74 Vgl. *Streinz*, EuR, Rdnr. 983; Immenga, JA 1993, S. 257 (257).

75 Vgl. detailliert: *Stein*, FS für Oppermann, S. 143 (156).

76 Sonderkonditionen gelten für das Vereinigte Königreich und Dänemark, vgl. EUV Protokoll Sart. II 152 a.

77 Damit sollte zum Ausdruck gebracht werden, dass insbesondere die EG spätestens durch diesen Vertrag nicht mehr nur die wirtschaftliche Integration fortbilden sollte. *Stern*, FS für Oppermann, S. 143 (157).

(Art. 17 ff. EG), durch die das Aufenthaltsrecht in allen Mitgliedstaaten ausgebaut wurde und die das Recht zur Teilnahme an Kommunalwahlen gemeinschaftsweit gewährt, nahm die Europäische Gemeinschaft Einfluss auf das gesamte gesellschaftliche Leben der Unionsbürger.[78] Für den 01.01.1999 wurde als 3. Stufe der Wirtschafts- und Währungsunion die Einführung der gemeinsamen Währung „Euro" in den Mitgliedstaaten geplant.

cc.) Vertrag von Amsterdam

Der am 02.10.1997 geschlossene und zum 01.05.1999 in Kraft getretene Vertrag von Amsterdam modifizierte die bereits bestehenden Verträge EUV, EGV, EGKS und EAG.[79] Die Rechte des Parlaments wurden erweitert. Auch wenn sich die *politische Integration* bis heute nicht parallel zu der schnell anwachsenden Wirtschafts- und Rechtsgemeinschaft entwickelt hat, und damit in manchen Situationen ein Handlungsdefizit der Gemeinschaft entstanden ist, so wurde im Vertrag von Amsterdam doch auch im politischen Bereich eine Übertragung von Hoheitsgewalt auf die Gemeinschaft vorgenommen. Soziale und grundrechtliche Aspekte fanden stärkeren Eingang ins Gemeinschaftsrecht.[80] Durch die Überführung der Kompetenzbereiche Visa, Asyl, Einwanderung und Kriminalitätsbekämpfung von der 3. Säule und der Schengener Vereinbarung in den EG-Vertrag[81] wurde in der EG endgültig die Abkehr von einer wirtschaftlichen Integrationsgemeinschaft zu einer auch politischen Gemeinschaft vollzogen. Zudem wurde die außenpolitische Handlungsfähigkeit der EU im Rahmen der GASP verbessert. Auch konkretisierte der Vertrag von Amsterdam das Subsidiaritätsprinzip durch ein verbindliches Protokoll[82].

dd.) Vertrag von Nizza

Durch den Vertrag von Nizza wurde nunmehr das „Programm 1992", das im Rahmen der Einheitlichen Europäischen Akte beschlossen worden war, vollendet. Das bedeutete, dass alle Probleme, auf deren Lösung sich die Mitgliedstaaten nicht einigen konnten, nun (9-11 Jahre später als geplant) aus deren Sicht ab-

---

78 *Stern*, FS für Oppermann, S. 143 (157); Tomuschat, DVBl. 1996, S. 1073 (1081).

79 Vertiefend: *Streinz*, EuZW 1998, S. 137 (137 ff.).

80 Vgl. u.a. *Berg/Karpenstein*, EWS 1998, S. 77 (82).

81 Vgl. den neuen Titel im Dritten Kapitel, Artt. 61 ff. EG.

82 Protokoll über die Anwendbarkeit der Grundsätze der Subsidiarität und der Verhältnismäßigkeit; abgedruckt in Sart. II, 151 Protokolle, Nr. 30; dieses hat gemäß Art. 311 EG denselben normativen Status wie der EGV. Vgl. Kapitel VI.

schließend gelöst werden sollten.[83] Der Vertrag von Nizza sollte die EU institutionell so reformieren, dass sie für die geplante Erweiterung vorbereitet sein würde. Wurde den Verträgen bei der Gründung der EG, trotz zunächst wirtschaftlicher Ziele, bereits in der Vergangenheit ein politischer, von wirtschaftlicher Zielsetzung unabhängiger Charakter zugesprochen, so entspricht dieser Gedanke der gegenwärtigen Situation mehr denn je. So wird ein europäischer Verfassungsvertrag gerade ratifiziert und im Rahmen der Außenpolitik um ein geschlossenes Auftreten gerungen. Auch eine gemeinsame Verteidigungsgemeinschaft befindet sich in der Gründungsphase.

4.) „Identität“ und Integration

Die Frage nach der Identität[84] der europäischen Bevölkerung ist für die Integration von Belang, da Regeln der organisatorischen Struktur, sowie die subjektiven Rechte, wie Grundfreiheiten und Grundrechte, allein nicht in der Lage sind, eine dauerhafte Friedensordnung zu gewährleisten. Die geistig-seelische Übereinstimmung und Wertegemeinschaft verleihen der organisatorischen Struktur erst ihren Inhalt.[85] Die entstandene Einheit kann daher nur insoweit als Integration bezeichnet werden, als sie von den beteiligten Personenkreisen tatsächlich und kontinuierlich vollzogen wird.[86]

a.) Begriff der Identität

In dem hier relevanten Kontext wird die Identität verstanden als Ideengehalt, mit dem das Individuum sich identifiziert, um so die für seine Selbstbestimmung und innere Sicherheit notwendige Orientierung zu finden.[87] „*Nationale Identität*“ steht für das subjektive Zusammengehörigkeitsgefühl, das sich in einem Volk aus historischen, wirtschaftlichen, religiösen oder sonstigen soziokulturellen Gemeinsamkeiten, bzw. Unterschieden zu anderen Nationen bildet.[88]

83 Kritisch: *Wiedmann*, JuS 2001, S. 846 (851).

84 Vgl dazu ausführlich: *Doehring*, FS für Everling, Bd. I, S. 263 ff., *Bleckmann*, JZ 1997, S. 265 ff.; *von Bogdandy*, VVDStRL, 62 (2003), S. 156 ff.

85 *Meyer-Cording*, AVR, 10 (1962), S. 42 (51).

86 Ein Staat existiert demnach in einem dynamischen Prozess beständiger Aktualisierung, Reproduzierung und Erneuerung der geistig-seelischen Übereinstimmung der Bürger mit seinen Zielen und Sinngehalten. *Epiney*, Stellenwert des Gemeinschaftsrechts, S. 19.

87 *Bleckmann*, JZ 1997, S. 265 (265/266); *Pache*, DVBl. 2002, S. 1154 (1155).

88 Den Kerngehalt der europäischen Identität bildet mangels gemeinsamer Sprache und mangels traditioneller Verbundenheit das gemeinsame europäische historische und kulturelle Erbe. *Pache*, DVBl. 2002, S. 1154 (1156); *Hilf*, GS für Grabitz, S. 157 (157).

b.) „Europäische Identität“

Auch wenn die „nationale“ und die „europäische“ Identität als gleichgerichtete, psychische Vorgänge beschrieben werden,[89] ist das europäische „Wir-Gefühl“ der Bürger und die aus diesem resultierende Loyalität sowie nationenübergreifende Solidarität und Entscheidungsakzeptanz längst nicht so ausgeprägt.[90] Die Gründung und Weiterentwicklung der Europäischen Gemeinschaft basiert auf Entscheidungen der Mitgliedstaaten. Eine selbstständige Entwicklung der europäischen Identität gibt es nicht. Sie ist auch keine Zielvorgabe der Gemeinschaft, sie stellt lediglich ein Element der europäischen Integration dar.[91] Einen mittelbaren Beitrag zur Ausbildung einer europäischen Identität liefert der noch zu ratifizierende Verfassungsvertrag, indem die Rahmenbedingungen für die Akzeptanz der Ausübung europäischer Hoheitsbefugnisse durch die Unionsbürger verbessert werden sollen.[92]

Der Bildung einer gemeinsamen Identität steht das Hindernis der Sprachbarrieren entgegen. Auch beschäftigt sich die Gemeinschaft (noch) nicht mit Politikfeldern (wie z.B. Rente, Schulwesen), die den Durchschnittsbürger interessieren. Die Gemeinschaft bemüht sich mit dem Fortschreiten der europäischen Integration dem Bürger ein europäisches Zusammengehörigkeitsgefühl zu vermitteln. Hilfreich für die Gemeinschaft sind hierbei die gemeinsamen Grundüberzeugungen, die sich in politischen Grundentscheidungen und gemeinschaftsrechtlichen Regelungen und Rechtsgrundlagen manifestieren.[93]

III. Reichweite der Integration

Die Reichweite der Integration bestimmt, wie weit rechtssetzende und rechtsangleichende Maßnahmen in das nationale Recht eingreifen dürfen. Die Gemeinschaft befindet sich nach wie vor in einem dynamischen Prozess fortschreitender Integration, dessen Endziel nicht feststeht.[94] Dies liegt insbesondere daran, dass die in den Verträgen manifestierten Zielvorgaben der Integrationsentwicklung

---

89 *von Bogdandy*, VVDStRL, 62 (2003), S. 156 (162).

90 *Pache*, DVBl. 2002, S. 1154 (1157); *von Bogdandy*, Europa-Archiv 1993, S. 49 (53).

91 Der Identitätsbegriff soll gemäß Art. 2, 2. Spstr. EU zum einen für das Auftreten der Gemeinschaft nach außen stehen. Zum anderen soll die Unionsbürgerschaft einen Status der Gleichheit der Unionsbürger unter den nationalen Rechtsordnungen begründen, was gegenseitige Anerkennungsprozesse und Gruppenbildungsprozesse erleichtert. Gemäß Art. 6 III EU muss die EU aber auch die nationale Identität der Mitgliedstaaten achten.

92 *von Danwitz*, JZ 2003, S. 1125 (1129); *von Bogdandy*, VVDStRL, 62 (2003), S. 156 (172).

93 *Speer*, DÖV 2001, S. 980 (981).

94 *Hirsch*, NJW 2000, S. 46 (47).

keine Grenzen setzen. Daher ist die Entwicklung der Gemeinschaft bis hin zu einem Staat grundsätzlich nicht ausgeschlossen.

1.) Einheitsbildung

Der Wortlaut der Präambel des EG-Vertrages, der von einem „*immer engeren Zusammenschluss der europäischen Völker*" ausgeht, wird als ein Argument für die Einheitsbildung angeführt. Auch nach Art. 2 I, Spstr. 5 EU und Artt. 2, 3 EG kann man die Integration als die Verschmelzung bislang national organisierter Lebensbereiche zu einem Lebensbereich europäischer Dimension verstehen. Anhand dieser Indizien konzipieren Teile der Literatur einen Auftrag an die Gemeinschaft zur kontinuierlichen Vergemeinschaftung.[95] Teilweise wird darüber hinaus die Einheitsbildung als Ziel der Integration, im Sinne von „*mehr Europa*" als „*mehr Einheitlichkeit*", angesehen.[96] Wie im Rahmen der Erörterung der Integrationstypen[97] ersichtlich, lässt jede Integrationsstufe neue Defizite erkennen, die letztlich nur in der Vollintegration behoben werden können, was für eine Einheitsbildung als Ziel der europäischen Integration spricht.

2.) Europa als Staatenverbund

Anderen geht diese Zielbestimmung allerdings zu weit.[98] Zwar wird anerkannt, dass die Europäische Gemeinschaft längst mehr ist als ein klassischer Staatenbund, aber nicht zu einem europäischen Bundesstaat werden soll.[99] Zutreffend erscheine die vom Bundesverfassungsgericht entwickelte Bezeichnung des „*Staatenverbundes*",[100] dessen Integrationsziel allein aus der Verwirklichung des Gemeinsamen Marktes bzw. Binnenmarktes bestehe.

---

95 *Blanke*, in: Calliess/Ruffert, Art. 2 EU, Rdnr. 14; *Hilf/Pache*, in: Grabitz/Hilf, Art. B EU, Rdnr. 19; *Krämer*, Formen und Methoden, S. 14.

96 *Bleckmann*, NVwZ 1993, S. 824 (827); ähnlich: *Isensee*, FS für Everling, Bd. I, S. 567 (568).

97 Vgl. Kapitel I.A.II.3.)c.).

98 *Geiger*, Art. 2 EU, Rdnr. 7; *von Bogdandy*, in: von Bogdandy, Europäisches Verfassungsrecht, S. 149 (188); *Oppermann*, JZ 1999, S. 317 (321 ff.).

99 *Grimm*, JZ 1995, S. 581 (582); *Oeter*, ZaöRV 59 (1999), S. 901 (904), der „*frappierende Parallelen*" zwischen den Institutionen der Organverfassung der Gemeinschaft und den einzelnen europäischen Bundesstaatsverfassungen zu erkennen glaubt, (vgl. S. 906 ff.).

100 *BVerfGE* 89, 155 (155).

3.) Zumindest kein „Staat" Europa

Die gewichtigeren Argumente, wie die Entstehungsgeschichte, die vertragliche Grundlage sowie die politische, kulturelle Situation in der Gemeinschaft, sprechen gegen einen Staat Europa.

a.) Gründe, die in der Entstehung der Gemeinschaft liegen

Integrationsbemühungen, die letztlich auf einen *Staat „Europa"* hinauslaufen, lassen sich nicht mit der historisch gewachsenen Identität aller europäischen Staaten in Einklang bringen. Er würde auf den geballten Widerstand der Bürger und der mitgliedstaatlichen Verfassungsgerichte stoßen.[101] Zudem muss die besondere Natur der europäischen Einigung berücksichtigt werden. Die Entstehung der Gemeinschaft ist nicht, wie die des herkömmlichen Bundesstaates, auf einen historischen Prozess, hegemoniale Strukturen oder außenpolitische Zwänge zurückzuführen, sondern basiert auf der freiwilligen Einigung selbständiger Staaten.[102]

b.) Fehlende vertragliche Grundlage

Gegen eine staatliche Einheitsbildung spricht zudem, dass es keine hinreichende Grundlage in den Verträgen gibt, um den Integrationsprozess in einen Bundesstaat münden zu lassen.[103] Die zentrale Funktion des europäischen Rechts ist gerade die Regelung und Stabilisierung des (vertikalen) Verhältnisses zwischen Mitgliedstaaten und Gemeinschaft. Dies ist ein Indiz dafür, dass die Begründung eines Staates und damit die Abschaffung der unterschiedlichen Gesetzgebungsebenen nicht das Endziel der europäischen Integration sein soll. Diesem Gedanken trägt auch Art. 6 III EU Rechnung, der der Europäischen Union die Verpflichtung auferlegt, die „nationale Identität der Mitgliedstaaten" zu achten.

---

101 *Tomuschat*, DVBl. 1996, S. 1073 (1074).

102 *Oeter*, ZaöRV 59 (1999), S. 901 (913); bezugnehmend auf: *Frowein*, EuR 1983, S. 301 (302).

103 Mit dem Maastrichter Vertrag ist zwar eine Phase der Integration eingeleitet worden, die ein Stadium zwischen den Mitgliedstaaten erreicht hat, das weit über die klassische völkerrechtliche Konzeption hinausgeht, allerdings entspricht dieses Stadium noch lange nicht dem Phänomen eines Bundesstaates. *Stern*, FS für Oppermann, S. 143 (158); *Bleckmann*, JZ 1997, S. 265 (266/267); *von Bogdandy*, in: von Bogdandy, Europäisches Verfassungsrecht, S. 149 (188).

c.) Fehlende kulturelle und politische Vereinheitlichung

Zudem reicht die Auslagerung wichtiger Staatsaufgaben auf eine suprastaatliche Ebene nicht für eine Einheitsbildung aus. Diese müsste vielmehr von einer entsprechenden Erweiterung der *kulturellen, rechtlichen* und *insbesondere politischen* Vergemeinschaftung begleitet werden. Die Vereinheitlichung aller Ebenen würde jedoch das nationale, kulturelle und politische Erbe vernichten und ist daher für die europäischen Völker nicht erstrebenswert.

d.) Ergebnisoffener Prozess

Mithin soll die Europäische Union kein Staat werden. Trotz des Verfassungsvertrages für Europa und einer immer enger zusammenwachsenden Gemeinschaft ist die EG eine Funktionseinheit. Das politische und kulturelle Zentrum wird aus den genannten Gründen auch weiterhin in den einzelnen Nationalstaaten verbleiben.[104] Folglich handelt es sich bei der Integration um einen ergebnisoffenen Prozess. Für Europa bedeutet dies, dass das Integrationsziel eine *Daueraufgabe* darstellt, die unter jeweils neuen Umständen zu verwirklichen ist.[105] Die föderale Balance in der Union ist mithin nicht statisch, sondern prozesshaft zu begreifen. Der weitere Ausbau der Gemeinschaft kann auch zukünftig nur durch begrenzte, aus praktischen Bedürfnissen oder Notwendigkeiten sich ergebenden Schritten erreicht werden.[106] Dabei wird ein Schwerpunkt der zukünftigen Entwicklung in der Erarbeitung einer ausgewogenen Balance zwischen mitgliedstaatlicher und gemeinschaftlicher Rechtssetzungskompetenz unter Berücksichtigung der Osterweiterung liegen. Insbesondere hinsichtlich der Generalkompetenz des Art. 95 EG besteht hier nach wie vor, und gerade jetzt, erheblicher Klärungsbedarf.

IV. Schlussfolgerung: Europäische Integration und die EG

Die Europäische Integration ist ein Prozess, der hinter den Gründungsverträgen der Gemeinschaft steht, der wesentlich zu ihrem Zustandekommen beigetragen hat und das Zusammenwachsen der europäischen Völker vorantreibt. Sie umfasst die psychischen, sozialen, politischen, rechtlichen und die wirtschaftlichen Ele-

---

104 *Isensee*, in: FS für Everling, Bd. I, S. 567 (578).

105 *von Bogdandy*, in: von Bogdandy, Europäisches Verfassungsrecht, S. 149 (188); hinsichtlich des Begriffs *„supranationaler Föderalismus"* vgl. *von Bogdandy*, Integration 1999, S. 95 (107); *Oeter*, ZaöRV 59 (1999), S. 901 (915).

106 *Oppermann*, JZ 1999, S. 317 (321).

mente. Die durch die Verträge in Gang gesetzte Entwicklung ist heute von Dauerhaftigkeit und von einem stetigen Bemühen um Aktualität geprägt.

B. Integration durch Recht

Der EU wird die Befugnis zur Rechtsetzung erteilt, um bestimmte Ziele zu erreichen. Zum einen soll das europäische Gemeinschaftsrecht eine Rechtsordnung zur Entscheidung von Rechtsstreitigkeiten zur Verfügung stellen und damit der Absicherung der bestehenden politischen und ökonomischen Ordnung dienen. Zum anderen soll mit der ständigen Weiterentwicklung des Gemeinschaftsrechts das Fortschreiten der Integration gewährleistet werden.[107]

I. Primäres und Sekundäres Gemeinschaftsrecht

Das so genannte „einheitliche" Gemeinschaftsrecht lässt sich in zwei Kategorien einteilen. Die erste Kategorie ist das *primäre Gemeinschaftsrecht*. Dazu zählen die Vertragsnormen, das Organisationsrecht, allgemeine Rechtsgrundsätze[108] und das Gewohnheitsrecht[109], die für jeden Mitgliedstaat dieselbe Verbindlichkeit haben und deren Legitimation ihren Ursprung im Willen der Gründungsstaaten findet. Die zweite Gruppe der einheitlichen Gemeinschaftsrechtsordnung bildet das *Sekundärrecht* in Form von Verordnungen und Richtlinien, deren Legitimation sich aus den auf die Gemeinschaft übertragenen Kompetenzen ergibt. Aufgrund dieser Rechtsakte werden die nationalen Rechtsordnungen aneinander angeglichen.[110] Seit den fünfziger Jahren hat das sekundäre Europarecht die Fundamente der Rechtsgemeinschaft in Konkretisierung der Vorgaben der europäischen Verträge gelegt.[111]

---

107 Das Gemeinschaftsrecht ist mithin ein *Mittel* zur Umsetzung des Integrationsprozesses. Vgl. auch Kapitel I.A.II.3.)d.); *Schwarze*, FS für Pescatore, S. 637 (641); *Rittner*, JZ 1995, S. 849 (850).

108 Ausführlich hierzu: *Schilling*, EuGRZ 2000, S. 3 ff.; *Lecheler*, ZEuS 2003, S. 338 ff.

109 Vgl. hierzu ausführlich: *Lecheler*, ZEuS 2003, S. 337 (346).

110 Sie sind daher privilegierte Instrumente der Rechtsvereinheitlichung. *Iglesias*, NJW 1999, S. 1 (3).

111 Der gemeinsame Zolltarif, die Agrarmarktordnung, die Freizügigkeitsregelungen und ein europäisches Wettbewerbsregime sind Beispiele für dies. Vgl. *Oppermann*, JZ 1999, S. 317 (324).

II. Der EuGH als „Motor der Integration"

Das europäische Recht wurde insbesondere durch die Rechtsprechung des EuGH effektiver gestaltet. Hierbei hat sich der EuGH als „*Motor der Integration*" erwiesen.[112] Als unabhängige Kontrollinstanz muss der Gerichtshof die Wahrung der gemeinschaftlichen Kompetenzordnung kontrollieren und kompetenzwidrige Gemeinschaftsakte verwerfen.[113] Hierbei hat er sowohl das *Integrationsziel* im Auge zu behalten als auch das *Prinzip der Rechtsgemeinschaft* zu berücksichtigen. Letzteres bedeutet, dass der EuGH bei seiner integrationsfördernden Rechtsprechung nicht nur auf den *Schutz der Souveränität der Mitgliedstaaten* achten muss.[114] Vielmehr ist das Prinzip der Rechtsgemeinschaft darüber hinaus darauf angelegt, der Freiheitssicherung der *Unionsbürger als Rechtssubjekte* der Gemeinschaftsrechtsordnung zu dienen.[115] Bei der Auslegung der Gemeinschaftskompetenzen muss der EuGH daher nicht nur die notwendige Flexibilität zur Erfüllung der Gemeinschaftsaufgaben, sondern auch das Gebot der hinreichenden Klarheit und Vorhersehbarkeit gemeinschaftlichen Handelns berücksichtigen.[116] Während der EuGH in den ersten Jahren seiner Rechtsprechung eher seiner *Integrationsfunktion* nachgekommen ist, überwiegt in der heutigen Rechtsprechung die *Kontrollfunktion.*

1.) Integrationsfunktion

Seine Integrationsfunktion hat der Gerichtshof insbesondere in der Anfangsphase, die durch die Zurückhaltung der Mitgliedstaaten gekennzeichnet war, wahrgenommen.[117] Durch Auslegung und Anwendung des Europarechts hat der Gerichtshof den stagnierenden Integrationsprozess vorangetrieben.[118] Dabei hat sich der EuGH nicht auf die Auslegung und Anwendung des geschriebenen Gemein-

---

112 *Hallstein*, Die echten Probleme der Integration, S. 9; sich dem anschließend: *Schwarze*, FS für Pescatore, S. 637 (637); *Baur*, FS für Friauf, S. 2 (4); *Vogel*, RabelsZ 65 (2001), S. 591 (607 ff.), speziell für die Rechtsangleichung.

113 *EuGH*, Gutachten 1/91, vom 14.12.1991, EWR-Abkommen, Slg. 1991, I-6079. Da der *EuGH* mithin über die Wahrung des Rechts in der Gemeinschaft wacht, wird er auch als „*Hüter der Verträge*" bezeichnet.

114 *von Bogdandy/Nettesheim*, in: Grabitz/Hilf, Art. 3 b EVG, Rdnr. 3.

115 *Kaiser*, EuR 1980, S. 97 (117); *Kirchhof*, JZ 1998, S. 965 (968/973).

116 *Kamann/Schroeder*, Europablätter 1999, S. 83 (86).

117 *Simm*, Der *EuGH* im föderalen Kompetenzkonflikt, S. 45 ff.

118 Ursache für die Stagnation des Integrationsprozesses in den ersten Jahrzehnten der Gemeinschaft war das Einstimmigkeitsprinzip, welches die Zustimmung aller Mitgliedstaaten für die jeweilige Gemeinschaftsmaßnahme erforderlich machte.

schaftsrechts beschränkt, sondern ist darüber hinaus auch rechtsfortbildend tätig geworden.

a.) Rechtsfortbildung und Rechtsschöpfung

Rechtsfortbildung[119] und *Rechtsschöpfung*[120] sind die Mittel, derer sich der EuGH zur Förderung des Integrationsziels bedient. Während er gemäß Art. 220 EG die Befugnis zur Rechtsfortbildung hat,[121] verbleibt die Kompetenz zur Vertragsänderung und damit zur Festlegung der Kompetenzgrenzen (Rechtsschöpfung) grundsätzlich bei den Mitgliedstaaten.[122]

aa.) Rechtsfortbildung durch den EuGH

Das Gemeinschaftsrecht bedarf der richterlichen *Rechtsfortbildung* in besonderem Maße. Die Normen der Gründungsverträge sowie die Normen des Sekundärrechts, die der Einstimmigkeit der Mitgliedstaaten bedurften, stellen jeweils Kompromisslösungen dar. Dies führt im verabschiedeten Gesetzestext zu einem unklaren, häufig unbestimmten Wortlaut, sowie zu zahlreichen Regelungslücken. Im Rahmen seiner Rechtsprechungsfunktion füllt der EuGH diese Regelungslücken mit Inhalt und legt sie im Sinne der Integrationsziele aus.[123]

Zudem ist der EuGH verpflichtet, dem Gemeinschaftsrecht zur Wirksamkeit zu verhelfen, wenn die gemeinschaftlichen Rechtssetzungsorgane einen eindeutig bestimmten Rechtssetzungsauftrag des Primärrechts (z.B. zur Verwirklichung der Grundfreiheiten spätestens bis zum Ablauf der Übergangszeit) nicht erfüllen.[124] Entsprechend den unterschiedlichen Integrationsphasen[125] hat sich so die Rechtsprechung und damit die Entwicklung des Rechts in der Gemeinschaft vollzogen.

---

119 *Bedeutet*: Findung von bereits gesetztem Recht im Rahmen der geltenden Verträge. *Kamann/Schroeder*, Europablätter 1999, S. 83 (86); *BVerfGE* 89, 155 (209); *BVerfGE* 75, 223 (240 ff.). Teilweise wird die Rechtsfortbildung als eine Form der *Auslegung* verstanden. Vgl. hierzu: *Streinz*, EuR, Rdnr. 495; *Dänzer-Vanotti*, RIW 1992, S. 733 (734).

120 *Bedeutet*: Erzeugung von Recht in Überschreitung der bestehenden Vertragsgrenzen. *Kamann/Schroeder*, Europablätter 1999, S. 83 (86); *BVerfGE* 89, 155 (209).

121 *Dem zustimmend*: *BVerfGE* 89, 155 (219); *BVerfGE* 75, 223 (241). Danach steht dem *EuGH* zwar keine Befugnis zu, auf dem Weg der richterlichen Rechtsfortbildung Gemeinschaftskompetenzen zu erweitern. Allerdings besteht kein Zweifel daran, dass die Mitgliedstaaten die Gemeinschaft mit einem Gericht ausstatten wollten, dem Rechtsfindungswege offen stehen, wie sie in jahrhundertelanger gemeineuropäischer Rechtsüberlieferung und Rechtskultur ausgeformt worden sind.

122 *EuGH*, Gutachten 2/94, vom 28.03.1996, EMRK, Slg. 1996, I-1759.

123 *Dänzer-Vanotti*, RIW 1992, S. 733 (734).

124 *Streinz*, EuR, Rdnr. 496; *Dänzer-Vanotti*, RIW 1992, S. 733 (734).

125 Vgl. Kapitel I.A.II.3.)c.)aa.).

bb.) Grenzen der zulässigen richterlichen Rechtsschöpfung

Schwierigkeiten ergeben sich aus der Frage, wo die *Grenzen* der zulässigen richterlichen Rechtsschöpfung zu finden sind. Denn richterliche Rechtsfortbildung ist immer ein Stück Rechtsschöpfung.[126] Die Aufgabe des Gerichtshofs erschöpft sich nicht im Gesetzesvollzug. Als Kompensator des gemeinschaftlichen Regelungsdefizits ist er im Laufe der Zeit vielmehr zu einer Art *Ersatz- oder Nebengesetzgeber* geworden. Dabei darf er aber nicht zu weit in den Funktionsbereich „Rechtserzeuger" eindringen. Daher ist eine richterliche Rechtsschöpfung unzulässig, soweit alternative Regelungsmöglichkeiten bestehen oder sie eine gesetzeskorrigierende Wirkung entfalten würde.

Bei Berücksichtigung des Wesentlichkeitsgrundsatzes und erhöhter Anforderungen an die Urteilsbegründung ist hingegen die gesetzeskonkretisierende und lückenfüllende Rechtsschöpfung zulässig.[127] Wird eine Regelungslücke im Gemeinschaftsrecht gefunden, so darf der Gerichtshof jedoch nicht aufgrund eigener Initiative, freier Willensbildung und originärer Zielsetzung, sondern lediglich anhand der dem Primärrecht zu entnehmenden Wertungen agieren.[128] Komplexe Rechtsfragen, die eine Vielzahl möglicher Entscheidungen zulassen, sind der Rechtsfortbildung durch Richterrecht grundsätzlich entzogen.[129]

b.) Vorrang des Europarechts

Am Anfang des rechtlichen Integrationsprozesses stand die Feststellung des Vorrangs europäischen Rechts vor nationalem Recht (*Anwendungsvorrang*[130]). Bereits in der Rechtssache *„van Gend & Loos"* von 1963[131] stellte der Gerichtshof fest, dass die EG eine neue Rechtsordnung auf völkerrechtlicher Ebene darstellt, zu deren Wohl die Mitgliedstaaten in begrenztem Ausmaß ihre Souveränität abgegeben haben, und deren Subjekte nicht nur die Mitgliedstaaten, sondern auch

---

126 *Dänzer-Vanotti*, RIW 1992, S. 733 (734).

127 Vgl. ausführlich hierzu, *Dänzer-Vanetti*, RIW 1992, S. 733 (737); *kritisch* auch bzgl. der lückenfüllenden Rechtschöpfung: *Schlemmer-Schulte/Ukrow*, EuR 1992, S. 82 (90); *Ossenbühl*, DVBl. 1992, S. 993 (995); *Streinz*, EuR, Rdnr. 501-502a.

128 Kriterien nach *BVerfGE* 82, 6 (12); *Dänzer-Vanetti*, RIW 1992, S. 733 (734).

129 *von Danwitz*, JZ 1994, S. 335 (341); zur Kompetenzüberschreitung des *EuGH*: Kapitel I.A.IV.1.)d.).

130 Es handelt sich nicht um einen *Geltungsvorrang*. Das bedeutet, dass die entgegenstehende nationale Norm im konkreten Kollisionsfall nicht zur Anwendung gelangt. Sie wird dadurch aber nicht aufgehoben oder nichtig; denn für Fälle, die keinen europarechtlichen Bezug aufweisen, behält sie ihre Geltung.

131 *EuGH*, Urteil vom 05.02.1963, Rs. C-26/62, Slg. 1963, 1, *„van Gend & Loos"*.

die Bürger sind.[132] In seiner Entscheidung in der Rechtssache „*Costa/ENEL*" von 1964[133] erkannte der EuGH den Vorrang primären Gemeinschaftsrechts vor nachfolgendem einfachgesetzlichem mitgliedstaatlichem Recht an.[134] In der Entscheidung in der Rechtssache „*Simmenthal II*" von 1978 bestätigte der EuGH explizit den Anwendungsvorrang des Europarechts, auch des Sekundärrechts, vor jeder entgegenstehenden Bestimmung nationalen Rechts.[135] Als Begründung führte der EuGH aus, dass „*die einheitliche Geltung des Gemeinschaftsrechts beeinträchtigt würde, wenn bei Entscheidungen über die Gültigkeit von Handlungen der Gemeinschaftsorgane Normen oder Grundsätze des nationalen Rechts herangezogen würden*".[136] Mit der vorrangigen Anwendung des Gemeinschaftsrechts korrespondiert der Grundsatz der größtmöglichen Wirksamkeit,[137] der unter dem Schlagwort „*effet utile*" in die Rechtsprechung des EuGH eingegangen ist. Nach diesem Grundsatz ist den Mitgliedstaaten die Berufung auf nationale Umstände oder Gegebenheiten, die ihren Verpflichtungen auf Gemeinschaftsebene entgegenstehen könnten, verboten.[138] Mit diesen Entscheidungen wurde die Verwirklichung der Ziele der Rechtsgemeinschaft erheblich gestärkt.

c.) Die Integrationsfunktion des EuGH bei den Grundfreiheiten

Auch durch die Auslegung und Anwendung der Grundfreiheiten hat der EuGH einen wesentlichen Beitrag zur Verwirklichung der wirtschaftlichen Integration durch Recht geleistet.[139]

---

132 Zur historischen Bedeutung der Entscheidung, vgl. *Iglesias*, NJW 1999, S. 1 (1 f.).

133 *EuGH*, Urteil vom 15.07.1964, Rs. C-6/64, Slg. 1964, 1251, „*Costa/ENEL*".

134 Die Entscheidung wird als „Fanfare" zum Auftakt eines Feldzuges zur Herbeiführung der europäischen Rechtsintegration gesehen. *Baur*, FS für Friauf, S. 3 (4); *Lecheler*, ZEuS 2003, S. 338 (341).

135 Dort heißt es: „Jeder im Rahmen seiner Zuständigkeit angerufene nationale Richter ist verpflichtet, das Gemeinschaftsrecht uneingeschränkt anzuwenden und die Rechte, die es dem einzelnen verleiht, zu schützen, indem er jede dem Gemeinschaftsrecht entgegenstehende Bestimmung unangewendet lässt, gleichgültig, ob sie früher oder später als die Gemeinschaftsnorm ergangen ist."; *EuGH*, Urteil vom 09.03.1978, Rs. C-106/77, Slg. 1978, 629, „*Simmenthal II*".

136 So *EuGH*, Urteil vom 17.12.1970, Rs. 11/70, Slg. 1970, 1125, „*Internationale Handelsgesellschaft*".

137 *EuGH*, Urteil vom 17.01.1979, Rs. 792/79, Slg. 1980, 119, Rdnr. 17, „*Camera Care*"; *EuGH*, Urteil vom 06.10.1980, Rs. 246/80, Slg. 1981, 2311, Rdnr. 16, „*Broekmeulen*".

138 *Zuleeg*, in: von der Groeben/Schwarze, Art. 1 EG, Rdnr. 33.

139 *Baur*, FS für Frauf, S. 2 (5).

aa.) Ausgangspunkt: Kein subjektives Gemeinschaftsrecht

Zunächst lehnte der EuGH die Annahme gemeinschaftsrechtlicher subjektiver Rechte mit der Begründung ab, dass der ursprüngliche Vertrag zur Gründung der Europäischen Wirtschaftsgemeinschaft eine im Wesentlichen wirtschaftsverwaltungsrechtliche Regelung darstelle.[140] Angesichts des Hinauswachsens der EG über die Funktionen einer reinen Wirtschaftsgemeinschaft einerseits und angesichts der zunehmenden Geltung von Grund- und Menschenrechten in sämtlichen Mitgliedstaaten, erwies sich das Fehlen materieller bürgerschützender Normen zunehmend als wertungsmäßige Lücke des Gemeinschaftsrechts, das den Funktionen der EG wie auch dem einschlägigen Standard der Mitgliedstaaten nicht mehr entsprach.[141]

bb.) Grundfreiheiten als subjektive Rechte

Aufgrund dieser Erkenntnis sprach der EuGH den Grundfreiheiten in der Entscheidung „*van Gend & Loos*"[142] erstmals einen subjektiven Charakter zu[143] und verhalf ihnen zur unmittelbaren Anwendbarkeit.[144] Damit waren die Weichen für die so genannte *negative Integration* gestellt.[145] Die Anerkennung subjektiver Rechte war ein Integrationsmotor, da jetzt die Bürger ihre Staaten zur Integration durch Anwendung des Gemeinschaftsrechts zwingen konnten. Einen weiteren Schritt im Integrationsprozess brachte die *Dassonville*-Entscheidung.[146] In diesem Urteil erkannte der EuGH für die Waren- und Dienstleitungsfreiheit neben dem Diskriminierungsverbot auch ein allgemeines *Beschränkungsverbot* an.[147]

---

140 *EuGH*, Urteil vom 15.06.1960, Rs. 36-38 u. 40/59, Slg. 1960, 886 (921), „*Präsident Ruhrkohlen-Verkaufsgesellschaft*": „(...) enthält...das Gemeinschaftsrecht (...) weder einen geschriebenen noch einen ungeschriebenen allgemeinen Rechtsgrundsatz des Inhalts, dass ein erworbener Besitzstand nicht angetastet werden darf".

141 *Schilling*, EuGRZ 2000, S. 3 (7).

142 *EuGH*, Urteil vom 05.02.1963, Rs. C-26/62, Slg. 1963, 1 (25), „*van Gend & Loos*".

143 *EuGH*, Urteil vom 05.02.1963, Rs. C-26/62, Slg. 1963, 1 (25), „*van Gend & Loos*".Bereits in dieser Entscheidung hat der *EuGH* die dort entwickelte Eigenständigkeit des Gemeinschaftsrechts damit gerechtfertigt, dass der Gemeinschaftsbürger zum „*Wächter*" über die Einhaltung der Gemeinschaftsverträge eingesetzt werden kann.

144 *Ehlers*, in: Ehlers, Grundrechte und Grundfreiheiten, § 7, Rdnr. 7.

145 Vgl. hierzu die vertiefenden Ausführungen in Kapitel I.C.III.1.).

146 *EuGH*, Urteil vom 11.07.1974, Rs. C-8/74, Slg. 1974, 837, Rdnr. 5, „*Dassonville*".

147 In der bis heute geltenden Entscheidung sah der *EuGH als Maßnahmen gleicher Wirkung* (Art. 28 EG) „jede Handelsregelung der Mitgliedstaaten (an), die geeignet ist, den innergemeinschaftlichen Handel unmittelbar oder mittelbar, tatsächlich oder potenziell zu behindern. *EuGH*, Urteil vom 11.07.1974, Rs. C-8/74, Slg. 1974, 837, Rdnr. 5, „*Dassonville*".
Im *Bosmanurteil* hat der *EuGH* die Frage auch für die Arbeitnehmerfreizügigkeit bejaht und in verschiedenen Urteilen die Niederlassungsfreiheit entsprechend interpretiert. *EuGH*, Urteil

Dem Einzelnen ist damit ein Hebel in die Hand gegeben worden, mit dessen Hilfe sich das Gemeinschaftsrecht durchsetzen und fortentwickeln lässt.[148] Eine kontinuierliche Erweiterung der betroffenen Rechtsmaterien hat dazu geführt, dass der Einzelne sich vom ausschließlich *nationalen Bürger* der Gründungsphase über den „*Marktbürger*" der siebziger Jahre zum „*Gemeinschaftsbürger*" entwickelt hat, ein Prozess, der zu der heute normierten „*Unionsbürgerschaft*" geführt hat.

d.) Kompetenzüberschreitung des EuGH

Bei der Ausübung seiner Integrationsfunktion ist dem EuGH der Vorwurf gemacht worden, er überschreite seine Kompetenzen als „*Hüter der Verträge*".[149] Gegenstand der Kritik war insbesondere[150] das *Francovich*-Urteil[151], in dem der EuGH einen richterrechtlichen Staatshaftungsanspruch bei Verstößen gegen das Gemeinschaftsrecht begründete. In der Literatur wurde diskutiert, ob der EuGH mit dieser Entscheidung den Grenzen richterlicher Rechtsfortbildung nur nahe gekommen ist[152] oder sie schon überschritten[153] hat. So wurde an dem Urteil bemängelt, dass keine planwidrige Regelungslücke vorgelegen habe.[154] Die Tatsache, dass die Mitgliedstaaten in den Verträgen keine Sanktionsmöglichkeiten für einen Verstoß gegen das Gemeinschaftsrecht vorgesehen hatten, sei kein Indiz dafür, dass die Nichtregelung planwidrig gewesen sei. Zudem könne ein Untätigbleiben des Gemeinschaftsgesetzgebers für die vom Gerichtshof angenommene Staatshaftung nicht legitimierend wirken. Sonst würde dieser die Funktion eines Ersatzgesetzgebers übernehmen und mit dem Staatshaftungsanspruch eine Materie, die im Wege der Normsetzung so nicht erreichbar gewesen wäre, regeln.

---

vom 15.12.1995, Rs. C-415/93, Slg. 1995, I-4921, Rdnr. 92 ff., „*Bosman*"; *EuGH*, Urteil vom 31.03.1993, Rs. C-19/92, Slg. 1993, I-1663, Rdnr. 16 f., „*Kraus*"; *EuGH*, Urteil vom 30.11.1995, Rs. C-55/94, Slg. 1995, I-4165, Rdnr. 34 ff., „*Gebhard*".

148 Seit diesen Entscheidungen vollzieht sich der Integrationsprozess, teilweise auf Initiative des Individuums, losgelöst von politischen Prinzipien. Zu der Rolle des Marktbürgers als Katalysator der Integration, vgl. *Simm*, Der *EuGH* im föderalen Kompetenzkonflikt, S. 45 ff.; *Baur*, FS für Friauf, S. 3 (5).

149 *von Danwitz*, JZ 1994, S. 335 (340).

150 Weitere für das Gemeinschaftsrecht weniger bedeutsame Beispiele: *EuGH*, Urteil vom 28.02.1984, Rs. 294/82, Slg. 1984, 1177 (1184), „*Senta Einberger*"; *EuGH*, Urteil vom 21.02.1991, Rs. C-143/88, C-92/89, Slg. 1991, I-415 (534), „*Zuckerfabrik*".

151 *EuGH*, Urteil vom 19.11.1991, Rs. C-6/90, C-9/90, Slg. 1991, I-5357, Rdnr. 28 ff. „*Francovich*". In diesem Fall wurde die Staatshaftung für den Fall der unterbliebenen Umsetzung von Richtlinien entwickelt, aber bereits dort als allgemeiner Grundsatz des Gemeinschaftsrecht postuliert, der auch bei anderen Verstößen zum Tragen kommen kann.

152 *Everling*, in: FS für Börner, S. 57 (68).

153 *Dänzer-Vanotti*, RIW 1992, S. 733 (740); *Prieß*, NVwZ 1993, S. 118 (125); *Ossenbühl*, DVBl. 1992, S. 993 (995).

154 *Prieß*, NVwZ 1993, S. 118 (125).

2.) Kontrollfunktion des EuGH

Angesichts des erreichten Standes der Integration und der wachsenden Kritik an seiner rechtsfortbildenden Tätigkeit hat der EuGH seine Integrationsfunktion überdacht. Mit dem Übergang zur Mehrheitsentscheidung im Ministerrat in der zweiten Hälfte der achtziger Jahre[155] entfiel für ihn das Argument, dass sich jeder Mitgliedstaat gegen Kompetenzüberdehnung durch Ausübung des Vetorechts im Rahmen der Einstimmigkeitsentscheidung hätte wehren können.[156] Seither übt der EuGH seine judikative Aufsicht strikter aus, indem er die gegenseitige Respektierung der Kompetenzen von Gemeinschaft und Mitgliedstaaten überwacht. Auch der Übergang der EuGH-Rechtsprechung von der Integrations- zur Kontrollfunktion hat letztlich bei den Grundfreiheiten seinen Anfang gefunden. In der mit „*Keck*"[157] begründeten Entscheidungskette hat der Gerichtshof praktisch das Recht der Wirtschaftsregulierung, das Ladenschlussgesetz[158], das Preisrecht,[159] aber auch das Recht des unlauteren Wettbewerbs[160] der Mitgliedstaaten aus seiner Kontrolle entlassen. Diese Entwicklung hat einen Höhepunkt in dem „*Tabakwerbeurteil*"[161] gefunden, in dem der EuGH eine Kompetenzüberschreitung des Gemeinschaftsgesetzgebers festgestellt hat.[162]

III. Künftige Funktion des Rechts als Integrationsinstrument

Wie der bereits vollzogene Wandel der EuGH-Rechtsprechung vorgibt, ist die künftige Funktion des Rechts als Integrationsinstrument darauf gerichtet, eine

155 Vgl. hierzu: Kapitel II.B.III.

156 *Nettesheim*, in: von Bogdandy, Europäisches Verfassungsrecht, S. 415 (427).

157 *EuGH*, Urteil vom 24.11.1993, Rs. C-267/91 u. 268/91, Slg. 1993, I-6097, „*Keck*"; nach erklärter Ansicht des *EuGH* gilt diese Entscheidung als Versuch, die infolge der *Dassonville-Formel* (*EuGH*, Urteil vom 11.07.1974, Rs. 8/74, Slg. 1974, 837, Rdnr. 5) ausufernde Berufung auf die Wareneinfuhrfreiheit einzudämmen (vgl. Rdnr. 14 des Urteils). Aufgrund dieser Aussage des Gerichtshofes ist dieses Urteils als Wendepunkt der *EuGH*-Rechtsprechung zu bewerten. Vgl. dazu m.w.N. *Kingreen*, in: von Bogdandy, Europäisches Verfassungsrecht, S. 631 (642). Zur „*Keck-Rechtsprechung*" vgl. auch: Kapitel III.C.I.1.b.).

158 *EuGH*, Urteil vom 2.06.1994, Rs. C-401/92 u. 402/92, Slg. 1994, I-2199, „*Tankstation't Heukske*"; *EuGH*, Urteil vom 02.06.1994, Rs. C- 69/93 u. C-258/93; Slg. 1994, I-2355, „*Punto Casa*".

159 *EuGH*, Urteil vom 07.03.1990, Rs. C- 362/88, Slg. 1990, I-667, Rdnr. 14 ff., „ *GB-Inno-BM*.

160 *EuGH*, Urteil vom 18.05.1993, Rs. C-126/91, Slg. 1993, I-2361, Rdnr. 3 ff. „*Yves Rocher*".

161 *EuGH*, Urteil vom 05.10.2000, Rs. C-376/98 u. 74/99, Slg. 2000, I-8419, Rdnr. 83, „*Tabakwerbeurteil*"; zu dem Urteil im Besonderen vgl. Kapitel III.

162 *Streinz*, EuR, Rdnr. 494; *Nettesheim*, in: von Bogdandy, Europäisches Verfassungsrecht, S. 415 (427); *Hilf/Frahm*, RIW 2001, S. 128 (129).

ausgewogene Balance zwischen den Mitgliedstaaten und dem gemeinschaftlichen Handeln zu schaffen. Dass hier noch gewisser Klärungsbedarf seitens des EuGH besteht, wird im Folgenden anhand des Beispiels des Art. 95 EG gezeigt. In diesem Prozess rückt die europäische Integration bei der Rechtsauslegung und -anwendung vermehrt in den Vordergrund. Insbesondere dort, wo die Gemeinschaft mit ihren Aktivitäten in Grauzonen hineingerät, die ihr vertraglich nicht eindeutig zugewiesen sind, besteht durchaus die Gefahr, dass ein unkoordiniertes und ungebremstes Wachstum der Gemeinschaft mit einem Verlust an Integrationstiefe erkauft und darüber hinaus die Folgebereitschaft der Mitgliedstaaten überstrapaziert wird.[163] Damit das Gemeinschaftsrecht seiner Aufgabe als Integrationsinstrument weiterhin gerecht werden kann, muss der EuGH einerseits restriktiv rechtsprechend tätig werden.[164] Andererseits erscheint es aber auch notwendig, gerade angesichts der erneuten Erweiterung der Gemeinschaft, die ursprünglichen Ziele der europäischen Integration und die zu diesem Zweck funktional eingesetzten Integrationsmethoden nicht aus dem Auge zu verlieren.

C. Integration durch Rechtsangleichung

Ziele, Anwendungsbereich, Ausrichtung, Methode und Auswirkungen der Rechtsangleichung im Rahmen der Integration ergeben sich aus dem System der Verträge.

I. Der Begriff der Rechtsangleichung

Bisher hat sich keine einheitliche Bezeichnung für die gegenseitige Anpassung der nationalen Rechtsordnungen finden lassen. Der EG-Vertrag selbst enthält die Worte Rechtsangleichung[165], Harmonisierung[166] und Koordinierung[167] nebeneinander, ohne diese jedoch genauer zu definieren.

1.) Die unterschiedlichen Begrifflichkeiten

Alle Begriffe sind Gegenstand sorgfältiger Auslegungs- und Abgrenzungsversuche gewesen, da man glaubte, aus ihrer unterschiedlichen Verwendung verschie-

---

163 *Schwarze*, FS für Pescatore, S. 637 (649).

164 *Vgl.* hierzu die Ausführungen in Kapitel III, Kapitel VI; Kapitel VII.

165 In Artt. 3 I, lit. h), 94, 95 EG.

166 In Artt. 93, 126, 129 IV EG.

167 In Artt. 44 III, lit. g), 46 II, 47 II EG.

dene Anwendungsbereiche abgrenzen zu können.[168] Hierzu gehört der Ansatz, von den Begrifflichkeiten auf die Intensität der Angleichungsmaßnahme zu schließen.[169] So sollten z.B. „*Koordinierung*“ und „*Harmonisierung*“ nur zu einer in den Grundzügen übereinstimmenden Tendenz führen, während der Begriff „*Angleichung*“ weitergehen und im Wesentlichen entsprechende Einzelregelungen erlauben sollte. Die theoretischen Ansätze der Differenzierung ließen sich in der Praxis allerdings aufgrund der uneinheitlichen Verwendung der Begriffe in den vier Verträgen sowie aufgrund der uneinheitlichen Übersetzung nicht umsetzen. Die Begriffe sind synonym und definieren eine identische Gemeinschaftsaufgabe.[170] Ein unterschiedliches Ausmaß der gemeinschaftlichen Maßnahmen zur Rechtsangleichung kann sich im Einzelfall aus der Natur des anzugleichenden Rechtsgebietes und den ihm eigenen Problemen ergeben, die verwendete Begrifflichkeit hingegen ist kein Indiz dafür. Mithin werden die Begriffe im Folgenden einheitlich verwendet.

2.) Definition

Die „Rechtsangleichung“ ist die sachbezogene Annäherung nationaler Rechtsvorschriften an einen gemeinschaftsrechtlich vorgegebenen Standard. Ziel der Angleichung ist es, unter Beachtung der Eigenheiten der einzelstaatlichen Rechtsordnungen Unterschiede zu beseitigen, soweit sie der Erfüllung der Vertragsziele entgegenstehen.[171] Sie erfolgt letztlich durch eine Änderung des nationalen Rechts, die vom nationalen Gesetzgeber, basierend auf den Richtlinien, oder durch den Gemeinschaftsgesetzgeber selbst in Form von Verordnungen, vorgenommen wird. Die Folge der Rechtsangleichungsmaßnahmen ist, dass in den angeglichenen Rechtsgebieten zwischen den Rechtsordnungen der Mitgliedstaaten keine materiellen Unterschiede mehr bestehen.

3.) Inhaltliche Ausformung

Hinsichtlich der inhaltlichen Ausformung des Begriffes der Rechtsangleichung ergibt sich aus dem Kontext der Vertragsvorschriften, insbesondere aus Artt. 3 I lit. h), 94, 95 EG, die Zielrichtung. Bei der Angleichung kommt es

---

168 *Lutter*, NJW 1966, S. 273 (275).

169 *Philipps*, Privatrechts-Vereinheitlichung, S. 96 ff. Überblick auch bei *Schmeder*, Rechtsangleichung, S. 5.

170 *Eiden*, in: Bleckmann, EuR, Rdnr. 2106; *Streinz*, EuR, Rdnr. 957; *Taschner*, in: von der Groeben/Schwarze, Art. 94 EGV, Rdnr. 1; *Schmeder*, Rechtsangleichung, S. 5; *Zweigert*, FS für Dölle, Bd. II, S. 405; kritisch hingegen: *von Danwitz*, in: Dauses, B II, 5., Rdnr. 73.

171 *von der Groeben*, NJW 1970, S. 359 (362).

darauf an, die den Gemeinsamen Markt bzw. den Binnenmarkt störenden Auswirkungen zu beseitigen oder zu verringern, die von einzelstaatlichen Rechts- und Verwaltungsvorschriften allein oder von ihrer Verschiedenheit untereinander herrühren.[172]

Hinsichtlich der Ausformung der Angleichungsmaßnahme muss sich der Gemeinschaftsgesetzgeber nicht an die Vorgaben der nationalen Regelungen halten.[173] Es besteht keine Pflicht, diese auf den kleinsten gemeinsamen Nenner zu bringen, vielmehr kann der Gemeinschaftsgesetzgeber eine von den nationalen Regelungen abweichende Norm beschließen.

II. Funktion der Rechtsangleichung

1.) Stellenwert der Rechtsangleichung gemäß Art. 3 I EG

Die Stellung der Rechtsangleichung im Rahmen der Verträge wird zunächst durch Art. 3 I EG, der die 21 Haupttätigkeiten der Gemeinschaft in Form von Aufgaben oder Zielen umschreibt, verdeutlicht. Die Vereinheitlichung des Wirtschaftsrechtes durch „*Angleichung der innerstaatlichen Rechtsvorschriften*" ist, wie Art. 3 I lit. h) EG ausdrücklich hervorhebt, auf das Funktionieren des Gemeinsamen Marktes ausgerichtet und beschränkt.[174] Vertragsziel gemäß Art. 14 EG ist die Errichtung des Gemeinsamen Marktes bzw. des Binnenmarktes ohne Hemmnisse für den Handel. Um dies zu erreichen, enthalten die Verträge Vorschriften für die Mitgliedstaaten, wonach Maßnahmen, die den Gemeinsamen Markt fördern, geboten (z.B. Artt. 31 I, 39 I EG) und hindernde Maßnahmen verboten (z.B. Artt. 23 I, 25, 28, 29, 43, 49, 56 EG) sind.

Der *Stellenwert*, der sich aus Art. 3 EG für die Rechtsangleichung ergibt, wird durch konkrete Kompetenznormen des Vertrages näher ausgeführt. Der EG-Vertrag hat sowohl durch die ausdrücklich erfassten Rechtsgebiete als auch aufgrund der beiden allgemeinen Ermächtigungsgrundlagen, Artt. 94, 95 EG, die Rechtsangleichung zu einem der Hauptinstrumente der Integration erhoben. Das gilt

---

172 Uneinigkeit herrscht bezüglich des Schwerpunktes: Einerseits wird vertreten, dass dieser bei der Förderung des Funktionierens des Gemeinsamen Marktes liegt: so *Taschner*, in: von der Groeben/Schwarze, Art. 94 EG, Rdnr. 1; *Vogelaar*, CMLR 29 (1975), 211 (213); *Kahl*, Calliess/Ruffert, Art. 94 EG, Rdnr. 1; *Seidel*, EuR 1979, S. 171 (176); so auch *EuGH*, Urteil vom 09.12.1981, Rs. C-193/80, Slg. 1981, 3019, Rdnr. 17, „*Kommission gegen Italienische Republik*";Kritisch und auf die Disparität der mitgliedstaatlichen Rechtsordnungen abstellend: insbes. *Herrnfeld*, in: Schwarze, Art. 94 EG, Rdnr. 7.

173 *Taschner*, in: von der Groeben/Schwarze, Art. 94 EG, Rdnr. 20; *Bleckmann*, EuR, Rdnr. 2106; *Götz*, NJW 1970, S. 359 (361).

174 *Götz*, JZ 1994, S. 264 (266).

insbesondere für die Bereiche, in denen der Vertrag selbst keine konkrete materielle Regelung über die Beseitigung bestimmter Hindernisse für Handel und Wettbewerb zwischen den Mitgliedstaaten oder für die Ausgestaltung einer gemeinsamen oder koordinierten Politik vorsieht.[175]

2.) Sinn und Zweck der Rechtsangleichung

Mit den Rechtsangleichungsmaßnahmen sollen in den einzelnen Sachgebieten zunächst die Bedingungen für das Funktionieren des Gemeinsamen Marktes bzw. Binnenmarktes geschaffen werden. Dieser Zustand muss daraufhin entsprechend der sich verändernden Umstände erhalten und weiterentwickelt werden. Mithin handelt es sich auch hier um einen dynamischen Prozess, der kontinuierlich auf die Integration und konkret auf das Funktionieren des Gemeinsamen Marktes bzw. Binnenmarktes ausgerichtet ist.[176] Die Rechtsangleichung ist daher *nicht Selbstzweck* oder Ziel der Integration, sondern *Mittel* zur Erreichung des Hauptzieles des Vertrages. Folglich hat sie nur eine dienende Funktion, nämlich die Wahrung des Vertrauens sowie Herstellung wirtschaftlicher und rechtlicher Chancengleichheit, und wird zugleich bestimmt durch die Aufgabenverteilung des Vertrages selbst.[177]

3.) Unterstützung der Dynamik der Integration

Zudem wird die Rechtsangleichung als Instrument benutzt, um eine Politik der Gemeinschaft in Gebieten zu ermöglichen, in denen aufgrund der wirtschaftlichen, technischen und sozialen Entwicklung ein *Regelungsbedürfnis* auf Gemeinschaftsebene entsteht. Der Gemeinschaftsgesetzgeber konnte bei der Aufstellung der speziellen Rechtsangleichungskompetenzen nicht immer absehen, welche Rechtsgebiete für einheitliche rechtliche Rahmenbedingungen im Binnenmarkt von Bedeutung sind. Insbesondere die allgemeinen Handlungsermächtigungen, Artt. 94, 95 EG, haben sich als *offene, entwicklungsfähige Normen* erwiesen. Sie haben es dem Gemeinschaftsgesetzgeber ermöglicht, im Rahmen der Rechtsangleichungsmaßnahmen auf jeweilige Änderungen der wirtschaftlichen und sozialen Verhältnisse zu reagieren und damit die Dynamik der europäischen Integration zu fördern.[178]

---

175 *Schwartz*, FS für Hallstein, S. 474 (475).

176 *Gleichmann*, Methoden der Rechtsangleichung, S. 35 (35).

177 *Lutter*, NJW 1966, S. 273 (275); *Seidel*, EuR 1979, S. 171 (174); *Götz*, JZ 1994, S. 265 (266).

178 Zur Dynamik der Kompetenzordnung, vgl. Kapitel IV.A.II.

4.) Konkretisierung der gemeinsamen Politiken

Zudem bleiben Hemmnisse übrig, die der Vertrag nicht einzeln benennt, sondern für die er lediglich Grundsätze festlegt und die Gemeinschaft verpflichtet, gemeinsame Politiken zu entwickeln. Dies betrifft besonders die Bereiche, bei denen Hindernisse für den Binnenmarkt aufgrund ihrer Komplexität nicht durch Geoder Verbote beseitigt werden können. Für die Ausfüllung, für die Konkretisierung in rechtlicher Hinsicht und für die Anpassung insbesondere der nationalen Gesetzgebung an die Grundsätze der Gemeinsamen Politiken haben die Vertragsgründer die Rechtsangleichung vorgesehen.[179]

III. Rechtsangleichung und Grundfreiheiten

Die Binnenmarktkompetenz hat einen sachlichen und entstehungsgeschichtlichen Bezug zu den Grundfreiheiten des Vertrages, insbesondere zu Artt. 28, 30 EG.[180] So lässt sich das System des EG-Vertrages auch aus dem Verhältnis zwischen den Ge- und Verbotsnormen (z.B. Artt. 28, 30 EG) auf der einen und Artt. 94, 95 EG auf der anderen Seite beschreiben.

1.) Negative und positive Integration

Die Begriffe der negativen und positiven Integration wurden von *Jan Tinbergen* in die wirtschaftliche Integrationstheorie eingeführt.[181] Im Rahmen der euopäischen Entwicklung wird die negative Integration in Form der Grundfreiheiten durch die positive Integration, die Rechtsangleichung ergänzt. Mit ihren Diskriminierungs- und Beschränkungsverboten stellen die Grundfreiheiten ohne eine gemeinschaftsrechtliche Rechtsangleichung eine weitgehende Koordinierung der nationalen Rechtskreise im Sinne einer Verwirklichung des Binnenmarktes her.[182] So müssen z.B. auf der Grundlage von Art. 28 EG alle Beschränkungen

179 *Gleichmann*, Methoden der Rechtsangleichung, S. 35 (36); *Verloren van Themaat*, FS für Ophüls, S. 243 (245).

180 *von Danwitz*, EuZW 1999, S. 622 (624).

181 Damit sollten die Maßnahmen zur Beseitigung von Diskriminierungen und Handelshemmnissen in zwischenstaatlichen Wirtschaftsbeziehungen innerhalb eines Integrationsraumes *(negative Integration)* von den Maßnahmen zur Koordination von Wirtschaftspolitiken und der gemeinsamen Entwicklung neuer Politikinstrumente und –institutionen für den Integrationsraum *(positive Integration)* unterschieden werden. *Tinbergen*, International Economic Integration, S. 76 (78/79).

182 *von Bogdandy/Bast*, EuGRZ 2001, S. 441 (449).

des freien Warenverkehrs vorbehaltlich der „*Cassis de Dijon*"-Rechtsprechung[183] und Art. 30 EG entfernt werden.

Zur Erreichung des Gemeinsamen Marktes und später des Binnenmarktes reicht die *negative Integration*, also die Beseitigung nationaler Handelshemmnisse durch in den Verträgen manifestierte Gebote (z.B. Artt. 31 I, 39 I EG) und Verbote (z.B. Artt. 23 I, 25, 28, 29, 43, 49, 56 EG) allerdings nicht aus. Vielmehr müssen durch rechtsangleichende Vorschriften Maßnahmen getroffen werden, die Produktstandards sowohl für die inländischen als auch die importierten Waren aufstellen (*positive Integration*).[184] Da die Grundfreiheiten allerdings nicht kompetenzbegründend oder kompetenzerweiternd wirken, muss von den konkreten Ermächtigungen zur Ausgestaltung der Grundfreiheiten Gebrauch gemacht werden (speziell: z.B. Artt. 40, 44, 47, 52, 53 EG, allgemein: Art. 95 EG).[185] In diesem Sinne wirkt die Rechtsangleichung, namentlich die positive Integration, als eine Ergänzung zu den Grundfreiheiten, also der negativen Integration.

2.) Entscheidungen des EuGH zu den Grundfreiheiten

Die Entscheidungen des EuGH zu den Grundfreiheiten haben die Inhalte und Methoden der legislatorischen Rechtsangleichung maßgeblich geprägt.[186]

a.) Erweiteter Anwendungsbereich der Grundfreiheiten

So hat der EuGH mit der Entscheidung „*Cassis de Dijon*"[187] und der fünf Jahre zuvor ergangenen Entscheidung „*Dassonville*"[188] die Grenzlinie zwischen

---

183 *EuGH*, Urteil vom 20.02.1979, Rs. 120/78, Slg. 1981, 3019, „*Cassis de Dijon*".

184 Die positive Integration erfordert allerdings einen erhöhten Konsensbedarf unter den Mitgliedstaaten, weil die Gestaltungsaufgabe nur auf dem Hintergrund gemeinsamer wirtschaftlicher Grundüberzeugung und Ziele wahrgenommen werden kann. Vorangetrieben wurde dieser Prozess zunächst durch die Mitgliedstaaten, die als Vertragsparteien den Organen der Gemeinschaft die entsprechenden Kompetenzen zur Weiterentwicklung des Gemeinsamen Marktes übertragen haben. *Slot*, ELR 1996, S. 378 (380).

185 *Ehlers*, in: Ehlers, Grundrechte und Grundfreiheiten, § 7, Rdnr. 34.

186 *Kingreen*, Die Struktur der Grundfreiheiten des EG-Rechts, S. 35.

187 *EuGH*, Urteil vom 20.02.1979, Rs. C-120/78, Slg. 1979, 649, „*Cassis de Dijon*"; Der *EuGH* erkannte in dieser Entscheidung zum einen *zwingende Erfordernisse der Mitgliedstaaten* als ungeschriebene Rechtfertigungsgründe an (Rdnr. 8). Zum anderen leitete er aus Art. 28 EG die Pflicht zur gegenseitigen Anerkennung von Produkt- und Sicherheitsstandards ab (Rdnr. 14). Diese Pflicht sollte ihre Grenzen in den Schutzrechten nach Art. 30 EG, sowie in den zwingenden Erfordernissen, „insbesondere" den Erfordernissen einer wirksamen steuerlichen Kontrolle, des Schutzes der öffentlichen Gesundheit, der Lauterkeit des Handelsverkehrs und des Verbraucherschutzes, finden. Zu den Beschränkungsverboten der Grundfreiheiten vgl. Ohler, JA 2006, S. 839 ff.

188 *EuGH*, Urteil vom 11.07.1974, Rs. C-8/74, Slg. 1974, 837, „*Dassonville*".

Art. 28 EG und Art. 95 EG verschoben, indem er die Grundfreiheiten extensiv ausgelegt hat.[189] Durch den erweiterten Anwendungsbereich der Grundfreiheiten konnten immer mehr Hemmnisse für den Binnenmarkt ohne rechtsangleichende Maßnahmen beseitigt werden.[190] Die Notwendigkeit einer legislatorischen Rechtsangleichung hat sich dadurch verringert.

In diesem Rahmen muss aber auch auf die *Keck*-Rechtsprechung[191] des EuGH verwiesen werden, in der der Gerichtshof die Reichweite der Grundfreiheiten eingeschränkt hat.[192] Die Entscheidung beruht auf der Erkenntnis, dass eine strenge Vervollkommnung des Marktes die Regelungsfähigkeit der Mitgliedstaaten überfordert.[193] In diesem Urteil missbilligt der EuGH, dass Wirtschaftsteilnehmer immer häufiger auf der Grundlage des Art. 28 EG jedwede staatliche Regelung beanstanden, die ihre geschäftliche Freiheit beschränkt.[194] Misslich ist dies insbesondere dann, wenn bestimmte staatliche Regelungen nicht den Marktzugang versperren oder stärker behindern, als sie dies für inländische Erzeugnisse tun.[195]

b.) Systematische Kongruenz mit Artt. 28, 30 EG

Maßgeblich für das Verhältnis von Art. 95 I, III EG zu den Grundfreiheiten sind auch die Entscheidungen des EuGH zu Art. 30 EG. Hier hat der Gerichtshof festgestellt, dass der Erlass von Rechtsangleichungsrichtlinien zur Folge hat, *„dass der Rückgriff auf Art. 30 EG nicht mehr gerechtfertigt und der von der Rechtsangleichungsrichtlinie gezogene Rahmen nunmehr maßgeblich für die Durchführung der geeigneten Kontrollen und für den Erlass von Schutzmaßnahmen*

189 *Schwartz*, FS für von der Groeben, S. 333 (356).

190 Ein wichtiges Mittel in diesem Zusammenhang ist die *„gegenseitige Anerkennung"*, hierzu im Folgenden: Kapitel I.A.VI.2.)a.).

191 *EuGH*, Urteil vom 24.11.1993, Rs. C-267/91 u. 268/91, Slg. 1993, I-6097, *„Keck"*.

192 Die Konsequenzen dieses Urteils für die Rechtsangleichung gemäß Art. 95 EG ist umstritten. Vgl. ausführlich dazu: Kapitel I.A.VI.2.)a.)aa.)(2).

193 *Steindorff*, ZHR 158 (1994), S. 149 (160). Dieses Urteil betrifft die Grundfreiheiten. Die Rechtsangleichung ist nicht darauf ausgerichtet, Grundfreiheiten zu realisieren. (vgl. *EuGH*, Urteil vom 09.12.1981, Rs. 193/80, Slg. 1981, 3019, Rdnr. 17, *„Kommission gegen Italienische Republik"*). Sieht man das Urteil aber als Bekenntnis zum unvollkommenen Binnenmarkt, dann vermindert sich die Zahl der Fälle, in denen Rechtsangleichung i.S.v. Artt. 3, 14 EG erforderlich ist, vgl. *Steindorff*, ZHR 158 (1994), S. 149 (168).

194 *EuGH*, Urteil vom 24.11.1993, Rs. C-267/91 u. 268/91, Slg. 1993, I-6097, Rdnr. 14 *„Keck"*.

195 *Steindorff* sieht in diesen Aussagen des *EuGH* das (objektive) Bekenntnis zum Paradigma eines *unvollkommenen Binnenmarkts*. Das wäre ein Binnenmarkt, der durch den Fortbestand von Rechtsunterschieden und gewissen normativen Hindernissen für die gewerbliche Handlungsfreiheit gekennzeichnet ist und in welchem die Grundfreiheiten als fundamentale Normen nur Hindernisse des zwischenstaatlichen Verkehrs beseitigen. *Steindorff*, ZHR158 (1994), S. 149 (160).

ist".[196] Daraus lässt sich schließen, dass, soweit die Mitgliedstaaten gemäß Art. 30 EG zur Verhängung vollständiger Verkehrsverbote befugt sind, die Gemeinschaft im Rahmen ihrer Binnenmarktkompetenz über eine entsprechende Regelungsbefugnis verfügt. Diese Parallelität der Binnenmarktkompetenz nach Art. 95 EG mit dem Regelungssystem der Artt. 28, 30 EG setzt allerdings voraus, dass die Verhältnismäßigkeit der Mittel auch für die Schranken der Binnenmarktkompetenz nach Art. 95 EG mit gleicher Strenge bestimmt wird, wie das für die mitgliedstaatlichen Schutzbefugnisse nach Art. 30 EG allgemein anerkannt ist.[197] Folglich soll mit der in Art. 95 I, III EG geschaffenen Rechtsangleichungsbefugnis die Schutzverantwortung der Mitgliedstaaten gemäß Art. 30 EG einer gemeinschaftseinheitlichen Regelung zugeführt werden.[198]

IV. Ziele der Rechtsangleichung

Die Rechtsangleichung dient dazu, die Ziele der Gemeinschaft zu fördern, die gemäß Art. 2 EG allgemein als Hebung des Lebensstandards, Wirtschaftsausweitung, Währungsstabilität etc. definiert werden. Mithin ist die Harmonisierung von Recht erst auf einer weiteren Stufe der „Ziel-Pyramide"[199] als Mittel zur Erreichung der Primärziele der Gemeinschaft einzuordnen. Durch die Existenz einheitlicher Normen soll der Rahmen vorgegeben werden, innerhalb dessen sich wirtschaftliches Handeln vollziehen kann. Damit werden die Beseitigung mitgliedstaatsrechtlicher Ungleichbehandlung von Marktbürgern verschiedener Staatsangehörigkeit gefördert und staatsbezogene Rechtsunterschiede überwunden. Folge der bisherigen Angleichungsmaßnahmen ist, dass sich Menschen, Güter, Kapital und Dienstleistungen überall im Gemeinsamen Mark bzw. Binnenmarkt frei und ungehindert nach Maßgaben des Gemeinschaftsrechts bewegen und betätigen dürfen. Die Integration durch Rechtsangleichung bewirkt insoweit die Herstellung einer Ordnung, die sich teils aus allgemeinem, d.h. in allen Mit-

---

196 *EuGH*, Urteil vom 20.09.1988, Rs. 190/87, Slg. 1988, 4689, Rdnr. 10, „*Gesundheitsbehördliche Kontrolle*"; *EuGH*, Urteil vom 23.05.1996, Rs. C-5/94, Slg. 1996, I-2553, Rdnr. 20, „*Queen/Ministry of Agriculture*".

197 *von Danwitz*, EuZW 1999, S. 622 (624).

198 Vor diesem systematischen Hintergrund erhellt sich als weiterer Gesichtspunkt, warum das Harmonisierungsverbot des Art. 152 IV EG unter Art. 95 EG keine Anwendung finden kann (zu diesem Problem: *EuGH*, Urteil vom 5.10.2000, Rs. C 376/98, Slg. 2000, I-8419, Rdnr. 107, „*Tabakwerbeurteil*"). Binnenmarktbezogene Rechtsangleichung schließt die Befugnis der Union zur Vollharmonisierung gerade auch von solchen Regelungen ein, die die Grundfreiheiten aus Gründen des Allgemeinwohls rechtmäßig beschränken. Kapitel VII.B.II.2.)b.).

199 *Seidel*, EuR 1979, S. 171 (174).

gliedstaaten angeglichenem nationalem Recht, teils aus Gemeinschaftsrecht zusammensetzt.[200]

V. Grenzen der Rechtsangleichung

Jede gemeinschaftliche Rechtsangleichungsmaßnahme greift in gewachsene, nationale Regelwerke, mithin in unterschiedliche Traditionen, Wertevorstellungen sowie wirtschaftliche und soziale Strukturen ein. Damit wird bewirkt, dass bestimmte gesellschafts- und ordnungspolitische Anliegen neu und aus der *Sicht des Gemeinschaftsgesetzgebers* bewertet und durch ihn verwirklicht werden. Da die Gemeinschaft sich in diesem Zusammenhang dazu verpflichtet hat, die Souveränität der Mitgliedstaaten zu achten, sind der Rechtsangleichung *Grenzen* gesetzt.[201] Diese ergeben sich zum einen aus dem jeweilig erreichten Stand der Integration, aus der Funktion und Aufgabe der Rechtsangleichung, sowie der Rechtsprechung des EuGH, zum anderen aus dem Prinzip der begrenzten Einzelermächtigung, dem jeweiligen Tatbestand der Ermächtigungsnorm sowie dem Subsidiaritätsprinzip.[202]

1.) Begrenzung durch Funktion und Aufgabe der Rechtsangleichung

Ebenso wie die Zielsetzung des Vertrages die Funktion und Aufgabe der Rechtsangleichung bestimmt, ergibt sich hieraus auch ihre erste Begrenzung. Die durch Rechtsangleichung angestrebte Einheit der Lebensverhältnisse ist kein Wert an sich.[203] Daher bezweckt die Wirtschaftgemeinschaft auch nicht die umfassende Rechtsangleichung bzw. Rechtsvereinheitlichung, vielmehr besteht die Aufgabe nur insoweit, wie der Binnenmarkt zu seinem Funktionieren überhaupt einheitlichen Rechts bedarf.[204] Maßgeblich ist der jeweils erreichte Stand der Entwicklung.[205]

---

200 *Ipsen*, EG, 2/42, S. 67.
201 So z.B. in Art. 6 II EU, Art. 5 EG.
202 Kapitel III, Kapitel VI; Kapitel VII.
203 *Baur*, in: Baur/Watrin, Recht und Wirtschaft der EU, S. 115 (123).
204 *Lutter*, NJW 1966, S. 273 (273); *Baur*, in: Baur/Watrin, Recht und Wirtschaft der EU, S. 115 (123).
205 *von der Groeben*, NJW 1970, S. 359 (359).

2.) Begrenzung durch die EuGH-Rechtsprechung

a.) Integrationsfördernde Auslegung der Gemeinschaftskompetenzen

Zunächst hat der EuGH auch, insbesondere im Hinblick auf die Rechtsangleichungskompetenz, eine integrationsfördernde Funktion übernommen und der Gemeinschaft in strittigen Fällen die Kompetenz zur Angleichung der nationalen Vorschriften zugesprochen.[206] Die großzügige Auslegung des Gemeinschaftsrechts stieß, solang das *Vetorecht der Mitgliedstaaten* bestand, auf keinen nennenswerten Widerspruch, da diese mit dem Einstimmigkeitsprinzip genügend Einfluss auf den Rechtssetzungsprozess ausüben konnten.

b.) Kritik der Mitgliedstaaten

Dies änderte sich mit der Einführung des Art. 95 EG (Art. 100a EWGV) durch die EEA (1987), welcher durch die Einführung des *Mehrheitsprinzips* der Überwindung der Schwächen des Art. 94 EG dienen sollte. Die Mitgliedstaaten verloren an Einfluss und fühlten ihre nationalen Kompetenzen durch die weite Auslegung des Gerichtshofes gefährdet. Die rechtsfortbildende Tätigkeit des EuGH stieß auf Widerstand der Mitgliedstaaten.[207] Aufgrund seiner integrationsfreundlichen Rechtsprechung wurde der Gerichtshof als „Organ der Kompetenzverschaffung“[208] oder als „Hausgericht der Kommission“[209] kritisiert.

c.) Kompetenzkontrolle durch den EuGH

Die von den Mitgliedstaaten eingeleiteten Verfahren vor dem EuGH zeigen, dass diese genauestens darauf achten, dass der Gemeinschaftsgesetzgeber seine Kompetenzen nicht überschreitet.[210] Mit der Einführung des Art. 5 I-III EG, und damit dem Prinzip der begrenzten Einzelermächtigung, bereits früher ungeschriebenes Gemeinschaftsprinzip, dem Subsidiaritätsprinzip und dem Verhältnismäßigkeitsgrundsatz, geriet der EuGH in das *Spannungsfeld* zwischen dem *Gemeinschaftsgesetzgeber*, der die europäische Integration sichern und vorantreiben soll, und den *neuen Kompetenzschranken* andererseits. Die meisten Schwierigkeiten resultieren aus der Tatsache, dass sowohl die Ermächtigungsnormen, insbesondere

206 Vgl. ausführlich hierzu Kapitel I.B.II.
207 Vgl. hierzu auch Kapitel I.A.IV.1.)d.).
208 *Scholz/Hofmann*, ZRP 1998, S. 295 (302).
209 *Stein*, EuZW 1998, S. 261 (261).
210 *EuGH*, Urteil vom 13.02.1985, Rs. 293/83, Slg. 1985, 593, Rdnr. 11, „*Gravier*“; *EuGH*, Urteil vom 5.10.2000, Rs. C 376/98, Slg. 2000, I-8419; Rdnr. 107, „*Tabakwerbeurteil*“.

Art. 95 EG, aber auch der die Kompetenzen beschränkende Art. 5 EG sehr weit gefasst sind und weiterer richterlicher Auslegung bedürfen. Als Beispiele für die Versuche des EuGH, diese Normen aufgrund von Klagen der Mitgliedstaaten zu konkretisieren, seien hier das „*Tabakwerbeurteil*“[211], das Urteil hinsichtlich der „*Biopatentrichtlinie*“[212] und das „*Tabakprodukturteil*“[213] genannt.

VI. Schlussfolgerung

Die Rechtsangleichung spielt als Mittel zur Erreichung der gemeinschaftlichen Ziele im Gesamtgefüge der Integration eine dienende, und somit unterstützende Rolle und ist zur Entwicklung des gemeinschaftlichen Rechtssystems unerlässlich. Das angeglichene Recht ermöglicht eine effektive Bewältigung der auf die europäischen Institutionen übertragenen Aufgaben und dient gleichzeitig der Vorhersehbarkeit und Berechenbarkeit europäischen Agierens. Aufgrund des Querschnittcharakters der Rechtsangleichungskompetenzen, insbesondere der Generalermächtigungen Artt. 94, 95 EG, kann auf jeweilige Veränderungen schnell reagiert werden. Somit ist in dem Rechtssystem ebenfalls eine Dynamik angelegt, die sich im Integrationsprozess in wirtschaftlicher und politischer Hinsicht niederschlägt.[214]

---

211 *EuGH*, Urteil vom 5.10.2000, Rs. C 376/98, Slg. 2000, I-8419; Rdnr. 107, „*Tabakwerbeurteil*“.

212 *EuGH*, Urteil vom 9.10.2001, Rs. C-377/98, Slg. 2001, I-7079, Rdnr. 3 ff., „*Biopatentrichtlinie* „.

213 *EuGH*, Urteil vom 10.12.2002, Rs. C-491/01, Slg. 2002, I-11453, Rdnr. 42, „*Tabakproduktrichtlinie*“.

214 *Grunwald*, in: Röttinger/Weyring, Hdb. der Integration, S. 43 (54).

Kapitel II. Die Rechtsangleichung

A. Zentrale Rechtsangleichungsnormen

Die Entwicklung der Rechtsangleichung wurde maßgeblich von Artt. 94, 95 EG geprägt. Auch heute steht Art. 95 I EG im Zentrum der gemeinschaftlichen Rechtsangleichungspolitik. Art. 94 EG war dem Art. 95 EG zeitlich vorgeschaltet.

I. Rechtsangleichung gerichtet auf den Gemeinsamen Markt, Art. 94 EG

Gemäß Art. 94 EG erlässt der Rat *einstimmig*, auf Vorschlag der Kommission und nach Anhörung des Europäischen Parlaments und des Wirtschafts- und Sozialausschusses, Richtlinien für die Angleichung derjenigen Rechts- und Verwaltungsvorschriften der Mitgliedstaaten, die sich unmittelbar auf die Errichtung oder das Funktionieren des *Gemeinsamen Marktes* richten.[1]

1.) Unmittelbare Auswirkungen

Bedingung und gleichzeitig Grenze für die Anwendung von Art. 94 EG ist, dass die anzugleichenden Rechtsvorschriften der Mitgliedstaaten *„sich unmittelbar auf die Errichtung und das Funktionieren des Gemeinsamen Marktes auswirken*". Die Anforderungen an das Kriterium der „unmittelbaren Auswirkung" sind umstritten.[2] Das Kriterium der Unmittelbarkeit ist nicht im Sinne eines strikten Kausalzusammenhangs zu verstehen, bei dem zwischen Ursache und Wirkung kein weiteres Element treten darf.[3] Entscheidend ist nach überwiegender Meinung ein von den nationalen Vorschriften ausgehender *negativer Effekt* mit einer gewissen *Sachnähe*. Es muss sich um spürbare[4], potentielle oder tatsächliche Auswir-

---

1 Hinsichtlich der Definition des Begriffs „*Gemeinsamer Markt*" sei auf die allgemeinen Ausführungen in Kapitel I und die genaueren Ausführungen in Kapitel III.A.I.1.) hingewiesen.

2 Teilweise wird eine extensive Auslegung befürwortet, so dass unmittelbare Auswirkungen bereits dann bejaht werden, wenn die nationalen Regeln dem Gemeinsamen Markt nicht förderlich sind. *Taschner*, in: von der Groeben/Schwarze, Art. 94 EG, Rdnr. 35; *Geiger*, Art. 94 EG, Rdnr. 9.

3 *Behrens*, Rechtsgrundlagen der Umweltpolitik, S. 240.

4 Zu dem Begriff der Spürbarkeit, vgl. Kapitel III.C.II.2.).

kungen handeln, die einer Funktionsstörung gleichkommen und eine bestimmte Intensität erreicht haben.[5]

2.) Handlungsform und -verfahren

Die vorgesehene Handlungsform in Art. 94 EG ist die Richtlinie. Zur Verabschiedung einer Richtlinie ist die einstimmige Beschlussfassung des Rates über einen von der Kommission eingereichten Vorschlag erforderlich. Dieses Vorgehen hat zur Konsequenz, dass vor der Verabschiedung die Vorstellungen aller Mitgliedsländer hinsichtlich der Notwendigkeit und des Umfangs einer Rechtsangleichung einander angepasst werden müssen. Jeder Mitgliedstaat kann daher eine ihm zu weit gehende Harmonisierungsmaßnahme verhindern.[6] Das Parlament hat, anders als z.B. bei Art. 95 EG, lediglich ein eingeschränktes Mitwirkungsrecht.

II. Binnenmarktfinale Rechtsangleichungskompetenz, Art. 95 EG

Der heute im Vordergrund stehende Art. 95 EG gibt der Gemeinschaft die Kompetenz zur Rechtsangleichung von Rechts- und Verwaltungsvorschriften, welche die Errichtung und das Funktionieren des Binnenmarktes fördern. Mit Inkrafttreten der EEA am 1. Juli 1987 ist die generelle Rechtsangleichungskompetenz des Art. 94 EG um Art. 95 EG ergänzt worden. Die Schaffung des Art. 95 EG geht in erster Linie auf das „*Weißbuch der Kommission zur Vollendung des Binnenmarktes*“[7] zurück.[8]

Nach Art. 95 EG erlässt der Rat „gemäß dem Verfahren des Art. 251 EG und nach Anhörung des Wirtschafts- und Sozialausschusses die Maßnahmen zur Angleichung der Rechts- und Verwaltungsvorschriften der Mitgliedstaaten, welche die Errichtung und das Funktionieren des Binnenmarktes zum Gegenstand haben“. Anders als in dem in Art. 94 EG vorgesehenen Verfahren kann der Rat Beschlüsse mit einer *qualifizierten Mehrheit* erlassen. Angesichts der Schwierigkeiten bei dem Interessenausgleich im Rahmen von Einstimmigkeitsentscheidungen ergibt sich aus dem Mehrheitsprinzip die Möglichkeit, schneller zu einer Ent-

---

5 *Kahl*, in: Calliess/Ruffert, Art. 94 EG, Rdnr. 9; *Langeheine*, in: Grabitz, Art 100 EGV, Rdnr. 32; *Taschner*, in: von der Groeben/Schwarze, Art. 94 EG, Rdnr. 36; ähnlich: *Herrenfelder*, in: Schwarze, Art. 94 EG, Rdnr. 13; *Eiden*, in: Bleckmann EuR, Rdnr. 2119 ff.

6 *Bleckmann*, EuR, Rdnr. 2121.

7 *Kommission der EG, Brüssel* 14.06 1985, KOM (85) 310 endg. (www. europa.eu.int./comm/index_de.htm).

8 *Langeheine*, EuR 1988, S. 235 (236). Vgl. auch Kapitel II.B.II.

scheidung zu gelangen.[9] Zudem kann der Gemeinschaftsgesetzgeber zwischen den Handlungsalternativen des Art. 249 EG wählen.

Eine Verbesserung der demokratischen Legitimation von EG-Rechtsakten ermöglicht die mit der Fassung von 1992 eingeführte erweiterte Beteiligung des Parlaments. Ohne die Zustimmung des Europäischen Parlaments kommt im Gesetzgebungsverfahrens gemäß Art. 251 EG ein Rechtsakt nicht zustande. Darüber hinaus verpflichtet Art. 95 III EG die Gemeinschaft in den Bereichen Umwelt, Gesundheit, Sicherheit und Verbraucherschutz zur Einhaltung eines hohen Schutzniveaus.[10]

B. Entwicklung und Stand der Rechtsangleichung

Im Laufe der Jahre haben sich einige Veränderungen im Gemeinschaftswesen zugetragen, die auch Konsequenzen für die Anwendung der Rechtsangleichungskompetenzen mit sich brachten. So führten die in den ersten Jahren gesammelten Erkenntnisse zu einem *Kurswechsel* von der Vollharmonisierung hin zu einer „neuen Strategie“. Im Folgenden soll ein Überblick über die einzelnen zeitlichen Etappen der Rechtsangleichung gegeben werden.

I. Phase der Vollharmonisierung

Die erste Phase der Rechtsangleichung, die nach grober Einteilung bis 1985 andauerte, war durch die sog. Vollharmonisierung gekennzeichnet. Danach sollte jedes auf nationalen Vorschriften beruhende Handelshemmnis grundsätzlich durch eine *abschließende gemeinschaftsrechtliche Regelung* ersetzt werden.[11] Die Anfangsjahre, die sich wiederum in drei Abschnitte einteilen lassen, waren von unterschiedlichen Akzentsetzungen geprägt.[12]

In den ersten Jahren, *1958 bis 1972*, rangen die sechs Mitglieder der Gemeinschaft um die *institutionellen und organisatorischen* Strukturen. Die Kommission nahm diejenigen nationalen Rechtsvorschriften zuerst in Angriff, die unmittelbar und nachhaltig die Errichtung des Gemeinsamen Marktes erschwerten.

In den Jahren *1973 bis 1976* sah sich die Gemeinschaft vor neue Herausforderungen gestellt. Der Beitritt von Dänemark und Großbritannien verlangsamte die

---

9 *Langeheine*, EuR 1988, S. 244 f.

10 Vgl. zu den Entstehungshintergründen: Kapitel II.B.III, zur Bedeutung im Rahmen der Gemeinschaftsgesetzgebung aufgrund von Art. 95 I EG vgl. Kapitel III.E.II.2.)a.).

11 *Streinz*, in: Everling/Roth, Mindestharmonisierung, S. 9 (10).

12 Vgl. v.a. *Schwartz*, FS für von der Groeben, S. 333 (338 ff.).

auf dem Einstimmigkeitsprinzip basierende Rechtsangleichung.[13] Dennoch konnte eine wesentliche *Ausdehnung* der Harmonisierung auf bislang den Mitgliedstaaten vorbehaltene Politikbereiche festgestellt werden.

Der Widerstand der Beitrittskandidaten, insbesondere Großbritanniens, führte in den Jahren *1977 bis 1984* zu einer neuen *restriktiven Orientierung*, indem konkretere Kriterien für Rechtsangleichungsmaßnahmen aufgestellt wurden.

II. Phase der neuen Strategie

Nachdem man 1985 feststellen musste, dass sich die Gemeinschaft hinsichtlich des Binnenmarktes nur schleppend weiterbewegte, ergriff die Kommission mit ihrem *Weißbuch*[14] *zur Vollendung des Binnenmarktes* eine neue Initiative. Das Weißbuch legte das Programm und den Zeitplan für die Verwirklichung des Binnenmarktes bis zum 31.12.1992 fest.[15]

1.) Ausgangspunkt: Mängel der Vollharmonisierung

Die Methode der Vollharmonisierung hatte sich als zeitraubend, unflexibel und innovationsfeindlich erwiesen und zu einem Übermaß an Reglementierungen geführt.[16] Der wachsende Verlust an Homogenität der Gesellschafts- und Wirtschaftsstrukturen innerhalb der Gemeinschaft, der durch den Beitritt weiterer Mitgliedstaaten verursacht wurde, erschwerte die gewünschte lückenlose Detailangleichung.[17]

---

13 Trotz der verschiedenartigen Ausgangslagen, die auf Grund des geltenden Mehrheitsquorums bestehen, kann man Parallelen zwischen den damaligen und heutigen durch die Nah-Ost-Erweiterung verursachten Schwierigkeiten sehen. Die Gemeinschaft wird erneut vor die Herausforderung gestellt, die spezifischen Eigenheiten der Rechtsordnungen angemessen zu berücksichtigen, welche die neuen Mitgliedstaaten in die Gemeinschaft einbringen. Vgl. *von Danwitz*, in: Dauses, B II, 5., Rdnr. 80.

14 *Kommission der EG*, Brüssel, 14.06 1985, KOM (85) 310 endg., (www. europa.eu.int./comm/index_de.htm).

15 Damit entsprach die Kommission dem Auftrag des Europäischen Rates, zur Beseitigung der noch bestehenden Hindernisse und zur Verwirklichung eines Binnenmarktes bis 1992, ein detailliertes Programm mit genauem Zeitplan auszuarbeiten. Das Weißbuch bildet den Hintergrund und den Ausgangspunkt zum Verständnis des in den Artt. 13-19 der EEA eingearbeiteten Abschnitts „Binnenmarkt".

16 *Kommission der EG*, Brüssel, 14.06 1985, KOM (85) 310 endg., (www. europa.eu.int./comm/index_de.htm, Rdnr. 64).

17 Eine Lückenlose Detailangleichung war aber auch nicht möglich, da gemäß Art. 94 EG die Richtlinie gemäß Art. 249 III EG als einzige Handlungsmöglichkeit vorgesehen war. Diese ist gemäß Art. 249 III EG aber nur hinsichtlich des zu erreichenden Ziels verbindlich.

Um überhaupt Fortschritte im Rahmen der Rechtsangleichung erzielen zu können, musste die Kommission aufgrund des im Rahmen von Art. 94 EG erforderlichen Einstimmigkeitsprinzips für alle Mitgliedstaaten akzeptierbare *„package deals"* ausarbeiten. Diese Kompromisslösungen führten hinsichtlich der erwünschten Rechtsangleichung allerdings nicht zu zufriedenstellenden Ergebnissen. Um die Fülle der Aufgaben bei der Beseitigung von materiellen, technischen sowie der Steuerschranken zu bewältigen,[18] stellte die Kommission im *Weißbuch zur Vollendung des Binnenmarktes* ein inhaltlich neues Harmonisierungskonzept vor, das sie selbst als *„neue Strategie"* bezeichnete.

2.) Inhalt der „neuen Strategie"

Die *„neue Strategie"* musste als ein grundsätzlicher Kurswechsel im Zuge bisheriger Rechtsangleichungspolitik verstanden werden, mit dem Ziel, den lange Zeit als allein zielgerecht angesehenen Ansatz der Rechtsangleichung zu beschränken und insoweit das Gewicht auf die *gegenseitige Anerkennung*[19] der Gleichwertigkeit nationaler Regeln zu legen. Rechtsangleichung und gegenseitige Anerkennung sollten als einander ergänzende Instrumente zur Herstellung des Binnenmarktes eingesetzt werden.[20]

a.) Gegenseitige Anerkennung

Das Prinzip der gegenseitigen Anerkennung[21] ist ein die Rechtsangleichung ergänzendes Instrument zur Herstellung des Binnenmarktes. Im Bereich des nicht-

18 Die *materiellen Schranken* befassen sich mit der Abschaffung der Waren- und Personenkontrollen. Die *technischen Schranken* sind unterschiedliche nationale Vorschriften, die sich als Hemmnisse für das tatsächliche Gebrauchtmachen von den mit der Errichtung des Gemeinsamen Marktes bestehenden Grundfreiheiten erwiesen. *Steuerschranken* sind solche, die nach wie vor auch zur Vermeidung von Wettbewerbsverzerrungen Ausgleichungsmaßnahmen an den Grenzen und damit Grenzkontrollen erfordern. Vgl. *Kommission der EG*, Brüssel 14.06 1985, KOM (85) 310 endg., (www. europa.eu.int./comm/index_de.htm), Rdnr. 64.

19 Im Bereich des nicht-angeglichenen, binnenmarktrelevanten, nationalen Rechtes ergibt sich die gemeinschaftsrechtliche Pflicht der Mitgliedstaaten, gleichwertige Vorschriften und Anwendungsmodalitäten des *Herkunftslandes* als den nationalen Vorschriften des Bestimmungslandes *gleichwertig anzuerkennen (Prinzip der gegenseitige Anerkennung)*.

20 Grund hierfür war allerdings nicht nur der Verzicht auf gescheiterte oder zu beschwerliche Harmonisierungsbemühungen. Vielmehr sollte das gewollte Unterlassen einer Rechtsvereinheitlichung die nationalen Besonderheiten und Eigenheiten schützen und nicht einem gemeinschaftlichen Anpassungsdruck aussetzen; *Streinz*, EuR, Rdnr. 973.

21 Vgl. zur gegenseitigen Anerkennung *Mansel*, RabelsZ 2006, S. 651 (664 ff.); zur gegenseitigen Anerkennung basierend auf Mindestharmonisierung auch: *Conrad*, Das Konzept der Mindestharmonisierung, S. 82 ff.

angeglichenen, binnenmarktrelevanten nationalen Rechts folgt aus dem Gemeinschaftsrecht eine Verpflichtung der Mitgliedstaaten, gleichwertige Vorschriften und Anwendungsmodalitäten des *Herkunftslandes* als den nationalen Vorschriften des Bestimmungslandes *gleichwertig anzuerkennen (Prinzip der gegenseitige Anerkennung)*.[22] Die *Mitgliedstaaten als Verpflichtete* des Prinzips müssen also Waren, Dienstleistungen, Diplome etc. in ihrem Hoheitsgebiet akzeptieren bzw. anerkennen, die legal in einem anderen Mitgliedstaat der Gemeinschaft ihren Ursprung haben.[23] Zudem sind sie gehalten, bei Untersuchungs- und Zulassungsverfahren mit den anderen Mitgliedstaaten zusammenzuarbeiten und die technischen und chemischen Analysen, Laborversuche, Untersuchungen und Kontrollen zu berücksichtigen, die bereits in diesen durchgeführt worden sind.[24]

aa.) Rechtsangleichung und gegenseitige Anerkennung

(1) Beschränkung der gegenseitigen Anerkennung

Angestrebt wurde die Beschränkung der Harmonisierung auf allgemeine Fragen. Dazu zählte die *Kommission* die Festlegung zwingender Erfordernisse für Gesundheit, Sicherheit, Umwelt- und Verbraucherschutz, die in allen Mitgliedstaaten vorgeschrieben sein müssen und bei deren Beachtung ein Erzeugnis frei verkehren kann (sog. *Kernangleichung*).[25] In den übrigen Bereichen sollten die in einem Mitgliedstaat geltenden Vorschriften als den Vorschriften eines anderen Mitgliedstaats gleichwertig anerkannt werden (sog. *Äquivalenzgrundsatz*).[26] Auf

---

22 *Götz*, FS für Jaenicke, S. 763 (776); dieser spricht in diesem Zusammenhang auch vom „*Prinzip der Gleichwertigkeit*"; zudem wird auch der Begriff „*Herkunftslandprinzip*" verwendet, vgl. *Reich*, EuZW 1991, S. 203 (205) m.w.N.

23 Mitteilung der Kommission, die damit von einer Gleichwertigkeitsvermutung der Schutzstandards ausgeht, http://europa.eu.int/comm/internal_market/de/goods/mutrec.htm (16.11.2003). Anders der *EuGH*, der die Grenzen der gegenseitigen Anerkennung aufgezeigt hat, indem er einen eindeutigen Nachweis der Gleichwertigkeit verlangt. Danach kann nicht von einer Gleichwertigkeitsvermutung zugunsten importierter Waren ausgegangen werden, *EuGH*, Urteil vom 28.01.1986, Rs. C-188/84; Slg. 1986, I-419, Rdnr. 16, „*Zulassung von Holzbearbeitungsmaschinen*".

24 *EuGH*, Urteil vom 27.06.1996, Rs. C-293/94, Slg. 1996, I-3159, Rdnr. 13, „*Brandsma*"; *EuGH*, Urteil vom 05.06.1997, Rs. C-105/94, Slg. 1997, I-2971, Rdnr. 37, „*Celestini*". *EuGH*, Urteil vom 17.09.1998, Rs. C-400/96, Slg. 1998, I-5121, Rdnr. 35 f., „*Harpegnies*".

25 *Kommission der EG*, Brüssel, 14.06 1985, KOM (85) 310 endg., (www. europa.eu.int./comm/ index_de.htm) Rdnr. 13, 65, 79; *Müller-Graff*, EuR 1989, S. 107 (111); anders: *Streinz*, EuR, Rdnr. 956, er spricht in diesem Zusammenhang von „horizontaler Harmonisierung".

26 *Bruha*, ZaöRV 46 (1986), S. 1 (11); *Müller-Graff*, EuR 1989, S. 107 (111); *Slot*, ELR 1996, S. 378 (380); *Kommission der EG*, Brüssel 14.06 1985, KOM (85) 310 endg., (www.europa.eu.int./comm/index_de.htm), Rdnr. 63, 65, 77; anders: *Streinz*, EuR, Rdnr. 956, er spricht in diesem Zusammenhang von einem „*Verzicht vertikaler Harmonisierung*".

dem Weg der gegenseitigen Anerkennung soll von der freien Zirkulation der Produkte auch in den Bereichen profitiert werden, in denen *keine „harmonisierten"* Bestimmungen existieren und die den freien Warenverkehr innerhalb der EU sicherstellen. Der so geschaffene Zustand soll der Rechtsangleichung im Hinblick auf das Binnenmarktziel in nichts nachstehen.[27]

(2) „Cassis de Dijon-Rechtsprechung"

Ausgangspunkt für die Beschränkung der Rechtsangleichung war die *„Cassis de Dijon*-Rechtsprechung"[28], die das Instrument der *„gegenseitigen Anerkennung"* nationaler Produktstandards in die Gemeinschaftspraxis einführte. Die Harmonisierung nationalen Rechts sollte nunmehr lediglich in den Fällen zur Anwendung kommen, in denen die Unterschiede der nationalen Vorschriften nicht durch die Vorbehalte aus Art. 30 EG oder die immanenten Schranken des Art. 28 EG gedeckt sind.[29] Auch diese Harmonisierung sollte nur in den grundlegenden Bereichen durch gemeinschaftliche Rechtsvorschriften (überwiegend Richtlinien) erfolgen.[30]

bb.) Rechtliche Verankerung des Anerkennungskonzepts

(1) Keine ausdrückliche Pflicht zur gegenseitigen Anerkennung

Der durch die EEA eingeführte Art. 100b I, Uabs. 2 EWGV, wonach die gegenseitige Anerkennung vom Jahre 1992 an auch durch Ratsbeschluss erzwungen werden konnte, ist durch den Vertrag von Amsterdam abgeschafft worden.[31] Bereits vor Streichung des Art. 100b EWGV wurde im Jahre 1995 mit der Entscheidung 3052/95 des Europäischen Parlaments und des Rates ein *„Verfahren der gegenseitigen Unterrichtung über einzelstaatliche Maßnahmen, die vom Grundsatz des Warenverkehrs in der Gemeinschaft abweichen"*, eingeführt.[32] Danach sollen die von den Mitgliedstaaten genannten Hindernisse im Warenverkehr im

---

27 *Götz*, FS für Jaenicke, S. 763 (763).

28 *EuGH*, Urteil vom 20. Februar 1979, Rs. 120/78, Slg. 1979, 649, *„Cassis de Dijon"*.

29 *EuGH*, Urteil vom 20. Februar 1979, Rs. 120/78, Slg. 1979, 649, *„Cassis de Dijon"*; *von Danwitz*, in: Dauses, B II, 5, Rdnr. 80; *Slot*, ELR 1996, S. 378 (380).

30 Mit den Grundvoraussetzungen sind, je nach Schutzzweck der zu erlassenden EG-Richtlinie, gewisse Mindestanforderungen an die Sicherheit, Gesundheit, den Umweltschutz, Verbraucherschutz usw. gemeint. Die Sicherheitsstandards sollen den vom Produkt ausgehenden Gefahren entgegenwirken (z.B. Sicherheitsvorkehrungen bei Maschinen, Hautverträglichkeit bei Schutzanzügen; Migrationsgrenzwerte für Schwermetalle bei Spielzeug).

31 Zu Art. 100b EGV, vgl. *Meier*, NJW 1987, S. 537 (542).

32 Abl. 1995, Nr. L 321/1.

Wesentlichen entweder durch Rechtsangleichung (Art. 95 EG) oder durch Vertragsverletzungsverfahren (Art. 226 EG wegen Verstoß gegen Art. 28 EG) behoben werden.[33] Ob die gegenseitige Anerkennung jeweils zur Anwendung kommt, ist daher heute den Mitgliedstaaten überlassen. Damit gehört das Prinzip der gegenseitigen Anerkennung nicht zu den allgemeinen Rechtsgrundsätzen.[34]

(2) Ausdrückliche Kompetenz, Art. 47 EG

Daneben überträgt z.B. Art. 47 I EG der Gemeinschaft die Kompetenz zum Erlass von Richtlinien für die gegenseitige Anerkennung der Diplome, Prüfungszeugnisse und sonstigen Befähigungsnachweise.[35] Aufgrund dieser Ermächtigungsgrundlage hat die Gemeinschaft auf der einen Seite Koordinierungs- und Anerkennungs-Richtlinien für bestimmte Sachbereiche, insbesondere im Gesundheitswesen, verabschiedet (*vertikales/sektorales System*).[36] Auf der anderen Seite sind Richtlinien[37] ergangen, die die Mitgliedstaaten ohne Angleichung der Ausbildungswege und des Berufsrechts in den Mitgliedstaaten zur gegenseitigen Anerkennung von Diplomen verpflichten (*horizontales System*).[38] Besteht keine Richtlinie über die Verbindlichkeits-Anerkennung der betreffenden Berufsnachweises gemäß Art. 47 I EG, so kann sich eine Verpflichtung der Mitgliedstaaten aus den Grundfreiheiten in Verbindung mit Art. 5 EG ergeben, alle Maßnahmen zu ihrer Verwirklichung zu treffen und alle Maßnahmen, welche die Ziele des Vertrages gefährden könnten, zu unterlassen.[39] Dies stellt die Grundlage für eine

---

33 Vgl. hierzu: *Streinz*, EuR, Rdnr. 975.

34 Rechtsgrundsätze haben Rechtssatzcharakter und binden sowohl Behörden als auch Gerichte (z.B. der Grundsatz von Treu und Glauben, das allgemeine Diskriminierungsverbot, das Willkürverbot); *Lecheler*, ZEuS 2003, S. 337 (339).

35 Ausführlich: *Obwexer/Happacher Brezinka*, ZÖR 2001, S. 465 (471).

36 Hierzu gehören Berufe wie z.B. Ärzte, Apotheker, Krankenpflege. Für Rechtsanwälte und Architekten (RL 85/384 idF ABl 1994 L 1/371) und Rechtsanwälte (RL 98/5, ABl 1998 L 77/36).

37 *RL 89/48* über eine allgemeine Regelung zur Anerkennung der Hochschuldiplome, die eine mindestens dreijährige Berufsausbildung abschließen, ABl. 1989 L19/16; *RL 92/51* über eine zweite allgemeine Regelung zur Anerkennung beruflicher Befähigungsnachweise in Ergänzung zur Richtlinie 89/48, ABl 1992 L 209/25 idF ABl 2000 L 54/42; *RL 99/42* über ein Verfahren zur Anerkennung der Befähigungsnachweise für die unter die Liberalisierungs- und Übergangsrichtlinie fallenden Berufstätigkeiten, ABl 1999 L 201/77.

38 Aus diesen Richtlinien ergibt sich die Pflicht der Mitgliedstaaten, die in einem anderen Mitgliedstaat gesetzten Rechtshandlungen zur Anwendung des Gemeinschaftsrechts als verbindlich oder, falls sie selbst keine direkte Verbindlichkeit haben, als rechtserheblich anzuerkennen (sog. *Verbindlichkeits-Anerkennung*). *Obwexer/Happacher Brezinka*, ZÖR 2001, S. 465 (471); *Schmidt-Aßmann*, EuR 1996, 270 (301).

39 Dies entschied der *EuGH*, Urteil vom 07.05.1991, Rs. C-340/89, Slg. 1991, I-2357, „*Vlassopoulou*" hinsichtlich der für die Zulassung einer Griechin zur Rechtsanwaltschaft in Deutschland. Diese konnte keine Anerkennung des Befähigungsnachweises verlangen, da zur Zeit der

vom EuGH geforderte Prüfung der möglichen gegenseitigen Anerkennung der im Herkunftsmitgliedstaat erworbenen Befähigungsnachweise dar.

cc.) Materielle Grundlage

Die materiellen Grundlagen des Prinzips der gegenseitigen Anerkennung sind die Grundfreiheiten sowie die Prinzipien der Verhältnismäßigkeit und der Gemeinschaftstreue.[40] Ausgangspunkt war die Freiheit des Warenverkehrs, so wie sie in der Rechtsprechung des EuGH – insbesondere in der "*Cassis de Dijon*"-Rechtsprechung – interpretiert wird. Das Bewirken einer faktisch gegenseitigen Anerkennung gilt heute nicht nur für die Warenverkehrsfreiheit[41], sondern für alle Grundfreiheiten,[42] die wie diese unmittelbare Anwendung finden.[43]

Zwischen dem Inhalt der „gegenseitigen Anerkennung" und der „*Cassis de Dijon*"-Rechtsprechung besteht ein wesentlicher Unterschied: Die *„gegenseitige Anerkennung"* bezieht sich auf die Anforderungen des nationalen Rechts, die als solche im Sinne der Artt. 28, 30 EG gerechtfertigt sind, weil sie notwendig für das Erreichen von zwingenden Erfordernissen der Sicherheit, des Gesundheitsschutzes, des Umweltschutzes usw. sind. Der „*Cassis de Dijon*"-Entscheidung lag hingegen eine andere Situation zugrunde. Hier wurde dem Gerichtshof eine nationale Maßnahme unterbreitet, die nicht notwendig und daher unverhältnismäßig und gemeinschaftsrechtswidrig war. Im Rahmen der gegenseitigen Anerkennung werden vom nationalen Recht zulässige Anforderungen an Produkte des Herkunftslandes gestellt. Unter dem Vorzeichen des Verhältnismäßigkeitsprin

---

Antragstellung keine Richtlinie über die gegenseitige Anerkennung der zur Aufnahme des Rechtsanwaltsberufes berechtigenden Diplome gemäß Art. 47 I EG erlassen war. Der *EuGH* bejahte allerdings eine Pflicht der Mitgliedstaaten aus der Niederlassungsfreiheit und Art. 5 EG, alle Maßnahmen zu ihrer Verwirklichung zu treffen und alle Maßnahmen, die die Ziele des Vertrages gefährden könnten, zu unterlassen.

40 *Götz*, FS für Jaenicke, S. 763 (780); *EuGH*, Urteil vom 07.05.1991, Rs. C-340/89; Slg. 1991, I-2357, *„Vlassopoulou"*.

41 *EuGH*, Urteil vom 22.03.1977, Rs. C-74/76, Slg. 1977, 557,Rdnr. 18 ff., *„Iannelli und Volpi/Meroni"*.

42 Bei der Dienstleistungs- und Niederlassungsfreiheit hatte die Rechtsprechung zur unmittelbaren Geltung der Grundfreiheiten eine, gegenüber der *„Cassis de Dijon"*-Rechtsprechung, abgeschwächte Wirkung hinsichtlich der gegenseitigen Anerkennung, was sich auch aus der beschränkten Tragweite der Rechtsprechung ergibt. So *Streinz*, EuR, Rdnr. 974.

43 Also für die Arbeitnehmerfreizügigkeit: *EuGH*, Urteil vom 04.12.1974, Rs. C-41/74, Slg. 1974, 1337, *„Van Duyn/Home Office"*: für die Niederlassungsfreiheit: *EuGH*, Urteil vom 21.06.1974, Rs. C-2/74, Slg. 1974, 631, *„Reyners/Belgien"*; und für die Dienstleistungsfreiheit: *EuGH*, Urteil vom 03.12.1974, Rs. C-33/74, Slg. 1974, 1299, *„van Binsbergen/Bedrijfsvereniging Metaalnijverheid"*.

zips muss die Erfüllung gleichwertiger Anforderungen des Rechts des Ursprungslandes für die Zulässigkeit der Einfuhr ebenfalls ausreichen.[44]

dd.) Anwendungsfelder

Das Prinzip der gegenseitigen Anerkennung hat unterschiedliche Anwendungsfelder. So ist zu unterscheiden zwischen:
– der wechselseitigen Anerkennung von *produktbezogenen* Rechts- und Verwaltungsvorschriften (ergibt sich mittelbar aus Art. 28 EG),
– der Anerkennung von *technischen Prüfungen, Gesellschaften und juristischen Personen* (Artt. 293 i.V.m. 48 Uabs. 2 EG) sowie *Diplomen, Zeugnissen* und sonstigen Befähigungsnachweisen (Art. 47 I EG)
– und der gegenseitigen Anerkennung von *standortgebundenen* Rechtsnormen („Wettbewerb der Rechtsordnungen und Systeme").[45]

ee.) Verfahren und Effektivität des Prinzips der gegenseitigen Anerkennung

Die gegenseitige Anerkennung erfolgt – ausgenommen spezieller Regelungen wie Art. 47 I EG – durch bilaterale oder multilaterale Abkommen.

Ansonsten gibt es im Rahmen der gegenseitigen Anerkennung keine besonderen Verfahrensregeln und keine zusätzliche Bürokratie. Dies ist eine Stärke und Schwäche zugleich. Es ermöglicht schnelles und effektives Handeln der Mitgliedstaaten. Treten allerdings Probleme auf, dann mangelt es an Transparenz, es gibt kein gemeinsames Konzept für die Beurteilung der Gleichwertigkeit des Schutzniveaus, und es gibt kein eindeutiges Verfahren, das Unternehmen anwenden können, um gegen einen Ablehnungsbescheid vorzugehen.[46] Die Kommission ist derzeitig um die Effektuierung des Prinzips der gegenseitigen Anerkennung bemüht. Sie schlug daher im Jahre 1999 in einer Mitteilung an den Rat und das Europäische Parlament[47] eine Reihe von Initiativen vor, um die Anwendung des

44 Demnach muss das nationale, binnenmarktrelevante Recht einer *doppelten Verhältnismäßigkeitskontrolle* unterzogen werden. Zum einen dürfen an ausländische Produkte nur die Anforderungen gestellt werden, die durch zwingende Erfordernisse gerechtfertigt sind. Zum anderen muss stets geprüft werden, ob die Anforderungen und Kontrollen des Herkunftslandes gleichwertig sind und damit an die Stelle der eigenen nationalen Anforderungen und Kontrollen treten können. *Götz*, FS für Jaenicke, S. 763 (770/777).

45 *Seidel*, in: Everling/Roth, Mindestharmonisierung, S. 39 (45).

46 *Kommission der EG*, Brüssel, KOM (2003), 238 endg., S. 7; vgl. auch „Mitteilung der Kommission zu Auslegungsfragen –Erleichterung des Marktzugangs für Waren in einem Mitgliedstaat: praktische Anwendung des Prinzips der gegenseitigen Anerkennung", ABl.EG C 265/2.

47 *Kommission der EG*, Brüssel, KOM (1999), 299 endg.

Prinzips der gegenseitigen Anerkennung zu verbessern. Über deren Erfolg wird seitdem im regelmäßigen Abstand von zwei Jahren berichtet.[48]

b.) Die „neue Konzeption"

Allgemeine Sicherheitsstandards im Bereich der Harmonisierung industrieller Produktnormen werden von privaten europäischen Normungsgremien wie CEN[49] oder CENELEC[50] erlassen (sog. Richtlinien nach der *„neuen Konzeption"*).[51] Zur Konkretisierung der allgemeinen Sicherheitsstandards wird auf diese *harmonisierten technischen Normen* verwiesen. Die europäischen konkretisierenden Normen müssen mit den Richtlinienanforderungen übereinstimmen. Die in der Europäischen Gemeinschaft hergestellten und vertriebenen Produkte müssen diesen Anforderungen entsprechen.[52] Nachdem die Konformität der Produkte mit der jeweiligen Richtlinie durch die vorgesehenen Bescheinigungen bestätigt worden ist, müssen sie in allen Mitgliedstaaten akzeptiert werden.[53] Anstelle auf angeglichenes europäisches Recht kann eine Gemeinschaftsregelung im Rahmen der Produktsicherheit auch auf *nationale technische Normen* verweisen. In diesem Fall sind die Mitgliedstaaten zur gegenseitigen Anerkennung der Gleichwertigkeit nationaler Regelungen verpflichtet.

---

48 Vgl. zum ersten und zweiten Jahresbericht der Kommission über die Anwendung des Prinzips der gegenseitigen Anerkennung: SEK (1999) 1106 endg. und *Kommission der EG*, Brüssel, KOM (2002) 419 endg.

49 Comité Européen de Normalisation = Europäisches Komitee für Normung.

50 Comité Européen de Normalisation Electrotechnique = Europäisches Komitee für elektrotechnische Normung.

51 *Streinz*, EuR, Rdnr. 956. Die Sonderregelung für technische Handelshemmnisse beruht darauf, dass der Rat im Rahmen der Harmonisierungsmaßnahmen mit der Festlegung technischer Detailregelungen überfordert war. Die Verhandlungen erwiesen sich als äußerst langwierig, so dass eine Reihe von Richtlinien bei ihrer Verabschiedung wegen der zwischenzeitlichen technischen Entwicklung sogleich wieder geändert werden mussten. Vgl. *von Borries/Winkel*, Europäisches Wirtschaftsrecht, Einf 210.

52 *Pernice*, NVwZ 1990, S. 201 (211), *Frenz*, GewArch 2006, S. 49 (54); *Seidel*, EuR 2006, S. 26 (36).

53 Vgl. Artt. 4, 7 der RL 88/378/EWG (Spielzeuge), ABl. 1988, Nr. L 187/1.

III. Einheitliche Europäische Akte – Entstehung und Entwicklung des Art. 100a EWGV (heute Art. 95 EG)

Die Einheitliche Europäische Akte[54] (EEA) trat nach der Ratifizierung der 12 Mitgliedstaaten am 01.07.1987 in Kraft.[55] Sie basierte auf der Initiative der Kommission, die mit dem Weißbuch ihren Anfang genommen hat. Im Zentrum der EEA stand die Intensivierung der wirtschaftlichen Integration der Mitgliedstaaten. Neben den Gemeinsamen Markt trat das Ziel eines einheitlichen, integrierten Binnenmarktes nach den Maßgaben des Art. 14 EG. Die Verwirklichung des Binnenmarktes sollte bis zum Jahre 1992 insbesondere mit Hilfe von Art. 95 EG erreicht werden.

Das durch die Kommission im Weißbuch als vorrangiges Mittel vorgeschlagene Prinzip der gegenseitigen Anerkennung wurde aufgrund der beschränkten Bereitschaft der Mitgliedstaaten in der EEA und in dem bereits im Amsterdamer Vertrag wieder abgeschafften Art. 100b EWGV nur subsidiär vorgesehen. Die EEA stellte die Erweiterung der Rechtsangleichung demgemäß in den Mittelpunkt. Die EEA bekräftigte, erweiterte und präzisierte die zentrale Rolle der Rechtsangleichung, die ihr durch die Gemeinschaftsverträge zugewiesen ist.[56]

1.) Defizite des Art. 100 EWGV (heute Art. 94 EG)

Der auf den Gemeinsamen Markt gerichtete Art. 100 EWGV wies erhebliche Defizite auf. So war das erforderliche Einstimmigkeitsprinzip Grund für die Stagnation der Rechtsangleichung. Auch konnte aufgrund der alleinig zugelassenen Handlungsform der Richtlinie nicht die gewünschte Integrationsintensität erreicht werden.[57]

2.) Die Einführung des Art. 100a I EWGV

Art. 100a I EWGV sollte durch die Einführung der Mehrheitsentscheidung zur Beschleunigung der Rechtsangleichungsmaßnahmen führen. Ausgenommen waren lediglich die besonders sensiblen Bereiche der Rechtsangleichung bei den Steuern, die Arbeitnehmerfreizügigkeit sowie die Rechte und Interessen der Arbeitnehmer, vgl. Art. 100a II EWGV.

---

54 abgedruckt in: BGBl. 1986, Teil II, S. 1102 ff.

55 Zur Einordnung und Entstehungszusammenhängen, vgl. *Hayder*, RabelsZ 53 (1989), S. 623 (625).

56 *Schwartz*, FS für von der Groeben, S. 333 (365); Amtenbring, VuR 2001, S. 163 ff.

57 Vgl. Kapitel II.B.I; ausführlich zu den Handlungsformen: Kapitel VIII.

3.) Defizite des Art. 100a EWGV

Die Defizite des Art. 100a EWGV machten sich hauptsächlich bei der Berücksichtigung nationaler Interessen gemäß den Absätzen III-IV bemerkbar. Diese Klauseln wurden aufgrund der mitgliedstaatlichen Skepsis in den Art. 100a EWGV aufgenommen.

a.) Zurückhaltung der Mitgliedstaaten

Die Zurückhaltung der Mitgliedstaaten lag an dem durch die Einführung des Mehrheitsprinzips verursachten Verlust an Entscheidungsmacht. Die von der Gemeinschaft aufgrund von Art. 100a EWGV erlassenen Rechtsakte erfassten oft nicht ökonomische Sachgebiete, sondern standen nur in unmittelbarem oder mittelbarem Zusammenhang mit wirtschaftsrechtlichen Fragen.[58] Befürchtet wurde, dass die Rechtsangleichung, indem sie in geschlossene Regelungssysteme eingreift, über den punktuellen Verzicht nationaler Rechtssetzungskompetenzen hinaus, mittelbar die Regelungsautonomie für den gesamten Regelungszusammenhang erlangen würde.[59] Insbesondere erwartete man, dass Regelungen in sensiblen Bereichen, wie z.B. Umwelt oder Gesundheit, zu politischen Schwierigkeiten oder innerstaatlichen Spannungen in einem Mitgliedstaat führen könnten.[60] Daher musste bei der Schaffung des Art. 100a EG ein Ausgleich zwischen den beiden Zielsetzungen – dem Fortschritt auf dem Weg zum Binnenmarkt auf der einen Seite und der Sicherung nationaler Schutzstandards auf der anderen Seite – gefunden werden.[61]

---

58 z.B. Recht der Produktsicherheit, Arzneimittelrecht, Lebensmittelrecht, etc. Vgl. auch *Seidel*, in: Everling/Roth, Mindestharmonisierung, S, 39 (40).

59 *Bruha*, ZaöRV 46 (1987), S. 1 (5).

60 In diesen sensiblen Bereichen fühlten sich die Mitgliedstaaten für das Wohl ihrer Bürger verantwortlich. Bedenken, es werde aufgrund der Mehrheitsabstimmungen gemäß Art. 100a I EWGV zu einer Absenkung der nationalen Schutzstandards kommen, bestanden insbesondere bei Deutschland und Dänemark. *Everling*, FS für Pescatore, S. 227 (233); *Ehlermann*, CMLR 24 (1987), S. 361 (387); *Langeheine*, EuR 1988, S. 235 (242); Speziell zur dänischen Position vgl. *Gulmann*, CMLR 24 (1987), S. 31 (34 ff.).

61 *Möller*, EA 1987, S. 497 (500); *Kahl*, Umweltprinzip und Gemeinschaftsrecht, S. 38.

b.) Die Konzeption der Schutzklausel, Art. 100a III EWGV[62] (heute Art. 95 III EG)

Art. 100a III EWGV verpflichtete die Kommission dazu, in ihren Vorschlägen nach Absatz I in den „sensiblen" Bereichen Gesundheit, Sicherheit, Umweltschutz und Verbraucherschutz von einem *hohen Schutzniveau* auszugehen. Seine Konzeption berücksichtigte, dass zwar nur ein hinreichend großer homogener Wirtschaftsraum die ökonomischen Vorteile der Integration voll zur Geltung bringen konnte, dass aber den besonderen Schutzinteressen der Mitgliedstaaten Rechnung getragen werden musste.[63] So wurde die Rücksichtnahme auf gerechtfertigte Schutzinteressen der Mitgliedstaaten ermöglicht.[64]

aa.) Inhaltliche Vorgaben des Art. 100a III EWGV

Bei der in Art. 100a III EWG vorgesehenen Regelung handelte es sich nicht lediglich um einen bloßen politischen Appell, sondern um eine Rechtspflicht.[65] Danach sollte die Gemeinschaft bei jedem Rechtsakt ein „möglichst hohes Schutzniveau" anstreben. Beim Abbau von den Binnenmarkt störenden Rechtsunterschieden musste der Gemeinschaftsgesetzgeber einen Beitrag zur Verbesserung der Lebens- und Beschäftigungsbedingungen leisten.[66] Soweit der Gemeinschaftsgesetzgeber mit den Rechtsangleichungsmaßnahmen in die mitgliedstaatlichen Aufgabenbereiche regulierend eingriff, musste er in der Lage sein, sich an die Stelle der Mitgliedstaaten zu stellen. Er musste dabei ein Schutzniveau garantieren, das von den Mitgliedstaaten allgemein als ausreichend angesehen wurde.[67]

62 Art. 100a EWGV ist in der Fassung von Amsterdam zu Art. 95 EG umbenannt worden. Da sich durch den Vertrag von Amsterdam auch einige inhaltliche Veränderungen (auf die unter IV eingegangen wird) vollzogen haben und die hier beschriebenen Probleme den Art. 100a EWGV betreffen, wird im Folgenden von Art. 100a EWGV gesprochen.

63 Mit der Verpflichtung der Kommission zur Wahrung eines hohen Schutzniveaus in den genannten Bereichen kamen die anderen Mitgliedstaaten und die Kommission den Skeptikern, Deutschland, Dänemark und die Niederlanden, entgegen. *Langeheine*, EuR 1988, S. 235 (236); vgl. Bull.EG 11/85, S. 20.

64 *Langeheine*, EuR 1988, S. 235 (255).

65 *Müller-Graff*, EuR 1989, S. 107 (136); Kahl, Umweltprinzip und Gemeinschaftsrecht, S. 95 (m.w.N.); vgl. zudem Art. 95 I EG vgl. Kapitel III.E.II.2.)a.).

66 Hierbei handelt es sich konkret um die allgemeinen Ziele, wie sie in der Präambel des EG-Vertrages zum Ausdruck kommt. *Steindorff*, Grenzen der EG-Kompetenzen, S. 102 f.; *Pipkorn/ Bardenhewer-Rating/Taschner*, in: von der Groeben/Schwarze, Art. 95 EG, Rdnr. 70.

67 Dies gilt insbesondere deswegen, weil die Gemeinschaft die Materien mitgliedstaatlicher Normsetzung an sich zieht und damit den Mitgliedstaaten die Möglichkeit zur eigenständigen Erfüllung anerkannter Staatsaufgaben aus der Hand nimmt. *Möstl*, EuR 2002, S.318 (325); *Herrenfeld*, in: Schwarze, Art. 95 EG, Rdnr. 30.

Mit seinen Vorgaben setzte Art. 100a III EWGV zugleich Maßstäbe für die generelle wirtschaftliche Entwicklung der Gemeinschaft. Eine reine Binnenmarktpolitik existiert daher nicht, vielmehr machen sich z.B. ökologische oder gesundheitspolitische Einflüsse bemerkbar.[68] Ihm liegt der Grundgedanke einer positiven, qualitätsorientierten Integration zugrunde.

bb.) Reichweite der Bindungswirkung für die Kommission

Gemäß Art. 100a III EWGV musste die Kommission bei ihren Vorschlägen an den Rat von einem hohen Schutzniveau ausgehen. Zunächst enthielt Art. 100a III EWGV (bis zum Vertrag von Amsterdam) keine weiteren Vorgaben. Demnach galt die besondere verfahrensmäßige Vorkehrung nur für Angleichungsmaßnahmen, die die *Kommission* dem Rat gemäß Art. 100a I EWGV *vorschlug*.

Ungeklärt war, inwieweit die Bindungswirkung gegenüber der Kommission reichen sollte. *Teilweise*[69] wurde davon ausgegangen, dass die Kommission das hohe Schutzniveau lediglich an den Beginn ihrer Überlegungen zu stellen habe. Der dem Rat unterbreitete Vorschlag dagegen müsse selbst nicht zwingend ein hohes Schutzniveau enthalten. *Gegen* diese Ansicht wurde hauptsächlich der Wortlaut des Art. 100 III EWGV vorgebracht, der ausdrücklich besagte, dass die Kommission „in ihren Vorschlägen" von einem hohen Schutzniveau ausgeht.[70] Weiter wurde die Regelung in Art. 149 I EGV (durch den Vertrag von Amsterdam aufgehoben) angeführt, die besagte, dass der Rat aufgrund des dort normierten Verfahrens den Kommissionsvorschlag nur einstimmig abändern kann. Hinsichtlich des hohen Schutzniveaus hätte dies zur Folge, dass die Anhebung eines zu niedrigen Kommissionsvorschlages durch den Rat nur einstimmig und damit in der Praxis wohl eher selten möglich sei. Aufgrund dessen komme der Initiative der Kommission hinsichtlich der später vom Rat verabschiedeten Richtlinien bzw. Verordnungen eine erhebliche Präjudizwirkung zu. Dementsprechend sei es der Kommission geboten, Vorschläge zu unterbreiten, die tatsächlich von einem „hohen Schutzniveau" ausgehen.[71]

---

68 *Kahl*, Umweltprinzip und Gemeinschaftsrecht, S. 38.

69 *Ehlermann*, CMLR 24 (1987), S. 361 (366).

70 *Vorwerk*, Die umweltpolitischen Kompetenzen der EG, S. 83; *Pernice*, NVwZ 1990, S. 201 (206); umfassend zu der Diskussion: *Kahl*, Umweltprinzip und Gemeinschaftsrecht, S. 97 ff.

71 *Scheuing*, EuR 1989, S. 152 (179).

c.) Die Konzeption der Schutzergänzungsklauseln, Art. 100a IV EWGV

Darüber hinaus wurde mit der EEA in Art. 100a IV EWGV eine so genannte *„opting out"*-Regelung – auch als *Escape-Klausel* oder *„nationaler Alleingang"* bezeichnet – eingeführt. Diese ermöglicht(e) den Mitgliedstaaten, bei einer gemeinschaftlichen Harmonisierungsmaßnahme aufgrund von Art. 100a I EWGV eine strengere nationale Schutzvorschrift *anzuwenden*. Dieses Verhalten musste durch wichtige Erfordernisse im Sinne des Art. 36 EGV (Art. 30 EG) oder in Bezug auf den Schutz der Arbeitsumwelt oder den Umweltschutz gerechtfertigt sein. Zur Ausfüllung dieses Tatbestandsmerkmals wurde auf die Rechtsprechung des EuGH zu den Art. 28 ff. EG (Art. 30 ff. EGV) zurückgegriffen.[72]

aa.) Sinn und Zweck der Regelung des Art. 100a IV EWGV

Die Einarbeitung des Absatzes IV in Art. 100a EWGV war ebenso wie Art. 100a III EWGV als Zugeständnis für die Staaten gedacht, die Sorge trugen, es werde per Mehrheitsentscheidung (Art. 100a I EWGV) zu einer „Harmonisierung mit dem Rasenmäher"[73] kommen, bei der höhere nationale Schutzstandards hinweggefegt werden.[74] Er ist nicht nur systematisch, sondern auch teleologisch in unmittelbarem Zusammenhang mit dem vorausgehenden Art. 100a III EWGV zu lesen. Sinn und Zweck der Vorschrift ist genau wie bei Absatz III die Herstellung des Binnenmarktes auf höchstmöglichem Schutzniveau unter Berücksichtigung der Dynamik der dort aufgezählten Schutzbereiche.[75]

bb.) Voraussetzungen und Grenzen

Der rudimentäre Charakter des Art. 100a IV EWGV führte dazu, dass viel um die Auslegung seiner Voraussetzungen und Grenzen gestritten wurde.

(1) Beibehaltung bestehender und Erlass neuer nationaler Regeln

Die Diskussion um Art. 100a IV EG umfasste die Frage, ob die Mitgliedstaaten auf der Grundlage der opting-out-Regel des Absatz IV auch nach der Harmoni-

---

72 *Kahl*, Umweltprinzip und Gemeinschaftsrecht, S. 49.

73 *Hailbronner*, Der nationale Alleingang, S. 24.(NVwZ 1992)

74 *Kahl*, Umweltprinzip und Gemeinschaftsrecht, S. 47; im Rahmen von Art. 95 IV EG wurden insbesondere die „Extrawünsche" Irlands und Großbritanniens berücksichtigt.

75 Vgl. *Kahl*, Umweltprinzip und Gemeinschaftsrecht, S. 48.

sierung *noch strengere* Regeln schaffen durften,[76] oder ob sie auf die *Konservierung bereits bestehender* Regeln beschränkt waren[77]. Gegen die Möglichkeit zum Erlass neuer nationaler Vorschriften sprach insbesondere das Wortlautargument des Art. 100a IV EWGV in der Fassung der EEA und der Fassung von Maastricht, nach der die Mitgliedstaaten strengere nationale Schutzvorschriften „*anwenden*" dürfen. Der gleichzeitig eingeführte Art. 176 EG (Art. 130 t EGV) gestattete den Mitgliedstaaten hingegen verstärkte Schutzmaßnahmen „*beizubehalten oder zu ergreifen*". Die unterschiedlichen Formulierungen wurden von den Gegnern der „weiten" Auslegung als Indiz dafür angesehen, dass in Art. 100a IV EWGV lediglich vor der Harmonisierung existierende nationale Regelungen gemeint waren.[78]

(2) Auswirkungen des Abstimmungsverhaltens der Mitgliedstaaten

Ein weiterer Streitpunkt im Rahmen von Art. 100a IV EWGV betraf die Frage, ob ein Mitgliedstaat sich durch eine Zustimmung zur Gemeinschaftsregelung im Rat die Möglichkeit verbaute, selbst die opting-out-Regelung in Anspruch zu nehmen. Danach hätte das Recht zum nationalen Alleingang nur den Mitgliedstaaten zugestanden, die im Einzelfall tatsächlich überstimmt worden sind. Begründet wurde diese Ansicht mit dem Wortlaut des Art. 100a EWGV („*wenn der Rat mit qualifizierter Mehrheit eine Harmonisierungsmaßnahme erlassen hat*"), aus dem die Schlussfolgerung gezogen wurde, dass ein „*opting out*" nicht erfolgen könne wenn – über die erforderliche Mehrheit hinaus – alle Mitgliedstaaten zugestimmt haben.[79]

IV. Korrekturen des Art. 100a EWGV durch die Verträge von Maastricht und Amsterdam

Da Art. 100a EWGV auf der Regierungskonferenz zur EEA unter erheblichen Zeitdruck zustande gekommen war, machten sich bei der Interpretation der Norm schnell sprachliche Inkonsistenz und mangelnde Präzision bemerkbar, wie die Ausführungen zu Art. 100a III-IV EWGV zeigen. Der Vertrag von Maastricht

---

76 *Fynn*, CMLR 24 (1987), S.691 (696 f.); *Gulmann*, CMLR 24 (1987), S. 31 (37); *Scheuing*, EuR 1989, S. 152 (170 f.).

77 *Langeheine*, EuR 1988, S. 235 (249); *Krämer*, CMLR 24 (1987), S. 659 (680).

78 *Fynn*, CMLR 24 (1987), S.691 (696 f.); *Gulmann*, CMLR 24 (1987), S. 31 (37); *Scheuing*, EuR 1989, S. 152 (170 f.).

79 *Ehlermann*, CMLR 24 (1987), S. 361 (394 f.); *Krämer*, CMLR 24 (1987), S. 659 (680); *Hayder*, RabelsZ 53 (1989), S. 622 (679); zusammenfassend: *Gundel*, JuS 1999, S. 1171 (1174).

sah hierfür dennoch keine Vertragsänderungen vor. Erst die Regierungskonferenz 1996/1997 nahm sich der Absätze III und IV des Art. 100a EWGV (Art. 95 EG) an.

1.) Korrekturen des Art. 100a III EWGV

Hinsichtlich der obligatorischen Wirkung des Art. 100a III EWGV gegenüber der Kommission brachte die „Erklärung Nr. 20" der Schlussakte des Maastrichter Vertrages „zur Beurteilung der Umweltverträglichkeit der Gemeinschaftsmaßnahmen" bereits ein wenig Aufschluss.[80] In dieser Erklärung stellte die Konferenz fest, „*dass die Kommission sich verpflichtet, bei ihren Vorschlägen voll und ganz den Umweltauswirkungen und dem Grundsatz des nachhaltigen Wachstums Rechnung zu tragen.*" Diese Aussage ließ den Schluss zu, dass die Kommission tatsächlich verpflichtet war, Vorschläge zu unterbreiten, die von einem „hohen Schutzniveau" ausgehen.[81]

Durch den Vertrag von Amsterdam wurde schließlich Absatz III, Satz 2 eingefügt, der nunmehr auch den Rat und das Europäische Parlament als Adressaten der Schutzniveauklausel des Absatz III aufgenommen hat. Anders als in Absatz III, S. 1, in dem die Kommission verpflichtet wird, von einem hohen Schutzniveau „*auszugehen*", verwendet der an das Europäische Parlament und den Rat gerichtete Absatz III Satz 2 das Verb „*anstreben*". Trotz dieser unterschiedlichen Formulierungen unterscheiden sich die Verpflichtungen der genannten Gemeinschaftsorgane nicht. Die Verwendung des Verbs „*anstreben*" in Satz 2 dient lediglich der Verdeutlichung, dass das Ziel des Erreichens eines hohen Schutzniveaus in den in Absatz III aufgeführten Sachbereichen nicht absolut verstanden werden kann. Vielmehr müssen – wie bereits Art. 2 EG hervorhebt – stets auch andere Ziele der Gemeinschaft, wie etwa eine harmonische, ausgewogene und nachhaltige Entwicklung des Wirtschaftslebens, bedacht und z.B. die wirtschaftliche Zumutbarkeit und technische Realisierbarkeit der Maßnahme berücksichtigt werden.[82] Die aus Absatz III Satz 2 resultierende, ergebnisbezogene Rechtspflicht reicht folglich immer so weit, wie dies die anderen Ziele der Gemeinschaft zulassen.[83]

80 Sart. II, Nr. 148, 20. Erklärung zur Beurteilung der Umweltverträglichkeit der Gemeinschaftsmaßnahmen. Schlussakte der Maastrichter Konferenz mit Erklärungen vom 07.02.1992.

81 *Kahl*, Umweltprinzipien und Gemeinschaftsrecht, S. 48.

82 *von Danwitz*, in: Dauses, B. II, Rdnr. 105; *Leible*, in: Streinz, Art. 95 EG, Rdnr. 55.

83 *Schroeder*, DVBl. 2002, S. 213 (215).

2.) Korrekturen des Art. 100a IV EWGV

Die wichtigsten Änderungen, die durch den Vertrag von Amsterdam vorgenommen wurden, beziehen sich auf die opting-out-Regel des Art. 100a IV EWGV.[84]

a.) Beibehaltung (Art. 95 IV EG) und Erlass (Art. 95 V EG) strengerer Vorschriften

So wurde das Problem der Zulässigkeit der Einführung strengerer einzelstaatlicher Bestimmungen geklärt, indem der bisherige Art. 95 IV EG in zwei Varianten und in zwei Absätze aufgespaltet wurde. Bestehende nationale Bestimmungen können nach der neuen Fassung des Art. 95 IV EG „*beibehalten*" werden. Der neu eingefügte Art. 95 V EG erlaubt darüber hinaus auch die *Einführung* neuer nationaler Maßnahmen, allerdings müssen dabei strengere Voraussetzungen erfüllt sein.[85] Die zu erlassende nationale Regelung muss sich auf neue wissenschaftliche Erkenntnisse stützen und auf ein „spezifisches Problem" des Mitgliedstaates reagieren, das sich erst nach der Harmonisierungsmaßnahme ergeben hat. Letztere Voraussetzungen gelten dabei ausschließlich für die Einführung neuer Maßnahmen.

Im Rahmen des Absatz IV kann die Gemeinschaft bereits existierende, einzelstaatliche Vorschriften in ihre Erwägungen einbeziehen und sich bewusst für ein niedrigeres Schutzniveau entscheiden.[86] Im Rahmen des Absatz V wurde das Recht der Mitgliedstaaten bereits angeglichen. Hier muss die Maßnahme dem Schutz der Umwelt oder der Arbeitsumwelt dienen. Ergeben sich demnach neue Erkenntnisse, die z.B. direkt und ohne Bezug zur Umwelt oder Arbeitsumwelt Fragen der menschlichen Gesundheit betreffen, so kann der Mitgliedstaat sich nicht auf Absatz V berufen.[87]

b.) Auswirkungen des Abstimmungsverhaltens

Außerdem wurde das Wort „*mit qualifizierter Mehrheit*" in Absatz IV Unterabsatz 1 gestrichen und hinsichtlich der Berücksichtigung des Abstimmungsverhaltens Klarheit geschaffen.[88] Der Bezug auf eine konkrete Abstimmungsmehrheit

---

84 Zur heutigen Verfassung, vgl. *Sadeleer*, CMLR 40 (2003), S. 889 ff.

85 Vgl. hierzu: *Ohler*, ZLR 2005, S. 732 ff.

86 So jüngst betont von *EuGH*, Urteil vom 21.01.2003, Rs. C-512/99, Slg. 2003, I- 845, Rdnr. 41, „*Mineralwolle*"; *EuGH*, Urteil vom 20.03.2003, Rs. C-3/00, Slg. 2003, I-2643, Rdnr. 62, „*Lebensmittelzusatzstoffe*".

87 *Gundel*, JuS 1999, S. 1171 (1174).

88 *Kahl*, in Calliess/Ruffert, Art. 95 EG, Rdnr. 3.

ist verschwunden, stattdessen findet sich die neutrale Erwähnung einer vom Rat oder der Kommission erlassenen Harmonisierungsmaßnahme. Daher ist es unerheblich, welches Abstimmungsverhalten der Mitgliedstaat zuvor an den Tag gelegt hat.[89]

3.) Verfahren des „opting out"

Der verfahrensrechtliche Ablauf wird für beide Alternativen in Art. 95 VI EG geregelt. Die Mitgliedstaaten müssen ihre Absichten hinsichtlich des „opting out" melden und bedürfen einer Bestätigung durch die Kommission. Bei der Entscheidung der Kommission handelt es sich um eine konstitutive Handlung, was in Absatz VI Uabs. 1 nunmehr ausdrücklich festgehalten ist.[90] Weiter ist mit Art. 95 VI Uabs. 1 EG eine Entscheidungsfrist für die Kommission eingeführt worden. Danach verbleiben der Kommission sechs Monate – mit der Option einer sechs monatigen Verlängerung gemäß Absatz VI Uabs. 3 – um zu entscheiden, ob die nationale Maßnahme mit dem Vertrag vereinbar ist oder nicht.[91] Bleibt eine Entscheidung aus, so gilt die Bestimmung gemäß Absatz VI Unterabsatz 2 als genehmigt.

4.) Übernahme strengerer Regelungen durch die Gemeinschaft

Der Vertrag von Amsterdam löst mit Art. 95 VII EG auch die zwiespältige Situation der Kommission hinsichtlich der Bestätigung strengerer nationaler Vorschriften. Stimmt die Kommission gemäß Art. 95 VI EG der Beibehaltung nationaler Regeln zu, muss sie gemäß Art. 95 VII EG unverzüglich prüfen, ob eine Anpassung dieser Maßnahme auf Gemeinschaftsebene vorzuschlagen ist. Soweit ein Mitgliedstaat gemäß Art. 95 VIII EG in einem Bereich, der bereits Gegenstand von Harmonisierungsmaßnahmen war, ein spezielles Gesundheitsproblem aufwirft, muss die Kommission umgehend – das heißt auch schon bevor über eine Bestätigung der nationalen Maßnahme entschieden wurde – Änderungen prüfen.

---

89 *Streinz*, EuR, Rdnr. 965; hinsichtlich vereinzelter Stimmen, die nach wie vor daran festhalten, dass das vorherige Stimmverhalten im Rahmen von Art. 95 IV EG eine Rolle spielt, vgl. *Gundel*, JuS 1999, S. 1171 (1174).

90 So bereits zum alten Recht: *EuGH*, Urteil vom 17.05.1994, Rs. C-41/93, Slg. 1994, I-1829, Rdnr. 30, „*PCP-Entscheidung*".

91 In der Zwischenzeit – bis zur Genehmigung der Abweichung durch die Kommission – gelten die Regelungen des Sekundärrechts. Vgl. zur alten Fassung des Art. 95 EG, *EuGH*, Urteil vom 1.06.1999, Rs. C-319/97, Slg. 1999, I- 3143, Rdnr. 32, „*Kortas*".

V. Stand der Rechtsangleichung heute

1.) Erfolg der „neuen Strategie"

Die „*neue Strategie*" hat dazu beigetragen, dass sich die Rechtsangleichung im Bereich der technischen Produktnormung zu einer voll funktionsfähigen Gemeinschaftspolitik entwickelt hat.[92] Die Kommission geht davon aus, dass durch den Binnenmarkt zusätzlich 2,5 Mio. Arbeitsplätze entstanden sind und ein Wohlstandsgewinn von fast 900 Mrd. € erzielt wurde.[93]

2.) Rechtsangleichungsmaßnahmen

Durch die Konzentration auf *horizontale* Harmonisierung[94] und die Möglichkeiten von Mehrheitsentscheidungen[95] konnten in der Rechtsangleichung gegenüber früher deutliche Fortschritte erreicht werden.[96] Seit Inkrafttreten der EEA sind die meisten Gemeinschaftsrechtsakte zur effektiven Gewährleistung des freien Warenverkehrs auf Art. 95 EG gestützt worden.[97] In jüngster Zeit ist die zentrale Aufgabe der Rechtsangleichung nach Art. 95 EG die Liberalisierung des Postwesens[98] und der Energieversorgung[99].

3.) Gescheiterte Vorhaben des Art. 95 EG im Verfassungsvertrag

Ein großer Aufgabenbereich des Verfassungskonvents war die Ausarbeitung einer neuen *Kompetenzordnung*, was unter anderem auch die Rechtsangleichung be-

---

92 Dies wurde hauptsächlich durch Richtlinien nach der „*neuen Konzeption*" erreicht. Kapitel I.A.VI.2.)b.).

93 „Der Binnenmarkt – Zehn Jahre ohne Grenzen", SEK (2002) 1417 vom 7.01.2003.

94 Es wird differenziert zwischen *vertikaler* und *horizontaler* Rechtsangleichung. Während die *vertikale* Rechtsangleichung Maßnahmen umfasst, die auf ein bestimmtes Produkt bezogen sind, zielt die sogenannte *horizontale* Rechtsangleichung auf Bestimmungen ab, die produktübergreifende Regelungen betreffen. Diese Bezeichnungen sind vor allem im Lebensmittelrecht gegenwärtig; vgl. m.w.N. *Wagner*, Mindestharmonisierung, S. 43

95 Beispiele in denen von dieser Möglichkeit Gebrauch gemacht wurde sind z.B. EG-Fernseh-RL 89/552; RL 97/55/EG, Tabakwerbeverbots-RL 98/43/EG, Tabakprodukt-RL 2001/37/EG, neue Tabakwerbe-RL 2003/33/EG.

96 Vgl. *Streinz*, EuR, Rdnr. 957, 266.

97 *Herrenfeld*, in: Schwarze, Art. 95 EG, Rdnr. 20.

98 RL 97/67/EG; RL 2002/39/EG, Bericht über allgemeine Entwicklung des Postwesens: www. europa.eu.int/comm/internal_market/post/index_de.htm .

99 Z.B. RL 96/92/EG (nicht mehr in Kraft); RL 98/30/EG, Bericht der Kommission (30.05.2001), Vollendung des Energiebinnenmarktes, www.europa.eu.int/scadplus/leg/de/lvb/l27039.htm; Grünbuch der Kommission vom 29. November 2000 „Hin zu einer europäischen Strategie für Energieversorgungssicherheit", KOM(2000) 769.

traf.[100] Aufgrund der von den Mitgliedstaaten kritisierten Kompetenzüberschreitung des Gemeinschaftsgesetzgebers[101] wurde eine Regelung zur Klärung des Verhältnisses zwischen funktionalen und sektoriellen Kompetenzen gefordert.[102] Ein Vorschlag umfasste z.B. die Kategorisierung und Präzisierung des gemeinschaftlichen Zuständigkeitssystems durch sachbezogene Einzelermächtigungen.[103]

Eine weitere Lösung für das Problem der Kompetenzüberschreitung des Gemeinschaftsgesetzgebers nach Art. 95 EG hätte darin bestehen können, eine Harmonisierung im Binnenmarkt künftig nur bei denjenigen Rechts- und Verwaltungsvorschriften der Mitgliedstaaten zu erlauben, „*welche einen spezifischen und unmittelbaren Bezug zum Binnenmarkt haben*".[104] Dieser Vorschlag will einen Ausgleich zwischen zwei Grundanliegen schaffen. Der Konvent schlug allerdings keine nähere Präzisierung der Harmonisierungskompetenz im Binnenmarkt vor, so dass die Kompetenzordnung nahezu unverändert in den Verfassungsvertrag eingeflossen wäre.[105] In dem europäischen Verfassungsvertrag hätte sich der Wortlaut des Art. 95 EG nur wenig verändert. Die binnenmarktbezogene Rechtsangleichung wäre in Art. III-173 Verf.EU geregelt worden. Die Beibehaltung dieser Regelung wurde mit ihrer Unentbehrlichkeit für die Vervollständigung und das Funktionieren des Binnenmarktes sowie die dynamische Entwicklung der EU gerechtfertigt.

VI. Binnenmarktstrategie 2003-2006

In ihrem jüngsten Bericht über die Binnenmarktstrategie der Gemeinschaft legt die Kommission dar, was die Europäische Union in den kommenden Jahren tun muss, um nach der Erweiterung die Vorteile des Binnenmarktes optimal zu nut-

---

100 Es wurden viele Vorschläge zum Erlass einer neuen Kompetenzordnung unterbreitet: *ter Steeg*, EuZW 2003, S. 325 ff.; *Jennert*, NVwZ 2003, S. 936 ff.; insbesondere auch hinsichtlich eines Kompetenzgerichts, z.B. *Colneric*, EuZW 2002, S. 709 ff.; *Boß*, EuGRZ 2002, S. 574 (578 ff.).

101 Z.B. *EuGH*, Urteil vom 05.10.2000, Rs. C-376/98, Slg. 2000, I-8419, „*Tabakwerbeurteil*".

102 *Teufel*, CONV 410/02, S. 9. Anlass für diese Forderung war die „Tabakwerberichtlinie", bei der dem Gemeinschaftsgesetzgeber vorgeworfen wurde, mit Hilfe der Binnenmarkt-Rechtsangleichung eine harmonisierte EG-Gesundheitspolitik zu betreiben, obwohl dies der Vertrag verbiete.

103 *Farnleiter*, CONV 58/02 Annex, S. 5.

104 So wie es im Freiburger Entwurf für einen Europäischen Verfassungsvertrag vorgeschlagen worden ist. Art. 32 I des Freiburger Entwurfs. http://register.consilium.eu.int/pdf/en/03/cv00/cv00495en03.pdf.

105 *Kritisch* zum ganzen: *Schwarze*, JZ 2004, S. 8 ff.

zen und zu verbessern.[106] Ziel der neuen Binnenmarktstrategie ist es, angesichts der Osterweiterung die Grundlagen des Binnenmarktes zu stärken.[107] Die Binnenmarktstrategie enthält daher ein umfassendes Maßnahmenpaket, mit dem die Leistung des Binnenmarktes in der erweiterten EU gesteigert werden soll. Im Rahmen der neuen Strategie soll das Vertrauen in die Funktionsfähigkeit des bestehenden Rechtsrahmens und die Transparenz sowie die Vorhersehbarkeit der Prozesse, insbesondere wegen der wachsenden Vielfalt, gestärkt und erhöht werden.

Im *Bereich der Rechtsangleichung* werden keine bahnbrechenden Änderungen gefordert. Aufgrund der tragenden Rolle der gegenseitigen Anerkennung für den Binnenmarkt soll sie nach Auffassung der Kommission allerdings strukturell verbessert und mit mehr Transparenz ausgestattet werden, so dass die Mitgliedstaaten mehr Bereitschaft zur gegenseitigen Anerkennung zeigen.[108] Das im Jahr 1985 mit der neuen Strategie eingeführte „neue Konzept" der Rechtsangleichung muss im Hinblick auf das Konformitätsprüfverfahren[109] verbessert und hinsichtlich der Verwaltungszusammenarbeit intensiviert werden. Die von der Kommission geforderten Maßnahmen sind teilweise bereits auf dem Weg des Gesetzgebungsprozesses. Andere Vorschläge werden noch von der Kommission bearbeitet. Für einige Maßnahmen sind die Mitgliedstaaten selbst zuständig.

C. Methoden der Rechtsangleichung

I. „Pyramide" der Harmonisierungsintensität

Die Harmonisierungsintensität bestimmt die Regelungsdichte innerhalb eines vom Gemeinschaftsrecht erfassten Gegenstandsbereichs.[110] Dabei unterscheidet man zwischen mehreren Intensitätsstufen. Rechtsangleichungsmaßnahmen können in Form von sog. *„soft law"*, von *Teil-* bzw. *Vollharmonisierung* durch Richtlinien oder in Form der *Rechtsvereinheitlichung* durch unmittelbar geltende Verordnungen ergehen.[111] Während unverbindliche Dokumente, z.B. in Form von

106 Kommission der EG, Brüssel, KOM (2003), 238 endg.; http://europa.eu.int/comm/internal_market/de/update/strategy/index.htm .

107 Kommission der EG, Brüssel, KOM (2003), 238 endg., S. 4.

108 Kommission der EG, Brüssel, KOM (2003), 238 endg., S. 7.

109 Dabei handelt es sich um ein von der Kommission entwickeltes, sog. „globales Konzept für Zertifizierung und Prüfwesen" und sieht Richtlinien vor, in denen die Mindestanforderungen an bestimmte Kontrollen und die Bedingungen ihrer gegenseitigen Anerkennung vereinheitlicht wurden (z.B. RL 89/397 über die amtliche Lebensmittelüberwachung).

110 *Streinz*, in: Everling/Roth, Mindestharmonisierung, S. 9 (18).

111 Zu den Handlungsformen der Richtlinie und der Verordnung, ausführlich Kapitel VIII.

„Grünbüchern" oder „Verhaltenscodices", wegen ihrer Unverbindlichkeit eine sehr geringe Harmonisierungsdichte aufweisen, wird mit der Rechtsangleichung durch Verordnung die intensivste Regelungsdichte erreicht.[112]

II. Sinn und Zweck der Differenzierung nach der Harmonisierungsintensität

Der Wahl der jeweils richtigen Harmonisierungsintensität kommt in der Rechtsangleichungspraxis eine entscheidende Bedeutung zu. Dies liegt daran, dass die Intensität der Rechtsangleichung den *verbleibenden Gestaltungsspielraum* der Mitgliedstaaten bestimmt. Nur wenn eine ausgewogene Verteilung zwischen der Regelungsfreiheit der Mitgliedstaaten und dem vereinheitlichenden Regelungsbedürfnis der Gemeinschaft gefunden wird, kann der Rechtsangleichung als Instrument der Integration zur gebotenen Wirksamkeit verholfen werden. Auf der einen Seite muss die *Regelungsbefugnis der Mitgliedstaaten* bei Rechtsangleichungsmaßnahmen begrenzt werden, sonst kann kein angeglichenes Recht entstehen. Auf der anderen Seite bewirkt jede materielle Vereinheitlichung der nationalen Rechtsordnungen einen Bruch mit den nationalen Traditionen und Wertvorstellungen der Mitgliedstaaten. Nur soweit den Mitgliedstaaten die Notwendigkeit der Aufgabe nationalen Rechts einleuchtet, werden sie bei der Umsetzung des Gemeinschaftsrechts kooperieren. Die Wahl zwischen verschiedenen Intensitätsstufen der Harmonisierungsmaßnahme ermöglicht es dem Gemeinschaftsgesetzgeber bei jeder Angleichungsmaßnahme, eine Abwägung zwischen erforderlicher Angleichung und geringst möglichem Eingriff in den Gestaltungsspielraum der Mitgliedstaaten vorzunehmen.

---

112 Von besonderer Bedeutung für die Differenzierung zwischen den unterschiedlichen Harmonisierungsmethoden ist die *Richtlinie*. Die Flexibilität in ihrer Regelungsdichte ermöglicht dem Gemeinschaftsgesetzgeber je nach Bedarf und unter Berücksichtigung des Verhältnismäßigkeitsprinzips die Regelungsintensität einer Rechtsangleichungsmaßnahme zu bestimmen. Dementsprechend variiert der Gestaltungsspielraum der Mitgliedstaaten bei der Umsetzung. Durch die *Verordnung* wird in jedem Mitgliedstaat unmittelbar geltendes Recht geschaffen. Diese unmittelbare Geltung schließt grundsätzlich eine Befugnis der Mitgliedstaaten aus, Gesetzgebungsakte zu erlassen, die die Tragweite der Verordnung selbst berühren. *EuGH*, Urteil vom 18.02.1970, Rs. C-40/69, Slg. 1970, 69, Rdnr. 2 ff., *„Hauptzollamt Hamburg/Bollmann"*. *Streinz*, in: Everling/Roth, Mindestharmonisierung, S. 9 (18); ähnlich *Merkt*, RabelsZ 61 (1997), S. 647 (653/654).

III. Die verschiedenen Methoden der Harmonisierungsintensität

Die Methoden der Rechtsangleichung lassen sich, angefangen beim höchsten Integrationsgrad, wie folgt unterteilen:[113] Zunächst wird unterschieden zwischen Voll- und Teilangleichung. Während der Gemeinschaftsgesetzgeber hier einen Teilbereich oder einen ganzen Bereich regelt, beschränken sich der „neue Ansatz“ und die Mindestangleichung auf bestimmte Mindestvorgaben.[114]

1.) Vollharmonisierung

Im Rahmen der Vollharmonisierung wird eine Abstufung zwischen *absoluter* und *vollständiger* Angleichung vorgenommen.

a.) Absolute Angleichung

Bei der absoluten Angleichung werden sämtliche Rechtsvorschriften eines bestimmten Bereichs angeglichen.[115] Die vor Inkrafttreten der EEA auf der Grundlage des Art. 94 EG (Art. 100 EWGV, a.F.) erfolgte absolute Angleichung entfaltet nach der Rechtsprechung des EuGH *absolute Sperrwirkung*.[116] Voraussetzung ist, dass die Materie durch die Richtlinie erschöpfend geregelt ist, d.h. Vorschriften zum Schutz der betreffenden Güter einschließlich gemeinschaftlicher Verfahren zur Kontrolle ihrer Einhaltung vorgesehen sind.[117] Im Rahmen der absoluten Angleichung besteht für die Mitgliedstaaten keine Möglichkeit, für importierte oder inländische Produkte abweichende Vorschriften zu erlassen.[118]

---

113 Bezeichnung und systematische Einteilung sind im Schrifttum nicht einheitlich. Auf gravierende Unterschiede sei im Folgenden in den Fußnoten kurz hingewiesen.

114 Ausführlich zum Ganzen: *Wagner*, Mindestharmonisierung, S. 45-55; anders: *Eiden*, in: Bleckmann, EuR, Rdnr. 2164 ff.; *Eiden.*, Rechtsangleichung, S. 61 ff., er differenziert ungeachtet der Frage nach Total- oder Teilharmonisierung nach inhaltlichen Unterschieden, nach Detailregelungen, Rahmenregelungen, etc.

115 Beispiel der Vollharmonisierung: RL 89/458/EWG, ABl. 1989, L 226, S. 1 bzgl. europäischer Emissionsnormen für Kraftfahrzeuge mit einem Hubraum unter 1,4 Liter.

116 So *EuGH*, Urteil vom 05.10.1977, Rs. C- 5/77, Slg. 1977, 1555, „*Tedeschi*“, vgl. auch *EuGH*, Urteil vom 22.10.1985, Rs. C-247/84, Slg. 1985, 3887, Rdnr. 14 ff., „*Motte*“; *EuGH*, Urteil vom 03.10.1985, Rs. 28/84, Slg. 1985, 3115, Rdnr. 28, „*Zusatzstoffe*“.

117 Nach heutiger Auffassung kann auch eine Richtlinie gemäß Art. 249 III EG detaillierte Regelungen treffen. Nach ihrer Umsetzung in das nationale Recht verdrängt die Richtlinie in diesem Fall das abweichende nationale Recht, und die Mitgliedstaaten sind nicht mehr befugt, von der Richtlinie abweichende Regelungen in ihre nationale Rechtsordnung aufzunehmen. Vgl. Kapitel VIII, so bereits *Eiden*, Rechtsangleichung, S. 63; ausführlich auch *Herrnfeld*, in: Schwarze, Art. 94 EG, Rdnr. 43; *Merkert*, RabelsZ 61 (1997), S. 647 ff. *Slot*, ELR 1996, S. 378 (382).

118 *Streinz*, in: Everling/Roth, Mindestharmonisierung, S. 9 (18).

b.) Vollständige Angleichung

Für die vollständige Angleichung gilt die Umschreibung, und damit die absolute Sperrwirkung, der absoluten Angleichung *entsprechend.*[119] Allerdings sind *Abweichungen in Form echter Schutzklauseln* vorgesehen.[120] Solche Schutzklauseln sind entweder in den Kompetenznormen selbst konstitutiv festgelegt, z.B. Art. 95 V EG, oder sie ergeben sich aus dem Gemeinschaftsrechtsakt selbst, vgl. hierzu z.B. Art. 95 X EG.[121]

Indem eine umfassende gemeinschaftliche Regelung getroffen wird, sind die absolute und vollständige Angleichung für die Verwirklichung des Binnenmarktes geeignet. So waren sie in der Anfangsphase der Rechtsangleichung die am häufigsten benutzten Rechtsangleichungsmethoden.[122] Da die Mitgliedstaaten ihre eigene Regelungsbefugnis zu sehr beschnitten sahen, wurde die vollständige Vereinheitlichung seit dieser ersten Phase durch die abgeschwächten Methoden der Rechtsangleichung überwiegend verdrängt.[123] In der jüngsten Vergangenheit hat die Ausbreitung des Binnenmarktes jedoch eine stärkere Vergemeinschaftung nationaler Vorschriften erforderlich gemacht, so dass die vollständige Angleichung wieder verstärkt zur Anwendung gekommen ist.[124]

2.) Teilangleichung (unvollständige, partielle Harmonisierung)

Unter Teilangleichung werden die Formen der Rechtsangleichung verstanden, die abweichende bzw. unterschiedliche Regelungen z.B. für inländische Produkte zulassen. Bei der Teilangleichung unterscheidet man zwischen *optioneller* und *fakultativer* Angleichung.[125]

---

119 *Wagner* differenziert nicht zwischen absoluter und Vollangleichung; vgl. *Wagner*, Mindestharmonisierung, S. 45 f.

120 *Slot*, ELR 1996, S. 378 (383).

121 So sieht Art 7 RL 70/524/EWG, Abl. 1970, L 270, S. 1 ff. eine befristete Abweichung von den Gemeinschaftsrechtsakten vor.

122 *Slot*, ELR 1996, S. 378 (383).

123 *Eiden*, in: Bleckmann, EuR, Rdnr. 2163; *Slot*, ELR 1996, S. 378 (383).

124 *Eiden*, in: Bleckmann, EuR, Rdnr. 2163.

125 *Streinz*, in: Everling/Roth, Mindestharmonisierung, S. 9 (19); *von Danwitz*, in: Dauses, B II, 5., Rdnr. 85; anders *Schmeder*, Rechtsangleichung, S. 71: Er beschreibt die partielle Rechtsangleichung als eine Möglichkeit der Mitgliedstaaten für Erzeugnisse, die zum inländischen Absatz bestimmt sind, nationale, von den Richtlinien abweichende Regelungen vorzusehen. Im Rahmen der partiellen und fakultativen Rechtsangleichung entspricht die Auffassung *Schmeders* dem vorgenannten. Ein Wahlrecht zwischen dem nationalen und dem angeglichenen Recht besteht danach nur für den Rechtsadressaten, also den Erzeuger und Händler.

a.) Optionelle Angleichung

Im Rahmen der optionellen Angleichung wird es den Mitgliedstaaten freigestellt, abweichende Regelungen für das Inverkehrbringen von Produkten zu treffen, welche auf ihrem Hoheitsgebiet erzeugt werden. Allerdings sind sie verpflichtet, die Einfuhr solcher Produkte ungehindert zuzulassen, die den gemeinschaftsrechtlich festgesetzten Bedingungen entsprechen.[126] Bei Produkten, die lediglich im Herkunftsland vertrieben werden, steht es jedem Mitgliedstaat frei, die gemeinschaftliche Regelung zu übernehmen oder abweichende Vorschriften zu erlassen.[127]

b.) Fakultative Angleichung

Bei der fakultativen Angleichung verbleibt die Entscheidung, ob dem nationalen oder dem angeglichenen Recht gefolgt wird, bei den jeweiligen Unternehmern. Eingeschränkt gilt dies für Produkte, die grenzübergreifend gehandelt werden. Diese müssen entweder den angeglichenen Rechtsvorschriften oder den Normen des Einfuhrlandes entsprechen.[128] Die Mitgliedstaaten müssen ihre nationalen Rechtsordnungen also nicht umgestalten, aber die parallele Geltung des gemeinschaftlichen Normregimes auf ihrem Territorium anerkennen.[129]

3.) Mindestharmonisierung

Durch die so genannte *Mindestharmonisierung*[130] werden den Mitgliedstaaten nur bestimmte Minimumstandards auferlegt, so dass ihnen die Möglichkeit zum

126 *Beutler*, in: BBPS, Die EU, Rdnr. 716; *Eiden*, in: Bleckmann, EuR, Rdnr. 2163; *Schmeder*, Rechtsangleichung, S. 71; vgl. m.w.N. *Herrnfeld*, in: Schwarze, Art. 94 EG, Rdnr. 45.

127 Die jeweiligen Richtlinien können für die Mitgliedstaaten ein Wahlrecht vorsehen, so dass diese bei der Umsetzung zwischen unterschiedlichen Varianten auswählen können; so z.B. Artt. 8-10 der RL 78/660//EWG, Abl. 1978 Nr. L 222/11 oder Art. 5 I der RL 86/363/EWG: „Bei unter Artikel 1 fallenden Erzeugnissen, (..), können die Mitgliedstaaten abweichend von Artikel 4 ein in ihrem Hoheitsgebiet bereits eingeführtes System, das die Möglichkeit bietet, das Vorhandensein von Rückständen von Schädlingsbekämpfungsmitteln zu überwachen, weiterhin anwenden und gleichzeitig alle sonstigen Maßnahmen treffen, um zu gewährleisten, dass ein Schutz erzielt wird, der demjenigen entspricht, der sich aus den in Anhang II festgelegten Höchstgehalten an Rückständen von Schädlingsbekämpfungsmitteln ergibt (...).

128 *Slot*, ELR 1996, S. 378 (383); *Streinz*, in: Everling/Roth, Mindestharmonisierung, S. 9 (19).

129 Vgl. z.B. RL 88/436/EWG zur Änderung der RL 79/220/EWG zur Angleichung der Rechtsvorschriften der Mitgliedstaaten über Maßnahmen gegen die Verunreinigung der Luft durch Abgase von Kraftfahrzeugmotoren (Begrenzung der Emissionen luftverunreinigender Partikel aus Dieselmotoren).

130 Vgl. ausführlich zur Mindestharmonisierung: *Conrad*, Das Konzept der Mindestharmonisierung, S. 82 ff.; *Wagner*, Mindestharmonisierung, S. 50.

Erlass von strengeren Vorschriften für ihr Hoheitsgebiet überlassen bleibt.[131] Die Funktion der Mindestharmonisierung ist die Eingrenzung der Regelungshoheit der Gemeinschaft im Interesse einer möglichst weitreichenden Erhaltung der nationalen Gesetzgebungshoheit.[132] Denn anders als bei der Vollharmonisierung verbleibt die *Konkretisierung des „Allgemeininteresses"* bei den Mitgliedstaaten; eine gemeinschaftliche Festlegung erfolgt hier nur durch die Formulierung einer nicht unterschreitbaren Untergrenze. Damit soll allerdings nicht das in einem Mitgliedstaat geltende niedrigste Schutzniveau gemeinschaftsweit festgeschrieben, sondern ein für die jeweilige Gemeinschaftspolitik unabdingbarer Basisschutz gewährleistet werden.[133] Dies ergibt sich auch aus der in Art. 95 III EG festgeschriebenen Verpflichtung der zuständigen Gemeinschaftsorgane auf ein *„hohes Schutzniveau"*.[134]

Gemeinschaftsrechtsakte, die sich der Mindestangleichung bedienen, weisen in ihren Artikeln meist *ausdrücklich* auf die Möglichkeit zum Erlass strengerer Vorschriften hin.[135] Eine explizite Hinweispflicht besteht jedoch nicht. Die Möglichkeit zum Erlass strengerer Vorschriften kann sich auch aus *Sinn und Zweck* der Richtlinie ergeben[136] oder aus dem Gemeinschaftsrecht selbst.[137] Eine ausdrückliche Ermächtigung für die Mindestharmonisierung findet sich in Artt. 137 V, 153 V, 176 EG. Darüber hinaus ist die Mindestharmonisierung im Rahmen der einschlägigen Rechtsangleichungsnormen auch eine Stufe der Harmonisierungsintensität.[138] So ist im Rahmen von Art. 95 EG[139] eine mitglied-

---

131 *Behrens*, in: Everling/Roth, Mindestharmonisierung, S. 33 (33), betrachtet die Mindestharmonisierung als ein Unterfall der Teilangleichung; ausführlich zu der Entwicklung der Angleichungsmethode: *Dougan*, CMLR 37 (2000), S. 853 ff.

132 *Seidel*, in: Everling/Roth, Mindestharmonisierung, S. 39 (41).

133 Dies kann wie bei der optionellen Angleichung dazu führen, dass inländische Produkte und Unternehmen strengeren Vorschriften unterworfen sind als Produkte und Unternehmen des jeweiligen Mitgliedstaates. Diese Inländerdiskriminierung ist nach der Rechtsprechung der *EuGH* auch unter den Bedingungen des Binnenmarktes nicht zu beanstanden. *Leible*, in: Streinz, Art. 95 EG, Rdnr. 44; *Behrens*, in: Everling/Roth, Mindestharmonisierung, S. 33 (35); *Slot*, ELR 1996, S. 378 (385) bezugnehmend auf *EuGH*, Urteil vom 22.06.1993, Rs. C-11/92, Slg. 1993, I-3545, Rdnr. 22 *„Gallaher"*.

134 Vgl. Kapitel I.A.VI.2.)c.).

135 Art. 8 der RL 90/314/EWG, ABl.EG 1990, L 158, S. 59 ff., bzgl. Pauschalreisen.

136 Vgl. RL 80/836/EWG, ABl.EG 1980, L 246, S. 1ff. bzgl. des Schutzes der Gesundheit gegen nicht ionisierende Strahlen. Dazu auch *EuGH*, Urteil vom 25.11.1992, Rs. C-376/90, Slg. 1992, I-6153, Rdnr. 18-30, *„Kommission gegen Belgien"*.

137 *Leible*, in: Streinz, Art. 95 EG, Rdnr. 43.

138 *Herrnfelder*, in: Schwarze, Art. 95 EG, Rdnr. 39; *Streinz*, in: Everling/Roth, Mindestharmonisierung, S. 9 (29 f.).

139 Dem steht grundsätzlich auch nicht der strengere Art. 95 IV EG entgegen, der eine Abweichung von dem gemeinschaftlich vorgegebenen Recht nur unter den dort genannten Gründen und unter gemeinschaftlicher Kontrolle vorsieht. Ein Problem könnte sich nur dann ergeben,

staatliche Schutzverstärkung erlaubt (Art. 95 IV-VI EG). In diesem Fall müssen entsprechend der Wertung in Art. 95 IV EG die schärferen nationalen Anforderungen zum Schutz höherwertiger Rechtsgüter, wie Arbeitnehmer-, Verbraucher- oder Umweltschutz, erforderlich und geeignet sein.[140] Ob die Mindestvorschriften das Erreichen des Binnenmarktzieles fördern, ist eine Entscheidung des Einzelfalles.

IV. Beurteilungsspielraum des Gemeinschaftsgesetzgebers

Manche Gemeinschaftskompetenzen sehen für einen bestimmten Sachbereich eine bestimmte Methode der Rechtsangleichung vor. So ist z.B. bei Art. 137 II EG und bei Art. 176 EG nur der Erlass von Mindestvorschriften im Sinne einer Minimalharmonisierung vorgesehen.[141] Andere Rechtsangleichungskompetenzen, wie Artt. 94, 95 EG, sehen keine bestimmte Methode vor. In diesen Fällen steht die *Wahl* der Angleichungsmethode im Beurteilungsspielraum des Gemeinschaftsgesetzgebers.[142]

Die Intensität der Angleichung richtet sich danach, was nach der ratio des EG-Vertrages für das Funktionieren des Binnenmarktes nötig und im Interesse der Rationalisierung geboten ist.[143] Wenn es für die Gewährleistung eines freien Warenverkehrs oder eines unverfälschten Wettbewerbs ausreicht, dass ein gewisser Umfang an inhaltlicher Übereinstimmung besteht, so darf die Rechtsangleichung nicht über dieses Maß an Regelung hinausgehen. In einem solchen Fall wird eine Rahmenregelung erlassen, die von den Mitgliedstaaten ausgefüllt werden soll. Soweit hingegen eine Übereinstimmung bis ins Detail erforderlich ist, so ist es durchaus zulässig, diese Übereinstimmung durch Vollharmonisierung herzustel-

---

wenn die Mindestvorschrift den Mitgliedstaaten gestattet, strengere Regelungen nicht nur auf Inlandsprodukte sondern auch auf importierte Produkte anzuwenden. Vgl. hierzu: insbes. *Dougan*, CMLR 37 (2000), S. 853 (878 ff.); *Streinz*, in: Everling/Roth, Mindestharmonisierung, S. 9 (30); *Slot*, ELR 1996, S. 378 (385).

140 *Leible*, in: Streinz, Art. 95 EG, Rdnr. 45.

141 Den Grund hierfür sieht *Streinz* in der Zweckgebundenheit der Rechtsangleichung. Ein Verweis auf die Mindestharmonisierung findet sich in Normen wie Art. 137 II, b oder 175 EG, weil diese nicht das Ziel der Herstellung und des Funktionierens des Binnenmarktes fördern, sondern in den Dienst von Gemeinschaftspolitiken und Gemeinschaftsaktivitäten gestellt wird, die mittelbar das Binnenmarktziel stützen; *Streinz*, in: Everling/Roth, Mindestharmonisierung, S. 9 (22).

142 Dies entspricht auch der Rechtsprechung des *EuGH*, der sich frühzeitig gegen die vollständige Rechtsangleichung als Regelfall ausgesprochen hat. *EuGH*, Urteil vom 18.04.1991, Rs. C- 63/89, Slg. 1991, I-1842, „*Assurances du Crédite*". Vgl. ausführlich zum Beurteilungsspielraum des Gemeinschaftsgesetzgebers: Kapitel VI.D.II.

143 Vgl. *Hallstein*, RabelsZ 28 (1964), S. 211 (216).

len.[144] Aber auch im Rahmen einer detaillierten Rechtsangleichungsmaßnahme muss der Charakter und die Tradition der nationalen Rechtsordnungen geachtet werden.

Hinsichtlich Art. 95 EG darf die Angleichung lediglich soweit gehen, wie die Maßnahme durch die Beseitigung *konkreter Handelshemmnisse* oder *spürbarer Wettbewerbsverzerrungen* gerechtfertigt werden kann.[145] Zu berücksichtigen ist darüber hinaus, dass Art. 95 EG in Abs. IV und V den Mitgliedstaaten die Möglichkeit zur Beibehaltung und Einführung strengerer Schutzmaßnahmen bietet. Um eine Angleichung des nationalen Rechts erreichen zu können, muss die mitgliedstaatliche Restkompetenz i.d.R. begrenzt sein, damit das verfolgte Ziel, Beseitigung von Hindernissen und Schaffung einer gemeinsamen Rechtsordnung, erreicht werden kann.[146]

---

144 *von der Groeben*, NJW 1970, S. 359 (361).

145 Dies ergibt sich aus Art. 3 I EG und dem *EuGH*, Urteil vom 05.10.2000, Rs. C-491/01, Slg. 2000, I-8419, Rdnr. 85, (104, 106 ff.), „*Tabakwerbeurteil*".

146 *Pernice*, NVwZ 1990, S. 201 (211).

Kapitel III. Tatbestandsvoraussetzungen des Art. 95 EG

Der Gemeinschaftsgesetzgeber kann eine Maßnahme nur auf Art. 95 EG stützen, wenn dessen Tatbestandvoraussetzungen erfüllt sind. Bei Art. 95 EG handelt es sich um eine finale Kompetenznorm, wonach die Gemeinschaft *„Maßnahmen zur Angleichung der Rechts- und Verwaltungsvorschriften der Mitgliedstaaten, welche die Errichtung oder das Funktionieren des Binnenmarktes zum Gegenstand haben“* (Art. 95 I EG), erlassen kann. Sein sachlicher Anwendungsbereich ist demnach nicht positiv bestimmt und nahezu unbegrenzt.[1] Einzige Voraussetzung ist, dass die Maßnahme die *„Errichtung und das Funktionieren des Binnenmarktes“* zum Gegenstand haben muss. Zudem ergibt sich bei Art. 95 EG die Grenze nicht aus den regelungsfähigen Sachmaterien, sondern ganz allgemein aus der Binnenmarktzielsetzung.[2]

Die Unbestimmtheit des Tatbestandes birgt die Gefahr in sich, dass Art. 95 EG zu einer allgemeinen Handlungsermächtigung der Gemeinschaft wird und diese ihren Kompetenzbereich fortwährend auszuweiten versucht. Um Art. 95 EG eine Struktur zu geben und seinen Anwendungsbereich zu regulieren, müssen die ausdrücklichen Tatbestandvoraussetzungen eng ausgelegt und ungeschriebene Tatbestandsvoraussetzungen herangezogen werden. Mit dem *Tabakwerbeurteil*[3] und dem *Tabakprodukturteil*[4] hat der Gerichtshof begonnen, die Voraussetzungen des Art. 95 EG zu konkretisieren und allgemeingültige Kriterien zu entwickeln.[5] Diese Entscheidungen haben auch in der Literatur[6] eine Diskussion hinsichtlich der Einschränkung des Art. 95 EG durch die positiven und negativen Tatbestandmerkmale entfacht. Problematisch ist hierbei die Tatsache, dass der EuGH letztlich nur in diesen zwei Urteilen und regelmäßig nicht in der gebotenen Ausführlichkeit zu den Tatbestandsmerkmalen Stellungen genommen

1 Schlussanträge des GA *Fennelly* vom 15.06.2000, Rs. C-376/98 u. 74/99, Slg. 2000, I-8419, Rdnr. 58, *„Tabakwerbeurteil“*.

2 *Kamann*, ZEuS 2001, S. 23 (28).

3 *EuGH*, Urteil vom 05.10.2000, Rs. C-376/98, Slg. 2000, I-8419; *„Tabakwerbeurteil“*.

4 *EuGH*, Urteil vom 10.12.2002, Rs. C-491/01, Slg. 2002, I-11453, *„Tabakprodukturteil“*.

5 *von Bogdandy/Bast*, EuGRZ 2001, S. 441 (448); *Hobe*, FS für Baur, S. 661 (664); *Götz*, JZ 2001, S. 34 (35).

6 Statt vieler: *Calliess*, Jura 2001, S 311 ff.; *Schweitzer/Schroeder/Bock*, Binnenmarkt und Gesundheitsschutz; *Selmayr/Kamann/Ahlers*, EWS 2003, S. 49 ff; *Crosby*, ELR 27 (2002), S. 177 ff.

hat. Es handelt sich daher um Rechtsprechung im Einzelfall, aus der nun allgemeingültige Kriterien zu entwickeln sind.

A. Binnenmarkt als Ziel der Maßnahme

Wesentlich für die Auslegung und die Ermittlung des Anwendungsbereichs von Art. 95 EG und für die Abgrenzung zu Art. 94 EG ist zunächst die Definition des Binnenmarktes.[7]

I. Der Binnenmarkt, Art. 14 EG

Der Begriff des Binnenmarktes ist in Art. 14 EG legal definiert. Nach Art. 14 II EG umfasst der Binnenmarkt „einen Raum ohne Binnengrenzen, in dem der freie Verkehr von Waren, Personen, Dienstleistungen und Kapital gemäß den Bestimmungen dieses Vertrages gewährleistet ist". Die Errichtung des einheitlichen europäischen Binnenmarktes soll Herstellern und Leistungserbringern den Absatz ihrer Produkte in der gesamten Gemeinschaft ermöglichen und den Verbrauchern den Zugriff zur Angebotspalette aus allen Mitgliedstaaten verschaffen. Bezweckt wird damit die Sicherung ökonomischer Vorteile des marktwirtschaftlichen Wettbewerbs, insbesondere der Möglichkeit des optimalen Einsatzes der Produktionsfaktoren in einem großen, expandierenden und anpassungsfähigen Markt.[8]

Der Begriff des Binnenmarktes knüpft sowohl zeitlich als auch begrifflich an den Gemeinsamen Markt an. Indes ist bis heute nicht abschließend geklärt, wie der Binnenmarkt vom Gemeinsamen Markt abzugrenzen ist. Relevant wird die Frage für die Abgrenzung von Art. 95 EG zu Art. 94 EG. Denn die Binnenmarktkompetenz des Art. 95 EG sieht gegenüber Art. 94 EG unter Verweis auf Art. 251 EG gelockerte Mehrheitserfordernisse im Rat, eine Stellungnahme des Parlaments sowie „Ausschermöglichkeiten" der einzelnen Mitgliedstaaten vor.

---

7 *Bleckmann*, EuR, Rdnr. 2127; *Hayder*, RAbelsZ 53 (1989), S. 623 (635); Hillgruber, GS für Blomeyer, S. 597 ff.; zur Funktion des Binnenmarktes in der Gemeinschaft, vgl. auch Kapitel I.A.II.3.)c.)aa.).

8 *Dauses*, EuZW 1990, S. 8 (8).

1.) Der Gemeinsame Markt

Der Gemeinsame Markt, das Leitmotiv der ersten Jahrzehnte der Gemeinschaft, bedeutet Einheit nach außen und Freiheit nach innen.[9] Innerhalb der Gemeinschaft werden die wirtschaftlichen Freiheitsgrundrechte der Berufsfreiheit, der Vertragsfreiheit und der Wettbewerbsfreiheit vorausgesetzt. Für die „Marktbürger" (heute Unionsbürger) eröffnet sich über die Grundfreiheiten für Waren-, Personen-, Dienstleistungs- und Kapitalverkehr eine Markteinheit in einem System unverfälschten Wettbewerbs, welches die Gleichbehandlung der „Marktbürger" voraussetzt.[10] Die Einheit nach außen zeigt sich in der Zollunion (Art. 23 EG) und in der gemeinsamen Handelspolitik (Art. 131 EG). Der Gemeinsame Markt umfasst damit die Grundfreiheiten und einen Markt ohne Wettbewerbsverzerrungen.

2.) Abgrenzung zum Gemeinsamen Markt

Streitpunkt bei der Abgrenzung von Gemeinsamem Markt und Binnenmarkt ist der *Umfang des Binnenmarktes* gegenüber dem des Gemeinsamen Marktes. Während nach einer Ansicht der Binnenmarkt lediglich einen Teilbereich des Gemeinsamen Marktes erfasst (Einschränkungsthese) oder teilweise als dem Gemeinsamen Markt gleichgestellt angesehen wird (Synonymitätsthese), spricht sich eine dritte Ansicht dafür aus, dass der Binnenmarkt dem Gemeinsamen Markt übergeordnet ist.

a.) Einschränkungsthese

Nach der Einschränkungsthese[11] umfasst der Binnenmarkt nur ein Teilgebiet des Gemeinsamen Marktes, nämlich lediglich die Gewährleistung der Grundfreiheiten.

---

9 *Ipsen*, Europäisches Gemeinschaftsrecht, S. 551; zur Funktion des Gemeinsamen Marktes in der Gemeinschaft, vgl. auch Kapitel I.A.II.3.)c.)aa.).

10 *Streinz*, in: Streinz, Art. 2 EG, Rdnr. 32.

11 *Streinz*, EuR, Rdnr. 953; *Wagner*, Mindestharmonisierung, S. 24 f.; *Pühs*, Der Vollzug von Gemeinschaftsrecht, S. 54; *Ress*, Löst Art. 100a EWG die Probleme der Rechtsangleichung des einheitlichen Binnenmarktes, in: *Ress/Will*, Rechtsprobleme der Rechtsangleichung, S. 9 (13); *Epiney*, JZ 1992, S. 564 (567); *Hayder*, RabelsZ 53 (1989), S. 622 (638); *Zacker*, RIW 1989, S. 489 (490); *Forwood/Clough*, ELRev. 1986, S. 383 (385); *Hayder*, RabelsZ 53 (1989), S. 622 (639); *Pescatore*, EuR 1986, S. 153 (157).

aa.) Art. 14 II EG

Als Argument für die Einschränkungsthese wird die Umschreibung des Binnenmarktes in Art. 14 II EG herangezogen. Dieser spricht lediglich die Gewährleistung der Grundfreiheiten an, nicht aber die vom Gemeinsamen Markt erfassten Elemente des Schutzsystems gegen Wettbewerbsverfälschungen, der gemeinsamen Handelspolitik und der Koordination mitgliedstaatlicher Wirtschaftspolitik. So sollen die Bereiche der Wettbewerbspolitik, der Agrarpolitik, Verkehrspolitik und Steuerpolitik nicht vom Binnenmarkt, wohl aber vom Gemeinsamen Markt erfasst sein.[12]

Dieses Argument vermag jedoch nicht zu überzeugen. In Art. 14 II EG wird zwar nur die Öffnung der Grenzen zwischen den Mitgliedstaaten mittels der Grundfreiheiten und damit nur ein Element des Gemeinsamen Marktes ausdrücklich genannt, allerdings lässt sich daraus noch keine Verengung des Integrationsziels im Binnenmarktkonzept ableiten.[13] Art. 14 II EG zielt schon nach dem Wortlaut auf die Freiheitsgewährleistung *„gemäß den Bestimmungen dieses Vertrages"* ab. Diese Formulierung bezieht die über die Gewährleistung der Grundfreiheiten hinausreichenden Elemente des Gemeinsamen Marktes in das Binnenmarktziel implizit ein und entwickelt dieses durch die Schaffung besonderer Entscheidungsverfahren – der Mehrheitsentscheidung – fort.

bb.) Verhältnis zwischen Art. 94 EG und Art. 95 EG

Als Hinweis für die Einschränkungsthese wird auch der Wortlaut des Art. 95 EG herangezogen, der besagt, dass er (nur) *„abweichend von Art. 94 EG für die Verwirklichung der Ziele des Art. 14 EG Anwendung finden soll"*. Daraus schließt *Epiney*, dass Art. 95 EG der Verwirklichung besonderer Ziele dient, während Art. 94 EG daneben ein wesentlicher Anwendungsbereich verbleiben soll. Unter Berücksichtigung dieser Beziehung zwischen Art. 94 EG und Art. 95 EG erscheint es *Epiney*[14] nach Sinn und Inhalt der Ermächtigungen angemessen, all diejenigen Maßnahmen, die den Vollzug der Marktfreiheitsrechte betreffen, unter Art. 95 EG zu fassen. Die übrigen Vorschriften, insbesondere die auf die Marktgleichheitsrechte bezogenen, sollen Art. 94 EG vorbehalten bleiben.[15]

---

12 *Forwood/Clough*, ELRev. 1989, S. 383 (385).

13 *Müller-Graff*, EuR 1989, S. 107 (123).

14 *Epiney*, JZ 1992, S. 564 (567).

15 Unter Marktfreiheit ist die Verwirklichung des freien Zugangs zu ausländischen Märkten, also die Freiheit des Waren-, Personen-, Dienstleistungs- und Kapitalverkehrs, zu verstehen. (Vgl. *Kingreen*, in: von Bogdandy, Europäisches Verfassungsrecht, S. 631 (658 f.), der in diesem Zusammenhang von den Grundfreiheiten als Marktzugangsrechten spricht.) Die Legaldefinition

Diesem auf dem Wortlaut des Art. 95 I EG aufbauenden Argument lässt sich die Aussage des Art. 95 II EG entgegenhalten. Hier wird ausdrücklich festgehalten, welche Bereiche der Handlungsbefugnis des Art. 95 I EG entzogen sind. Daraus folgt im Umkehrschluss, dass alle anderen Bereiche vom Binnenmarktziel umfasst sein sollen. Zudem wäre eine Ausnahmeregelung bezüglich der dem Gemeinsamen Markt zuzurechnenden Materien „Steuern, Freizügigkeit und Arbeitnehmerrechte" gemäß Art. 95 II EG überflüssig, wenn diese nicht zugleich Bestandteil des Binnenmarktzieles wären.[16]

cc.) Weitere Argumente

Leible argumentiert, dass mit dem Abrücken von dem in Art. 94 EG vorgesehenen *Einstimmigkeitserfordernis* für bestimmte *Teilaspekte* des Gemeinsamen Marktes eine *„neue Integrationsebene"* der Rechtsangleichung geschaffen werde. Der ebenso wie Art. 94 EG funktional ausgerichtete Art. 95 EG vereinfache ein gesetzgeberisches Tätigwerden der Gemeinschaft auf dem Gebiet der Grundfreiheiten und ermögliche so, in einem bestimmten Ausschnitt des Gemeinsamen Marktes die von Art. 14 EG geforderte besonders hohe Integrationsintensität zu erreichen.[17]

Zudem beruft sich u.a. *Streinz*[18] auf das *Weißbuch der Kommission,*[19] das selbst zwischen Binnenmarkt und weiter reichendem Gemeinsamen Markt unterscheidet. Dem lässt sich entgegenhalten, dass das Weißbuch in der Erklärung zu Art. 14 II EG bestätigt, dass Art. 14 II EG Ausdruck eines politischen Willens ist, Beschlüsse zu fassen, die zur Verwirklichung des in diesem Artikel beschriebenen Binnenmarktes erforderlich sind. Der Binnenmarkt betrifft nach dieser Erklärung die Beseitigung aller technischen, materiellen und steuerrechtlichen Schranken.[20] Die inhaltliche Spannweite des Weißbuches steht daher einem Verständnis des Binnenmarktes entgegen, das hinter dem des Gemeinsamen Marktes zurückbleibt.[21]

---

des Art. 14 II EG erfasst nach der von *Epiney* vertretenen Ansicht auch diese so verstandenen Marktfreiheiten. Vgl. *Epiney*, JZ 1992, S. 564 (567).

16 *Hatje*, in: Schwarze, Art. 14 EG, Rdnr. 7; *Ehlermann*, CMLR 24 (1987), S. 361 (370).

17 *Leible*, in: Streinz, Art. 14, Rdnr. 15.

18 So *Streinz*, EuR, Rdnr. 953; so auch *Leible*, in: Streinz, Art. 14 EG, Rdnr. 15; *Pühs*, Der Vollzug von Gemeinschaftsrecht, S. 54.

19 *Kommission der EG*, Brüssel 14.06 1985, KOM (85) 310 endg., www. europa.eu.int./comm/index_de.htm, Rdnr. 4.

20 *Kommission der EG*, Brüssel 14.06 1985, KOM (85) 310 endg., www. europa.eu.int./comm/index_de.htm.

21 *Müller-Graff*, EuR 1989, S. 105 (124); *Meier*, NJW 1987, S. 537 (539).

b.) Synonymitätsthese/Identitätsthese

Teilweise wird die Auffassung vertreten, dass die Begriffe des Binnenmarktes und des Gemeinsamen Marktes inhaltsgleich sind.[22] Begründet wird diese Ansicht damit, dass das Binnenmarktziel kein neues Konzept für die Entwicklung der Gemeinschaft beinhaltet und damit lediglich eine klarstellende bzw. bekräftigende Funktion hat. Im Übrigen verwende der Vertrag beide Begriffe sinngleich nebeneinander.[23]

Gegen die Synonymitätsthese spricht zum einen die vom Binnenmarktprogramm ausgehende *politische Dynamik*, mit der die Frage der europäischen Einigung nach Jahren der Stagnation wieder zu einem beherrschenden politischen Thema geworden ist.[24] Der Binnenmarktbegriff sollte demnach für eine *neue Phase* der wirtschaftlichen Integration stehen. Zum anderen können auch *rechtliche Gesichtspunkte* herangezogen werden. Das Binnenmarktprogramm ergänzt die Bestimmungen zum Gemeinsamen Markt in einer Weise, dass von einer neuen Integrationsebene gesprochen werden kann.[25] Weiterhin wurde der neue Begriff des „Binnenmarktes" in den Vertrag eingefügt, ohne dass der Begriff des Gemeinsamen Marktes ersetzt wurde.

c.) Erweiterungsthese – Ergänzungsthese

Die Erweiterungsthese geht davon aus, dass der Binnenmarkt ein „*Mehr*" zum Gemeinsamen Markt bedeutet.[26] Dabei umfasse der Binnenmarkt dieselben Sachbereiche wie der Gemeinsame Markt, ziele aber auf eine weiterreichendere Integrationsintensität ab. Die nationalen Märkte sollten noch näher aneinander rücken und die grenzüberschreitenden Freiheiten der EU-Bürger wachsen. Diese Auffassung ist vorzugswürdig.

---

22 *Hatje*, in: Schwarze, Art. 14 EG, Rdnr. 7; *Eiden*, in: Bleckmann, EuR, Rdnr. 2127; *Nicolaysen*, EuR II, S. 32; *Barents*, CMLR 30 (1993), S. 85 (105); *Kilian*, Europäisches Wirtschaftsrecht, S. 22; *Schröer*, EuR 1991, S. 356 (357); *Glaesner*, Bemerkungen zur Interpretation des Art. 100a EGV, in: Ress/Will, Rechtsprobleme der Rechtsangleichung, S. 35; *Langeheine*, EuR 1988, S. 235 (239); für einen weit verstandenen Begriff des Binnenmarktes auch: *Reich*, EuZW 1991, S. 203 (207).

23 *Hatje*, in: Schwarze, Art. 14 EG, Rdnr. 7.

24 *Kahl*, in: Calliess/Ruffert, Art. 14 EG, Rdnr. 11; *Grabitz/von Bogdadny*, JuS 1990, S. 170 (175).

25 *Grabitz/von Bogdandy*, JuS 1990, S. 170 (175); s.u.

26 *Kahl*, in: Calliess/Ruffert, Art. 14 EG, Rdnr. 11 ff.; *Grabitz/von Bogdandy*, JuS 1990, S. 170 (175); *Dauses*, EuZW 1990, S. 8 (10); *Ehlermann*, CMLR 24 (1987), S. 361 (369); *Grabitz*, Integration 3/1986, S. 95 (98); *Pernice*, NVwZ 1990, S. 201 (204).

aa.) Titandioxid- *und* Schul-*Entscheidung des EuGH*

Für sie spricht unter anderem die Rechtsprechung des EuGH im *Schul*-Urteil[27] und der *Titandioxid*-Entscheidung[28]. Im „*Schul*"-Urteil stellt der EuGH fest, dass die Bedingungen des Gemeinsamen Marktes „*denjenigen eines wirklichen Binnenmarkt möglichst nahe kommen*" sollen.[29] Aus dieser Umschreibung des Gemeinsamen Marktes folgt, dass er als *Vorstufe* des Binnenmarktes zu bewerten ist.

Zu nennen ist auch die *Titandioxid*-Entscheidung, in der der Gerichtshof erstmals zu dem vor allem in der deutschen Lehre häufig diskutierten Streit um den Inhalt des Binnenmarktbegriffs und dessen Abgrenzung zum ursprünglichen Vertragsziel des Gemeinsamen Marktes Stellung genommen hat.[30] In dieser führt der Gerichtshof aus, dass der nach Art. 14 EG anzustrebende Binnenmarkt nach „*Art. 2 EG und Art. 3 EG ...unverfälschte Wettbewerbsbedingungen voraussetzt*".[31] Der Sicherung eines unverfälschten Wettbewerbs komme gemäß Art. 3 I lit. g) EG und Art. 81 ff. EG nach der gesamten marktwirtschaftlichen Konzeption des Vertrages eine fundamentale Bedeutung für den Binnenmarkt zu.[32] Hiermit hat der EuGH seine ablehnende Position gegenüber der Einschränkungsthese deutlich zum Ausdruck gebracht.

bb.) Integrationsintensität

Dem Binnenmarkt ist eine gegenüber dem Gemeinsamen Markt gesteigerte Integrationsintensität zugedacht.[33] Als neues wirtschaftliches Ziel soll er eine höhere funktionale Reichweite als der Gemeinsame Markt aufweisen. Diese neue Ebene ergibt sich bereits inhaltlich daraus, dass die Ziele des Gemeinsamen Marktes „radikalisiert" wurden, indem nunmehr der Abbau aller Binnengrenzen angestrebt wird.[34] Jenseits des Abbaus von Handelsbarrieren wird eine Vereinheitlichung der wirtschaftlichen und sozialen Rahmenbedingungen angestrebt, um die unterschiedlichen Wettbewerbsbedingungen abzubauen.[35] Das Vertragsziel Binnenmarkt ist somit erst verwirklicht, wenn alle Bestandteile des Gemeinsamen

---

27 *EuGH*, Urteil vom 05.05.1982, Rs. C-15/81, Slg. 1982, 1409, Rdnr. 33 f., „*Schul*".

28 *EuGH*, Urteil vom 11.06.1991, Rs. C-300/89; Slg. 1991, I-2867, „*Titandioxid*".

29 *EuGH*, Urteil vom 05.05.1982, Rs. C-15/81, Slg. 1982, 1409, Rdnr. 33, „*Schul*".

30 *EuGH*, Urteil vom 11.06.1991, Rs. C-300/89; Slg. 1991, I-2867, Rdnr. 14, „*Titandioxid*".

31 *EuGH*, Urteil vom 11.06.1991, Rs. C-300/89; Slg. 1991, I-2867, Rdnr. 14, „*Titandioxid*".

32 *Schröer*, EuR 1991, S. 356 (357).

33 *Dauses*, EuZW 1990, S. 8 (10); ebenso *Grabitz/von Bogdandy*, JuS 1990, S. 170 (175); *Schröer*, EuR 1991, S. 356 (357).

34 *Grabitz/von Bogdandy*, JuS 1990, S. 170 (175).

35 *Langeheine*, in: Grabitz, Art. 100a EGV, Rdnr. 20, 44.

Marktes realisiert und darüber hinaus sämtliche physischen, technischen und fiskalischen Schranken abgebaut sind.[36]

cc.) „Raum ohne Binnengrenzen“

Zum anderen ist die Charakterisierung des Binnenmarktes als ein *„Raum ohne Binnengrenzen“* und das damit intendierte Ziel der Beseitigung aller Grenzkontrollen im Personen- und Warenverkehr ein neuer, gegenüber dem Gemeinsamen Markt hinausragender Aspekt.[37] Nach *GA Cosmas* schafft Art. 14 EG *„die Verpflichtung, ein System absoluter Freiheit bei der Überschreitung der Binnengrenzen einzurichten, das eine Abschaffung systematischer Grenzkontrollen gegenüber allen ermöglichen soll“*.[38] Dem schließt sich *GA Saggio* an, der den Binnenmarkt als „unbegrenzten Raum für die grundlegenden Freiheiten des Gemeinschaftsrechts“ umschreibt.[39]

d.) Binnenmarkt ein „Mehr“ zum Gemeinsamen Markt

Der Binnenmarkt, wie er 1987 mit der Einheitlichen Europäischen Akte in den Vertrag eingeführt worden ist, ist in seiner Regelungsintensität dem Gemeinsamen Markt übergeordnet. Neben den oben genannten Argumenten sprechen auch die *Entstehungsgründe* und die *Gesetzgebungspraxis* hinsichtlich Art. 95 EG für diese Beurteilung. Mit Art. 95 EG ist eine Ermächtigungsgrundlage in den Vertrag eingeführt worden, die gesetzgeberisches Handeln der Gemeinschaft fördern und die europäische Integration vorantreiben soll.[40] Art. 94 EG, der den Gemeinsamen Markt als Ziel vorgibt, ist in der Praxis seither hinter der binnenmarktbezogenen Rechtsangleichungskompetenz zurückgetreten. Der zusätzlich in den Vertrag aufgenommene Begriff des Binnenmarktes kann mithin lediglich als eine Bezeichnung für eine höhere Integrationsstufe verstanden werden. Der *Binnenmarkt* ist mithin auf die Gewährleistung der Grundfreiheiten, den Abbau von Handelshemmnissen, auf einen unverfälschten Wettbewerb und die Beachtung

---

36 *Schröer*, EuR 1991, S. 356 (357).

37 Vgl. hierzu ausführlich *Müller-Graff*, EuR 1991, S. 105 (125).

38 Schlussanträge des GA Cosmas vom 16.03.1999, *EuGH*, Rs. C-378/97, Slg. 1999, I-6207, Rdnr. 41, *„Wijsenbeek“*.

39 Schlussanträge des GA Saggio vom 28.01.1999, *EuGH*, Rs. C-319/97, Slg. 1999, I-3143, Rdnr. 21, *„Kortas“*.

40 Der wegen des Einstimmigkeitsprinzips des Art. 94 EG gehemmte Integrationsprozess sollte durch die Einführung des Mehrheitsprinzips in Art. 95 EG eine neue Antriebskraft entwickeln. Vgl. hierzu bereits Kapitel II.B.III.

anderer Vertragsziele gerichtet.[41] Dabei ist die Gewährleistung der Grundfreiheiten vorrangiges Ziel des Binnenmarktes. Die Abschottung der nationalen Märkte soll überwunden und eine grenzüberschreitende Ausübung der vertraglich verbürgten Freiheitsrechte ermöglicht werden.

II. Errichtung und Funktionieren des Binnenmarktes

Mit „*Errichtung des Binnenmarktes*" ist der Erlass von Rechtsakten zur Schaffung des in Art. 14 II EG genannten Raumes ohne Binnengrenzen gemeint.[42] Der Begriff des „*Funktionierens*" nimmt auf die Wirkungsweise des Binnenmarktes Bezug.[43] Damit gestattet Art. 95 EG auch die Anpassung, Verbesserung und Vertiefung bereits existierender Rechtsakte an sich ändernde rechtliche oder tatsächliche Rahmenbedingungen. Hiermit wird insbesondere die Möglichkeit zur Zweitharmonisierung angesprochen, nach der bei einem bereits erfolgten Vollharmonisierungsakt aufgrund von Art. 95 I EG eine weitere Maßnahme erlassen werden kann.[44] Beide Begriffe sind vor dem Hintergrund der Aufgabe zu interpretieren, im Binnenmarkt dasjenige Maß an Normenharmonie zu erreichen, das notwendig ist, um die in einem Binnenmarkt erforderliche Homogenität der wirtschaftlichen und sozialen Rahmenbedingungen herzustellen.[45]

B. Unterschiedliche nationale Rechts- und Verwaltungsvorschriften

Die Gemeinschaft kann gemäß Art. 95 I EG die Rechts- und Verwaltungsvorschriften der Mitgliedstaaten angleichen. Dies setzt allerdings voraus, dass Unterschiede zwischen den nationalen Rechtsvorschriften bestehen, die Hemmnisse für den Handelsverkehr und spürbare Wettbewerbsverzerrungen verursachen können.[46] Unter bestimmten Voraussetzungen ist, entgegen des Wortlauts von Art. 95 I EG, darüber hinaus auch eine *vorbeugende oder präventive Angleichung* nationaler Rechtsvorschriften möglich, um der Entstehung neuer Hinder-

---

41 Ausführlich zum Binnenmarkt als Rechtsbegriff unter einer etwas anderen Differenzierung, *Reich*, EuZW 1991, S. 203 (204 ff.).

42 *Streinz*, Art. 95 EG, Rdnr. 30.

43 *Streinz*, Art. 95 EG, Rdnr. 31; Kritisch: *Müller-Graff*, EuR 1989, S. 107 (130).

44 Vgl. hierzu vertiefend: Kapitel III.E..

45 *Pipkorn/Bardenhewer-Rating/Taschner*, in: von der Groeben/Schwarze, Art. 95 EG, Rdnr. 22.

46 *EuGH*, Urteil vom 05.10.2000, Rs. C-376/98 u. 74/99, Slg. 2000, I-8419, Rdnr. 86, 96, „*Tabakwerbeurteil*"; EuGH, Urteil vom 14.12.2004, Rs. C-434/02, Slg. 2004, I-11825, Rdnr. 30, „*Arnold André GmbH*". *Selmayr/Kamann/Ahlers*, EWS 2003, S. 49 (52).

nisse für den Handel infolge einer heterogenen Entwicklung der nationalen Rechtsvorschriften vorzubeugen.[47]

Das Bestehen bzw. Entstehen von Unterschieden zwischen nationalen Rechtsvorschriften reicht allerdings nicht aus, um den Anwendungsbereich des Art. 95 I EG zu eröffnen. Vielmehr muss nach der Rechtsprechung des EuGH eine „*konkrete Gefahr*" für den Binnenmarkt bestehen. Bei der Beantwortung der Frage, wann eine konkrete Gefahr vorliegt, muss zwischen dem *tatsächlichen Bestehen* und der *möglichen Entstehung* unterschiedlicher Rechtsvorschriften unterschieden werden.[48]

I. Tatsächliches Bestehen unterschiedlicher Rechtsvorschriften

Bestehen in den Mitgliedstaaten bereits unterschiedliche Rechtsvorschriften, muss es für eine Anwendung des Art. 95 I EG tatsächlich zu Handelshemmnissen kommen oder es muss zumindest wahrscheinlich sein, dass es *jederzeit* zu Hindernissen kommen kann.[49] Ungeklärt ist, welche Anforderungen an die *Wahrscheinlichkeit* eines potentiellen Verkehrshemmnisses zu stellen sind. Nach der Rechtsprechung des EuGH reicht eine bloß *abstrakte Gefahr* nicht aus.[50] Würde die bloße Feststellung von Unterschieden zwischen den Vorschriften und die abstrakte Gefahr von Beeinträchtigungen der Grundfreiheiten oder von Wettbewerbsverzerrungen ausreichen, um die Wahl des Art. 95 EG als Rechtsgrundlage zu rechtfertigen, so wäre der gerichtlichen Kontrolle über die Wahl der richtigen Rechtsgrundlage jede Wirksamkeit entzogen.[51]

Trotz fehlender gegenwärtiger Verkehrsbeschränkungen ist eine Harmonisierung nach der Meinung des Gerichtshofs dagegen bereits dann möglich, wenn sich der Bestand der nationalen Regelungen bei objektiver Betrachtung wahr-

---

47 *Schweitzer/Schroeder/Bock*, Binnenmarkt und Gesundheitsschutz, S. 35; Seidel, EuR 2006, S. 26 (38).

48 Hinsichtlich der folgenden Ausführungen nehmen nicht alle Autoren diese Differenzierung vor. Viele erläutern die Problematik, wann eine hinreichende „konkrete Gefahr" für die Beeinträchtigung der Grundfreiheiten vorliegt, unabhängig von dieser Differenzierung; vgl. *Selmayr/Kamann/Ahlers*, EWS 2003, S. 49 (52).

49 *EuGH*, Urteil vom 05.10.2000, Rs. C-376/98 u. 74/99, Slg. 2000, I-8419, Rdnr. 84, „*Tabakwerbeurteil*", *EuGH*, Urteil vom 12.12.2006, Rs. C-380, Slg. 2006, I-0000, Rdnr. 38, 51 ff., „*Tabakwerbeurteil II*".

50 EuGH, Urteil vom 14.12.2004, Rs. C-434/02, Slg. 2004, I-11825, Rdnr. 31, „*Arnold André GmbH*".*EuGH*, Urteil vom 05.10.2000, Rs. C-376/98 u. 74/99, Slg. 2000, I-8419, Rdnr. 84, 98, Slg. 2000, I-8419, „*Tabakwerbeurteil*"; *EuGH*, Urteil vom 09.10.2001, Rs. C-377/98, Slg. 2001, I-7079, Rdnr. 15-22, „*Biopatentrichtlinie*".

51 *EuGH*, Urteil vom 05.10.2000, Rs. C-376/98 u. 74/99, Slg. 2000, I-8419, Rdnr. 84, „*Tabakwerbeurteil*".

scheinlich so entwickeln wird, dass in überschaubarer Zukunft mit unmittelbar beschränkenden Wirkungen zu rechnen ist.[52] Insoweit müssen allerdings strenge Anforderungen an die Plausibilität gestellt werden, da andernfalls im Ergebnis die „*abstrakte Gefahr von Beeinträchtigungen der Grundfreiheiten oder daraus möglicherweise entstehenden Wettbewerbsverzerrungen*" als hinreichender Harmonisierungsgrund durch die Hintertür eingeführt würde, was der EuGH aber ausdrücklich vermeiden will.[53]

Der Begriff „*Beschränkung auf eine konkrete Gefahr*" ist aus den Entscheidungen des EuGH zu den Grundfreiheiten bekannt.[54] Nach dieser Rechtsprechung fallen nationale Regelungen dann nicht in den Schutzbereich des Art. 28 EG, wenn ihre beschränkenden Wirkungen für den freien Warenverkehr „*zu ungewiss und indirekt*" sind.[55]

II. Nichtvorliegen unterschiedlicher nationaler Rechtsvorschriften

Es müssen nicht notwendig bereits Verkehrshemmnisse vorhanden sein, sondern ihre Entstehung muss lediglich *wahrscheinlich*[56] sein.[57] Voraussetzung für die Ausübung der Binnenmarktkompetenz ist daher, dass es zu Unterschieden zwischen den nationalen Rechtsordnungen kommen kann, die in der Folge zu Handelshemmnissen führen können. Den allgemeinen Grundsätzen entsprechend ist also auch für diese Einschätzung von einer in der Lebenswirklichkeit vorhandenen „*konkreten*" *Sachlage* auszugehen, die auf Grund anerkannter Erfahrungssätze den Eintritt von Handelshemmnissen wahrscheinlich macht.[58] Allein die bloße Ankündigung einzelner Mitgliedstaaten, neue Vorschriften zu schaffen, die Restriktionen für den Binnenmarkt mit sich bringen könnten, ist nicht ausreichend.[59]

---

52 *EuGH*, Urteil vom 05.10.2000, Rs. C-376/98 u. 74/99, Slg. 2000, I-8419, Rdnr. 97, „*Tabakwerbeurteil*".

53 *Koenig/Kühling*, EWS 2002, S. 12 (17); *EuGH*, Urteil vom 13.07.1995, Rs. C-350/92, Slg. 1995, I-1985, Rdnr. 34, „*Arzneimittelschutzzertifikat*".

54 *EuGH*, Urteil vom 07.03.1990, Rs. C-69/88, Slg. 1990, I-583, Rdnr. 11, „*Krantz*"; Urteil vom 18.06.1998, Rs. C-266/96, Slg. 1998, I-3949, Rdnr. 31, „*Corsica Ferries France*"; *EuGH*, Urteil vom 21.09.1999, Rs. 44/98, Slg. 1999, I-6269, Rdnr. 16 „*BASF*"; Urteil vom 27.01.2000, Rs. C-190/98, Slg. 2000, I-493, Rdnr. 25, „*Graf*".

55 *Kamann*, ZEuS 2001, S. 23 (36).

56 Zum Kriterium der „*Wahrscheinlichkeit*" vgl. oben E, I a, aa.).

57 *Schweitzer/Schroeder/Bock*, Binnenmarkt und Gesundheitsschutz, S. 36.

58 *von Danwitz*, in: Dauses, B II, 5., Rdnr. 103.

59 *Schweitzer/Schroeder/Bock*, Binnenmarkt und Gesundheitsschutz, S. 36.

Das mitgliedstaatliche Rechtssetzungsverfahren oder konkrete Abwehrmaßnahmen müssen daher zumindest formell bereits eingeleitet worden sein. Die bloße Ankündigung derartiger Schritte genügt nicht.[60] Es müsse zumindest konkret absehbar sein, welche Bestimmungen genau geplant sind. Ansonsten kann nicht überprüft werden, ob die geplante Vorschrift überhaupt zu Beeinträchtigungen der Grundfreiheiten oder spürbaren Wettbewerbsverzerrungen führen kann. Es reicht dabei nicht aus, dass nationale Rechtsvorschriften bloß hypothetisch Auswirkungen auf den innergemeinschaftlichen Handel haben können.[61]

C. Verbesserung des Binnenmarktes

Eine auf Art. 95 I EG gestützte Rechtsangleichungsmaßnahme muss darauf gerichtet sein, das Funktionieren des Binnenmarktes zu „*verbessern*". Denn der Gebrauch des Wortes „Binnenmarkt" ist nicht das „*Sesam öffne dich*" für jegliches Handeln der Gemeinschaft.[62] Ansonsten würde dem Gemeinschaftsgesetzgeber „*eine allgemeine Kompetenz zur Regelung des Binnenmarktes*" zustehen, was nicht mit dem Prinzip der begrenzten Einzelermächtigung zu vereinbaren wäre.[63]

Fraglich ist, welche Maßnahmen für die Errichtung und das Funktionieren des Binnenmarktes tatsächlich und spezifisch förderlich sind. Der EuGH greift hierbei auf Art. 3 I lit. c) EG und Art. 14 EG zurück. Nach Artt. 3 I lit. c), 14 EG ist der Binnenmarkt durch die Beseitigung der Hindernisse für den freien Waren-, Personen-, Dienstleistungs- und Kapitalverkehr zwischen den Mitgliedstaaten gekennzeichnet.[64] Ausgehend von der Definition des Binnenmarktes in Art. 14 II EG besteht für den EuGH die *Verbesserung* des Binnenmarktes in der Aufhebung dieser Hemmnisse und der Beseitigung von Wettbewerbsverzerrungen.[65] Dabei ist die effektive Ausübung der Grundfreiheiten durch Maßnahmen der Rechtsangleichung aufgrund ausdrücklicher Erwähnung in Art. 14 II EG ein vorrangiges Ziel.[66]

---

60 *Schweitzer/Schroeder/Bock*, Binnenmarkt und Gesundheitsschutz, S. 36/37.

61 *Kamann*, ZEuS 2001, S. 23 (36).

62 *Stein*, EWS 2001, S. 12 (16); *Calliess*, Jura 2001, S. 311 (315); *Selmayr/Kamann/Ahlers*, EWS 2003, S. 49 (51).

63 *EuGH*, Urteil vom 05.10.2000, Rs. C-376/98 u. 74/99, Rdnr. 87, Slg. 2000, I-8419, „*Tabakwerbeurteil*"; *EuGH*, Urteil vom 12.12.2006, Rs. C-380, Slg. 2006, I-0000, Rdnr. 74, „*Tabakwerbeurteil II*".

64 *EuGH*, Urteil vom 05.10.2000, Rs. C-376/98 u. 74/99, Rdnr. 82, Slg. 2000, I-8419, „*Tabakwerbeurteil*".

65 *Götz*, JZ 2001, S. 34 (35); *Calliess*, Jura 2001, S. 311 (315).

66 *von Danwitz*, in: Dauses, B II, 5., Rdnr. 101. 14.12.2004, Rs. C-434/02, Slg. 2004, I-11825, Rdnr. 57, „*Arnold André GmbH*".

I. Beseitigung von Behinderungen der Grundfreiheiten

Behinderungen der Grundfreiheiten beruhen auf mitgliedstaatlichen Vorschriften, die den Schutzbereich der Grundfreiheiten beeinträchtigen und nicht durch Art. 30 EG oder die „*Cassis de Dijon*"-Rechtsprechung[67] gerechtfertigt sind.

1.) Schutzbereich der Grundfreiheiten, insbesondere der Warenfreiheit

In den Schutzbereich der Grundfreiheiten kann durch eine staatliche Maßnahme mit grenzüberschreitender Wirkung eingegriffen werden.

a.) Diskriminierungs- und Beschränkungsverbot

Grundsätzlich reicht die Aussicht auf eine Behinderung der Grundfreiheiten aus. Für die Warenverkehrsfreiheit bejahte der EuGH in der *Dassonville-Entscheidung,*[68] das Vorliegen einer „*Maßnahme gleicher Wirkung wie mengenmäßiger Beschränkungen*" im Sinne des Art. 28 EG für „*jede Handelsregelung der Mitgliedstaaten, die geeignet ist, den innergemeinschaftlichen Handel unmittelbar oder mittelbar, tatsächlich oder potentiell zu behindern*". Demnach liegt z.B. ein Eingriff in Art. 28 EG nicht nur bei direkten oder indirekten Diskriminierungen des Importeurs gegenüber den Gebietsansässigen, sondern auch bei allen unterschiedslos auf inländische und eingeführte Waren anwendbaren nationalen Regelungen vor, die sich auf den Absatz von Importwaren einschneidender auswirken als auf den Absatz heimischer Produkte.

b.) Die „Keck"*-Rechtsprechung*

Die darauf folgende „*Keck*"-Rechtsprechung führte zu einer nicht unerheblichen Beschränkung des tatbestandlichen Begriffs der „*Maßnahmen gleicher Wirkung*". Der Gerichtshof entschied, dass „*bestimmte Verkaufsmodalitäten*", die alle betroffenen Wirtschaftsteilnehmer (Inländer wie Ausländer) rechtlich und faktisch gleichermaßen berühren, den Handel zwischen den Mitgliedstaaten *nicht* beschränken.[69] Dies setzt *erstens* voraus, dass sie für alle betroffenen Wirtschafts-

---

67 *EuGH*, Urteil vom 20.02.1979, Rs. C-120/78, Slg. 1979, 649, „*Cassis de Dijon*".

68 *EuGH*, Urteil vom 11.07.1974, Rs. C-8/74, Slg. 1974, I-837, Rdnr. 5, „*Dassonville*"; vgl. hierzu bereits: Kapitel I.A.IV.1.)c.)bb.).

69 *EuGH*, Urteil vom 24.11.1993, Rs. C-267/91 u. 268/91, Slg. 1993, I-6097, Rdnr. 17, „*Keck*"; *EuGH*, Urteil vom 08.03.2001, Rs. C-405/98, Slg. 2001, I-1795, Rdnr. 18, „*Konsumentombudsmannen*"; *Conrad*, Das Konzept der Mindestharmonisierung, S. 118 ff.; zur Auswirkung der *Keck*-Rechtsprechung auf den Binnenmarkt, vgl. *Jickeli*, JZ 1995, S. 57 (58 ff.).

teilnehmer gelten, die ihre Tätigkeit im Inland ausüben. *Zweitens* muss der Absatz inländischer und eingeführter Erzeugnisse rechtlich wie tatsächlich gleich berührt sein.[70] Was unter dem Begriff der *„bestimmten Verkaufsmodalitäten"* zu verstehen ist, muss durch Anhaltspunkte in der *Keck*-Rechtsprechung selbst sowie der Folgerechtsprechung ermittelt werden.[71] Die Begriffsbestimmung erfolgt in Abgrenzung zu *produktbezogenen Normen.*

aa.) Verkaufsmodalitäten in Abgrenzung zu produkt-, standort-, produktions- sowie anlagebezogenen nationalen Regelungen

Hinsichtlich warenbezogener nationaler Regelungen wird in Anlehnung an die *Keck*-Rechtsprechung zwischen produkt-, standort-, produktions-, vertriebs- sowie anlagebezogenen Ausprägungen differenziert.

(1) Produktbezogene Regelungen

Produktbezogene Rechtsvorschriften knüpfen unmittelbar an die *Beschaffenheit* von Ware an.[72] Hierunter fallen alle Vorschriften, die eine Änderung der Ware notwendig machen, um ihre Marktzugangstauglichkeit herbeizuführen. Sie betreffen etwa die Aufmachung[73], Form, Zusammensetzung[74] oder Etikettierung[75] von Produkten und führen in der Regel zu einer Beeinträchtigung der Warenverkehrsfreiheit. In diesem Fall ist eine Rechtsangleichung gemäß Art. 95 I EG meist aufgrund des Vorliegens von Hindernissen für die Grundfreiheiten zulässig.[76]

(2) Standortbezogene Regelungen

Zudem werden auch die Rahmenbedingungen für die Tätigkeiten der Unternehmen im Binnenmarkt auf der Grundlage des Art. 95 EG harmonisiert. Auf die Chancengleichheit der Unternehmen im Wettbewerb wirken sich nicht nur produktbezogene, sondern auch *standortbezogene* Nachteile aus. Solche standortbe-

70 *EuGH*, Urteil vom 24.11.1993, Rs. C-267/91 u. 268/91, Slg. 1993, I-6097, Rdnr. 16, *„Keck"*. Vgl. zu der Frage, ob es sich bei der Werbung um eine Verkaufsmodalität im Sinne von *„Keck"* handelt: *Wägenbaur*, EuZW 1998, S. 709 (713); *Timmermans*, in: Schwarze, Werbung und Werbeverbote, S. 26 (28 ff.).

71 Vgl. *Streinz*, EuZW 2003, S. 37 (41).

72 *Selmayr/Kamann/Ahlers*, EWS 2003, S. 43 (52).

73 *EuGH*, Urteil vom 02.02.1994, Rs. C-315/92, Slg. 1994, I-317, Rdnr. 24, *„Clinique"*.

74 *EuGH*, Urteil vom 26.06.1997, Rs. C-368/95, Slg. 1997, I-3689, Rdnr. 8, *„Familiarpress"*.

75 *EuGH*, Urteil vom 26.10.1995, Rs. C-51/94, Slg. 1995, I-3599, Rdnr. 29, *„Kommission/ Deutschland"*.

76 Vgl. unten, Kapitel III.C.I.

zogenen Nachteile rühren daher, dass produktions- und anlagenbezogene Rahmenbedingungen in einem Mitgliedstaat weniger vorteilhaft ausgestaltet sind als in anderen und dadurch der Wettbewerb verfälscht wird.[77] Diese Nachteile lassen sich allerdings nicht stets mit gleicher Sicherheit feststellen wie bei produktbezogenen Vorschriften.[78]

(3) Produktionsbezogene Regelungen

Bei *produktionsbezogenen* Vorschriften handelt es sich um Normen, die den Herstellungsprozess einer Ware bestimmten Anforderungen unterstellen. So können sie z.B. Überwachungspflichten oder eingeschränkte Produktionszeiten vorsehen. Meist betreffen sie die Gleichheit der Wettbewerbsbedingungen, die ein Element des Binnenmarktes sind. Dass produktionsbezogene Regelungen tatsächlich in den Anwendungsbereich des Art. 95 EG fallen, beweist der Umkehrschluss aus Art. 95 II EG. In diesem werden Bestimmungen über die Rechte und Pflichten der Arbeitnehmer, die Teil der wirtschaftlichen Rahmenbedingungen sind, ausdrücklich von Art. 95 EG ausgenommen.[79] Dies lässt den Schluss zu, dass die anderen Regelungen mangels ausdrücklichen Ausschlusses von der Rechtsangleichungskompetenz mit erfasst werden. Ausgeschlossen ist eine Angleichung von produktionsbezogenen Vorschriften, soweit sie bestimmte Herstellungsprozesse verbieten oder so einschränken, dass der Absatz bestimmter Waren reduziert oder völlig unterbunden wird.

(4) Anlagenbezogene Regelungen

Anlagenbezogene Normen reglementieren die Beschaffenheit von Industrieanlagen. Soweit diese Vorschriften Anlagen zur Warenherstellung betreffen, haben sie Auswirkungen auf die Absatzchancen und sind daher wegen ihres Wettbewerbsbezuges aufgrund von Art. 95 EG zu erlassen.

Soweit anlagenbezogene Regelungen nicht der Warenproduktion dienen, diese vielmehr reduzieren oder völlig unterbinden, so ist eine Angleichung ausgeschlossen.

---

77 *Pipkorn/Bardenhewer-Rating/Taschner*, in: von der Groeben/Schwarze, Art. 95 EG, Rdnr. 19; *Langeheine*, in: Grabitz/Hilf, Art. 100a EGV, Rdnr. 20; Diese Abgrenzung – auch hinsichtlich produktbezogener Vorschriften spielt insbesondere im Rahmen der Abgrenzung zwischen Art. 175 EG und Art. 95 I EG eine tragende Rolle. Vgl. dazu Kapitel IV.C.III.3.).

78 *Everling*, in: FS für Steindorff, S. 1155 (1159).

79 *Langeheine*, in: Grabitz/Hilf, Art. 100a EG, Rdnr. 20; *Pipkorn/Bardenhewer-Rating/Taschner*, in: von der Groeben/Schwarze, Art. 95 EG, Rdnr. 19, 27; *Trüe*, System der Rechtsetzungskompetenzen, S. 266.

(5) Vertriebsbezogene Regelungen – Verkaufsmodalitäten

Der Begriff der *vertriebsbezogenen Regelung* hat in Abgrenzung zu dem Begriff der produktbezogenen Vorschrift an Bedeutung gewonnen.[80] Vertriebsbezogene Regeln betreffen die zeitlichen und räumlichen Bedingungen, unter denen die importierten Waren abgegeben werden.[81] Sie erfassen die Maßnahme, die die Art und Weise der *Vermarktung eines Produkts* bestimmen, ohne mit diesem „verbunden" zu sein.[82] Soweit eine Maßnahme sich in irgendeiner Form auf die Beschaffenheit eines Produkts selbst bezieht, handelt es sich *nicht* um eine vertriebsbezogene Regelung.[83]

Bei *Verkaufsmodalitäten* im Sinne der *„Keck"*-Rechtsprechung handelt es sich um vertriebsbezogene Maßnahmen, die den Absatz von inländischen und ausländischen Waren rechtlich wie tatsächlich in gleicher Weise berühren und den Marktzugang für ausländische Erzeugnisse nicht mehr versperren oder behindern, so wie es bei inländischen Erzeugnissen der Fall wäre.[84] Vertriebsbezogene Regeln fallen nach der Keck-Rechtsprechung mithin dann in den Anwendungsbereich des Art. 28 EG, wenn sie eine Erschwerung des Absatzes von Waren aus anderen Mitgliedstaaten gegenüber denjenigen des Einfuhrstaates zur Folge haben und damit zu einem Wettbewerbsvorteil der inländischen gegenüber den ausländischen Anbietern führen.[85] Mithin sind *nicht-diskriminierende vertriebsbezogene Regelungen* Verkaufsmodalitäten im Sinne der *Keck*-Klausel.

---

80 Die Zuordnung einer Regelung zu den produktionsbezogenen oder den nicht-diskriminierenden vertriebsbezogenen Regelungen erfolgt jeweils im Einzelfall. Maßgeblich für die Abgrenzung ist nach der Rechtsprechung des *EuGH*, ob eine bestimmte Maßnahme bereits den *Marktzugang* eines Produkts verhindert. Es geht mithin darum, ob das jeweilige Produkt erst gar nicht auf den Markt des betroffenen Mitgliedstaates gelangen kann. *Streinz*, EuZW 2003, S. 37 (40 ff.); *Kingreen*, in: von Bogdandy, Europäisches Verfassungsrecht, S. 631 (658); *Becker*, EuR1994, S. 162 (172); *EuGH*, Urteil vom 08.03.2001, Rs. C-405/98, Slg. 2001, I-1795, Rdnr. 18, *„Konsumentombudsmannen"*; *EuGH*, Urteil vom 13.01.2000, Rs. C-254/98, Slg. 2000, I-151, Rdnr. 9, *„Unlauterer Wettbewerb"*; *EuGH*, Urteil vom 24.11.1993, Rs. C-267/91 u. 268/91, Slg. 1993, I-6097, Rdnr. 17, *„Keck"*.

81 *Zusammenfassend*: *Roth*, in: FS für Großfeld, S. 929 (938 ff.).

82 So z.B. bei dem Gebot, Säuglingsnahrung nur in Apotheken zu verkaufen: *EuGH*, Urteil vom 29.06.1995, Rs. C-391/92, Slg. 1995, I-1621, Rdnr. 15, *„Säuglingsnahrung"*.

83 *Epiney*, in: Ehlers, Grundrechte und Grundfreiheiten, § 8, Rdnr. 34; *EuGH*, 06.07.1995, Rs. C-470/93, Slg. 1995, I-1923, Rdnr. 12, *„Mars"*; *EuGH*, Urteil vom 26.11.1996, Rs. C-313/94, Slg. 1996, I-6039 ff., Rdnr. 13 ff., *„Graffione"*; *EuGH*, Urteil vom 02.02.1994, Rs. C-315/92, Slg. 1994, I-317, Rdnr. 13, *„Clinique"*.

84 *Fezer*, JZ 1994, S. 317 (320 f.).

85 *EuGH*, Urteil vom 24.11.1993, Rs. C-267/91 u. 268/91, Slg. 1993, I-6097, Rdnr. 17, *„Keck"*.

bb.) Dogmatische Einordnung der Keck-Rechtsprechung

Mit der *Keck*-Rechtsprechung hat der EuGH den Anwendungsbereich der Warenverkehrsfreiheit tatbestandlich begrenzt.[86] Begründet wird diese Einschränkung des grundfreiheitlichen Schutzbereiches damit, dass im Gegensatz zu produktbezogenen Regelungen Verkaufsmodalitäten grundsätzlich nicht den Zugang zum Markt verhindern. Sie betreffen vielmehr alle Marktteilnehmer, die bereits Zugang zu diesem Markt gefunden haben. Soweit sie nicht ausnahmsweise diskriminierende Auswirkungen auf grenzüberschreitende Sachverhalte haben, beinhalten sie wegen der allein beim Grenzübertritt ansetzenden Schutzfunktion der Grundfreiheiten keine Beeinträchtigung.[87]

Im Ergebnis verfolgt dieser Ansatz das Ziel, dass grundsätzlich die nicht spezifisch produktbezogenen inländischen Ordnungsvorschriften aus dem Anwendungsbereich des Art. 28 EG herausgenommen werden, soweit sie ohne binnenmarktwidrige oder wettbewerblich benachteiligende Wirkung speziell für die Vermarktung eingeführter Waren bleiben.[88] Der Anwendungsbereich der Warenverkehrsfreiheit soll so auf Binnenmarkthindernisse, das heißt den grenzüberschreitenden Handel spezifisch beschränkende Vorschriften, begrenzt werden.[89] Mit der *Keck*-Rechtsprechung soll verhindert werden, dass jede einschlägige mitgliedstaatliche Maßnahme schon bei potentieller Beschränkungswirkung auf den Prüfstand des Gemeinschaftsrechts gestellt wird.[90]

cc.) Konsequenz der Keck-Rechtsprechung für die Rechtsangleichung

Der Einfluss des *Keck*-Urteils auf die Rechtsangleichung ist umstritten. Fraglich ist, ob die Differenzierung zwischen produktbezogenen und den nicht-diskriminierenden vertriebsbezogenen Regelungen auf die Rechtsangleichung übertragen werden kann. Hergeleitet wird dieser Gedanke aus der Parallelität des Art. 95 EG zu dem Anwendungsbereich der Grundfreiheiten.[91] Dies hätte zur Folge, dass nicht-diskriminierende vertriebsbezogene Regelungen aus dem Anwendungsbereich des Art. 95 I EG ausgenommen wären.

86 Dies im Gegensatz zu der zeitlich vor ihr entwickelten *Cassis de Dijon*-Rechtsprechung (*EuGH*, Urteil vom 20.02.1979, Rs. C-120/78, Slg. 1979, I-649, „*Cassis de Dijon*"), die aus dogmatischer Sicht auf der Rechtfertigungsebene anzusiedeln ist.

87 *Kingreen*, in: von Bogdandy, Europäisches Verfassungsrecht, S. 631 (658), Ohler, JA 2006, S. 839 (842).

88 *Streinz*, EuZW 2003, S. 34 (42):

89 *Ranacher*, ZfRV 2001, S. 95 (100).

90 *Streinz*, EuZW 2003, S. 37 (42).

91 Vgl. hierzu auch Kapitel I.C.III.

(1) Keine Auswirkung auf die Binnenmarktkompetenz

Für einen Teil der Literatur hat die durch *Keck* eingeführte Differenzierung zwischen produkt- und vertriebsbezogenen Regelungen keine Auswirkung auf die Anwendung der Binnenmarktkompetenz des Art. 95 EG.[92] Die Voraussetzungen für die Rechtsangleichung gemäß Art. 95 EG liegen ihrer Ansicht nach auch bei vertriebsbezogenen Regelungen vor. Der Binnenmarkt, wie er sich inhaltlich aus dem System des EG-Vertrages ergibt, werde auch durch Maßnahmen, die in *Keck* von der Anwendung des Art. 28 EG freigestellt wurden, beeinträchtigt.[93]

(2) Keine Berührung des Binnenmarktes durch Verkaufsmodalitäten

Mehrheitlich wird in der Literatur allerdings davon ausgegangen, dass aufgrund des Rechtsprechungswandels auch die Angleichung der nationalen Vorschriften über Verkaufsmodalitäten nicht mehr erforderlich bzw. nur unter strengeren Voraussetzungen zu rechtfertigen ist.[94]

Begründet wird diese Meinung mit der Tatsache, dass die Befugnis der Gemeinschaft zur binnenmarktbezogenen Rechtsangleichung ebenso weit wie der Anwendungsbereich der Grundfreiheiten reicht, so dass mit der *Keck*-Entscheidung eine Aussage über den Umfang der Rechtsangleichungskompetenz verbunden sei.[95] Nationale Verkaufsmodalitäten im Sinne der *Keck*-Rechtsprechung werden als bloß abstrakte Gefahr für die Grundfreiheiten angesehen.[96]

Für diese Auffassung spricht die vom Gerichtshof in *Keck* getroffene Feststellung, dass nationale Vorschriften über Verkaufsmodalitäten nicht geeignet sind, den Marktzugang für ausländische Erzeugnisse zu behindern.[97] Folglich wird das Funktionieren des Binnenmarktes durch die genannten mitgliedstaatlichen Regelungen mangels Handelsbeschränkung nicht berührt, so dass eine Rechtsangleichung aufgrund von Art. 95 EG nicht mehr möglich ist.[98]

---

92 *Keßler*, System der Warenverkehrsfreiheit, S. 318; *Matthies*, FS für Everling, Bd. I, S. 803 (815); *Schwartz*, ZEuP 1994, S. 559 (582); *Nolte*, NJW 2000, S. 1144 (1146).

93 *Keßler*, System der Warenverkehrsfreiheit, S. 318; *Matthies*, FS für Everling, Bd. I, S. 803 (815); *Schwartz*, ZEuP 1994, S.559 (582).

94 *Schweitzer/Schroeder/Bock*, Binnenmarkt und Gesundheitsschutz, S. 43; *von Bogdandy/Bast*, EuGRZ 2001, S. 441 (449); *Roth*, FIW, S. 21 (42); *Dashwood*, ZEuP 1996, S. 113 (121).

95 *von Bogdandy/Bast*, EuGRZ 2001, S. 441 (449); vgl. auch Kapitel I.C.III.

96 *Selmayer/Kamann/Ahlers*, EWS 2003, S. 49 (52).

97 *EuGH*, Urteil vom 24.11.1993, Rs. C-267/91 u. 268/91, Slg. 1993, I-6097, Rdnr. 17, „*Keck*".

98 *Schweitzer/Schroeder/Bock*, Binnenmarkt und Gesundheitsschutz, S. 43; Roth, FIW, S. 21 (42).

(3) Vermittelnde Ansicht

Die überwiegenden Argumente sprechen für eine vermittelnde Ansicht, die die Möglichkeit der Rechtsangleichung von der Relevanz der Wettbewerbsverzerrung abhängig macht.

i.) Sinn und Zweck des Art. 95 EG

Diese Auffassung entspricht Sinn und Zweck des Art. 95 EG. Dieser setzt nicht notwendig voraus, dass unterschiedliche nationale Regelungen über Verkaufsmodalitäten die Ausübung der Warenverkehrsfreiheit direkt betreffen. Vielmehr ermöglicht Art. 95 EG auch die generelle Verbesserung der rechtlichen Rahmenbedingungen, soweit dies für ein Zusammenwachsen der mitgliedstaatlichen Volkswirtschaften erforderlich ist.[99]

ii.) Systematischer Zusammenhang negativer und positiver Integration

Das gewichtigste Argument ergibt sich aber aus dem systematischen Zusammenhang von positiver und negativer Integration.[100] Indem der Gerichtshof mit der *Keck*-Entscheidung festgestellt hat, dass vertriebsbezogene Regelungen nicht in den Schutzbereich der Grundfreiheiten fallen, ist der Anwendungsbereich der negativen Integration reduziert worden.

Grundsätzlich kommt in den Fällen, in denen die Förderung des Binnenmarktziels nicht mehr durch die negative Integration erreicht werden kann, die positive Integration zum tragen. Ein Erfordernis zur Rechtsangleichung bestand bis zur *Keck*-Rechtsprechung, wenn eine Beschränkung der Warenverkehrsfreiheit, aufgrund zwingender Erfordernisse oder aufgrund der Rechtfertigungsgründe des Art. 30 EG, mit dem Gemeinschaftsrecht vereinbar war. Dieses Bedürfnis wurde durch *Keck* auf die Fälle ausgeweitet, in denen nationale Vorschriften über Verkaufsmodalitäten nicht mehr am Gemeinschaftsrecht gemessen werden können. Durch den Verzicht auf deren Überprüfung anhand von Art. 28 EG bleibt die Rechtsangleichung damit die einzige Möglichkeit, Verhältnisse, wie sie für den Binnenmarkt kennzeichnend sind, zu schaffen und so das Gefälle zwischen den Rechtsordnungen der Mitgliedstaaten zu reduzieren.[101]

---

99 *Pipkorn/Bardenhewer-Rating/Taschner*, in: von der Groeben/Schwarze, Art. 95 EG, Rdnr. 27; Schlussanträge des GA *Léger* vom 13.06.2006, *EuGH*, Rs. C-380/03, Slg. 2006, I-0000, Rdnr. 116, *„Tabakwerbeurteil II"*.

100 Vgl. zur *negativen* und *positiven* Integration: Kapitel I.C.III.1.).

101 Vgl. *Keßler*, System der Warenverkehrsfreiheit, S. 319; *Schwartz*, ZEuP 1994, S. 559 (582); *Gunther*, EuZW 2005, S. 171 (171); Ludwig, EuZW 2006, S. 417 (417).

Würde man nun eine entsprechende Anwendung der *Keck*-Klausel auf die Rechtsangleichung befürworten, so wäre im Bereich der nicht-diskriminierenden vertriebsbezogenen Vorschriften weder eine negative noch eine positive Rechtsangleichung möglich. Das wiederum würde dem Zusammenspiel von Grundfreiheiten und Rechtsangleichung widersprechen. Fände die *Keck*-Rechtsprechung allerdings überhaupt keine Berücksichtigung, so würde die in der Entscheidung festgelegte Differenzierung zwischen produkt- und vertriebsbezogenen Verkaufsmodalitäten ins Leere laufen. Zudem bietet die Differenzierung die Möglichkeit, den konturlosen Begriff der „konkreten Gefahr" im Sinne eines „case-law-approach" zu konkretisieren und damit praktisch anwendbar zu machen.

iii.) Beschränkung auf relevante Wettbewerbsverzerrungen

Daher sollte eine Angleichung von vertriebsbezogenen Vorschriften lediglich dann aufgrund von Art. 95 EG möglich sein, wenn *relevante* Wettbewerbsverzerrungen vorliegen.[102]

dd.) Spürbarkeitstheorie und Grundfreiheiten

Das Bestreben, den Anwendungsbereich der Grundfreiheiten einzudämmen, kommt außer in der Keck-Rechtsprechung in dem vom EuGH entwickelten sogenannten Kriterium der Spürbarkeit zum Ausdruck.

(1) Dogmatische Einordnung

Parallel zu der Strategie der Begrenzung des Anwendungsbereichs der Grundfreiheiten, die in der *Keck*-Rechtsprechung ihren Anfang genommen hat, hat der EuGH einen weiteren Ansatz entwickelt. Dieser sieht vor, einen Eingriff in den grundfreiheitlichen Schutzbereich dann zu verneinen, wenn seine Wirkung zu *ungewiss* ist, um als geeignet angesehen werden zu können, den zwischenstaatlichen Handel zu beschränken. Damit soll das in der *Dassonville*-Formel[103] angelegte Ausufern des Anwendungsbereichs der Grundfreiheiten verhindert werden.[104] Das so genannte Spürbarkeitskriterium taucht im Zusammenhang mit den Grundfreiheiten erstmals in der, zeitlich vor *Keck* ergangenen *Krantz*-Entscheidung[105]

102 Vgl. hierzu Kapitel III.C.II.

103 *EuGH*, Urteil vom 11.07.1974, Rs. C-8/74, Slg. 1974, I-837, Rdnr. 5, „*Dassonville*".

104 Vgl. vertiefend: *Ranacher*, ZfRV 2001, S. 95 (100 ff.).

105 *EuGH*, Urteil vom 07.03.1990, Rs. C-69/88, Slg. 1990, I-583, Rdnr. 11, „*Krantz*".

auf. In weiteren Urteilen[106] hat der EuGH seinen in *Krantz* entwickelten Ansatz konsequent weiterverfolgt und wiederholt bestätigt.[107]

(2) Inhaltliche Vorgaben

Maßgeblich für die Einordnung einer Beeinträchtigung als „*spürbar*" ist ein *schlüssiger Kausalzusammenhang* zwischen der betreffenden staatlichen Maßnahme und der Importentwicklung. Wenn die nachteiligen Auswirkungen einer nationalen Regelung auf die Einfuhrströme in den betreffenden Mitgliedstaaten von so vielen Variablen abhängen, dass sich nicht einmal ihr handelshemmendes Potenzial mit einiger Sicherheit bestimmen lässt, ist ihre Beschränkungswirkung für den zwischenstaatlichen Handel insgesamt so minimal, dass sie nicht mehr *spürbar* ist.[108] Mit anderen Worten, es fehlt an der Spürbarkeit, wenn die restriktive Wirkung der Maßnahme für den Binnenmarkt zu *ungewiss* und zu *mittelbar* ist, als dass sie *geeignet* wäre, den Handel zwischen den Mitgliedstaaten zu behindern.[109]

(3) Verhältnis zur Keck-Rechtsprechung

Ob die Spürbarkeitstheorie einen eigenständigen Ansatz zur Eingrenzung des Art. 28 EG darstellt und damit parallel zu der *Keck*-Klausel Geltung beansprucht, ist umstritten.[110] Zunächst hat der EuGH die Spürbarkeitstheorie in mehreren Entscheidungen parallel zu seiner *Keck*-Rechtsprechung weiter verfolgt.[111] Ande-

106 *EuGH*, Urteil vom , Rs. C-93/92, Slg. 1993, I-5009, Rdnr. 12, „*CMC Motorradcenter*"; *EuGH*, Urteil vom , Rs. C-96/94, Slg. 1995, I-2883, Rdnr. 41, „*Spediporto*";*EuGH*, Urteil vom , Rs. C-140/94, Slg. 1995, I-3257, Rdnr. 29, „*DIP SpA*"; *EuGH*, Urteil vom 21.09.1999, Rs. C-44/98, Slg. 1999, I-6269, Rdnr. 16 „*BASF*"

107 So: *Ranacher*, ZfRV 2001, S. 95 (101); andere Ansicht: *Epiney*, in: Ehlers, Grundrechte und Grundfreiheiten, § 8, Rdnr. 40.

108 Vgl. Schlussanträge des GA *Darmon* vom 12.12.1989, *EuGH*, Rs. C-69/88, Slg. 1990, I-583, Rdnr. 11, „*Krantz*".

109 *EuGH*, Urteil vom , Rs. C-93/92, Slg. 1993, I-5009, Rdnr. 12, „*CMC Motorradcenter*"; *EuGH*, Urteil vom , Rs. C-379/92, Slg. 1994, I-3453, Rdnr. 24, „*Peralta*".

110 *Dafür*: *Ranacher*, ZfRV 2001, S. 95 (104); *Müller-Graff*, EuR Beiheft 1/2002, S. 7 (46 f.); *dagegen*: *Epiney*, in: Ehlers, Grundrechte und Grundfreiheiten, § 8, Rdnr. 40; *Kessler*, Das System der Warenverkehrsfreiheit, S. 24; *Becker*, EuR 1994, S. 163; *Dauses*, in: Dauses, C, I, Rdnr. 89; *Kingreen*, in: von Bogdandy, Europäisches Verfassungsrecht, S. 583 (661), der sich hinsichtlich des Spürbarkeitskriteriums kritisch äußert aber in der Rechtsprechung des *EuGH* in der Rs. *Graf* (*EuGH*, Urteil vom 27.01.2000, Rs. 190/98, Slg. 2000, I-493, Rdnr. 23 ff. „*Graf*") eine „Reaktivierung" des Kriteriums sieht.

111 So hat er in den folgenden Entscheidungen auf das Spürbarkeitskriterium zurückgegriffen, obwohl sich eine Lösung nach der Keck-Rechtsprechung angeboten hätte: *EuGH*, Urteil vom 17.10.1995, Rs. C-96/94, Slg. 1995, I-2883, Rdnr. 41, „*Spediporto*"; *EuGH*, Urteil vom

re Urteile deuten hingegen darauf hin, dass der Gerichtshof von der parallelen Anwendung Abstand genommen hat. In diesen Entscheidungen misst der EuGH die Frage des Vorliegens einer beschränkenden Wirkung einer Regelung ausschließlich an ihrem rechtlichen Gehalt und nicht an der Intensität des Eingriffs.[112] Unter Bezugnahme auf diese Urteile lehnt ein überwiegender Teil der Literatur die Prüfung der „Spürbarkeit" im Rahmen der Grundfreiheiten ab. Angeführt wird auch das zeitlich nach *Keck* ergangene Urteil in der Rechtssache *Leclerc-Siplec*[113]. In dieser Entscheidung hat der EuGH, trotz eines Vorschlages des *GA Jacobs*, alternativ zu der starren Unterscheidung zwischen Produkt- und Verkaufsmodalitäten für nicht-diskriminierende Regelungen, generell einen Spürbarkeitstest einzuführen, lediglich die *Keck*-Klausel angewendet.[114] Inhaltlich wird angeführt, dass durch die schwierige Grenzziehung zwischen geringfügigen und nicht geringfügigen Belastungen der durch die Grundfreiheiten gewährleistete Schutzumfang relativiert wird. Aus Gründen der Rechtsklarheit ist im Fall von Vertriebsmodalitäten daher allein die *Keck*-Klausel anzuwenden. In den anderen Fällen kann das Spürbarkeitskriterium hingegen zur Anwendung kommen. Ausnahmsweise insbesondere in den Fällen, in denen auch andere Grundfreiheiten betroffen sind, kann auf dieses Kriterium zurückgegriffen werden.[115]

2.) Anwendungsbereich des Art. 95 EG in Abgrenzung zu den Grundfreiheiten

Lassen sich die Verkehrshindernisse bereits durch das Diskriminierungs- bzw Beschränkungsverbot der Grundfreiheiten beseitigen, weil die betreffenden mitgliedstaatlichen Restriktionen nicht gemäß Art. 30 EG oder nach der „*Cassis de*

22.05.1996, Rs. C-140, 141 u. 142/94, Slg. 1995, I-3257, Rdnr. 29, „*DIP SpA*". Dafür spricht aber auch, dass sich diese Judikaturlinie bereits vor der *Keck*-Entscheidung in einer Reihe von Urteilen konsolidiert hatte: *EuGH*, Urteil vom 07.03.1990, Rs. C-69/88, Slg. 1990, I-583, Rdnr. 11, „*Krantz*".

112 *EuGH*, Urteil vom 13.01.2000, Rs. C-254/98, Slg. 2000, I-151, Rdnr. 25 ff., „*Unlauterer Wettbewerb*"; *EuGH*, Urteil vom 22.10.1998, Rs. C-184/96, Slg. 1998, I-6197, Rdnr. 16 ff., „*Kommission/Frankreich*"; *EuGH*, Urteil vom 18.05.1993, Rs. C-126/91, Slg. 1993, I-2361, Rdnr. 21, „*Yves Rocher*"; *EuGH*, Urteil vom 13.03.1984, Rs. 16/83, Slg. 1984, I-1299, Rdnr. 20, „*Prantl*".

113 *EuGH*, Urteil vom 09.02.1995, Rs. C-412/93, Slg. 1995, I-179, Rdnr. 38, „*Leclerc-Siplec*".

114 Schlussantrag des GA Jacobs vom 24.11.1994, *EuGH*, Rs. C-412/93, Slg. 1995, I-179, Rdnr. 38, „*Leclerc-Siplec*".

115 Vgl. z.B. auch *EuGH*, Urteil vom 27.01.2000, Rs. 190/98, Slg. 2000, I-493, Rdnr. 25, „*Graf*"; *EuGH*, Urteil vom 21.09.1999, Rs. C-44/98, Slg. 1999, I-6269, Rdnr. 20 „*BASF*". *Ranacher* geht noch weiter und hält neben allen produktbezogenen Vorschriften vor allem Regelungen, die zwar in Sinne der *Dassonville*-Rechtsprechung Maßnahmen gleicher Wirkung sein können, sich aber entweder gar nicht oder nur schwer den beiden Kategorien (Produkt-/Verkaufsmodalität) einordnen lassen, mit dem Spürbarkeitskriterium überprüfbar. *Ranacher*, ZfRV 2001, S. 95 (102).

Dijon"-Rechtsprechung[116] rechtfertigungsfähig sind, bedarf es keiner gemeinschaftlichen Harmonisierungsmaßnahme nach Art. 95 EG. Soweit verbleibende Inländerdiskriminierungen[117] oder Hindernisse im Anwendungsbereich der Grundfreiheiten bestehen, die für das Funktionieren des Binnenmarktes relevant sind, kommt eine Angleichung gemäß Art. 95 EG in Betracht.[118] Es sind daher Einschränkungen erforderlich.

3.) Unmittelbarkeits-/Äquivalenzkriterium

Darüber hinaus muss die Behinderung für den Binnenmarkt an dem Unmittelbarkeitskriterium gemessen werden. Dieses Erfordernis ist wie bereits oben erörtert, nicht schon dann erfüllt, wenn die „abstrakte Gefahr" solcher Hemmnisse besteht, sondern nur, wenn solche Hemmnisse *tatsächlich bestehen* oder *wahrscheinlich entstehen* können (präventive Angleichung).[119] *Leible* spricht hierbei von der Überschreitung einer „Spürbarkeitsschwelle".[120] Ein Spürbarkeitskriterium wird allerdings, wie oben gezeigt, vom EuGH heute nur ausnahmsweise im Rahmen der Grundfreiheiten geprüft.[121] Vielmehr indizieren Wortlaut und Systematik des Art. 14 I, II EG, dass die Gemeinschaft für die Gewährleistung der Grundfreiheiten über intensivere Regelungsbefugnisse verfügt als für die Beseitigung von Wettbewerbsunterschieden.[122]

II. Beseitigung von spürbaren Wettbewerbsverzerrungen

Darüber hinaus findet Art. 95 EG nur Anwendung, wenn es um die Beseitigung spürbarer Wettbewerbsverzerrungen geht.[123] Die Rechtsangleichung soll hier der Gewährleistung der Chancengleichheit der Unternehmer im gemeinschaftsweiten Wettbewerb dienen.[124] Die systematische Stellung und der Inhalt des Merkmals der spürbaren Wettbewerbsverzerrung sind noch nicht vollständig geklärt.

---

116 *EuGH*, Urteil vom 20.02.1979, Rs. C-120/78, Slg. 1979, 649, „*Cassis de Dijon*".

117 *von Danwitz*, in: Dauses, B II, 5., Rdnr. 102.

118 Vgl. hierzu unten III.

119 Ausführlich hierzu: Kapitel III.B.

120 *Leible*, in: Schwarze, Art. 95 EG, Rdnr. 16; zum Spürbarkeitskriterium vgl. unten Kapitel III.C.I.1.)b.)dd.).

121 Vgl. *EuGH*, Urteil vom 13.03.1984, Rs. 16/83, Slg. 1984, I-1299, Rdnr. 20, „*Prantl*"; *EuGH*, Urteil vom 18.05.1993, Rs. C-126/91, Slg. 1993, I-2361, Rdnr. 21, „*Yves Rocher*".

122 Hier wird die Maßnahme am *Spürbarkeitskriterium* gemessen.

123 Zu Wettbewerbsverfälschungen kann es zum Beispiel durch eine unterschiedliche Kostenbelastung von Unternehmen aufgrund von Arbeits- und Kündigungsschutzrechten, Produkthaftungsbestimmungen oder Umweltschutzvorschriften kommen.

124 *Pipkorn/Bardenhewer-Rating/Taschner*, in: von der Groeben/Schwarze, Art. 95 EG, Rdnr. 17.

1.) Anwendungsbereich

Das ungeschriebene Tatbestandmerkmal der „spürbaren Wettbewerbsverzerrung" ergibt sich aus dem systematischen Zusammenhang zwischen positiver und negativer Integration.[125] Die Harmonisierung derartiger nationaler Verkaufsmodalitäten, die im Sinne der *Keck*-Rechtsprechung als bloße abstrakte Gefahr für die Grundfreiheiten gelten, ist nicht geeignet, grundsätzliche Hemmnisse für den Warenverkehr zu beseitigen.[126] Ein Hauptanwendungsfeld der Rechtsangleichung aufgrund von Wettbewerbsverzerrungen sind daher nicht-diskriminierende vertriebsbezogene Regelungen.

Aber nur wenn sie zu *relevanten Wettbewerbsverzerrungen* führen und deshalb eine qualifizierte Bedrohung für den Marktzugang darstellen, kann die Gemeinschaft aufgrund von Art. 95 EG handeln.[127] Wettbewerbsverzerrungen können dann als relevant eingestuft werden, wenn eine qualifizierte Bedrohung für den Marktzugang besteht.[128] Wann eine *„qualifizierte Bedrohung"* vorliegt, ist vom Einzelfall abhängig. Es bietet sich allerdings an, das vom EuGH eingeführte Kriterium der Spürbarkeit als Anhaltspunkt heranzuziehen. Als wettbewerbsverzerrend werden darüber hinaus grundsätzlich alle Regelungen angesehen, die wirtschaftliche Auswirkungen auf den Binnenmarkt haben.

2.) Einschränkung durch das Kriterium der Spürbarkeit

Das Kriterium der Wettbewerbsverzerrungen würde der Gemeinschaft eine unbegrenzte Kompetenz zur Rechtsangleichung an die Hand geben, da von fast jedem innerstaatlichen Gesetzgebungsakt behauptet werden kann, dass er auch wirtschaftliche Auswirkungen habe.[129]

Das Spürbarkeitskriterium setzt der Zuständigkeit des Gemeinschaftsgesetzgebers Grenzen, indem es eine gewisse Intensität der Wettbewerbsverzerrung fordert. Eine Heranziehung der Harmonisierungskompetenzen zur Beseitigung

125 *von Danwitz*, EuZW 1999, S. 622 (626); Schlussanträge des GA *Geelhoed* vom 10.09.2002, Rs. C-491/01, Rdnr. 103, „Tabakprodukturteil"; *Selmayr/Kamann/Ahlers*, EWS 2003, S. 49 (52); vgl. auch Kapitel III.C.I.1.)b.)dd.).

126 *von Bogdandy/Bast*, EuGRZ 2001, S. 441(449); *Selmayr/Kamann/Ahlers*, EWS 2003, S.49 (52); s.o. Kapitel III.C.I.1.)b.). .

127 *EuGH*, Urteil vom 11.06.1991, Rs. C-300/89, Slg. 1991, I-2867, Rdnr. 15, *„Titandioxid"*; darauf bezug nehmend: *Leible*, in: Streinz, Art. 95 EG, Rdnr. 18; *Selmayr/Kamann/Ahlers*, EWS 2003, S. 49 (54), *Schweitzer/Schroeder/Bock*, Binnenmarkt und Gesundheitsschutz, S. 43.

128 *Schweitzer/Schroeder/Bock*, Binnenmarkt und Gesundheitsschutz, S. 43; *Keßler*, System der Warenverkehrsfreiheit, S. 318.

129 *Simma/Weiler/Zöckler*, Kompetenzen und Grundrechte, S. 47; *Dreher*, JZ 1999, S. 105 (107).

nur geringfügiger Wettbewerbsverzerrungen wäre mit Art. 5 I EGV unvereinbar. Das dort manifestierte Prinzip der begrenzten Einzelermächtigung stellt klar, dass die Gemeinschaft über keine allgemeine Rechtssetzungskompetenz verfügen soll und schützt dadurch die mitgliedstaatlichen Kompetenzen.[130]

a.) Spürbarkeit als qualitatives Kriterium

Das Kriterium der Spürbarkeit erscheint nach dem *Tabakwerbeurteil* als ein *qualitatives Kriterium.*[131] Es ist nicht zu verwechseln mit dem quantitativen Kriterium der Spürbarkeit, wie es aus dem Europäischen Wettbewerbsrecht bekannt ist.[132] Im Wettbewerbsrecht wird im Rahmen des Art. 81 EG anhand der Marktanteile von Unternehmen im relevanten Markt sowie der Besonderheiten des Einzelfalls beurteilt, ob diese Unternehmen den Wettbewerb i.S.d. Art. 81 EG beschränken oder eine marktbeherrschende Position i.S.d. Art. 82 EG erreicht haben.[133] Die im Zusammenhang mit den Binnenmarktkompetenzen auftretenden Wettbewerbsverzerrungen resultieren demgegenüber nicht aus Vereinbarungen zwischen Unternehmen, sondern werden durch unterschiedliche nationale Rechtsvorschriften hervorgerufen.[134] Entscheidend ist hier nur, ob die divergierenden Rechtsregeln Ungleichgewichtslagen hervorrufen, aufgrund derer ein Unternehmen im Binnenmarkt bessere Chancen als ein anderes hat, weil es günstigeren Regeln unterliegt und daher am Markt preiswerter anbieten kann.[135]

b.) Das Spürbarkeitskriterium und die Grundfreiheiten

Auch wenn das Spürbarkeitskriterium im Rahmen der Grundfreiheiten überwiegend von der *Keck*-Rechtsprechung und damit durch die Differenzierung zwischen produktbezogenen und vertriebsbezogenen Regelungen abgelöst worden ist, hat der EuGH die hierzu entwickelten Kriterien bei der Beurteilung von Wettbewerbsverzerrungen im Rahmen von Art. 95 EG herangezogen.[136] *Calliess*

130 Vgl. hierzu auch Kapitel IV.A.I.; *Lienbacher*, in: Schwarze, Art. 5 EG, Rdnr. 7; *Hobe*, in FS für Baur, S.661 (668).

131 *Leible*, in: Streinz, Art. 95 EG, Rdnr. 21; *Selmayr/Kamann/Ahlers*, EWS 2003, S. 49 (54), *Schweitzer/Schroeder/Bock*, Binnenmarkt und Gesundheitsschutz, S. 44.

132 Anders: *Görlitz*, EuZW 2003, S. 485 (487); *Kamann*, ZEuS 2001, S. 23 (37/38), der schreibt, dass das Spürbarkeitskriterium dem gemeinschaftlichen Wettbewerbsrecht (Art. 81, 82 EG) entstamme und dem Ursprung nach ein quantitatives Kriterium sei.

133 *Kamann*, ZEuS 2001, S. 23 (38), vgl. zur Frage der Vergleichbarkeit den wiedergegebenen Streitstand bei *Kessler*, S. 186 ff. (m.w.N.).

134 *Schweitzer/Schroeder/Bock*, Binnenmarkt und Gesundheitsschutz, S. 44.

135 *Müller*, Systemwettbewerb, Harmonisierung und Wettbewerbsverzerrung, S. 124 f.

136 *Calliess*, Jura 2001, S. 311 (316).

hat in diesem Zusammenhang angeregt, dass das mit Blick auf den Binnenmarkt in Ansatz gebrachte Kriterium der „tatsächlichen Spürbarkeit“ für den EuGH Anlass geben könne, die zur Begrenzung der grundfreiheitlichen Beschränkungsverbote eingeführte, freilich von großer Rechtsunsicherheit geprägte *Keck*-Formel neu zu überdenken. Damit könne die gerichtliche Deregulierung der von den nationalen Parlamenten erlassenen Beschränkungen der Wirtschaftsfreiheit wieder stärker in rechtsstaatliche Bahnen gelenkt werden.

c.) Inhalt des Spürbarkeitskriteriums

Grundsätzlich kann an dieser Stelle auf die obigen Ausführungen zu den inhaltlichen Vorgaben des Spürbarkeitskriteriums verwiesen werden. Bezüglich der Beurteilung von „spürbaren Wettbewerbsverzerrungen“ im Besonderen gilt Folgendes: Das Spürbarkeitskriterium ist dann erfüllt, wenn die Verzerrungen des Wettbewerbs einen erheblichen Einfluss auf das Verhalten im Binnenmarkt haben. Bereits in der „*Titandioxid*“-Entscheidung hat der EuGH festgestellt, dass der Gesetzgeber nicht auf Art. 95 EG zurückgreifen dürfe, wenn durch die Harmonisierungsmaßnahme bloß „*geringfügige Wettbewerbsverzerrungen*“ beseitigt werden sollten.[137] Nicht spürbar sind außerdem nur *entfernte und mittelbare Auswirkungen* von Handelshemmnissen auf die Wettbewerbssituation im Binnenmarkt.[138] *Anlagenbezogene* Regeln in den Mitgliedstaaten wären beispielsweise als spürbar anzusehen, wenn es möglich scheint, dass sie tatsächlich zur Verlagerung von Produktionsstätten führen. In einem solchen Fall sind die spürbaren Wettbewerbverzerrungen erheblich für die Investitionsentscheidungen der Unternehmen. Spürbare Wettbewerbsverzerrungen können bei *produktionsbezogenen* Regelungen z.B. die Folge von Bestimmungen sein, die zu unterschiedlichen Herstellungskosten führen. Regelungen, welche die Unternehmen einzelner Mitgliedstaaten „hinsichtlich der Größenvorteile und der Gewinnerzielung“ begünstigen, wirken sich hingegen nur entfernt und mittelbar auf den Wettbewerb aus und haben keine spürbaren Wettbewerbsverzerrungen zur Folge.[139] Eine Rechtsangleichung zur Verwirklichung des Binnenmarktes erscheint daher bei Unterschieden

137 *EuGH*, Urteil vom 11.06.1991, Rs. C-300/89, Slg. 1991, I-2867, Rdnr. 23, „*Titandioxid*“; *Kamann*, ZEuS 2001, S. 23 (37); Urteil vom 5.10.2000, *EuGH*, Rs. C 376/98, Slg. 2000, I-8419, Rdnr. 106-108, „*Tabakwerbeurteil*“.

138 *EuGH*, Urteil vom 5.10.2000, *EuGH*, Rs. C 376/98, Slg. 2000, I-8419, Rdnr. 107, „*Tabakwerbeurteil*“.

139 *EuGH*, Urteil vom 5.10.2000, Rs. C 376/98, Slg. 2000, I-8419; Rdnr. 107, „*Tabakwerbeurteil*“.

im allgemeinen Vertrags- und im Handels- oder Konkursrecht nur schwer zu rechtfertigen.[140]

Zusammenfassend lässt sich damit festhalten, dass Art. 95 EG nicht als Rechtsgrundlage herangezogen werden darf, soweit die jeweilige Rechtsangleichungsmaßnahme lediglich örtlich beschränkte Sachverhalte ohne jeglichen grenzüberschreitenden Charakter oder bestimmte nicht-diskriminierende Verkaufsmodalitäten (wie z.B. das Ladenöffnungsgesetz) ohne Auswirkungen auf den Marktzugang umfasst. Problematisch hieran bleibt, dass hinsichtlich potentieller Störungen des Marktes oder der Ausübung der Grundfreiheiten kein voller Nachweis möglich ist, sondern nur eine Prognose der rechtssetzenden Organe, die nicht lückenlos, sondern nur auf die vollständige Ermittlung ihrer tatsächlichen Grundlagen und auf ihre Plausibilität überprüft werden kann.[141]

d.) Beispiele des Tabakwerbe- *und des* Titandioxidurteils

Im Rahmen des *Tabakwerbeurteils* entschied der EuGH, dass nationale Vorschriften zum Sponsoring von Sportveranstaltungen durch Tabakunternehmen nur dann spürbare Wettbewerbsverzerrungen verursachen, wenn diese Veranstaltungen von grenzüberschreitender Bedeutung (z.B. Sportwettkämpfe wie Fußball, „Formel 1") sind und aufgrund des Sponsoringverbots in einem Mitgliedstaat die Gefahr besteht, dass die Veranstaltung in einen anderen Mitgliedstaat verlegt wird. Da dies aber nicht für lokale Veranstaltungen gilt, hat der EuGH Art. 95 I EG als Ermächtigungsgrundlage für ein allgemeines Sponsoringverbot nicht für ausreichend gehalten.[142] In der *Titandioxid*-Entscheidung hat der EuGH das Vorliegen der Spürbarkeit allerdings bejaht. Hier führten unterschiedliche Abfallbehandlungsregelungen zu unterschiedlichen Produktionskosten der Titandioxid-Industrie.

III. Beseitigung von Handelshemmnissen und/oder von Wettbewerbsverzerrungen

Unklar ist, ob die Beseitigung von Beschränkungen der Grundfreiheiten und von Wettbewerbsverzerrungen kumulativ oder alternativ vorliegen muss. Der EuGH-Rechtsprechung lässt sich keine eindeutige Antwort entnehmen. Während das

---

140 *Roth*, JZ 2001, S. 475 (477); *von Danwitz*, in: Dauses, B II, 5., Rdnr. 105.

141 Vgl. dazu Kapitel VI.C.IV.1.).

142 *EuGH*, Urteil vom 5.10.2000, Rs. C 376/98, Slg. 2000, I-8419; Rdnr. 110 f., „*Tabakwerbeurteil*".

Tabakwerbeurteil[143] eher für eine kumulative Anwendung der Beseitigung von Beschränkungen der Grundfreiheiten und Wettbewerbsverzerrungen spricht, lässt der Gebrauch des Wortes „oder" im *Tabakprodukturteil*[144] darauf schließen, dass der EuGH das alternative Vorliegen der Merkmale befürwortet. In der Literatur ist man sich uneins, wie diese Rechtsprechung des EuGH zu bewerten ist.

1.) Kumulative Anwendung

Teilweise sprechen sich die publizierten Meinungen für eine kumulative Anwendung der beiden Tatbestandsvoraussetzungen aus.[145] So wird vorgebracht, dass die Forderung nach einem kumulativen Vorliegen beider Kriterien eher dem Binnenmarktbegriff entspräche. Denn dieser sei nicht nur ein Raum, in dem die Grundfreiheiten zu gewährleisten seien (Art. 3 I lit. c) EG), sondern auch ein System, das den Wettbewerb vor Verfälschungen schützt (Art. 3 I lit. g) EG).

Ein weiteres Argument erwähnt der EuGH im *Tabakwerbeurteil*, indem er betont, dass ohne das Kriterium der Spürbarkeit der Zuständigkeit des Gemeinschaftsgesetzgebers auf der Grundlage der Binnenmarktkompetenz praktisch keine Grenzen gezogen seien und damit das Prinzip der begrenzten Einzelermächtigung unterlaufen würde.[146] Auch die Tatsache, dass das Kriterium der spürbaren Wettbewerbsverzerrungen an den Tatbestand der Grundfreiheiten anknüpft, spricht nach den Befürwortern dafür, dass beide Tatbestandsvoraussetzungen nebeneinander vorliegen müssen.[147]

Zudem wird angeführt, dass beide Kriterien inhaltlich eng zusammenhängen. Zumindest im Bereich der *produktbezogenen* oder *diskriminierenden* nationalen Vorschriften würden Hemmnisse für die Grundfreiheiten stets auch spürbare Wettbewerbsverzerrungen nach sich ziehen. Umgekehrt würden dann, wenn nationale Maßnahmen als bloße Verkaufsmodalitäten zu werten seien, nicht nur keine Hemmnisse für die Grundfreiheiten, sondern auch keine spürbaren Wettbewerbsverzerrungen nachzuweisen sein. Auch hier werden die Ausführungen

143 *EuGH*, Urteil vom 05.10.2000, Rs. C-376/98, Slg. 2000, I-8419; Rdnr. 95, „*Tabakwerbeurteil*".

144 *EuGH*, Urteil vom 10.12.2002, Rs. C-491/01, Slg. 2002, S. I 11453, Rdnr. 60, „*Tabakprodukturteil*"; aber auch das *Tabakwerbeurteil* erscheint für diese Interpretation offen zu sein, *EuGH*, Urteil vom 05.10.2000, Rs. C-376/98, Slg. 2000, I-8419; Rdnr. 114, „*Tabakwerbeurteil*"; *EuGH*, Urteil vom 11.06.1991, Rs. C- 300/89; Slg. 1991, I-2867, Rdnr. 23, „*Titandioxid*".

145 *Selmayr/Kamann/Bock*, EWS 2003, S. 49 (56); *Schweitzer/Schroeder/Bock*, Binnenmarkt und Gesundheitsschutz, S. 35/ 45.

146 *EuGH*, Urteil vom 05.10.2000, Rs. C-376/98, Slg. 2000, I-8419; Rdnr. 84/107, „*Tabakwerbeurteil*".

147 *Schweitzer/Schroeder/Bock*, Binnenmarkt und Gesundheitsschutz, S. 45.

zum *Tabakwerbeurteil* herangezogen, nach denen sich die Wettbewerbsverzerrungen aus den Hemmnissen für die Grundfreiheiten ergeben.[148]

2.) Alternative Anwendung

Überwiegend[149] wird jedoch von einem alternativen Vorliegen ausgegangen. So bejahte der EuGH nur eine von beiden Voraussetzungen und bestätigte Art. 95 EG als richtige Rechtsgrundlage, ohne die andere Voraussetzung zu erwähnen.[150] Für ein alternatives Vorliegen spricht insbesondere die Tatsache, dass der Gerichtshof sich im *Tabakwerbeurteil* nach der Feststellung, dass keine Hemmnisse für den freien Verkehr bestehen, der Prüfung des Vorliegens von spürbaren Wettbewerbsverzerrungen zuwendet. Bestätigt wird diese Interpretation auch durch den Wortlaut des *Tabakwerbeurteils*, wonach der Gemeinschaftsgesetzgeber die Wahl des Art. 95 I EG als Rechtsgrundlage „*auch* mit Erwägungen rechtfertigen" kann, die auf Wettbewerbsverzerrungen beruhen.[151] Ein weiteres Argument ergibt sich aus der herkömmlichen Unterscheidung zwischen der Angleichung von *produktbezogenen* und *vertriebsbezogenen* Regelungen:[152]

a.) Produktbezogene Regelungen

Wie bereits ausgeführt, ist die Frage nach dem kumulativen oder alternativen Vorliegen der Kriterien bei *produktbezogenen* Vorschriften nicht problematisch, da neben dem Vorliegen von Handelshemmnissen die Beeinflussung der Wettbewerbsstellung von Unternehmen im Binnenmarkt meist bejaht werden kann. Beide Ansichten führen demnach bei der Angleichung von produktbezogenen Vorschriften zum selben Ergebnis. Dies impliziert, dass eine Streitentscheidung zwischen einer kumulativen und einer alternativen Prüfung hinsichtlich produktbezogener Maßnahmen entbehrlich ist. Hier bietet sich eine Gesamtprüfung, also

---

148 *EuGH*, Urteil vom 05.10.2000, Rs. C-376/98, Slg. 2000, I-8419; Rdnr. 84, „*Tabakwerbeurteil*": „...Beeinträchtigung der Grundfreiheiten oder daraus möglicherweise entstehender Wettbewerbsverzerrungen".

149 *Leible*, in: Streinz, Art. 95 EG, Rdnr. 19; *Görlitz*, EuZW 2003, S. 485 (487); *Kamann*, ZEuS 2001, S. 23 (36); *Koenig/Kühling*, EWS 2002, S. 12 (17).

150 So für allgemeine Prüfung spürbarer Wettbewerbsverzerrungen: *EuGH*, Urteil vom 11.06.1991, Rs. 300/89, Slg. 1991, I-2867, Rdnr. 23, „*Titandioxid*"; für allgemeine Prüfung von Beeinträchtigungen der Niederlassungs- und Dienstleistungsfreiheit: *EuGH*, Urteil vom 05.10.2000, Rs. 377/98, Slg. 2001, I-7079, Rdnr. 15, „*Biopatentrichtlinie*"; *EuGH*, Urteil vom 13.05.1997, Rs. C-23/94, Slg. 1997, I-2405, Rdnr. 19, „*Einlagensicherheit*".

151 *EuGH*, Urteil vom 05.10.2000, *EuGH* Rs. C-376/98, Slg. 2000, I-8419; Rdnr. 114, „*Tabakwerbeurteil*"; nunmehr auch ausdrücklich bestätigt in *EuGH*, Urteil vom 12.12.2006, Rs. C-380, Slg. 2006, I-0000, Rdnr. 67, „*Tabakwerbeurteil II*".

152 Vgl. hierzu ausführlich Kapitel III.C.I.1.)b.)aa.).

eben keine separate Prüfung beider Kriterien, an, wobei letztlich das Vorliegen eines der beiden Kriterien ausreicht.[153] Bei der dem Tabakwerbeurteil zugrunde liegenden Richtlinie[154] handelte es sich um eine klassische produktbezogene Maßnahme. Produktbezogene Rechtsakte rufen naturgemäß Hemmnisse für die Grundfreiheiten sowie Wettbewerbsverzerrungen hervor.[155]

b.) Problem bei den vertriebsbezogenen Regelungen

Dem Anwendungsbereich des Art. 95 EG lassen sich jedoch auch Rechtsangleichungsmaßnahmen zuordnen, mit denen Wettbewerbsverfälschungen beseitigt werden sollen, die mit keiner Behinderung des grenzüberschreitenden Warenverkehrs verbunden sind. Vielmehr resultieren die Wettbewerbsverfälschungen aus der Unterschiedlichkeit der *vertriebsbezogenen* Regelungen. Ein alternatives Vorliegen der Tatbestandsmerkmale, bei dem Art. 95 EG anwendbar wäre, würde zu einem anderen Ergebnis führen als ein kumulatives Vorliegen, das hier mangels Beeinträchtigung der Grundfreiheiten die Unanwendbarkeit des Art. 95 EG nach sich zöge. Letztere Lösung würde dabei zu einer erheblichen Einengung des Tatbestandes führen.[156]

Für die Tatsache, dass auch vertriebsbezogene Wettbewerbsverfälschungen auf Art. 95 EG gestützt werden können, spricht zudem die in Art. 95 II EG postulierte Ausnahme für die Rechte und Interessen der Arbeitnehmer. Würde die Vorschrift nur Wettbewerbsverfälschungen erfassen, die sich nachteilig auf die Grundfreiheiten auswirken, wäre der ausdrückliche Ausschluss aus dem Regelungsbereich des Art. 95 I EG überflüssig. Denn die Angleichung von Arbeitnehmerschutzvorschriften dient nicht der Erleichterung der Freizügigkeit der Arbeitnehmer und damit nicht der Beseitigung von Hindernissen für die Grundfreiheiten. Vielmehr dient sie der „Einebnung eines Gefälles des Schutzniveaus mit wettbewerbsverfälschenden Auswirkungen“, das zu Produktionsverlagerungen führen kann.[157] Neben den oben erläuterten Argumenten spricht auch die Einfüh-

---

153 *EuGH*, Urteil vom 10.12.2002, Rs. C-491/01, Slg. 2002, S. I-11453, Rdnr. 60, „*Tabakproduktурteil*“: hier verweist der *EuGH* ausdrücklich darauf, dass Hemmnisse für die Grundfreiheiten „oder“ spürbare Wettbewerbsverzerrungen vorliegen müssen.

154 RL 2001/37/EG.

155 So verweist der *EuGH* darauf, dass nationale Vorschriften über Bezeichnung, Zusammensetzung und Etikettierung von Erzeugnissen „von Natur aus geeignet“ sind, den freien Warenverkehr zu behindern: *EuGH*, Urteil vom 10.12.2002, Rs. C-491/01, Slg. 2002, S. I 11453, Rdnr. 64, „*Tabakprodukturteil*“; vgl. hierzu auch *Selmayr/Kamann/Ahlers*, EWS 2003, S. 49 (56).

156 *Leible*, in: Streinz, Art. 95 EG, Rdnr. 19.

157 *Leible*, in: Streinz, Art. 95 EG, Rdnr. 19; *Pipkorn/Bardenhewer-Rating/Taschner*, in: von der Groeben/Schwarze, Art. 95 EG, Rdnr. 19.

rung des „Spürbarkeitskriteriums“ für eine alternative Anwendung bei der Angleichung von vertriebsbezogenen Vorschriften. Dieses Kriterium ist gerade eingeführt worden, um die Anwendung des Art. 95 EG bei Maßnahmen zur Beseitigung von Wettbewerbsverzerrungen auf besonders gravierende Beeinträchtigungen zu beschränken.

3.) Ergebnis

Der Tatbestand des Art. 95 EG ist mithin bereits dann erfüllt, wenn eine Maßnahme entweder die Beseitigung von Handelshemmnissen *oder* die Beseitigung von spürbaren Wettbewerbsverzerrungen verfolgt. Wie die aufgeführten Argumente zeigen, dient das Spürbarkeitskriterium nicht dazu, die Anwendung des Art. 95 EG bei Vorliegen von Wettbewerbsverzerrungen zu regulieren.

D. Binnenmarkt als subjektives Ziel des Gemeinschaftsgesetzgebers und objektives Ziel der Maßnahme

Weiter müssen die beabsichtigten Harmonisierungsmaßnahmen subjektiv das Ziel des Gemeinschaftsgesetzgebers sein und tatsächlich den Zweck haben, die Errichtung und das Funktionieren des Binnenmarktes durch die Beseitigung der Verkehrshindernisse oder der Wettbewerbsverzerrungen zu verbessern.

I. Subjektives Kriterium

Für eine Inanspruchnahme der Binnenmarktkompetenz muss der Gemeinschaftsgesetzgeber zunächst zu erkennen geben, dass nach seiner subjektiven Vorstellung die Angleichungsmaßnahmen „die Voraussetzungen für die Errichtung und das Funktionieren des Binnenmarktes verbessern sollen“.[158] Bei der Prüfung der Voraussetzungen geht der EuGH von den Darlegungen in den Erwägungsgründen und dem übrigen Gesetzgebungsmaterial aus.

1.) Begründungspflicht

Die Begründungspflicht ergibt sich generell aus Art. 253 EG. Durch die Darlegung der Gründe, die dem jeweiligen Gesetzgebungsakt zugrunde liegen, werden

158 *EuGH*, Urteil vom 05.10.2000, Rs. C-376/98 u. 74/99, Rdnr. 83, „*Tabakwerbeurteil*“; *Gunther*, EuZW 2005, S. 171 (171).

die von einer Maßnahme Betroffenen – gleich ob Bürger oder Mitgliedstaaten mit ihren Parlamenten und Verwaltungsbehörden – in die Lage versetzt, Rat, Parlament und Kommission bei deren Aufgabenerfüllung zu kontrollieren und gegebenenfalls gerichtlich nach Art. 230 I EG gegen diese vorzugehen.[159]

Hinsichtlich des Umfangs der Begründungspflicht hat der Gerichtshof keine allgemeingültigen Kriterien entwickelt und überlässt dem Gemeinschaftsgesetzgeber viel Spielraum.[160] Grundsätzlich reicht es aus, dass dieser die Gründe benennt, die zum Erlass der Maßnahme geführt haben.[161] Diese müssen jedoch klar und eindeutig zum Ausdruck gebracht werden, damit der EuGH seine Kontrolle ausüben kann.[162] Es brauchten jedoch nicht sämtliche tatsächlich oder rechtlich erheblichen Gesichtspunkte benannt werden.[163] Bei gesetzgeberischen Maßnahmen stellt der EuGH auf das Vorliegen einer Verletzung hohe Anforderungen. Er geht davon aus, dass nicht verlangt werden kann, dass alle Umstände, auf deren Grundlage eine Maßnahme ergangen ist, im Einzelnen aufgeführt oder vollständig gewürdigt werden.[164]

Für eine Inanspruchnahme der Binnenmarktkompetenz des Art. 95 I EG muss der Gemeinschaftsgesetzgeber z.B. in den Erwägungsgründen darlegen, weshalb die von ihm verfolgte Maßnahme das Binnenmarktziel fördert. Ob er mit der Maßnahme daneben noch andere politische Ziele – sogar schwerpunktmäßig und primär – verfolgt, ist für die Kompetenzmäßigkeit einer Binnenmarktmaßnahme dagegen unerheblich.[165] Entsprechend überprüfte der Gerichtshof im *Tabakwerbeurteil* die Erwägungsgründe der Tabakwerberichtlinie[166] daraufhin, ob diese auf die Binnenmarktzielsetzung ausgerichtet sind.[167]

---

159 St. Rspr.: *EuGH*, Urteil vom 20.03.1957, Rs. 2/56, Slg. 1957, 9 (37), „*Geitling GmbH/Hohe Behörde*"; *EuGH*, Urteil vom 07.07.1981, Rs. 158/80, Slg. 1981, 1805, Rdnr. 25, „*Rewe*"; *EuGH*, Urteil vom 15.10.1986, Rs. 222/86, Slg. 1987, 4097, Rdnr. 15, „*Heylens*"; *EuGH*, Urteil vom 13.05.1997, Rs. 233/94, Slg. 1997, 2405, Rdnr. 25, „*Einlagensicherheit*"; vgl. zur Funktion der Begründungspflicht auch *Calliess*, in: Calliess/Ruffert, Art. 253 EG, Rdnr. 4 ff.

160 Vgl. *Calliess*, in: Calliess/Ruffert, Art. 253 EG, Rdnr. 13. 14.12.2004, Rs. C-434/02, Slg. 2004, I-11825, Rdnr. 61 f., „*Arnold André GmbH*"; *EuGH*, Urteil vom 12.12.2006, Rs. C-380, Rdnr. 107 ff., Slg. 2006, I-0000, „*Tabakwerbeurteil II*".

161 *EuGH*, Urteil vom 30.11.1978, Rs. C-87/78, Slg. 1978, 2457, Rdnr. 11, „*Welding*".

162 *EuGH*, Urteil vom 12.11.1996, Rs. C-84/94, Slg. 1996, I-5755, Rdnr. 74, „*Arbeitszeitrichtlinie*".

163 Vgl. *Calliess*, in: Calliess/Ruffert, Art. 253 EG, Rdnr. 15.

164 *EuGH*, Urteil vom 30.11.1978, Rs. C-87/78, Slg. 1978, 2457, Rdnr. 11, „*Welding*".

165 *Selmayr/Kamann/Ahlers*, EWS 2003, S. 49 (51); ausführlicher hierzu die Ausführungen unten Kapitel IV.C.

166 RL 98/43/EG.

167 *EuGH*, Urteil vom 05.10.2000, Rs. C-376/98 u. 74/99, Slg. 2000, I-8419, Rdnr. 83, 90 ff., 114, „*Tabakwerbeurteil*".

2.) Begründungsfehler

Fehler können zum einen in dem Fehlen jeglicher, zum anderen in einer inhaltlich falschen Begründung liegen. *Fehlt eine Begründung* des Gesetzgebers, greift der Gerichtshof auf objektive Kriterien zurück. Es liegt dann eine Verletzung wesentlicher Formvorschriften gemäß Art. 230 II EG vor.[168] Im Rahmen des sehr allgemein gefassten Art. 95 EG sind allerdings die Verstöße, die auf falschen sachlichen und rechtlichen Erwägungen beruhen, von besonderer Bedeutung.[169] Die systematische Einordnung einer solchen Nichtigkeit ist unklar.

Bei Mängeln bereits in den Erwägungsgründen wäre vor allem an eine Verletzung der Begründungspflicht gemäß Art. 253 EG zu denken, welche den Nichtigkeitsgrund „Verletzung wesentlicher Formvorschriften" gemäß Art. 230 II EG erfüllen würde. In Betracht kommt außerdem der ebenfalls in Art. 230 II EG aufgeführte Nichtigkeitsgrund des Ermessensmissbrauchs.[170] *Calliess* spricht in diesem Fall von einer Verletzung des Vertrages gemäß Art. 230 II EG.[171] Unabhängig von der Frage, welche Alternative von Art. 230 II EG vorliegt, hat ein schwerwiegender Verstoß gegen die Begründungspflicht zumindest im Rahmen der Nichtigkeitsklage zur Folge, dass die Maßnahme vom EuGH von Amts wegen, also auch ohne Antrag der Parteien, aufgehoben werden muss.[172]

Soweit es sich allerdings um materiell richtige, lediglich formell rechtswidrige Rechtsakte des Gemeinschaftsgesetzgebers handelt, hebt der EuGH diese nicht auf, soweit eine Aufhebung nur zum Erlass einer neuen Maßnahme führen könnte, die inhaltlich mit der aufgehobenen identisch wäre.[173] So kann ein Rechtsakt, der nach den Erwägungsgründen keine Binnenmarktziele verfolgt, zulässigerweise nicht auf Art. 95 I EG gestützt werden, sondern ist von vornherein nichtig.

II. Objektives Kriterium

Allerdings sind die Ziele und Inhalte, die erreicht werden sollen, gegenüber den objektiven und gerichtlich nachprüfbaren Kriterien nachrangig.[174] Die Wahl einer

---

168 *Schwarze*, EuVerwR II, S. 1350.

169 So z.B. auch im „*Tabakwerbeurteil*": *EuGH*, Urteil vom 05.10.2000, Rs. C-376/98 u. 74/99 Slg. 2000, I-8419, „*Tabakwerbeurteil*".

170 *EuGH*, Urteil vom 13.11.1990, Rs. C- 31/88, Slg. 1990, I-4023, Rdnr. 24, „*The Queen/ Ministry of Agriculture*".

171 *Calliess*, in: Calliess/Ruffert, Art. 253 EG, Rdnr. 25.

172 *EuGH*, Urteil vom 20.03.1959, Rs. 18/57, Slg. 1958, 59 (89,114), „*Nold*"; *EuGH*, Urteil vom 07.07.1981, Rs. 158/80, Slg. 1981, 1805, Rdnr. 25, „*Rewe*";.

173 *EuGH*, Urteil vom 06.07.1987, Rs. 117/81, Slg. 1983, 2191, Rdnr. 7, „*Geist*".

174 *Stein*, Das Tabakwerbeverbot, in: Schwarze, Werbung und Werbeverbot, S. 52 (52).

Rechtsgrundlage richtet sich demnach hauptsächlich danach, ob der Rechtsakt nach den objektiven, gerichtlich nachprüfbaren Umständen auf die Erfordernisse der Rechtsgrundlage ausgerichtet ist.[175] Hierbei sieht der EuGH es ausdrücklich als seine Pflicht an, festzustellen, ob die vom Gemeinschaftsgesetzgeber angeführten Zwecke auch tatsächlich verfolgt werden. Dieses Recht sollte ihm auch zugestanden werden, denn ansonsten würde der Überprüfung des Gerichtshofs jede Wirksamkeit genommen. Zudem gehört diese Pflicht zu den ihm obliegenden Aufgaben, die Wahrung des Rechts bei der Auslegung und Anwendung des Vertrages gemäß Art. 220 EG zu sichern.[176] Mit dem Tabakwerbeurteil hat der EuGH eine umfassende Einschätzungsprärogative[177] des Gemeinschaftsgesetzgebers in Kompetenzfragen[178] abgelehnt und sich zur vollinhaltlichen Überprüfung der vertraglichen Zuständigkeitsnormen bekannt.[179] Die Maßnahme muss im Rahmen von Art. 95 EG mithin objektiv betrachtet zumindest primär dem Binnenmarkt dienen.

E. Erst- und Zweitharmonisierung

Im Rahmen von Art. 95 I EG kann der Gemeinschaftsgesetzgeber sowohl Maßnahmen zur Ersthamonisierung als auch zur Zweitharmonisierung vornehmen. Letzteres ergibt sich aus dem Wortlaut des Art. 95 I EG („...das Funktionieren des Binnenmarktes zum Gegenstand haben"). An die jeweilige Art der Harmonisierung sind unterschiedliche Voraussetzungen geknüpft.

I. Erstmalige Harmonisierung

Im Rahmen der erstmaligen Harmonisierung von Rechtsvorschriften müssen unterschiedliche nationale Rechts- und Verwaltungsvorschriften vorliegen. Zudem

---

175 *EuGH*, Urteil vom 11.06.1991, Rs. 300/89, Slg. 1991, I-2867, Rdnr. 10, „*Titandioxid*"; *EuGH*, Urteil vom 13.05.1997, Rs. C-233/94, Slg. 1997, I-2405, Rdnr. 12; „*Einlagensicherheit*"; *Selmayr/Kamann/Ahlers*, EWS 2003, S. 49 (50).

176 *EuGH*, Urteil vom 05.10.2000, Rs. C-376/98 u. 74/99, Slg. 2000, I-8419, Rdnr. 86, 96, „*Tabakwerbeurteil*"; unter Hinweis auf *EuGH*, Urteil vom 13.05.1997, Rs. C- 233/94, Slg. 1997, I-2405, Rdnr. 22, „*Einlagensicherheit*".

177 Dies gilt aber nicht hinsichtlich des Ermessens im Rahmen der Verhältnismäßigkeit; *Görlitz* spricht in diesem Zusammenhang von einem „nichtjustiziablen Legislativermessen"; *Görlitz*, EuZW 2003, S. 485 (487); mehr dazu unten Kapitel VI.D.

178 Bezogen auf die Begründung des Normzwecks und der Begründung hinsichtlich der einschlägigen Kompetenznorm.

179 von *Danwitz*, in: Dauses, B II, 5., Rdnr. 103.

muss eine konkrete und im Fall der vorbeugenden Rechtsangleichung eine wahrscheinliche Gefahr vorliegen.[180]

II. Erneute Harmonisierung/Zweitharmonisierung

Es ist unbestritten, dass Art. 95 I EG die Gemeinschaft nach so genannter Ersthamonisierung eines Wirtschaftsbereichs auch zum Erlass von Änderungs- und Folgemaßnahmen ermächtigt. Dies ergibt sich zum einen aus dem Wortlaut des Art. 95 I EG („Funktionieren“) und des Art. 95 III EG („neue Entwicklungen“).[181] Zum anderen geht Art. 95 EG davon aus, dass der Binnenmarkt in rechtlicher Hinsicht stets unvollkommen und es daher eine dauernde rechtliche Aufgabe ist, diesen entsprechend den sich ändernden Gegebenheiten anzupassen und weiterzuentwickeln.[182] Im Rahmen der Zweitharmonisierung ist in Bezug auf die Ersthamonisierung zwischen zwei Fallgruppen zu unterscheiden. Zum einen kann der Gemeinschaftsgesetzgeber bei der ersten Rechtsangleichungsmaßnahme eine Teil- oder Mindestharmonisierung vorgenommen haben, zum anderen kann eine Vollharmonisierung der Rechts- und Verwaltungsvorschriften erfolgt sein.

1.) Teil- oder Mindestharmonisierung

Zunächst kann der Gemeinschaftsgesetzgeber bei der ersten Rechtsangleichung die nationalen Rechtsvorschriften teilweise harmonisiert haben, indem er lediglich Mindeststandards vorgegeben hat (Mindestharmonisierung) oder die Anwendung strengerer Vorschriften zumindest für reine Inlandssachverhalte weiterhin zulässt (Teilharmonisierung).[183] In diesem Fall bestehen unterschiedliche nationale Rechtsvorschriften fort oder können jederzeit erlassen werden, so dass die Gefahr von Handelshemmnissen zumindest theoretisch weiterhin gegeben ist. Auch bei der Zweitharmonisierung wird das Vorliegen einer konkreten Gefahr von Handelshemmnissen und Wettbewerbsverzerrungen verlangt. Hinsichtlich der Frage, wann eine solche Gefahr vorliegt, sind an eine präventive Zweitharmonisierung dieselben Voraussetzungen zu knüpfen wie an eine erstmalige Harmonisierung.

---

180 Vgl. hierzu: Kapitel III.B.
181 *Kamann*; ZEuS 2001, S. 23 (39).
182 *Steindorff*, ZHR 158 (1994), S. 149.
183 Zu den Begrifflichkeiten, vgl. ausführlich Kapitel II.C.III.

2.) Vollharmonisierung

Bei der Vollharmonisierung regelt der Gemeinschaftsgesetzgeber einen Sachbereich vollständig. Dies hat zur Folge, dass die Mitgliedstaaten keine abweichenden nationalen Rechtsvorschriften erlassen dürfen. Eine Vollharmonisierung liegt auch vor, wenn die Angleichungsmaßnahme verschiedene Ausgestaltungsoptionen offeriert oder eine Schutzklausel enthält, die befristetes Abweichen ermöglicht, soweit dadurch nicht gegen den EG-Vertrag oder die Angleichungsmaßnahme verstoßen wird.

a.) Anhebung des Schutzniveaus

Im Fall der erneuten bzw. Nachfolgeharmonisierung kann nicht das Vorliegen nach wie vor bestehender Handelshemmnisse oder Wettbewerbsverzerrungen verlangt werden, da diese regelmäßig durch die Ersthamonisierung beseitigt, zumindest aber erheblich reduziert worden sind.[184] Es geht dann lediglich darum, das Schutzniveau in einem bestimmten harmonisierten Bereich anzuheben, um veränderten Gegebenheiten Rechnung zu tragen.[185] Fraglich ist, ob die Gemeinschaft aufgrund von Art. 95 I EG im Rahmen der Zweitharmonisierung ein höheres Schutzniveau einführen kann.

aa.) „Nationaler Alleingang"

Von besonderer Bedeutung für die Antwort auf diese Frage sind die speziell im Vertrag vorgesehenen Revisionsklauseln in Art. 95 VII EG und Art. 95 VIII EG, wonach ein „nationaler Alleingang"[186] zum Anlass genommen werden kann, die gemeinschaftsrechtliche Maßnahme nachzubessern. Denn die Kommission überprüft gemäß Art. 95 VII, VIII EG, aufgrund einer Mitteilung der Mitgliedstaaten hinsichtlich Bestimmungen, die wegen eines erhöhten nationalen Schutzbedürfnisses gemäß Art. 95 IV EG beibehalten oder gemäß Art. 95 V EG eingeführt werden sollen, ob die Vorschrift auf Gemeinschaftsebene angepasst werden muß. Im Anwendungsbereich der Absätze IV, V ist eine Anhebung des Schutzniveaus immer möglich.

Damit ist aber noch nicht geklärt, ob die Gemeinschaft allein aufgrund von Art. 95 I EG ein höheres Schutzniveau einführen kann. Letzteres wäre nur dann der Fall, wenn die Gemeinschaft unabhängig von den in Art. 95 VII, VIII EG

---

184 *Koenig/Kühling*, EWS 2002, S. 12 (17).

185 *Schweitzer/Schroeder/Bock*, Binnenmarkt und Gesundheitsschutz, S. 42.

186 Vgl. zum „nationalen Alleingang": Kapitel II.B.IV.2.).

vorgesehenen Möglichkeiten eine Kompetenz zur Anhebung des Schutzniveaus gemäß Art. 95 I EG hätte. Ansonsten wäre die Gemeinschaft nach einer erstmaligen Vollharmonisierung unter Berufung auf Art. 95 I EG von der Initiative der Mitgliedstaaten abhängig. Nur soweit diese über das zugrunde liegende Niveau gemäß Art. 95 IV, V EG hinausgehen wollen, wäre eine Zweitharmonisierung möglich.

bb.) Art. 95 III EG

Die Möglichkeit der Gemeinschaft, lediglich in Fällen des Art. 95 IV, V EG das Schutzniveau anzuheben, widerspräche Art. 95 III EG, der die Gemeinschaft in den Bereichen Gesundheit, Sicherheit, Umwelt- und Verbraucherschutz zur Sicherstellung eines hohen Schutzniveaus verpflichtet.[187] Hierbei handelt es sich um eine Rechtspflicht, die zwar zu ihrer Konkretisierung einen weiten Beurteilungsspielraum lässt, deren Einhaltung aber der Kontrolle durch den EuGH unterliegt.[188] Das bedeutet allerdings nicht, dass stets vom höchstmöglichen denkbaren Schutzniveau ausgegangen werden muss. Gerade bei der Beurteilung komplexer technischer bzw. naturwissenschaftlicher Zusammenhänge genießt der Gemeinschaftsgesetzgeber bei der Festlegung des Schutzniveaus einen rechtlichen Spielraum.[189] Die Gemeinschaft darf sich bei der Harmonisierung von Rechtsvorschriften im Binnenmarkt nicht darauf beschränken, die nationalen Bestimmungen anzugleichen, sie muss sich vielmehr auch für inhaltliche Standards entscheiden, die sich angesichts des Querschnittcharakters der Binnenmarktkompetenz zwangsläufig auf das Schutzniveau in den genannten Bereichen auswirken.[190] Dieser Pflicht kann die Gemeinschaft nur nachkommen, wenn sie eine autonome Kompetenz zur Anhebung des Schutzniveaus hat. Unmittelbar aus Art. 95 III EG ergibt sich keine dahingehende Kompetenz der Gemeinschaft, es handelt sich vielmehr um eine akzessorische Qualifizierungsnorm, die eine Zuständigkeit gemäß Art. 95 I EG voraussetzt und diese im Hinblick u.a. auf die Ziele der Sicherheit, des Verbraucher-, Gesundheits- und Umweltschutzes konkretisiert.[191]

---

187 Diese gilt für jede auf Art. 95 EG gestützte Maßnahme, also auch für die Maßnahmen i.R.e. Ersthamonisierung. Vgl. *Kahl*, in: Calliess/Ruffert, Art. 95 EG, Rdnr. 15; *Kahl*, Umweltprinzip und Gemeinschaftsrecht, S. 95 f.; *Müller-Graff*, EuR 1989, S. 107 (136); *Schweitzer/Schroeder/Bock*, Binnenmarkt und Gesundheitsschutz, S. 64.

188 *Kahl*, in: Calliess/Ruffert, Art. 95 EG, Rdnr. 16; *Leible*, in: Streinz, Art. 95 EG, Rdnr. 58.

189 *Schweitzer/Schroeder/Bock*, Binnenmarkt und Gesundheitsschutz, S. 62; *Schroeder*, DVBl. 2002, S. 213 (215 ff.).

190 Vgl. hierzu ausführlich: *Schroeder*, DVBl 2002, S. 213 (213).

191 *Kamann*, ZEuS 2001, S. 23 (29); *von Danwitz*, EuZW 1999, S. 622 (622).

cc.) Ergebnis

Mithin kann die Gemeinschaft aufgrund von Art. 95 I, III EG das Schutzniveau nicht nur bei der Ersthamonisierung, sondern auch unabhängig von Art. 95 IV, V EG nach einer Vollharmonisierung anheben.

b.) „Kompetenzbegrenzende" Funktion des Art. 95 III EG aufgrund des Erfordernisses neuer wissenschaftlicher Erkenntnisse

Fraglich ist, ob Art. 95 III EG an die Zweitharmonisierung die Voraussetzung knüpft, dass neue wissenschaftliche Erkenntnisse vorliegen müssen, und ihm damit eine kompetenzbegrenzende Funktion zukommt.

aa.) Anforderungen an die wissenschaftlichen Erkenntnisse

Die neuen wissenschaftlichen Erkenntnisse müssten in diesem Fall belegen, dass die Heraufsetzung der existierenden Standards notwendig ist, um ein hohes Schutzniveau in den genannten Bereichen zu erreichen. Die Forderung nach diesem zusätzlichen Kriterium wird damit begründet, dass bei Modifizierungen eines bereits harmonisierten Standards die Binnenmarktrelevanz der Änderungsregelung nicht mehr konkret nachgewiesen werden muss.[192]

bb.) Erfordernis „neuer wissenschaftlicher Erkenntnisse"

Zum Teil wird vertreten, dass der Gemeinschaftsgesetzgeber durch die erstmalige Festsetzung eines Schutzniveaus seine Regelungskompetenz für die Zukunft solange verloren habe, als keine „neuen Entwicklungen" im Sinne dieser Vorschrift vorliegen.[193] Diese Anforderung wird teilweise modifiziert, indem unter Hinweis auf den Wortlaut des Art. 95 III EG („insbesondere") nicht zwangsläufig neue wissenschaftliche Ergebnisse verlangt werden. Auch geänderte gesellschaftspolitische Umstände in Bezug auf die betroffene Materie, zu denen es in einem oder mehreren Mitgliedstaaten gekommen ist, stellten eine neue Entwicklung in diesem Sinne dar.[194] Bei der späteren Anhebung des Schutzniveaus sind nach dieser Ansicht an die *Wahrscheinlichkeit* geringere Anforderungen zu stellen. Liegen

---

192 *Schroeder*, EuZW 2001, S. 489 (492); *Pipkorn/Bardenhewer-Rating/Taschner*, in: von der Groeben/Schwarze, Art. 95 EG, Rdnr. 33.

193 *Schroeder*, EuZW 2001, 489 (492); ähnlich: *Schweitzer/Schroeder/Bock*, Binnenmarkt und Gesundheitsschutz, S. 40. 14.12.2004, Rs. C-434/02, Slg. 2004, I-11825, Rdnr. 48, *„Arnold André GmbH"*.

194 *Schweitzer/Schroeder/Bock*, Binnenmarkt und Gesundheitsschutz, S. 41.

auf wissenschaftliche Ergebnisse gestützte neue Entwicklungen im Bezug auf einen Sachbereich vor, sei prima facie davon auszugehen, dass es zu einer heterogenen Entwicklung der nationalen Rechtsvorschriften kommen wird. Liegen keine neuen Erkenntnisse vor, sei eine Anhebung des Schutzniveaus nicht möglich.[195]

cc.) Kein Erfordernis neuer wissenschaftlicher Erkenntnisse

Die Ansicht, die neue wissenschaftliche Erkenntnisse für erforderlich hält, vermag nicht zu überzeugen.[196]

(1) Weiter Beurteilungsspielraum des Gemeinschaftsgesetzgebers

Der Gemeinschaftsgesetzgeber verfügt, wie auch vom EuGH anerkannt,[197] bei der Festsetzung des Schutzniveaus über einen Beurteilungsspielraum. Daher erscheint es widersprüchlich, ihm gleichwohl eine spätere Anhebung des Schutzniveaus wegen des Fehlens neuer wissenschaftlicher Erkenntnisse zu versagen. Optimierungen des Schutzes müssen unter Beachtung des in Art. 95 III EG niedergelegten Schutzgedankens daher auch ohne das Vorliegen neuer wissenschaftlicher Erkenntnisse möglich sein.[198]

(2) Keine Pflicht zum höchstmöglichen Schutzniveau

Es ist zu berücksichtigen, dass der Gemeinschaftsgesetzgeber nicht notwendig immer an das höchstmögliche Schutzniveau gebunden ist, sondern vielmehr aus einer Bandbreite möglicher Schutzniveaufestlegungen wählen kann.[199] Die Einigung auf ein bestimmtes Schutzniveau innerhalb dieses Rahmens spiegelt einen Kompromiss der während des konkreten Gesetzgebungsprozesses bestehenden Meinungen und politischen Mehrheiten wieder. Das Erfordernis neuer Erkenntnisse für die Verschärfung des Schutzniveaus würde eine unzulässige Bindung des künftigen Gemeinschaftsgesetzgebers an den einmal gefundenen Kompromiss bedeuten und ist deswegen abzulehnen.[200]

---

195 *Schweitzer/Schroeder/Bock*, Binnenmarkt und Gesundheitsschutz, S. 42.

196 Ebenso: *Leible*, in: Streinz, Art. 95 EG, Rdnr. 59; *Koenig/Kühling*, EWS 2002, S. 12 (18).

197 *EuGH*, Urteil vom 14.07.1998, Rs. C-341/95, Slg. 1998, I-4355, Rdnr. 46/47; *„Bettati"*.

198 *Leible*, in: Streinz, Art. 95 EG, Rdnr. 59.

199 *EuGH*, Urteil vom 14.07.1998, Rs. C-284/95, Slg. 1998, I-4301, Rdnr. 49, *„Safety Hi-Tech Srl"*; *Schroeder*, DVBl. 2002, S. 213 (215).

200 *Koenig/Kühling*, EWS 2002, S. 12 (18).

(3) Systematischer Zusammenhang

Ein weiteres Argument für diese Ansicht ist der systematische Zusammenhang des Art. 95 III EG mit Art. 95 IV EG und Art. 95 V EG. Diese Absätze verdeutlichen, dass die Verpflichtung der Gemeinschaft zu einem hohen Schutzniveau dem Ziel dient, mitgliedsstaatliche Abweichungen auf ein Minimum zu reduzieren, nicht aber darin, den Gemeinschaftsgesetzgeber auf ein einmal gefundenes Schutzniveau festzulegen.[201] Sie ermöglichen damit der Gemeinschaft, durch Anhebung des gemeinschaftlichen Schutzniveaus einen nationalen Alleingang zu verhindern. Darüber hinaus ist auf die Unterschiede des Wortlauts von Art. 95 III EG und Art. 95 V EG hinzuweisen. Lediglich Absatz V verweist ausdrücklich auf ein Erfordernis „neuer wissenschaftlicher Erkenntnisse". Dies kann im Umkehrschluss nur heißen, dass in den anderen Fällen gerade kein Erfordernis neuer wissenschaftlicher Erkenntnisse besteht.

(4) „Tabakprodukturteil"

Mit dem *Tabakprodukturteil* ist der EuGH dieser Ansicht ausdrücklich gefolgt.[202] Auch seiner Auffassung nach verlangt Art. 95 I, III EG nicht, dass der Gemeinschaftsgesetzgeber sich auf neue wissenschaftliche Erkenntnisse beruft. So argumentiert der Gerichtshof, dass neue wissenschaftliche Erkenntnisse „nicht der einzige Grund" seien, „aus dem der Gemeinschaftsgesetzgeber eine Anpassung der Gemeinschaftsvorschriften beschließen kann, da er bei der Ausübung des Beurteilungsspielraums, über das er auf diesem Gebiet verfügt, auch andere Erwägungen, wie etwa die zunehmende politische und soziale Bedeutung des Kampfes gegen den Tabakkonsum, berücksichtigen kann".[203]

(5) Kein Erfordernis wissenschaftlicher Erkenntnisse bei einer Zweitharmonisierung

Mithin ist das Vorliegen wissenschaftlicher Erkenntnisse für eine Zweitharmonisierung, nach bereits erfolgter Vollharmonisierung, nicht erforderlich. Als Maßstab für die Zulässigkeit einer Schutzniveauerhöhung ist vielmehr zu berücksichtigen, ob die Regelungen zur Zeit des Erlasses der vorangegangenen Harmonisierungsmaßnahmen vom gesetzgeberischen Beurteilungsspielraum gedeckt gewe-

---

201 *Koenig/Kühling*, EWS 2002, S. 12 (18).

202 *EuGH*, Urteil vom 10.12.2002, Rs. C-491/01, Slg. 2002, S. I-11453, Rdnr. 77 ff., *„Tabakprodukturteil"*.

203 *EuGH*, Urteil vom 10.12.2002, Rs. C-491/01, Slg. 2002, S. I-11453, Rdnr. 80, 170, *„Tabakprodukturteil"*.

sen wären und ob sie nicht nachfolgend erworbenen Erkenntnissen widersprechen.[204] Es kommt mithin darauf an, ob die Änderungsharmonisierung auch in der ursprünglichen Situation der Ersthamonisierung zur Beseitigung tatsächlich bestehender Binnenmarkthemmnisse hätte beitragen können.[205] Da diese Prüfung jedoch eine hypothetische Prüfung sein muss, wird hier eine wirksame Kompetenzkontrolle anhand des Anforderungskatalogs des Gerichtshofes kaum mehr möglich sein.

F. Sonderfall: Verbotsregelung

Ein weiteres Problem ist, inwieweit gemeinschaftsweite „Verbots"-regelungen, die den freien Verkehr in einigen Punkten verbieten, beschränken oder belasten, auf Art. 95 I EG gestützt werden können.[206] Hieran schließt sich die Frage an, ob jeder Mitgliedstaat die Möglichkeit bekommen soll, seine nationalen Beschränkungen und Verbote, die unter den spezifischen nationalen Bedingungen ihren Sinn haben mögen, mit Hilfe der Kommission und des Gemeinschaftsgesetzgebers zu „europäisieren".[207] Die Rechtsangleichungskompetenz ist als freiheitssichernde Norm konzipiert,[208] so dass jede restriktive und gerade nicht liberalisierende, freiheitsmindernde Intervention dem Charakter der Norm grundsätzlich widerspricht.[209]

Maßnahmen gemäß Art. 95 I EG müssen die Binnenmarktvoraussetzungen verbessern, so dass die Vorschrift zumindest dann nicht als Rechtsgrundlage für eine Verbotsregelung geeignet ist, wenn der Binnenmarkt nicht gefördert, sondern im Gegenteil abgeschafft wird.[210] Aufgrund der kompetentiellen Entsprechung des Art. 95 EG zum Regelungsmodell der Art. 28 und 30 EG muss unter strikter Beachtung des Grundsatzes der Verhältnismäßigkeit und einer darauf gerichteten Kontrolle durch den Gerichtshof jedoch auch ein Verkehrsverbot i.R.d. Binnenmarktzuständigkeit möglich sein.[211]

---

204 *Koenig/Kühling*, EWS 2002, S. 12 (18).

205 *Koenig/Kühling*, EWS 2002, S. 12 (17).

206 *Möstl*, EuR 2003, S. 318 (323); *Selmayr/Kamann/Ahlers*, EWS 2003, S. 49 (53).

207 *Stein*, EWS 2001, S. 12 (12).

208 *von Danwitz*, Produktwerbung, S. 37 f.

209 *Scholz/Langer*, Europäischer Binnenmarkt und Energiepolitik S. 59, 215.

210 *EuGH*, Urteil vom 05.10.2000, Rs. C-376/98, Slg. 2000, I-8419; Rdnr. 101-104, „*Tabakwerbeurteil*".

211 *von Danwitz*, EuZW 1999, S. 622 (624/626).

I. Verbotsregelungen i.R.v. Behinderungen für die Grundfreiheiten

1.) Förderungswirkung der Grundfreiheiten

Dies setzt allerdings voraus, dass die Regelungen eines Rechtsaktes ein einheitliches System bilden, welches trotz oder gerade wegen bestimmter Einzelverbote dem freien Verkehr von Waren, Personen, Dienstleistungen und Kapital im Allgemeinen dienlich ist.[212] Die Verbotsregelung muss folglich den freien Verkehr der betroffenen Produkte und Dienstleistungen *insgesamt* verbessern, auch wenn sie Teilaspekte dieses Verkehrs verbietet oder beschränkt.[213] Ziel einer Rechtsangleichungsmaßnahme ist deshalb nicht unbedingt die Förderung des Marktzugangs eines bestimmten Produkts, sondern die Gewährleistung des freien Verkehrs einer bestimmten Produktart oder Produktgruppe.[214]

a.) Rechtsprechung des EuGH

Beispielsweise wurde der freie Verkehr von Alkali-Mangan-Batterien erleichtert, indem Batterien, deren Quecksilbergehalt ein bestimmtes Maß übersteigt, in allen Mitgliedstaaten verboten und damit der Umlauf von Batterien ohne solch übermäßigen Quecksilbergehalt innerhalb des Binnenmarktes gefördert wurde.[215] Anders ist das Verbot in der Tabakwerberichtlinie[216] beurteilt worden. Hier war das in der Richtlinie vorgesehene Werbeverbot im Horeca-Bereich unzulässig, da „diese Verbote den Handel mit den betroffenen Erzeugnissen nicht fördern".[217] Die Binnenmarktkompetenz sei im *Tabakwerbefall* jedenfalls deswegen nicht einschlägig, weil das Werbeverbot den Binnenmarkt im Tabakwerbebereich nicht fördere, sondern im Gegenteil abschaffe.[218]

---

212 *EuGH*, Urteil vom 09.08.1994, Rs. C-359/92, Slg. 1994, I-3681, Rdnr. 34, *„Deutschland/ Rat"*.

213 *Selmayr/Kamann/Ahlers*, EWS 2003, S. 49 (55).

214 *Schweitzer/Schroeder/Bock*, Binnenmarkt und Gesundheitsschutz, S. 46.

215 Vgl. Schlussanträge des GA Jacobs vom 08.06.1994, *EuGH*, Rs. C- 187/93, Slg. 1994, I-3681, Rdnr. 34, *„Parlament/Rat"*; *EuGH*, Urteil vom 28.06.1994, Rs. C-187/93, Slg. 1994, I-2857, Rdnr. 17 ff., 25, *„Abfallverbringungsordnung"*.

216 RL 98/43/EG.

217 *EuGH*, Urteil vom 05.10.2000, Rs. C-376/98 u. 74/99, Slg. 2000, I-8419; Rdnr. 99, 101-104, *„Tabakwerbeurteil"*; kritisch zu der Richtlinie auch: *Schwartz*, AfP 1998, 553 (556); *Kreil/Rahm*, ZUM 1998, S. 820; „...und eine Freigabeklausel fehlte", so: *Selmayr/Kamann/ Ahlers*, EWS 2003, S. 49 (53) m.w.N.

218 *EuGH*, Urteil vom 05.10.2000, Rs. C-376/98, Slg. 2000, I-8419; Rdnr. 101-104, *„Tabakwerbeurteil"*; zur Bedeutung der Werbung für den Binnenmarkt, vgl. Schwarze, Werbung im Gemeinschaftsrecht – Rechtsbestand und Grundfragen, in: *Schwarze*, Werbung und Werbeverbote, S. 9 (12 ff.); *Calliess*, Jura 2001, S. 311 (311 f.).

b.) Bedeutung von Freiverkehrsklauseln

Im Rahmen von Verbotsregelungen muss die erlassene Rechtsangleichungsmaßnahme zudem eine Freiverkehrsklausel enthalten. Freiverkehrsklauseln gewährleisten den freien Verkehr solcher Erzeugnisse bzw. Dienstleistungen, die den (beschränkenden) Bestimmungen des betreffenden Rechtsaktes entsprechen.[219] Zumindest im Bezug auf produktbezogene Vorschriften wird der Binnenmarkt nur dann verbessert, wenn der freie Verkehr aller Erzeugnisse, die den (beschränkenden) Bestimmungen der betreffenden Harmonisierungsmaßnahme entsprechen, gewährleistet ist.[220] In der ersten *Tabakwerberichtlinie*[221] fehlte eine solche Freiverkehrsklausel, was für den EuGH ein Grund war, die *Tabakwerberichtlinie* für nichtig zu erklären.[222] Die *Tabakproduktrichtlinie*[223] stellt hingegen in Art. 13 II den freien Verkehr der Erzeugnisse sicher, die den Anforderungen der Richtlinie entsprechen. Der EuGH befand, dass die Richtlinie durch diese Bestimmung „ihre volle Wirkung im Hinblick auf das von ihr verfolgte Ziel der Verbesserung der Bedingungen für das Funktionieren des Binnenmarktes entfaltet".[224] Auch die Nachfolgeregelung der Tabakwerberichtlinie (98/43/EG), die Richtlinie 2003/33/EG zur Angleichung der Rechts- und Verwaltungsvorschriften der Mitgliedstaaten über Werbung und Sponsoring zu Gunsten von Tabakerzeugnissen, enthält in Art. 8 der Richtlinie eine entsprechende Freiverkehrsklausel.[225]

2.) Umgehung bestimmter dem Ziel dienender Verbote

Möglich ist darüber hinaus aber auch, dass eine Regelung erlassen wird, die als solche nicht zur Beseitigung von Hemmnissen für die Grundfreiheiten beiträgt, aber erforderlich ist, um die Umgehung dieses Ziels zu verhindern, um damit de-

219 Urteil vom 05.10.2000, Rs. C-376/98, Slg. 2000, I-8419; Rdnr. 104; „*Tabakwerbeurteil*"; *EuGH*, Urteil vom 10.12.2002, Rs. C-491/01, Slg. 2002, S. I-11453, Rdnr. 74, „*Tabakproduktureil*"; Vgl. hierzu insbesondere *Selmayr/Kamann/Ahlers*, EWS 2003, S. 49 (53); *Schweitzer/Schroeder/Bock*, Binnenmarkt und Gesundheitsschutz, S. 47 f.

220 *EuGH*, Urteil vom 05.10.2000, Rs. C-376/98 u. 74/99, Slg. 2000, I-8419; Rdnr. 99, 104, „*Tabakwerbeurteil*"; *EuGH*, Urteil vom 11.06.1991, Rs. C-300/89, Slg. 1991, I-2867, Rdnr. 23 „*Titandioxid*".

221 RL 98/43/EG.

222 *EuGH*, Urteil vom 05.10.2000, Rs. C-376/98 u. 74/99, Slg. 2000, I-8419; Rdnr. 101 ff., „*Tabakwerbeurteil*".

223 RL 2001/37/EG.

224 *EuGH*, Urteil vom 10.12.2002, Rs. C-491/01, Slg. 2002, I-11453, Rdnr. 74, „*Tabakprodukturteil*".

225 Art. 8 der Richtlinie 2003/33/EG (EuZW 2003, S. 493): „Die Mitgliedstaaten dürfen den freien Verkehr von Waren und Dienstleistungen, die mit dieser Richtlinie im Einklang stehen, nicht verbieten oder einschränken."

ren praktische Wirksamkeit zu sichern.[226] Dieser Bestimmung käme dann die Funktion einer Umgehungsschutzklausel in Bezug auf die eigentliche, binnenmarktfördernde „Hauptregelung" zu.[227] Aber auch hier muss gewährleistet sein, dass die Verbotsmaßnahme insgesamt ein störungsfreies Funktionieren des Binnenmarktes bewirkt.

Die Beurteilung, ob diese tatsächlich zu einer Verbesserung des freien Verkehrs des betroffenen Produkts oder der jeweiligen Dienstleistung führt, hängt jeweils maßgeblich davon ab, welche Gruppe von Produkten oder Dienstleistungen man betrachtet, um die Verbotswirkungen zu analysieren. Je größer die Gruppe gefasst wird, desto eher wird man eine Binnenmarktverbesserung auch durch ein Verbot eines Teils dieser Produkte oder Dienstleistungen bejahen können.[228]

Insofern darf Art. 95 I EG für ein Produktionsverbot von Tabakerzeugnissen herangezogen werden, welche die gemeinschaftlich vorgegebenen Teer- und Nikotingrenzwerte nicht einhalten.[229] Dies gilt ungeachtet der Tatsache, dass mit dem Verbot zugleich die Ausfuhr derartiger Zigaretten in Drittländer untersagt wird, wodurch der Binnenmarkt als solcher an sich nicht berührt wird. Der EuGH begründet diese Ansicht damit, dass ein solches Verbot dazu dient, den illegalen Handel und folglich die Umgehung des Vertriebsverbotes im Binnenmarkt zu verhindern.[230]

II. Hinsichtlich Wettbewerbsverzerrungen

Entsprechendes gilt für das ungeschriebene Tatbestandsmerkmal der „Beseitigung von Wettbewerbsverzerrungen". Auch hier lassen sich Verbotsmaßnahmen nur rechtfertigen, wenn sie insgesamt zu einer Verbesserung der Binnenmarkt-Voraussetzungen führen, nicht aber, wenn sie als Gemeinschaftsregelung die Marktzugangsmöglichkeiten für die Wirtschaftsteilnehmer allgemein einschränken oder beseitigen.[231] So argumentiert z.B. der EuGH im *Tabakwerbeurteil*, dass durch eine weitgehende Untersagung der Tabakwerbung die Beschränkung

---

226 *Selmayr/Kamann/Ahlers*, EWS 2003, S. 49 (53); *Schweitzer/Schroeder/Bock*, Binnenmarkt und Gesundheitsschutz, S. 48; *Gunther*, EuZW 2005, S. 171 (173).

227 *EuGH*, Urteil vom 10.12.2002, Rs. C491/01, Slg. 2002, S. I-11453, Rdnr. 60, „*Tabakprodukturteil*"; darauf bezug nehmend: *Görlitz*, EuZW 2003, S. 485 (486).

228 *Selmayr/Kamann/Ahlers*, EWS 2003, S. 49 (53).

229 *Selmayr/Kamann/Ahlers*, EWS 2003, S. 49 (54).

230 *EuGH*, Urteil vom 05.10.2000, Rs. C-376/98, Slg. 2000, I-8419; Rdnr. 113, „*Tabakwerbeurteil*"; *EuGH*, Urteil vom 05.10.2000, Rs. C-376/98, Slg. 2000, I-8419; Rdnr. 82 ff., „*Tabakwerbeurteil*".

231 *Selmayr/Kamann/Ahlers*, EWS 2003, S. 49 (55).

der Wettbewerbsart künftig „generalisiert" und „die Mittel, mit denen sich die Wirtschaftsteilnehmer Zugang zum Markt verschaffen und sich dort behaupten können, in sämtlichen Mitgliedstaaten eingeschränkt" werden. Art. 95 I EG enthalte aber keine Befugnis zum Erlass einer solchen generalisierten Marktzugangsbeschränkung, da sie eben nicht die Binnenmarktvoraussetzungen verbessere.[232] Hinsichtlich des totalen Werbeverbotes hat sich auch *GA Geelhoed* im *Tabakproduktfall* dem *Tabakwerbeurteil* des EuGH angeschlossen.[233] Andererseits hält er und auch der Gerichtshof ein Produktionsverbot für Waren, die in Drittländer ausgeführt werden sollen, für rechtlich möglich, „damit gewährleistet ist, dass die Vorschriften des Binnenmarktes nicht unterlaufen werden".[234] Mit der Harmonisierung der Produktvorschriften für in der Europäischen Union hergestellte Tabakerzeugnisse werde „ein Beitrag zur Vermeidung ernsthafter Unterschiede in den Bedingungen für die Marktteilnahme der Tabakproduzenten in den verschiedenen Mitgliedstaaten" geleistet.[235]

G. Wertende Beurteilung

Die aufgrund der EuGH-Rechtsprechung und der Literatur entwickelten Kriterien sind sehr vage gehalten. In der Summe entfalten sie aber gegenüber dem Tatbestand des Art. 95 EG eine begrenzende Wirkung. Dem Gemeinschaftsgesetzgeber wird ein erhöhter Begründungszwang auferlegt und an sein Handeln werden erhöhte Rationalitätsanforderungen gestellt. Nachdem die für Art. 95 I EG relevanten geschriebenen und ungeschriebenen Tatbestandsmerkmale hier herausgearbeitet worden sind, bietet sich folgendes Prüfungsschema an:

1) Die Maßnahme muss der Errichtung oder dem Funktionieren des Binnenmarktes dienen.

2) Dabei muss sie dem Binnenmarkt einen *Mehrwert* bringen, sie muss die Bedingungen des freien Verkehrs und des Wettbewerbs im Binnenmarkt verbessern. Dies ist der Fall, wenn:

Handelshemmnisse oder Wettbewerbsverzerrungen *bestehen*. Hierbei muss zwischen produktbezogenen und vertriebsbezogenen sowie produktions- und an-

---

232 *EuGH*, Urteil vom 05.10.2000, Rs. C-376/98, Slg. 2000, I-8419; Rdnr. 113, „*Tabakwerbeurteil*".

233 Schlussanträge des GA *Geelhoed*, vom 10.11.2002, Rs. C-491/01, Slg. 2002, S. I-1453, Rdnr. 165, „*Tabakprodukturteil*".

234 *EuGH*, Urteil vom 10.12.2002, Rs. C-491/01, Slg. 2002, S. I-1453, Rdnr. 165, „*Tabakprodukturteil*".

235 Schlussanträge des GA *Geelhoed*, vom 10.11.2002, Rs. C-491/01, Slg. 2002, S. I-1453, Rdnr. 164, „*Tabakprodukturteil*".

lagebezogenen Regelungen unterschieden werden. Bei vertriebsbezogenen Regelungen wird das Vorliegen eines Handelshemmnisses nur dann bejaht, wenn sie zu relevanten Wettbewerbsverzerrungen führen, und der Abbau von Handelshemmnissen durch die Beseitigung von Behinderungen der Grundfreiheiten *oder* von spürbaren Wettbewerbsverzerrungen erfolgt.

3) Die Förderung des Binnenmarktes muss tatsächliches Ziel des Rechtsaktes und subjektives Ziel des Gemeinschaftsgesetzgebers sein. Der Gemeinschaftsgesetzgeber ist verpflichtet, die Gründe für den Erlass der Maßnahme darzulegen (Begründungspflicht). Dabei kann die Begründung im vollen Umfang vom EuGH überprüft werden.

4) Weitere Voraussetzung für ein Handeln aufgrund von Art. 95 I EG ist das Bestehen unterschiedlicher Rechtsvorschriften. Im Rahmen dieses Prüfungspunktes muss unterschieden werden, ob es sich um eine erstmalige Harmonisierung handelt oder ob der betreffenden Rechtsangleichungsregelung bereits eine Harmonisierungsmaßnahme zugrunde liegt. Für beide Alternativen gilt, dass zumindest ein potentielles Verkehrshemmnis *wahrscheinlich* sein muss.

Hinsichtlich einer etwaigen *Zweitharmonisierung*, nach bereits erfolgter Vollharmonisierung, bei der es sich letztlich „nur" um eine Schutzniveauerhöhung handelt, ist zu berücksichtigen, ob die Regelungen zur Zeit des Erlasses der vorangegangenen Harmonisierungsmaßnahmen vom gesetzgeberischen Beurteilungsspielraum gedeckt gewesen wären und ob sie nicht nachfolgend erworbenen Erkenntnissen widersprechen.

5) Für den Fall einer Rechtsangleichung in Form einer Verbotsregelung muss die entsprechende Maßnahme zur Beseitigung der Hemmnisse für die Grundfreiheiten oder von Wettbewerbsverzerrungen beitragen. Zudem wird das Vorliegen einer sogenannten Freiverkehrsklausel verlangt.

H. Grenzen des Art. 95 EG

Die Ausführungen zum Tatbestand des Art. 95 I EG zeigen, dass dessen Voraussetzungen letztlich nicht geeignet sind, die Handlungsbefugnis der Gemeinschaft zu begrenzen. Einer Einführung enger gefasster Tatbestandsmerkmale steht die Dynamik der Kompetenzordnung entgegen, die gebietet, dass auf die jeweiligen Entwicklungen und Tendenzen im Gemeinschaftsrecht reagiert werden muss. Dies ist nur durch einen weit gefassten Tatbestand möglich. Einer Beschränkung der Kompetenz bedarf es bei Art. 95 I EG insbesondere wegen der Einführung der Mehrheitsentscheidung. Zuvor benötigte eine Rechtsetzung der Gemeinschaft de jure die Zustimmung sämtlicher Mitgliedstaaten, wodurch die Respektierung der mitgliedstaatlichen Kompetenzen sichergestellt war. Diese Garantie besteht im Rahmen der Mehrheitsentscheidung des Art. 95 I EG nicht mehr.

Neben dem Prinzip der begrenzten Einzelermächtigung, Art. 5 I EG, sind im gemeinschaftlichen Rechtssystem allerdings weitere Kompetenzgrenzen vorgesehen. So muss vor einer Inanspruchnahme des Art. 95 I EG der zu erlassende Rechtsakt an der Schrankentrias des Art. 5 EG gemessen werden.[236] Darüber hinaus dienen die gemeinschaftlichen Grundrechte und die Grundfreiheiten als sogenannte negative Kompetenznormen der Begrenzung der Kompetenzen.[237]

236 Hierzu zählt auch das genannte Prinzip der begrenzten Einzelermächtigung (vgl. hierzu Kapitel IV.A.I) sowie das Subsidiaritätsprinzip, Art. 5 II EG und das Prinzip der Verhältnismäßigkeit, Art. 5 III EG.

237 Vgl. Kapitel VII.

Kapitel IV. Anwendbarkeit des Art. 95 EG im Verhältnis zu anderen Rechtsangleichungskompetenzen

Art. 95 EG kommt in der gemeinschaftlichen Kompetenzordnung eine besondere Rolle zu. Diese lässt sich durch die den Vertrag zugrunde liegenden Strukturen und Handlungsprinzipien erklären. Maßgeblich für die Inanspruchnahme einer Gemeinschaftskompetenz ist zunächst das *Prinzip der begrenzten Einzelermächtigung*[1], Art. 5 I EG. Beim Erlass einer Gemeinschaftsmaßnahme muss eine ausdrückliche Kompetenzgrundlage vorliegen.[2] Besonders im Hinblick auf die binnenmarktbezogene Angleichungsnorm des Art. 95 I EG treten aufgrund des final ausgerichteten Tatbestandes Schwierigkeiten auf. Die entwickelten, konkreten Tatbestandsmerkmale wirken diesem Problem entgegen. Zudem gibt es im Rahmen der gemeinschaftlichen Kompetenzordnung abhängig vom Gegenstand der Angleichung unterschiedliche Kompetenztypen. So wird zwischen Zielkompetenzen, den Kompetenzen mit Querschnittsklauseln und Sachbereichskompetenzen unterschieden. Diese Unterscheidung ist für Art. 95 I EG im Hinblick auf die Abgrenzung zu anderen Ermächtigungsgrundlagen der Gemeinschaft (*horizontale* Ebene) und den Handlungsbefugnissen der Mitgliedstaaten (*vertikale* Ebene) maßgeblich.[3]

A. Die gemeinschaftliche Kompetenzordnung

I. Das Prinzip der begrenzten Einzelermächtigung, Art. 5 I EG

Gemäß Art. 5 I EG darf die Gemeinschaft innerhalb der Grenzen der ihr durch den EG-Vertrag zugewiesenen Befugnisse und gesetzten Ziele tätig werden.[4] Sie übt in ihrer Rechtssetzung Einzelkompetenzen aus, eine umfassende Gesetzge-

---

1 Vgl. Kapitel IV.A.I.

2 *Ruffert*, Jura 1994, S. 635 f.; *Breier*, EuR 1995, S. 46 (50).

3 Die Frage der Anwendbarkeit einer Rechtsgrundlage bestimmt maßgeblich das Verhältnis der Gemeinschaft zu den Mitgliedstaaten sowie das Verhältnis der Gemeinschaftsorgane untereinander. Sie ist daher auch für die Demokratie und Machtverteilung in der Gemeinschaft maßgeblich. *Ullrich*, ZEuS 2000, S. 243 (244); *Nettesheim*, EuR 1993, S. 243 (243).

4 Damit ist die Zuständigkeit der Gemeinschaft durch fest umrissene Regeln eingeschränkt. So erstmals: *EuGH*, Urteil vom 12.07.1957, Rs. 7/56, 3, 7/57, Slg. 1957, S. 81 (167), *„Alegra"*; sich anschließend: Urteil vom 5.02.1963, Rs. 26/62, Slg. 1963, S. 1 (25), *„van Gend & Loos"*.

bungshoheit („*Kompetenz-Kompetenz*") steht ihr nicht zu.[5] In dem Prinzip der begrenzten Einzelermächtigung kommt zum Ausdruck, dass die Gemeinschaft trotz großer Ähnlichkeit mit einem Staatsgebilde *keinen souveränen Staat* mit unbegrenzter Rechtssetzungsbefugnis darstellt.[6] Dennoch verringert sich die nationale Kompetenz der Mitgliedstaaten in dem Maß, in dem sie die Hoheitsrechte auf die Gemeinschaft übertragen.[7]

1.) Rechtliche Grundlage

Seine rechtliche Grundlage findet das Prinzip der begrenzten Einzelermächtigung heute in Art. 5 I EG, der die *„Schranke" der Verbandskompetenz* der Gemeinschaft bestimmt und Art. 7 I, Uabs. 2 EG, der ergänzend eine *Begrenzung der Organkompetenz* vornimmt. Das Prinzip geht aber auch deutlich aus Art. 249 I EG hervor, wonach die Rechtssetzungsorgane Europäisches Parlament und der Rat gemeinsam, der Rat und die Kommission *„nach Maßgabe dieses Vertrages"* vorgesehene Rechtsakte erlassen. Weitere normative Ausprägungen finden sich in Art. 5 EU, Art. 202, 211 II und 230 II EG.

2.) Vorgaben des Prinzips der begrenzten Einzelermächtigung

Das Prinzip der begrenzten Einzelermächtigungen soll primär die *Aufgabenverteilung* zwischen den Mitgliedstaaten und der Gemeinschaft festlegen.[8] Danach darf die Gemeinschaft nur gesetzgebend tätig werden, sofern die Regelungsmaterie in eine ihr zugewiesene ausschließliche oder konkurrierende Gesetzgebungszuständigkeit fällt. Das Prinzip der begrenzten Einzelermächtigung verlangt die genaue Zuordnung eines Aktes zu einer *konkreten Kompetenzbestimmung*. Hinsichtlich des *Inhalts* der entsprechenden Maßnahme muss der sachliche Regelungsbereich von der Rechtsgrundlage erfasst und die entsprechenden Vorausset-

---

5 Die Beschränkung der Gemeinschaftskompetenz ist insbesondere wegen des Demokratiedefezits der Gemeinschaft erforderlich. In ihrem Zuständigkeitsbereich ist die parlamentarische Verantwortlichkeit nur schwach ausgeprägt und zum Teil gar nicht vorhanden. In den meisten Bereichen hat sich der Rat der Gemeinschaft, der sich aus den Ministern der Mitgliedstaaten zusammensetzt, die endgültige Zustimmung zu Rechtsetzungsvorhaben der Gemeinschaft vorbehalten. Dem direkt gewählten Parlament ist er dabei nicht unterworfen. Dieses hat mithin meist nur indirekten Einfluss auf die Gemeinschaftsrechtsakte.

6 *Oppermann*, EuR, Rdnr. 513; *Epiney*, Jura 2006, S. 755 ff.; *Kirchhof*, JZ 1998, S. 965 (970); *Jarass*, AöR 121 (1996), S. 173 (175).

7 Für einige Sachgebiete z.B. im Rahmen der Gemeinsamen Handelspolitik (Art. 131 ff. EG) oder der Gemeinsamen Agrarpolitik (Art. 32 ff. EG), besitzt die Gemeinschaft bereits eine umfassende Zuständigkeit. *Grimm*, JZ 1995, S. 581 (586). Zum genauen Kompetenzumfang im Rahmen der Gemeinsamen Handelspolitik, vgl. *Streinz*, EuR, Rdnr. 624.

8 Vgl. *Kraußer*, Das Prinzip der begrenzten Einzelermächtigung, S. 20 ff.

zungen erfüllt sein. Das Prinzip der begrenzten Einzelermächtigung begrenzt somit den Aufgabenkreis der beteiligten Organe. Mangels ausdrücklicher Regelung des Prinzips der Gewaltenteilung zwischen Legislative, Exekutive und Judikative in der Gemeinschaft, wird diese rechtsstaatliche Funktion durch ein gemeinschaftsinternes System von *„check and balances“* übernommen.[9] Jedes Organ darf seine Befugnisse nur unter Beachtung der Kompetenzen der anderen Organe ausüben.[10]

Weiter bezieht sich das Prinzip auf die zu wählende *Handlungsform*. So kann eine Rechtsangleichungsmaßnahme nur in der für sie in der Rechtsgrundlage festgelegten Form, z.B. Richtlinie, Verordnung, verabschiedet werden.[11] Nur wenn keine bestimmte Handlungsform vorgesehen ist, besteht eine Wahlmöglichkeit gemäß Art. 249 I EG.[12] Daneben müssen die in der jeweiligen Ermächtigungsgrundlage festgelegten *Verfahrensvoraussetzungen* eingehalten werden.[13]

3.) Befugnisse und Ziele im EG-Vertrag

Die *Handlungsermächtigung* der Gemeinschaft wird durch Art. 5 I EG kumulativ auf *Befugnisse* und *Ziele* des EG-Vertrages begrenzt, die vielfach aufeinander bezogen und miteinander verknüpft sind.[14] Allerdings enthält der EG-Vertrag viele Zielvorgaben, ohne dass damit eine umfassende Handlungsbefugnis für die Gemeinschaft verbunden wäre.[15] Das Bestehen eines Vertragszieles allein lässt da-

---

9 Das Prinzip der Einzelermächtigung kontrolliert die Organe, die stets bemüht sind ihre Handlungsmöglichkeiten auszudehnen. Dadurch soll ein exzessiver Gebrauch von Gewalt auf einer Hoheitsebene verhindert werden. Die Beachtung dieses Grundsatzes wurde in dem Maße notwendiger, in dem die Gemeinschaft wächst und die Möglichkeit der Mitgliedstaaten, die politischen Strukturen der Gemeinschaft zu beeinflussen, schwindet. *Kraußer*, Das Prinzip der begrenzten Einzelermächtigung, S. 28; darauf Bezug nehmend auch: *Ullrich*, ZEuS 2000, S. 243 (246).

10 *EuGH*, Urteil vom 22.05.1990, Rs. C 70/88, Slg. 1990, I-2041, Rdnr. 22, *„Parlament/Rat“*.

11 Beispielhaft das *EuGH*, Urteil vom 09.07.1987, Rs. 281, 283, 285, 287/85, Slg. 1987, 3203, Rdnr. 27 ff., *„Wanderungspolitik“*; zunächst prüft der *EuGH* klassisch die Voraussetzungen der Rechtsgrundlage (Rdnr. 12 ff.), anschließend wird geprüft, ob die gewählte Form den Anforderungen der Rechtsgrundlage entspricht (Rdnr. 27 ff.).

12 So auch bei Art. 95 I EG. Zu den Handlungsformen des Art. 95 I EG, vgl. Kapitel VIII.

13 Hierzu zählen die im Rat vorgesehenen Abstimmungsmodalitäten, die unterschiedlichen Stufen der Parlamentsbeteiligung, die Anhörung im Zusammenarbeitsverfahren gemäß Art. 252 EG und das Mitentscheidungsverfahren, gemäß Art. 251 EG.

14 *Pernice*, JZ 2000, S. 866 (871); *Boeck*, Abgrenzung der Rechtsetzungskompetenzen, S. 64 f.; *Jarass*, AöR 121 (1996), S. 173 (174).

15 Dies betrifft insbesondere die Zielvorgaben in der Präambel und Art. 2 EG, aber auch z.B. Art. 33 EG hinsichtlich der Ziele der Gemeinsamen Agrarpolitik; Art. 70 EG für die Ziele der gemeinsamen Verkehrspolitik.

her nicht auf das Bestehen einer konkreten Befugnis schließen.[16] Vielmehr muss der Vertrag eine Befugnisnorm enthalten, die regelt, unter welchen *Voraussetzungen* und in welcher *Form* die Gemeinschaft handeln darf.[17]

Anders verhält es sich bei den funktional ausgerichteten Handlungsbefugnissen, z.B. Art. 94, 95 EG, die nur durch eine Zielvorgabe definiert sind. Hier bestimmt ausnahmsweise das jeweilige *Vertragsziel* den Anwendungsbereich sowie die Kompetenzgrenzen. Diesen Befugnisnormen fehlen ausdrücklich formulierte Handlungsvoraussetzungen. Die Präzisierung der Voraussetzungen und Grenzen obliegt daher dem Gemeinschaftsgesetzgeber bzw. dem EuGH. Hier ist das Prinzip der begrenzten Einzelermächtigung von besonderer Bedeutung. Eine zu weite Auslegung der jeweiligen Zielvorgabe kann nämlich zu einem Verstoß gegen Art. 5 I EG führen.[18]

II. Die Dynamik der Kompetenzordnung als Auslegungsmaßstab

Gegenpol des Prinzips der begrenzten Einzelermächtigung ist die oftmals angeführte Dynamik der Kompetenzordnung.

1.) Anpassung an den jeweiligen Integrationsstand

Betrachtet man die gemeinschaftliche Kompetenzordnung im Gesamtgefüge der Integration, so muss sie, wie die gesamte Verfassungsordnung der Integrationsgemeinschaft, dynamisch verstanden werden.[19] Demnach müssen die Kompetenznormen weit und entsprechend dem jeweiligen Stand der Rechtsentwicklung innerhalb der Gemeinschaft ausgelegt werden. Obwohl die Regelungsbefugnis der Gemeinschaft auf bestimmte Sachbereiche begrenzt ist, wird von der Gemeinschaft erwartet, dass die wirtschaftlichen, sozialen und politischen Ziele in der Präambel und Art. 2 EG erreicht werden. Die Gemeinschaftskompetenzen sind parallel mit der Entwicklung der Gemeinschaft gewachsen. Dies erfolgte zwar meist durch die ausdrückliche Änderung der Verträge. Zu einem wesentli-

---

16 *Zuleeg*, in: Groeben/Schwarze, Art. 2 EG, Rdnr. 6; *Jarass*, AöR 121 (1996), S. 173 (176).

17 So z.B. in Art. 34 II EG hinsichtlich der Ziele der Gemeinsamen Agrarpolitik; Art. 71 EG für die Ziele der gemeinsamen Verkehrspolitik.

18 So auch der *EuGH*, Urteil vom 05.10.2000, Rs. C-376/98 u. 74/99, Slg. 2000, I-8419, Rdnr. 83 f., „*Tabakwerbeurteil*"; der *EuGH* hatte hier Art. 95 EG einschränkend ausgelegt und dabei u.a. auf den Grundsatz der beschränkten Ermächtigung und das durch Art. 220 EG gebotene Erfordernis der gerichtlichen Kontrolle des Gemeinschaftsgesetzgebers hinsichtlich der Wahl der Rechtsgrundlage hingewiesen.

19 *Jarass*, AöR 121 (1996), S. 173 (180 f.); *Schröder*, JZ 2004, S. 8 (10); *Deckert/Lilienthal*, EWS 1999, S. 121 (128).

chen Teil fand die Ausdehnung der Kompetenzordnung aber im Wege einer dynamischen Auslegung bestehender Kompetenznormen statt.

2.) Konflikt mit dem Prinzip der begrenzten Einzelermächtigung

Die dynamische Auslegung darf den Inhalt einer Kompetenznorm jedoch nicht komplett verändern.[20] Dennoch treten insbesondere bei der Querschnittskompetenz des Art. 95 I EG immer wieder Fälle auf, in denen der Gemeinschaftsgesetzgeber die binnenmarktbezogene Kompetenz benutzt, um zumindest als Nebeneffekt Rechtsgebiete wie den Umwelt[21]-, Gesundheits[22]- oder Verbraucherschutz[23] zu reglementieren. Zieht man das Argument der dynamischen Auslegung heran, so lassen sich die Übergriffe in andere Rechtsgebiete durchaus mit den Erfordernissen rechfertigen, die der heutige Stand der Integration mit sich bringt. Auf der anderen Seite gebietet das Prinzip der begrenzten Einzelermächtigung, dass die Gemeinschaft für den jeweiligen Regelungsbereich eine ausdrückliche Regelungskompetenz besitzt.[24]

Einschränkende Wirkung entfaltet insofern der Effektivitätsgrundsatz[25] („*effet utile*"), der als Auslegungsmaßstab gilt. Danach sollen die vom EG-Vertrag, insbesondere durch das Prinzip der begrenzten Einzelermächtigung, festgelegten Kompetenzgrenzen so weit ausgeschöpft werden, dass die Gemeinschaft ihre Ziele und Aufgaben in ihrem jeweiligen Integrationsstadium praktisch wirksam erfüllen kann.[26]

III. Rechtsgrundlagen für die Rechtsangleichung

Das 3. Kapitel von Titel VI des EG-Vertrages verweist in der Überschrift ausdrücklich auf die Rechtsangleichungsbefugnis. Neben diesen eigentlichen

---

20 So *von Bogdandy*, EuGRZ 2001, S. 441 (448), der hierbei auf die Bezeichnung der konkurrierenden Kompetenz Bezug nimmt. Mit Blick auf die Funktionsweise einer konkurrierenden Kompetenz sei es unbestreitbar, dass sich die Grenzlinie der jeweils aktuellen Zuständigkeitsverteilung zwischen Union und Mitgliedstaaten mit der Annahme neuer Gemeinschaftsrechtsakte verschiebe, da insofern die Mitgliedstaaten in ihrer Kompetenz zur eigenständigen Gestaltung einer Materie beschränkt würden.

21 Vgl. Kapitel IV.C.III.3.).

22 Vgl. Kapitel IV.D; *EuGH*, Urteil vom 05.10.2000, Rs. C-376/98, Slg. 2000, I-8419, Rdnr. 54, „*Tabakwerbeurteil*".

23 Vgl. Kapitel IX.

24 Die Anwendung des Art. 95 I EG führte zu Abgrenzungsschwierigkeiten mit den speziellen Kompetenznormen Artt. 152, 153, 174 EG. Vgl. hierzu Kapitel IV.C.

25 *EuGH*, Urteil vom 15.09.1998, Rs. C-231/96, Slg. 1998, I-4951, Rdnr. 34, „*Edis*".

26 *Kamann/Schroeder*, Europablätter 1999, S. 83 (86).

Rechtsangleichungskompetenzen finden sich unter den Handlungsermächtigungen der gemeinsamen Politikfelder ebenfalls Ermächtigungen für die Gemeinschaft zur Angleichung der nationalen Rechts- und Verwaltungsvorschriften.

1.) Ausdrücklich erfasste Rechtsgebiete

Im Unterschied zu den allgemeinen Rechtsangleichungsbefugnissen, die nur durch ihren spezifischen Marktbezug näher gekennzeichnet werden, beziehen sich die spezielleren Harmonisierungsbefugnisse – trotz ihres oftmals weitgespannten Umfangs – auf ein *bestimmtes Sachgebiet.* Aufgrund der Bereichsgebundenheit ist ihre tatbestandliche Konturierung und Begrenzung meist klar definiert.[27]

Für die Rechtspraxis von besonderer Bedeutung ist die Rechtsangleichungsvorschrift zur Agrarpolitik, Art. 37 EG. Ausdrücklich erfasste Rechtsgebiete sind darüber hinaus die Freizügigkeit der Arbeitnehmer (Art. 40 EG), das Niederlassungsrecht (Artt. 44 II lit. g); 46 II; 47 EG), das Dienstleistungsrecht (Art. 55 EG), das Visa-, Asyl- und Einwanderungsrecht (Art. 61 ff. EG), Verkehrspolitik (Art. 71 EG), die Harmonisierung der indirekten Steuern (Art. 93 EG), wettbewerbsverzerrende Vorschriften (Artt. 96, 97 EG), der Handel (Art. 133 EG), die Sozialpolitik (Art. 137 EG), der Verbraucherschutz (Art. 153 EG)[28], transeuropäische Netze (Artt. 156 i.V.m. 155 EG) sowie die Umweltpolitik (Art. 175 EG).[29]

2.) Querschnittskompetenzen, Artt. 94, 95 EG

Artt. 3 I lit. h), 94, 95 EG sind Grundsatznormen der Rechtsangleichung und vermitteln ein in sich geschlossenes legislatives System. Sie ermöglichen eine systematische Entwicklung von Angleichungsmaßnahmen in Harmonie mit dem primären und sekundären Gemeinschaftsrecht.[30] Als flexibel einsetzbare Normen sind sie nicht an einen bestimmten Sachbereich geknüpft, sondern lassen sich durch ihre Zielrichtung und nach dem Zweck der Maßnahme, d.h. final und funktional definieren. Aufgrund dieser allgemein gehaltenen Regelungsvoraussetzung können Maßnahmen aufgrund von Artt. 94, 95 EG in vielen unterschiedlichen

---

27 *von Danwitz*, in: Dauses, B II, 5, Rdnr. 90.
28 Kapitel IX.
29 Kapitel IV.C.III.3.).
30 *Schmeder*, Rechtsangleichung, S. 39.

Sachgebieten getroffen werden. Wegen dieses breiten Anwendungsfeldes verdienen sie die Bezeichnung „*Querschnittskompetenzen*".[31]

IV. Die Sachbereichskompetenzen und die Zielkompetenzen

Die Gemeinschaftsrechtsordnung unterscheidet demnach zwischen *allgemeinen* (Generalermächtigungen, z.B. Artt. 95, 308 EG) und *speziellen* Kompetenznormen (sachgebietsbezogene Kompetenzen, z.B. Artt. 152, 174 EG). Darüber hinaus muss nach der *inhaltlichen Zielrichtung* der Kompetenznormen differenziert werden.[32] Teilweise übertragen die Gemeinschaftskompetenzen einen ganzen Sachbereich bzw. Teile eines Sachbereichs auf die Gemeinschaft. Es gibt aber auch Kompetenznormen, die lediglich ein *Ziel* für die Gesetzgebungsmaßnahme vorgeben. Die meisten Gemeinschaftskompetenzen verknüpfen bestimmte Sachbereiche mit der Verfolgung bestimmter Ziele.

1.) Zielkompetenzen

Häufig sollen die europäischen Gesetzgeber aufgrund der Kompetenzgrundlagen Recht setzen, um *vertraglich bestimmte Ziele* zu verfolgen. Diese Ziele werden in der Regel in den einzelnen Kompetenzgrundlagen selbst oder in einem eigenen Artikel definiert.

a.) Spezielle Ziele der einzelnen Kompetenznormen

Unterschieden wird zwischen „Zustandzielen", „Richtungszielen" und „Bereichszielen".[33] „*Zustandziele*" verpflichten die Gemeinschaft zur Herstellung eines bestimmten Endzustands (z.B. zur Abschaffung der Zölle und mengenmäßigen Beschränkungen, Artt. 23, 28 EG). „*Richtungsziele*" geben die Tendenz der Politik vor (z.B. Stärkung des wirtschaftlichen und politischen Zusammenhalts, Artt. 158 ff. EG, Förderung der Wettbewerbsfähigkeit, Art. 157 EG, technologische Entwicklung, Art. 163 ff. EG). Im Rahmen der „*Bereichsziele*" ist die Ziel-

---

31 Schlussanträge des *GA Fennelly* vom 15.06.2000, *EuGH*, Rs. C–376/98, Slg. 2000, I-8419, Rdnr. 62; *Selmayr/Kamann/Ahlers*, EWS 2003, S. 49; *Götz*, JZ 2001, S. 34 (35).

32 *von Bogdandy/Bast* differenzieren weiter zwischen zielbezogenen Kompetenzen mit Querschnittscharakter (z.B. Artt. 88, 94, 95, 308 EG), zielbezogenen Kompetenzen in einem umschriebenen Sachgebiet (z.B. Artt. 37, 175 EG) und reinen Sachkompetenzen (Art. 195 IV EG). Vgl. *von Bogdandy/Bast*, EuGRZ 2001, S. 441 (446).

33 Vgl. zu dieser Aufteilung: *Basedow*, FS für Everling, Bd. I, S. 49 (59 f.); *Trüe*, System der Rechtsetzungskompetenzen, S. 118.

setzung darauf beschränkt, dass die Union oder die Gemeinschaft in einem Sachbereich tätig werden soll (z.B. Landwirtschaft Art. 32 ff. EG, Verkehr Artt. 70 ff. EG, Außen- und Sicherheitspolitik Artt. 11 ff. EU). Bei der letzteren Gruppe handelt es sich um Sachbereichskompetenzen mit speziell auf diesen Sachbereich bezogenen Zielbestimmungen.[34] Diese Zielkomponente sorgt dafür, dass über einen ausdrücklich der Gemeinschaft zugewiesenen Sachbereich hinaus in weiteren Sachbereichen Regelungen getroffen werden. Dies kann soweit führen, dass ursprünglich den Mitgliedstaaten verbliebene Sachbereiche von der Gemeinschaft mitgeregelt werden.

b.) Finale Kompetenznormen

Final definierte Kompetenznormen, wie etwa Artt. 94, 95 EG, begründen eine Rechtssetzungsbefugnis aufgrund einer vorgegebenen Zielsetzung und sind nicht auf einen bestimmten Sachbereich festgelegt. Das bedeutet, der Gemeinschaftsgesetzgeber kann aufgrund dieser Ermächtigungsgrundlagen tätig werden, wenn die Maßnahme das entsprechende Ziel verfolgt. Im Rahmen des Art. 94 EG wäre dies die Erreichung des Gemeinsamen Marktes, bei Art. 95 EG müsste der Gesetzgebungsakt auf die Errichtung und das Funktionieren des Binnenmarktes gerichtet sein.[35]

Anders als z.B. bei Art. 175 EG, dessen Ziel („Umwelt") einen bestimmten Sachbereich umfasst, ist das Ziel des Art. 95 EG („Binnenmarkt") ein weiter Oberbegriff. Art. 95 EG kann aufgrund seiner weit gefassten Zielsetzung nahezu in jeden Sachbereich eingreifen. Die alleinige Bindung an das Ziel führt hier dazu, dass die auf den Binnenmarkt gerichteten Maßnahmen zusätzlich Sachbereiche wie z.B. Gesundheitsschutz, Umweltschutz oder Kultur berühren, die an sich überwiegend bei den Mitgliedstaaten verblieben sind. Sein Potential erstreckt sich auf praktisch alle Sachbereiche, mit Ausnahme allerdings der in Art. 95 II EG aufgeführten, und steht damit unvermeidlich in einem Spannungsverhältnis mit dem Prinzip der begrenzten Einzelermächtigung. Maßnahmen aufgrund von Art. 95 EG legen meist, anders als bei den *„Querschnittsklauseln"*[36] der Gemeinschafts-Sachkompetenzen, einen Querschnitt in mitgliedstaatliche

34 *Basedow*, FS für Everling, Bd. I, S. 49 (61); *Boeck*, Abgrenzung der Rechtsetzungskompetenzen, S. 65 ff.

35 Weitere zielorientierte Normen sind z.B. Artt. 151, 152 EG; sie schließen allerdings jedwede Angleichung der nationalen Verwaltungs- und Rechtsvorschriften aus.

36 Vgl. hierzu Kapitel IV.A.III.2.).

Kompetenzen hinein.[37] Die finalen Kompetenzen schwächen das Prinzip der begrenzten Einzelermächtigung.

2.) Allgemeine Gemeinschaftsziele und Querschnittklauseln

Abgesehen von den speziellen Zielen in den einzelnen Kompetenzgrundlagen muss der Gemeinschaftsgesetzgeber die übergeordneten Gemeinschaftsziele, Art. 2 EU, Art. 2 EG, verfolgen. Alle Kompetenzen sind daher gleichzeitig Instrumente, um die übergeordneten Gemeinschaftsziele zu erreichen. Zudem gibt es Gemeinschaftsziele, die aufgrund ausdrücklicher Anordnung in besonderen Vertragsartikeln bei jeder Kompetenzausübung mitzuverfolgen sind (*Querschnittklauseln*). Bei der Ausübung anderer Kompetenzen müssen die Schutzbedürfnisse dieser Sachbereiche mitberücksichtigt werden.[38] In diesem Auftrag an die Gemeinschaft liegt ein gewisses *Mehr an Integrationsintensität* in den Sachbereichen, in denen Querschnittsklauseln existieren. Die Querschnittsklauseln variieren auch untereinander in ihrer Intensität. Während Art. 152 I EG ein hohes Gesundheitsschutzniveau gesichert wissen will und damit eine Verpflichtung zum Erfolg erkennen lässt,[39] gebieten andere Querschnittsklauseln, wie z.B. Artt. 6, 153 II EG, den Erfordernissen des Umweltschutzes bzw. Verbraucherschutzes Rechnung zu tragen. Da die Querschnittsklauseln Auswirkungen auf Kompetenzkonflikte zumindest insoweit haben, als sie Kompetenzüberschreitungen notwendig machen, ist zwischen Kompetenzen mit Querschnittklauseln und solchen ohne diese zu unterscheiden.

---

37 Im Rahmen der Tabakwerberichtlinie (RL 98/43/EG) greift der auf Art. 95 I EG gestützte Rechtsakt beispielsweise in den Sachbereich des Gesundheitsschutzes ein. Die Angleichung dieser Vorschriften ist gemäß Art. 152 IV lit. c) EG aus der gemeinschaftlichen Gesetzgebungskompetenz ausgenommen und den Mitgliedstaaten überlassen. *EuGH*, Urteil vom 05.10.2000, Rs. C-376/98 u. 74/99, Slg. 2000, I-8419, Rdnr. 76 ff., „*Tabakwerbeurteil*". Vgl. zu dieser Problematik ausführlich Kapitel IV.D; *Götz*, JZ 2001, S. 34 (35).

38 Mit Art. 6 EG (Artt. 130 r II 3 EGV) bezüglich des Umweltschutzes ist im Rahmen der EEA erstmals eine Querschnittsklausel in den Vertrag eingefügt worden. Mit dem Vertrag von Maastricht und Amsterdam gibt es darüber hinaus auch Querschnittsklauseln für die Gleichstellung von Mann und Frau (Art. 3 II EG), und in den Bereichen Kultur (Art. 151 IV EG), Gesundheitswesen (Art. 152 I 1 EG), Verbraucherschutz (Art. 153 II EG), Industrie (Art. 157 III EG), wirtschaftlicher und politischer Zusammenhalt (Art. 159 EG) und Entwicklungszusammenarbeit (Art. 178 EG).

39 *Fischer*, in: Lenz, Art. 152 EG, Rdnr. 5.

3.) Sachbereichskompetenzen

a.) Allgemeine Sachbereichskompetenzen

Sachgebundene Kompetenzen machen einen bestimmten Teilbereich wirtschaftlicher bzw. nichtwirtschaftlicher Betätigungsformen zum Gegenstand einer umfassenden Regelungsbefugnis, ohne dass ein normativer Zielzusatz oder eine Aufgabe vorgegeben wird.[40] Sachbereiche, für die der Gemeinschaft Rechtsetzungskompetenzen zugewiesen sind, sind z.B. die Landwirtschaft, die Personenfreizügigkeit, der Verkehr, der Wettbewerb, die Währungspolitik oder der Außenhandel.

b.) Begrenzte Sachbereichskompetenzen

Begrenzte Sachbereichskompetenzen weisen der Gemeinschaft zwar die Kompetenz für einen bestimmten abgegrenzten Sachbereich zu, sie grenzen die Handlungsbefugnis aber durch die zur Verfügung gestellten Handlungsformen, Intensitätsstufen oder durch die mögliche Reichweite ein.[41] Solche begrenzten Kompetenzen hat die Gemeinschaft, wenn sie kraft ausdrücklicher Bestimmung in der Rechtsgrundlage nur die Mitgliedstaaten bei der Ausübung ihrer Kompetenzen begleitet. Beispiele für begrenzte Sachbereichskompetenzen sind Artt. 137, 174, 177, 180 EG.[42]

Die begrenzten Sachbereichskompetenzen enthalten, trotz genereller Unterordnung unter die Leitlinien der Mitgliedsstaaten, auch einen den mitgliedstaatlichen Politiken gegenüber selbstständigen Gemeinschaftsaspekt. Der übernationale Teil des Sachgebiets, der mit der mitgliedstaatlichen Politik kraft Natur der Sache nicht verwirklicht werden kann, wird dadurch trotz Fortbestehens der Mitgliedstaatenkompetenz in die Gemeinschaftskompetenzen aufgenommen.[43]

4.) Ausdrücklicher Ausschluss von Harmonisierungsmaßnahmen

Besondere Erwähnung sollen die Normen finden, die der Gemeinschaft zwar Kompetenzen zusprechen, allerdings eine Rechtsangleichung ausdrücklich ver-

---

40 *Nettesheim*, EuR 1993, S. 248 (259).

41 Vgl. ausführlich *Trüe*, System der Rechtsetzungskompetenzen, S. 273.

42 Manche der begrenzten Sachbereichskompetenzen enthalten Querschnittsklauseln, andere nicht. Sachbereichskompetenzen *mit* Querschnittsklauseln sind: Artt. 141 EG; 152 I EG.

43 *Fischer*, in: Lenz, Vorbemerkung zu Artt. 149 und 150 EG, Rdnr. 3; Art. 149 EG, Rdnr. 2; *Beckedorf/Henze*, NVwZ 1993, S. 125 (128); *Trüe*, System der Rechtsetzungskompetenzen, S. 278 spricht in diesem Zusammenhang von einem „*Europäischen Mehrwert*".

bieten.[44] Zu diesen Normen gehören insbesondere Artt. 152, 149 IV, 150 IV, 151 V EG. Nach diesen Vorschriften sind Angleichungsmaßnahmen auf dem Gebiet des Gesundheitswesens, des Bildungswesens und des Kulturwesens verboten. Wenn eine auf Art. 95 EG gestützte Maßnahme auf einen der vom Harmonisierungsverbot erfassten Sachmaterien stößt, so kann dies zu Kompetenzkonflikten sowohl auf horizontaler als auch auf vertikaler Ebene führen.

V. Art. 95 in der gemeinschaftlichen Kompetenzordnung

Die funktionale Ausrichtung des Art. 95 EG bietet der Gemeinschaft die Möglichkeit, nahezu alle Rechtsgebiete, die einen mittelbaren oder unmittelbaren Bezug zum Binnenmarkt haben, zu regeln.[45] Die Problematik der umfassenden Anwendungsmöglichkeiten des Art. 95 EG wird dadurch verschärft, dass er eine qualifizierte Mehrheitsentscheidung vorsieht und damit seine Anwendung politisch nur noch eingeschränkt kontrolliert werden kann.[46] Je weiter der EuGH den sachlichen Umfang der Kompetenznorm gezogen hat, umso mehr können sich Kollisionen mit anderen Kompetenznormen ergeben.[47] Soweit der Gemeinschaft keinerlei sachbezogene Kompetenznormen zur Verfügung stehen, wird der Gemeinschaftsgesetzgeber auf Art. 95 EG zurückgreifen müssen, um den Integrationsprozess voranzutreiben und der Dynamik der Kompetenzordnung gerecht zu werden. Daher bedarf es, neben den konkretisierten Tatbestandsvoraussetzungen, Kriterien für die Abgrenzung der gemeinschaftlichen Kompetenzen untereinander und gegenüber den Mitgliedstaaten.

B. Kompetenzkonflikt auf vertikaler Ebene

Das Gemeinschaftshandeln ist weiterhin durch die Sachgebungskompetenz der Mitgliedstaaten, also die Kompetenz der nationalen Gesetzgeber, ein bestimmtes Sachgebiet zu regeln, begrenzt (*vertikale Kompetenzebene*).[48] Eine Abgrenzung auf horizontaler Ebene wird daher grundsätzlich erst dann relevant, wenn feststeht, dass die Verbandskompetenz bei der Gemeinschaft liegt.

---

44 Ausführlich, *Trüe*, System der Rechtsetzungskompetenzen, S. 283 ff.

45 *Barents*, CMLR 30 (1993), S. 85 (88).

46 *Kamann/Schroeder*, Europablätter 1999, S. 83 (87).

47 *Nettesheim*, EuR 1993, S. 243 (246).

48 *Krauß* spricht von „vertikaler Gewaltenteilung", vgl. *Krauß*, Das Prinzip der begrenzten Einzelermächtigung, S. 21.

I. Abgrenzung mitgliedstaatlicher und gemeinschaftlicher Kompetenzen

Nach dem Prinzip er begrenzten Einzelermächtigung (Art. 5 I EG) darf die Gemeinschaft nur dann handeln, wenn dies in den Verträgen vorgesehen ist. Anders als im Rahmen der horizontalen Kompetenzabgrenzung ist die Abgrenzung zwischen gemeinschaftlicher und mitgliedstaatlicher Kompetenz klaren Regeln unterworfen. Soweit der Gemeinschaftsvertrag eine Handlungsbefugnis für die Gemeinschaft vorsieht, liegt die Kompetenz bei der Gemeinschaft.[49] Sofern vertikale Kompetenzkonflikte Gegenstand einer EuGH Entscheidung waren, zeigte sich der Gerichtshof in den meisten Fällen tolerant gegenüber einem extensiven Kompetenzverständnis der Gemeinschaftsorgane.[50]

II. Vertikale Kompetenzabgrenzung bei Art. 95 EG

Auf Art. 95 EG gestützte Rechtsakte können in Materien eingreifen, die im mitgliedstaatlichen Kompetenzbereich verblieben sind. Aufgrund des Querschnittcharakters kommt es häufig zu diesen Überschneidungen.[51]

1.) Schutzinteressen und wirtschaftliche Ziele

Zu den betroffenen Bereichen gehören insbesondere die den Mitgliedstaaten vorbehaltenen Sachmaterien wie Gesundheits-, Verbraucher- und Umweltschutz. Sie befassen sich mit nationalen *Schutzinteressen*, und sind regelmäßig nicht mit wirtschaftlichen Zielen verbunden. Im Rahmen von Art. 95 EG verfolgt der Gemeinschaftsgesetzgeber ein auf dem Binnenmarkt basierendes und demnach *wirtschaftliches Ziel*. Fraglich ist nun, ob ein Rechtsakt auch auf Art. 95 I EG gestützt werden kann, wenn er die den Mitgliedstaaten vorbehaltenen Schutzinteressen berührt.

---

49 Hinsichtlich der Konsequenzen für das gemeinschaftliche Handeln und die Sperrwirkung, die die Inanspruchnahme der Gemeinschaftskompetenz entfaltet vgl. bereits Kapitel V.

50 *EuGH*, Urteil vom 31.03.1971, Rs. C-22/70, Slg. 1971, I-263, Rdnr. 14, 17, *„Europäisches Übereinkommen über Straßenverkehr"*; *EuGH*, Urteil vom 13.02.1985, Rs. C-293/83, Slg. 1985, I-593, Rdnr. 15-25, *„Gravier"*. Ausführlich hierzu: *Simm*, Der *EuGH* im föderalen Kompetenzkonflikt, S. 111 ff.

51 Im äußersten Fall kann der Rechtsakt in einen Sachbereich hineinwirken, in dem ein Harmonisierungsverbot besteht. Vgl. hierzu Kapitel IV.D.

2.) Schutzniveauklausel und dynamische Auslegung

Unbestritten ist, dass auf der Grundlage von Art. 95 EG erlassene Harmonisierungsmaßnahmen Auswirkungen auf den Schutz der Gesundheit, Sicherheit sowie auf den Umwelt- und Verbraucherschutz haben dürfen. Zum Ausdruck kommt dies zum einen in den Sachbereichskompetenzen mit Querschnittsklauseln.[52] Zum anderen gebietet Art. 95 III EG, dass ein angemessener Regelungsbereich für die jeweiligen Schutzinteressen bei den Mitgliedstaaten verbleibt.[53] In diesen Bereichen hat die Gemeinschaft lediglich die Möglichkeiten zu Fördermaßnahmen.

Aufgrund der gebotenen *dynamischen Auslegung* der Verträge muss es zulässig sein, dass sich der Umfang der mitgliedstaatliche Kompetenzen zugunsten der Gemeinschaft verändert.[54] Ansonsten würde das Ziel der Artt. 14, 95 EG, die Schaffung eines Binnenmarktes, nachhaltig behindert, denn die hier relevanten Sachmaterien sind aufgrund des Querschnittscharakters des Art. 95 EG oft betroffen. Grundsätzlich gilt Art. 95 EG in diesen Fällen als einschlägige Kompetenznorm, soweit sein geschriebener und ungeschriebener Tatbestand erfüllt ist. Soweit es sich bei den sich mit Art. 95 EG überschneidenden Normen um Sachbereichskompetenzen *mit* Querschnittscharakter handelt, kann auf die im Folgenden im Rahmen der horizontalen Kompetenzabgrenzung gemachten Ausführungen verwiesen werden.[55]

C. Horizontale Kompetenzebene

Auf der *horizontalen Ebene*[56] bedarf es einer Abgrenzung der einzelnen Rechtsgrundlagen und damit der jeweiligen Zuständigkeit der Gemeinschaftsorgane voneinander. Die Hauptschwierigkeiten für eine horizontale Angleichungspolitik liegen in der Vielfalt und Vielzahl der Angleichungskompetenzen, sowie im Ei-

---

52 Zu den Sachbereichskompetenzen mit Querschnittklausel: Kapitel IV.D.

53 *Nolte*, NJW 2000, S. 1144 (1147); vgl. zu den Schutzinteressen gemäß Art. 95 III EG ausführlich: Kapitel III.E.II.2.)a.)bb.) und Kapitel II.B.III.3.)b.).

54 *Jarass*, AöR 121 (1996), S. 173 (181). *Dynamische Auslegung* bedeutet, dass die Sach- und Rechtslage anhand der jeweiligen aktuellen Entwicklung beurteilt wird. Die nicht immer vorhersehbare dynamische Entwicklung der Kompetenzordnung geht zu Lasten einer exakten Abgrenzbarkeit der Kompetenzen zwischen Gemeinschaft und den Mitgliedstaaten. Der Grundsatz der begrenzten Ermächtigung wird insoweit relativiert, als damit eine exakte Festlegung der Befugnisse der Gemeinschaft nicht mehr verbunden werden kann, vgl. *Lienbacher*, in: Schwarze, Art. 5 EG, Rdnr. 8.

55 Danach handelt es sich hierbei letztlich um eine Abgrenzung von Kompetenznormen untereinander und damit um einen horizontalen Kompetenzkonflikt.

56 Die horizontale Kompetenz betrifft die *Organkompetenz*.

gengewicht jedes Sachgebietes.[57] Die Frage richtet sich daher nicht darauf, *ob* die Gemeinschaft überhaupt handeln darf – die Verbandskompetenz[58] der Gemeinschaft steht bereits fest –, sondern aufgrund welcher Ermächtigungsgrundlage und nach welchem Gesetzgebungsverfahren.

I. Zulässigkeit doppelter Rechtsgrundlagen

Der einfachste Weg, die Abgrenzungsprobleme zu umgehen, ist die Inanspruchnahme *doppelter Rechtsgrundlagen*. In der früheren[59] Gemeinschaftspraxis wurden Rechtsakte oft auf *doppelte Rechtsgrundlagen* gestützt.[60] Für die Zulässigkeit einer doppelten Rechtsgrundlage hat der EuGH folgende zwei Grundsätze entwickelt[61]:

1. Ergibt die Prüfung eines gemeinschaftlichen Rechtsaktes, dass er zwei Ziele verfolgt und lässt sich eines davon als *wesentliches oder überwiegendes* ausmachen, während das andere nur von untergeordneter Bedeutung ist, so ist der Rechtsakt nur auf erstere Rechtsgrundlage zu stützen.[62]

2. Werden mit dem Rechtsakt hingegen gleichzeitig mehrere Ziele verfolgt, die *untrennbar miteinander verbunden* sind, ohne dass das eine im Verhältnis zum anderen zweitrangig ist und mittelbaren Charakter hat, so kann ein solcher Rechtsakt ausnahmsweise auf die verschiedenen einschlägigen Rechtsgrundlagen gestützt werden.[63]

---

57 *Schwartz*, FS für von der Groeben, S. 333 (335).

58 Die Verbandskompetenz betrifft das vertikale Verhältnis zwischen Mitgliedstaaten und Union, die Organkompetenz hingegen das horizontale Verhältnis zwischen den verschiedenen Unionsorganen. Vgl. *von Bogdandy/Bast*, EuGRZ 2001, S. 441 (444).

59 Vor der Einführung der Mehrheitsentscheidung mit der EEA sahen die Gemeinschaftskompetenzen überwiegend das Einstimmigkeitsprinzip vor.

60 Soweit zwei oder mehrere Rechtsgrundlagen in Betracht kamen, wurde die Maßnahme auf diese gestützt. *Karpenstein*, in: Ress, Rechtsprobleme der Rechtsangleichung, S. 57 ff.

61 Vgl. auch: *Gundel*, EuR 2003, S. 100 (105); *Reher/Schöner*, EWS 1997, S. 294 (370).

62 *EuGH*, Urteile vom 23.02.1999, Rs. C-42/97, Slg. 1999, I-869, Rdnr. 39 und 40, *„Sprachenvielfalt"*; *EuGH*, Urteil vom 30.01.2001, Rs. 36/98, Slg. 2001, I-779, Rdnr. 59, *„Auswärtige Beziehungen"*; *EuGH*, Urteil vom 10.12.2002, Rs. C-491/01, Slg. 2002, I-11453, Rdnr. 93, 96, *„Tabakproduktурteil"*. In diesem Urteil stellte der *EuGH* z.B. fest, dass Art. 133 EG nicht neben Art. 95 EG als Rechtsgrundlage stehen darf. Begründet hat er die Entscheidung damit, dass das Ziel der gemeinsamen Handelspolitik gemäß Art. 133 EG *„angesichts des Zweckes und des Inhalts der Richtlinie insgesamt gegenüber dem Hauptziel der Richtlinie, nämlich der Verbesserung der Bedingungen für das Funktionieren des Binnenmarktes, nur von untergeordneter Bedeutung ist."*

63 *EuGH*, Gutachten 2/00 vom 6.12.2001, Slg. 2001, I-9713, Rdnr. 23; *EuGH*, Urteil vom 10.12.2002, Rs. C-491/01, Slg. 2002, I-11453, Rdnr. 94, *„Tabakprodukturteil"*.

Die Möglichkeit, die Maßnahme auf alle in Betracht kommenden Rechtsgrundlagen zu stützten, scheidet allerdings aus, sofern diese *unterschiedliche Gesetzgebungsverfahren* vorsehen.[64] Im Folgenden soll daher auf die Notwendigkeit der Abgrenzung unterschiedlicher Rechtsgrundlagen und auf die Abgrenzungskriterien im Rahmen des horizontalen Kompetenzkonfliktes eingegangen werden.

II. Erforderlichkeit der Abgrenzung der Ermächtigungsgrundlage

Trotz ausnahmsweise zulässigem Nebeneinander zweier Rechtsgrundlagen muss sich das Gemeinschaftsorgan grundsätzlich für *eine* Ermächtigungsnorm entscheiden, soweit der zu erlassende Rechtsakt in den Anwendungsbereich zweier oder mehrerer Rechtsgrundlagen fällt. Die Entscheidung für eine bestimmte Ermächtigungsgrundlage ist insbesondere für die Bestimmung des jeweiligen *Gesetzgebungsverfahrens* relevant. Darüber hinaus kommt ihr aber auch hinsichtlich der Schaffung eines *institutionellen Gleichgewichts* Bedeutung zu.

1.) Unterschiedliche Gesetzgebungsverfahren

Die Befugnisnormen des Gemeinschaftsvertrages enthalten differenziert ausgestaltete *Gesetzgebungsverfahren.*[65] Die Mitwirkung des Rates, der Kommission und des Europäischen Parlaments ist je nach Gesetzgebungsverfahren unterschiedlich ausgeprägt.[66] So kann eine Verpflichtung zur Anhörung, Mitentschei

---

64 *Voß/Wenner*, NVwZ 1994, S. 332 (334); *Midekke*, DVBl 1993, S. 769 (771); *Ullrich*, ZEuS 2000, S. 243 (247/254); *Reher/Schöner*, EWS 1997, S. 366 (369).
Eine Kombination von Rechtsgrundlagen sollte aber auch bei einer wesentlichen Veränderungen im Verfahren zulässig sein, soweit dies für die Verfolgung kohärenter Strategien in sich überschneidenden Politikfeldern erforderlich ist. Allerdings ist die manipulative, sachlich nicht begründete Heranziehung zusätzlicher Rechtsgrundlagen unzulässig. Daher muss ein auf mehreren miteinander unvereinbaren Rechtsgrundlagen gestützter Rechtsakt entsprechend der einschlägigen Rechtsgrundlagen aufgeteilt werden, so dass mehrere einzelne Rechtsakte bestehen. Eine Trennung der einzelnen Rechtsakte nach Rechtsgrundlagen darf der Verzahnung der Lebensbereiche und Kompetenzfelder der Gemeinschaft aber nicht entgegenwirken. Die Hürden für eine Doppelabstützung dürfen daher nicht zu hoch angesetzt werden, um das Rechtsetzungsverfahren nicht unnötig zu erschweren. *Gundel*, EuR 2003, S. 100 (108). Ähnlich GA *Geelhoed*, Schlussanträge vom 10.09.2002, Rs. C-491/01, Slg. 2002, I-11453, Rdnr. 173, „*Tabakproduktурteil*"; *EuGH*, Urteil vom 11.06.1991, Rs. C-300/89, Slg. 1991, I-2867, Rdnr. 20, „*Titandioxid*".

65 Die Differenzierung erfolgte aufgrund von Änderungen, die mit der EEA, (abgedruckt in: BGBl. 1986, Teil II, S. 1102 ff.) und mit dem Vertrag von Maastricht vorgenommen wurden. Vgl. *Ullrich*, ZEuS 2000, S. 243 (247).

66 Ausführlich: *Dashwood*, E.L.Rev. 19 (1994), 343 ff.

dung des Europäischen Parlaments gemäß Art. 251 EG oder zur Zusammenarbeit mit dem Europäischen Parlament gemäß Art. 252 EG bestehen.

Weiterhin legt die jeweilige Rechtsgrundlage die erforderlichen *Mehrheitsverhältnisse* im Rat fest. Diese haben unmittelbare Auswirkungen auf den Einfluss der Gemeinschaftsorgane und der Mitgliedstaaten: Das Erfordernis der Einstimmigkeit begünstigt die Stellung des Rates und der einzelnen Nationalstaaten im Gesetzgebungsverfahren. Für die Kommission und das Europäische Parlament bedeutet sie eine Abschwächung ihres Einflusses.[67] Zuletzt bestimmt die Ermächtigungsnorm die jeweiligen Voraussetzungen, die vorliegen müssen, damit eine Rechtsangleichungsmaßnahme vorgenommen werden kann.[68]

a.) Verfahren der Sekundärrechtssetzung

Die Verfahren der Sekundärrechtssetzung unterscheiden sich meist von Kompetenz zu Kompetenz. Als Beispiel lässt sich die *Tabakproduktrichtlinie*[69] anführen, die sowohl auf Art. 95 I EG als auch auf die handelspolitische Ermächtigung des Art. 133 EG gestützt wurde.[70] Die Rechtsetzungsverfahren, die die Gemeinschaft nach diesen Normen einhalten muss, sind unterschiedlich. Nach Art. 95 EG muss der Rat nämlich gemeinsam mit dem Parlament nach dem Verfahren der Mitentscheidung gemäß Art. 251 EG handeln, während Art. 133 EG ein Verfahren festlegt, bei dem eine Beteiligung des Parlaments nicht vorgesehen ist und der Rat mit qualifizierter Mehrheit entscheidet.[71] Eine *Doppelabstützung* vermischt in diesen Fällen die Verfahrensvorschriften und wird auch als Verstoß gegen die vom Vertrag gewollte Verteilung der Zuständigkeiten zwischen den Organen gerügt.[72]

---

67 Schlussanträge des GA *Lenz* vom 29.01.1987, Rs. 45/86, Slg. 1987, 1493, Rdnr. 32, „*Allgemeine Zollpräferenzen*“. Das in Art. 95 I EG vorgesehene Mehrheitsprinzip begünstigt hingegen Kommission und Europäisches Parlament. Vgl. hierzu Kapitel II.B.III.1.).

68 Vgl. zu den Tatbestandsmerkmalen des Art. 95 I EG: Kapitel III.

69 RL 2001/37/EG.

70 *EuGH*, Urteil vom 10.12.2002, Rs. C-491/01, Slg. 2002, I-11453, Rdnr. 106, „*Tabakprodukturteil*“. In der Entscheidung lehnte der Gerichtshof die doppelte Inanspruchnahme bereits wegen des überragenden Binnenmarktzieles ab. Allerdings hielt er die Richtlinie dennoch nicht für nichtig. „Die Hinzunahme des Art. 133 EG zu Art. 95 EG als zweite Rechtsgrundlage hat nämlich das im vorliegenden Fall eingehaltene Verfahren der Mitentscheidung in seinem Wesensgehalt nicht berührt“. Zu dieser Problematik vgl. auch *Gundel*, EuR 2003, S. 100 (106 ff.).

71 Zu weiteren Unterschieden vgl.: *Schroeder*, EuZW 2001, S. 489 (493).

72 Diese Rüge brachte das Vereinigte Königreich als Klägerin im „*Tabakprodukturteil*“ vor. Denn im Rahmen des Gesetzgebungsverfahrens wurde gemäß Art. 95 I EG die Mitentscheidung des Parlaments veranlasst, obwohl Art. 133 EG nicht einmal eine Anhörung des Parlaments vorsieht. *EuGH*, Urteil vom 10.12.2002, Rs. C-491/01, Slg. 2002, I-11453, Rdnr. 101, „*Tabakprodukturteil*“.

Würde man in solchen Fällen eine doppelte Rechtsgrundlage zulassen, so würde das dem Gemeinschaftsvertrag zugrunde liegende System von Befugnis und Verfahren dem Belieben des Gemeinschaftsgesetzgebers unterworfen. Auch bestünde die Gefahr der Umgehung des Prinzips der begrenzten Einzelermächtigung.[73] In der Literatur[74] wird versucht, die Doppelabstützung dadurch zu rechtfertigen, dass das jeweils strengere Verfahren Anwendung finden soll. Dieser Ansatz vermag jedoch nicht zu überzeugen. Denn dies stellt faktisch die Schaffung neuer Kompetenznormen dar, die so vom Vertrag nicht vorgesehen sind.[75]

b.) Verfahren beim nationalen Alleingang

Abgesehen von den möglichen Unterschieden im Verfahren der Sekundärrechtssetzung können auch Unterschiede hinsichtlich des Verfahrens beim nationalen Alleingang bestehen.

aa.) Allgemein

Ausnahmsweise sind die Mitgliedstaaten dazu berechtigt, unabhängig von der gemeinschaftlichen Regelung abweichende strengere Vorschriften zu erlassen.[76] Diese Möglichkeiten müssen allerdings ausdrücklich in den Befugnisnormen erwähnt sein. Die Möglichkeit zum nationalen Alleingang ergibt sich so z.B. aus Art. 95 IV, V, VI EG, Artt. 175, 176 EG. Diese Vorschriften enthalten die jeweiligen Voraussetzungen und die Maßnahmen, die die Mitgliedstaaten zu befolgen haben. Hierbei können unterschiedliche Verfahrensabläufe vorgegeben sein, so dass bei der Inanspruchnahme einer doppelten Rechtsgrundlage ein Konfliktfall auftreten kann.

bb.) Beispiel: Art. 95 VI EG und Art. 176 EG

Ein Beispiel stellt das Zusammentreffen der Umweltschutzvorschrift, Artt. 175, 176 EG mit Art. 95 I, VI EG dar. Entsprechend Art. 95 VI EG verpflichtet Art. 176 S. 3 EG die Mitgliedstaaten, eine Schutzverstärkung bei der Kommission zu *notifizieren*.[77] Anders als im Rahmen von Art. 95 EG handelt es sich bei

---

73 *Epiney*, Umweltrecht in der europäischen Union, S. 64.

74 *Heselhaus*, NVwZ 1999, S. 1190 (1191); *Breier*, EUR 1995, S. 46 (51); *Everling*, EuR 1991, S. 179 (181).

75 *Voß/Wenner*, NVwZ 1994, S. 332 (334); *Schroeder*, EuZW 2001, S. 489 (493).

76 *Pechstein*, Jura 1996, S. 176 (177).

77 Diese zu Art. 95 V, VI EG analoge Bestimmung ist nachträglich mit dem Vertrag von Maastricht eingefügt worden.

der Pflicht nach Satz 3 um eine *reine Meldepflicht* im Nachhinein mit bloß deklaratorischer Wirkung.[78] Im Rahmen von Art. 95 VI EG verweist schon der Wortlaut „*billigen oder ablehnen*“ darauf, dass die Letztentscheidung hinsichtlich des nationalen Alleingangs bei der Kommission verbleibt. Die nationale Regelung im Rahmen von Art. 176 EG ist hingegen auch ohne bzw. vor Notifizierung der Kommission anwendbar.[79]

2.) Institutionelles Gleichgewicht

Die Wahl der richtigen Rechtsgrundlage ist zudem von zentraler Bedeutung für das institutionelle Gleichgewicht der Gemeinschaft.[80] In den jeweiligen Abgrenzungsschwierigkeiten spiegelt sich nämlich gleichzeitig auch der Machtkonflikt der Gemeinschaftsorgane auf horizontaler Ebene wider.[81] Die *Kommission* wählt im Rahmen ihres Vorschlagsrechts einerseits eine möglichst integrationsfreundliche Rechtsgrundlage, um die Fortentwicklung der Gemeinschaft voranzutreiben.[82] Der *Rat* auf der anderen Seite bevorzugt eine Einstimmigkeit erfordernde Befugnisnorm, da er so dem Souveränitätsbedürfnissen der Mitgliedstaaten besser gerecht wird.[83] Das *Parlament* möchte sich ein möglichst umfassendes Beteiligungsrecht sichern.[84] Die Notwendigkeit der Abgrenzung der Rechtsgrundlagen ergibt sich daher zumindest dann, wenn aufgrund unterschiedlicher Gesetzgebungsverfahren verschiedene Interessen der Gemeinschaftsorgane bestehen.

78 *Calliess*, in: Calliess/Ruffert, Art. 176 EG, Rdnr. 14.

79 *Calliess*, in: Calliess/Ruffert, Art. 176 EG, Rdnr. 14.

80 *Reher/Schöner*, EWS 1997, S. 366 (368).

81 *Nettesheim*, EuR 1993, S. 243 (244); *Ullrich*, ZEuS 2000, S. 243 (247).

82 Zu den integrationsfreundlichen Rechtsgrundlagen gehört auch Art. 95 I EG. Durch das Erfordernis der Mehrheitsentscheidung kommen Gemeinschaftsrechtsakte schneller zur Verabschiedung. Der weit gefasste Tatbestand ermöglicht darüber hinaus die Erfassung unterschiedlicher Sachbereiche und ist daher vielseitig als Rechtsgrundlage einsetzbar. *EuGH*, Urteil vom 11.06.1991, Rs. C-300/89, Slg. 1991, I-2867, Rdnr. 20 ff., „*Titandioxid*“; *EuGH*, Urteil vom 30.05.1989, Rs. C-242/87, Slg. 1989, 1425, Rdnr. 6, „*Erasmusprogramm*“; vgl. auch *Kamann/Schroeder*, Europablätter 1999, S. 83 (88).

83 *EuGH*, Urteil vom 12.11.1996, Rs. C-84/94, Slg. 1996, I-5755, Rdnr. 25, „*Arbeitszeitgestaltung*“; *EuGH*, Urteil vom 13.05.1997, Rs. C-233/94, Slg. 1997, I-2405, Rdnr. 10, „*Einlagensicherung*“.

84 *Ruffert*, Jura 1994, S. 635 (637).

III. Maßstab für die Abgrenzung von Ermächtigungsgrundlagen

Für die Abgrenzung von Ermächtigungsgrundlagen haben EuGH[85] und Lehre[86] ein zweistufiges Prüfungssystem entwickelt, durch das die verschiedenen in Betracht kommenden Rechtsgrundlagen voneinander abgegrenzt werden können. Auf einer *ersten Stufe* werden die konkurrierenden Kompetenzen durch *Spezialitätsregeln* voneinander abgegrenzt.

Lässt sich hieraus kein methodisches Vorrangverhältnis zugunsten einer Befugnisnorm ermitteln, müssen die Normen *auf einer zweiten Stufe* anhand des jeweiligen Einzelfalls und anhand *bestimmter Zuordnungskriterien* ermittelt werden.

1.) Grundsatz der Spezialität

Eine Ermächtigungsnorm, die einen Sachverhalt ausdrücklich regelt, hat Vorrang vor einer allgemeinen Norm.[87] Voraussetzung ist dabei, dass die zueinander ins Verhältnis gesetzten Normen demselben Rechtsgut zu dienen bestimmt sind.

a.) Einzelne potentielle Spezialitätsverhältnisse

Daraus folgt, dass *spezielle, sachlich-gegenständlich* beschriebene Rechtsangleichungskompetenzen den *final* beschriebenen Normen vorgehen.[88] Aufgrund ihrer Spezialität genießen daher die Rechtsangleichungskompetenzen im Bereich der Agrarpolitik, Art. 37 EG, im Bereich der Verkehrspolitik, Art. 71 EG, und im Bereich der indirekten Steuern, Art. 93 EG, als besondere Handlungsermächtigung gegenüber Art. 95 EG den Vorrang.

Für die Abgrenzung des Art. 95 EG zu anderen Handlungsermächtigungen – namentlich für die Regelungsbefugnisse im *Außenhandel* gemäß Artt. 132,

85 *EuGH*, Urteil vom 11.06.1991, Rs. C-300/89, Slg. 1991, I-2867, Rdnr. 8, „*Titandioxid*".

86 *Schröer*, EuZW 1992, S. 207 (208); *Nettesheim*, EuR 1993, S. 243 (246); *Ullrich*, ZEuS 2000, S. 243 (247 f.); *Eckert*, ZLR 2000, S. 636 (648 f.).

87 *Haag*, in: BBPS, Die EU, Rdnr. 411; *Boeck*, Abgrenzung der Rechtsetzungskompetenzen, S. 89 f.; *EuGH*, Urteil vom 07.07.1992, Rs. C-295/90, Slg. 1992, I-4193, Rdnr. 11 ff, „*Parlament/Rat*".

88 Für das Verhältnis zwischen sachbezogenen Kompetenzen und der finalen Kompetenz des Art. 175 EG: *EuGH*, Urteil vom 29.03.1990, Rs. 62/88, Slg. 1990, I 1527, Rdnr. 19, „*Tschernobyl*"; allgemein zu den Spezialitätsverhältnissen in Bezug auf Art. 95 EG: *Pipkorn/Bardenhewer-Rating/Taschner*, in: von der Groeben/Schwarze, Art. 95 EG, Rdnr. 50 ff.; *Nettesheim*, EuR 1993, S. 243 (248).

133 EG[89], für die *Sozialpolitik* gemäß Art. 137 II-IV EG[90], für die *Umweltpolitik* gemäß Art. 175 EG[91] und für die *Verwirklichung der Freizügigkeit* gemäß Artt. 40, 44, 46, 47, 52, 55 EG – kann die Verhältnisfrage weniger eindeutig beantwortet werden. Häufig wird man hier von einer parallelen Anwendbarkeit ausgehen können, jedoch bleiben für die genaue Grenzziehung oftmals nicht unbeträchtliche „*Grauzonen*", die die bisherige Rechtsprechung zur Bestimmung der zutreffenden Rechtsgrundlage nicht oder nur unzureichend aufzuhellen vermochte.[92]

b.) Das Spezialitätsverhältnis von begrenzter Sachbereichskompetenz mit Querschnittsklausel[93] *und Harmonisierungskompetenz*

aa.) Überschneidung der Anwendungsbereiche hinsichtlich Sachbereichen und Zielen

Die *begrenzten Sachbereichskompetenzen*, z.B. die Kompetenzen für den Umweltschutz, den Gesundheitsschutz, den Verbraucherschutz oder die Kultur, überschneiden sich mit den Harmonisierungskompetenzen.[94] Die begrenzten Sachbereichskompetenzen dienen der Regelung von Folgeproblemen der Wirtschaftsintegration.[95] Diese Regelungen führen in Randbereichen zu einer Überschneidung mit den auf Artt. 94, 95 EG gestützten Rechtsangleichungsmaßnahmen. Auch sie sind jedoch zur Errichtung und für das Funktionieren des Binnenmarktes und zur Durchsetzung der Grundfreiheiten notwendig, weil die Unterschiede in den

---

89 Art. 133 EG ist zumindest hinsichtlich der Harmonisierung von Rechts- und Verwaltungsvorschriften, die gegenüber Drittstaaten Anwendung finden, lex specialis. Für jede sonstige Harmonisierung sind die generellen Harmonisierungsgrundlagen als lex specialis vorrangig. Das einschlägige Urteil spricht in diesem Fall allerdings nicht von Spezialität. Vgl. *EuGH*, Gutachten 2/92 vom 25.03.1995, *OECD*, Slg. 1995, I-521, Rdnr. 24. Vgl. *Trüe*, System der Rechtsetzungskompetenzen, S. 147 ff., 464.

90 *EuGH*, Urteil vom 12.11.1996, Rs. C-84/94, Slg. 1996, I-5755, Rdnr. 25, „*Arbeitszeitgestaltung*".

91 *EuGH*, Urteil vom 11.06.1991, Rs. C-300/89, Slg. 1991, I-2867, Rdnr. 10, „*Titandioxid*"; *EuGH*, Urteil vom 17.03.1992, Rs. C-155/91, Slg. 1993, I-939, Rdnr. 7, „*Abfallrichtlinie*"; *EuGH*, Urteil vom 25.02. 1999, Rs. C-164/97 u. C-165/97, Slg. 1999, I-1139, Rdnr. 12, „*Schutz des Waldes*"; *EuGH*, Urteil vom 28.06.1994, Rs. C-187/93, Slg. 1994, I-2857, Rdnr. 17, „*Abfallverbringungsverordnung*"; vgl. ausführlich hierzu auch: *Schröer*, Kompetenzverteilung zwischen der EWG und ihren Mitgliedstaaten, S. 105 ff.

92 Vgl. *von Danwitz*, in: Dauses, B II, 5., Rdnr. 91;

93 Vgl. zum Begriff der Querschnittsklausel und zu der Differenzierung zwischen Sachbereichskompetenzen *mit* und *ohne* Querschnittsklauseln Kapitel IV.A.III.2.).

94 Dies wird z.B. an den Querschnittsklauseln der Kulturförderung, Art. 151 IV EG, des Gesundheitsschutzes, Art. 152 I Uabs. 1 EG, oder des Umweltschutzes, Art. 6 EG, deutlich.

95 Kapitel IV.A.IV.

Schutzvorschriften der Mitgliedstaaten und die territoriale Zersplitterung den Freiverkehr behindern können.[96]

Auch wenn sich die *Tatbestände* der begrenzten Sachbereichskompetenzen und der allgemeinen Rechtsangleichungsvorschriften überschneiden, bestehen bezüglich der Regelungsintensität dennoch Unterschiede. Die begrenzten Sachbereichskompetenzen sind in der Reichweite der *Zielsetzung* gegenüber den Harmonisierungskompetenzen einerseits beschränkt, andererseits aber für den konkreten Sachbereich weiter gefasst. Die begrenzten Sachbereichskompetenzen ermächtigen die Gemeinschaft über Binnenmarktregelungen in den betreffenden Sachbereichen hinaus zu marktunabhängigen Maßnahmen.[97] Aufgrund von Sachbereichskompetenzen können jedoch nur die konkret bezeichneten Bereiche, z.B. Umwelt- oder Verbraucherschutz, reglementiert werden.

bb.) Begrenzte Sachbereichskompetenzen als leges specialis

Im Verhältnis zwischen den allgemeinen Harmonisierungskompetenzen und den begrenzten Sachbereichskompetenzen spricht *für*[98] die Spezialität der letzteren die *Entstehungsgeschichte*. Durch die Aufnahme bestimmter Sachbereiche in den Vertrag von Maastricht[99] sollte demokratisch legitimiert werden, dass die Gemeinschaft in diesen Sachbereichen zwar Recht setzen darf, dies aber nur in begrenztem Umfang.[100]

Für den Vorrang der Sachbereichskompetenzen spricht auch das *Prinzip der begrenzten Einzelermächtigung*. Aus den Querschnittsklauseln folgt zwar, dass der Schutz und die Förderung von Rechtsgütern wie Kultur, Gesundheit oder Umwelt immer zu berücksichtigen und vorrangig zu verwirklichen sind. Hieraus, so wird argumentiert, ergebe sich aber nicht das Recht, dass Kompetenznormen wie z.B. Art. 95 EG zu Regelungen in diesen Spezialbereichen ermächtigen. Der Gemeinschaft würden sonst weitergehendere Handlungsfelder eröffnet als ihr nach der Rechtsangleichungskompetenz eigentlich zustehen.[101] Danach wäre z.B. die Umweltschutzkompetenz des Art. 175 EG vorrangig zu verwirklichen und

96 Vgl. hierzu Kapitel III.

97 Sie ermächtigen z.B. zu reinen Umwelt- oder Gesundheitsmaßnahmen, die effektiver sind als die Tätigkeiten jedes einzelnen Mitgliedstaates allein.

98 Ohne weitere Begründung: *Lambers*, EuR 1993, S. 229 (231).

99 Wie z.B. die Kompetenzen für Bildung und Jugend, Kultur, Gesundheitswesen, Verbraucherschutz und Forschungspolitik.

100 *Pernice*, Die Verwaltung 1993, S. 449 (460); *Everling*, NVwZ 1993, S. 209 (209 f.).

101 *Stein*, FS für Everling, Bd. II, S. 1439 (1440 f.).

Art. 95 EG träte gemäß Absatz I Satz 1 („Soweit dieser Vertrag nichts anderes bestimmt...“) hinter spezielleren Bestimmungen zurück.[102]

Die Lehre von der Spezialität der Sachbereichskompetenz hat sich aber nicht durchgesetzt. Die Spezialität der Sachbereichskompetenzen würde die Angleichung der Verwaltungs- und Rechtsvorschriften gemäß Art. 95 I EG in den betroffenen Bereichen verhindern. Dies gilt insbesondere dann, wenn die Angleichung die Beseitigung von Hindernissen zum Gegenstand hat, die z.B. aus Umwelt- oder Gesundheitsschutzgründen eine gleichartige Schutzregelung in allen Mitgliedstaaten erfordern.

Schließlich sprechen auch systematische Erwägungen gegen diese Ansicht. Die genannten Folgen eines Vorrangs der Sachbereichskompetenzen wären mit den binnenmarktbezogenen Zielen der Gemeinschaft und dem Ziel der Integration nicht vereinbar. Die Rechtssetzungsmöglichkeiten der Gemeinschaft würden auf Maßnahmen reduziert, die dem ursprünglich angestrebten Ziel, nämlich Harmonisierungsrechtssetzung zur Schaffung einer sinnvollen Gesamtregelung, nicht mehr gerecht werden könnten.[103] Mit der EEA sollte jedoch kein Integrationsrückschritt verbunden sein, sondern das Erreichte durch die Einfügung neuer Kompetenzgrundlagen bestätigt werden.

cc.) Harmonisierungskompetenzen als leges specialis

Teilweise werden die Kompetenzen zur Durchführung der älteren Gemeinschaftspolitiken (Landwirtschaft, Verkehr, Wettbewerb, Beihilfe und Außenhandel) sowie die Binnenmarktkompetenz gegenüber begrenzten Sachbereichskompetenzen als spezieller angesehen.[104]

(1) Zusätzliche Verfolgung von Binnenmarktzielen

Die begrenzten Sachbereichskompetenzen sollen danach nur eingreifen, wenn die Voraussetzungen der Harmonisierungskompetenz nicht erfüllt sind.[105] Art. 95 EG sei lex specialis, weil, soweit die Tatbestände beider Kompetenzgruppen erfüllt sind, Art. 95 I EG *zusätzlich* die Verfolgung von Binnenmarktzielen und die Er-

---

102 *Glaesner*, in: Ress, Rechtsprobleme der Rechtsangleichung, S. 36 (42, 52); *Barnard*, ELRev. 1992, S. 127 (132).

103 Vor Einführung der Querschnittsklauseln mit der EEA diente Art. 94 EG (Art. 100 EGV) – als zentrale Rechtsgrundlage.

104 *Breier*, EuZW 1993, S. 315 (317); *Pernice*, NVwZ 1990, S. 201 (206); *Scheuing*, EuR 1989, S. 152 (185 f.); *Epiney/Furrer*, EuR 1992, S. 369 (397); vgl. auch zu der impliziten Spezialität, Kapitel IV.C.III.2.).

105 *Pernice*, NVwZ 1990, S. 201 (206); *Scheuing*, EuR 1989, S. 152 (186).

forderlichkeit zu deren Verfolgung verlange.[106] Die anderen Materien seien Querschnittsmaterien. Hiernach wird Art. 95 I EG als die speziellere Rechtsgrundlage angesehen, weil er zusätzlich Binnenmarktrelevanz verlangt und z.B. der Umweltschutz eine Querschnittsmaterie darstelle, deren Ziel auf der Grundlage des Art. 95 I EG mitzuverfolgen sei.[107]

(2) Fehlen hinreichender Zielidentität und europäischer Mehrwert

Gegen diese Auffassung spricht insbesondere das Fehlen hinreichender Zielidentität der Rechtsangleichungskompetenz mit den begrenzten Sachbereichskompetenzen. Diese muss aber für die Annahme eines Spezialitätsverhältnisses gegeben sein: Die *begrenzten Sachbereichskompetenzen* dienen der Verfolgung ihrer Sachbereichsziele und sind dort zusätzlich von der Notwendigkeit gemeinschaftlichen Handelns zur Schaffung eines *europäischen Mehrwerts* abhängig. Die auf ihnen basierenden Rechtsakte treten *neben* die mitgliedstaatlichen Maßnahmen und sollen diese fördern und ergänzen. Die *Rechtsangleichungskompetenz* des Art. 95 EG dient vornehmlich den Zielen der Errichtung und des Funktionierens des Binnenmarkes. Bestimmte Sachbereichsziele, wie z.B. der Verbraucher- oder Umweltschutz, sollen nur als Teil einer sinnvollen und funktionstüchtigen Gesamtregelung im Interesse des Binnenmarktes verfolgt werden.

(3) Harmonisierungsbedarf

Die Verfolgung von Sachbereichszielen aufgrund der Harmonisierungskompetenz ist vom *Harmonisierungsbedarf* abhängig. Dieses Kriterium schränkt die Überschneidung von Sachbereichs- und der Rechtsangleichungskompetenzen weiter ein. Demnach kann Art. 95 I EG nur dann mit einer anderen Kompetenz in einem lex-specialis-Verhältnis stehen, wenn auch diese andere Kompetenz auf das Ziel der Errichtung und des Funktionierens des Binnenmarktes gerichtet ist.[108] Bei den begrenzten Sachbereichskompetenzen ist dies nur dann der Fall, wenn sie aufgrund ihres Querschnittcharakters in die Rechtsbereiche des Binnenmarktes hineinwirken.[109]

---

106 *Middeke*, DVBl 1993, S. 769 (771); *Scheuing*, EuR 1989, S. 152 (185 f.).

107 *Epiney/Furrer*, EuR 1992, S. 369 (397); *Breier*, EuR 1993, S. 315 (317); *Scheuing*, EuR 1989, S. 152 (186); *Jarass*, EuZW 1991, S. 530 (531). Vgl. zur Abgrenzung zum Umweltschutz: Kapitel IV.C.III.3.).

108 Dies ist beispielsweise bei der Sachbereichskompetenz *ohne* Querschnittsklausel, Art. 155 I, 2. Spiegelstrich EG in Verbindung mit Art. 154 EG, der Fall.

109 Vgl. *Trüe*, System der Rechtsetzungskompetenzen, S. 471 ff.

dd.) Gleichberechtigung

Aus dem fehlenden Spezialitätsverhältnis zwischen den begrenzten Sachbereichskompetenzen und den Harmonisierungskompetenzen der Artt. 94, 95 EG muss auf ein „*gleichberechtigtes Nebeneinander*“ der Kompetenznormen geschlossen werden.[110] Nach dem Grundsatz der Spezialität ist eine Abgrenzung der Kompetenzen daher meist nicht möglich.[111]

c.) Begrenzte Sachbereichskompetenzen ohne Querschnittsklausel und Harmonisierungskompetenzen

Die Problematik der Überschneidung der Anwendungsbereiche kann auch im Verhältnis zwischen Sachbereichskompetenzen *ohne* Querschnittklauseln und Harmonisierungskompetenzen auftreten.

aa.) Sozialpolitik

Ein Beispiel ist die Sozialpolitik, Art. 137 EG. Soweit der Tatbestand der Artt. 94, 95 EG erfüllt ist, können die auf diese Vorschriften gestützten Rechtsakte auch den Bereich der Sozialpolitik erfassen. Nach der Rechtsprechung des EuGH ist Art. 137 EG eine vorrangige Spezialregelung, soweit der Bereich der Sicherheit und des Gesundheitsschutzes der Arbeitnehmer betroffen ist.[112]

Gegen diese Spezialität spricht aber schon Art. 95 II EG, der für die Arbeitnehmerrechte auf Art. 94 EG und nicht auf Art. 137 EG verweist. Ein solcher ausdrücklicher Verweis würde sich jedoch erübrigen, wenn Art. 137 EG als lex specialis zu betrachten wäre. Darüber hinaus haben die Kompetenzgrundlagen unterschiedliche Ziele. Das Funktionieren des Binnenmarktes ist kein Ziel des Art. 137 EG. Daher haben beide Normen einen unterschiedlichen Anwendungsbereich, so dass ein Spezialitätsverhältnis zwischen ihnen ausgeschlossen ist.

---

110 *Schmidt*, JZ 1995, S. 545 (546); *Kahl*, Umweltprinzip und Gemeinschaftsrecht, S. 303 ff.; *Beyer*, JuS 1997, S. 294 (296); *EuGH*, Urteil vom 11.06.1991, Rs. C-300/89, Slg. 1991, I-2867, Rdnr. 23, „*Titandioxid*“; als Argument wird angeführt, dass die Querschnittsklauseln insofern eine Bestätigung dafür seien, dass die zu ihnen gehörenden Sachbereichskompetenzen andere Kompetenzen wie Art. 95 I EG unberührt lassen.

111 *Grabitz/Nettesheim*, in: Grabitz/Hilf, Art. 130 s EGV, Rdnr. 23; *Schröer*, EuR 1991, S. 356 (363 f.).

112 *EuGH*, Urteil vom 12.11.1996, Rs. C-84/94, Slg. 1996, I-5755, Rdnr. 12, „*Arbeitszeitrichtlinie*“. Er hat allerdings daneben auch die *Schwerpunkttheorie* angewendet, um zu begründen, warum der Rechtsakt auf Art. 137 EG zu stützen sei.

bb.) Ausnahme: Binnenmarkt und transeuropäische Netze

Auch hinsichtlich des Verhältnisses zwischen Art. 95 EG und der Kompetenz für transeuropäische Netze, Art. 155 EG, hat der EuGH ein Spezialitätsverhältnis bejaht.[113] Für die Interoperabilität der Netze trifft Art. 155 I, 2. Spiegelstrich EG eine speziellere und somit vorrangige Regelung. Hier liegt auch eine Überschneidung der Tatbestände vor, da Art. 155 I, 2. Spiegelstrich EG auf Art. 154 EG verweist, der dem Binnenmarktziel zu dienen bestimmt ist.[114]

2.) Vertraglich und implizit vorgesehene Konkurrenzverhältnisse

Ein methodisches Vorrangverhältnis, bei dem sich der Vorrang zugunsten einer Norm anhand des Grundsatzes der Spezialität erschließt, kann sich entweder *ausdrücklich* aus dem Vertragstext selbst ergeben oder *implizit* in einer der Ermächtigungsgrundlagen angelegt sein.[115]

a.) Das Verhältnis der Agrarkompetenz zu Art. 95 EG

Ein *implizites Spezialitätsverhältnis* hat der EuGH in mittlerweile ständiger Rechtsprechung dem Bereich der gemeinsamen Agrarpolitik entnommen.[116] Danach stellt die Befugnis aus Art. 37 II, Uabs. 3 EG eine lex-specialis-Regelung gegenüber den allgemeinen Rechtsangleichungskompetenzen des Artt. 94, 95 EG dar. In der Entscheidung hinsichtlich der so genannten *„BSE-Verordnung“*[117] geht der Gerichtshof erstmals ausdrücklich auch auf das entsprechende Verhältnis des Art. 37 II EG zu Art. 95 EG ein.[118] In seiner Urteilsbegründung verweist der EuGH darauf, dass das Hauptziel der Verordnung die Stabilisierung des Rindfleischmarktes durch die Wiederherstellung des durch die BSE-Krise verloren

---

113 *EuGH*, Urteil vom , Rs. C-271/94, Slg. 1996, I-1689, Rdnr. 32 f., *„Edicom“*.

114 Vgl. ausführliche: *Trüe*, System der Rechtsetzungskompetenz, S. 480.

115 *Ullrich*, ZEuS 2000, S. 243 (248).

116 Für Art. 94 EG: *EuGH*, Urteil vom 23.02.1988, Rs. C 68/86, Slg. 1988, 855, Rdnr. 14/15, *„Hormonfall“*; *EuGH*, Urteil vom 23.02.1988, Rs. 131/86, Slg. 1988, 905, Rdnr. 19, *„Legehennenfall“*; diese Urteile bestätigt und auf Art. 95 EG übertragen: *EuGH*, Urteil vom 04.04.2000, Rs. C-269/97, Slg. 2000, I-2257, Rdnr. 47, 59, *„Etikettierung von Rindfleisch“*.

117 *EuGH*, Urteil vom 04.04.2000, Rs. C-269/97, Slg. 2000, I-2257, Rdnr. 47, 59, *„Etikettierung von Rindfleisch“*.

118 Hier ging es um eine Verordnung, die der Einführung eines Systems zur Kennzeichnung und Registrierung von Rindern und über die Etikettierung von Rindfleisch dienen sollte. Die Klägerin, die Kommission, hielt Art. 95 I EG in diesem Fall für die richtige Rechtsgrundlage. Begründet wurde diese Ansicht damit, dass die Verordnung primär den Schutz der Verbrauchergesundheit bezwecke und außerdem das Parlament in einem so sensiblen Bereich am Gesetzgebungsverfahren hätte beteiligt werden müssen.

gegangenen Verbrauchervertrauens sei und insofern den Zielen der Agrarpolitik diene.[119]

b.) Das Konkurrenzverhältnis des Art. 95 I EG zu anderen Sachkompetenzen

Darüber hinaus hat sich der EuGH, trotz vielfältiger Beschäftigung mit Abgrenzungsproblemen, selten in eindeutiger Weise mit dem Vorliegen eines impliziten Spezialitätsverhältnisses auseinandergesetzt. Regelmäßig verwischt der Gerichtshof in seinen Urteilen die erste und die zweite Prüfungsebene und wendet sich sogleich der Frage zu, wie die in Betracht kommenden Kompetenznormen *im Einzelfall* gegeneinander abgegrenzt werden können.[120]

Beispiele, in denen der Gerichtshof sich in jüngerer Vergangenheit für die vorrangige Inanspruchnahme des Art. 95 I EG gegenüber anderen Befugnisnormen ausgesprochen hat, sind das *„Tabakwerbeurteil"*[121], das *„Biopatenturteil"*[122] und das *„Tabakprodukturteil"*[123]. Anders entschied er in den Urteilen *„Tschernobyl II"*[124], *„Abfallrichtlinie"*[125], *„Abfallverbringungsordnung"*[126], *„Einlagensicherung"*[127].

Den Entscheidungen ist gemeinsam, dass der EuGH sie nicht mit dem Grundsatz der Spezialität begründete, sondern die Abgrenzungsproblematik sogleich auf der *zweiten Ebene* ansiedelte. Dies führt zu einem dogmatisch unsauberen Bild und erschwert die zukünftige Abgrenzung der Rechtsgrundlagen. Eine Ausnahme hierzu bilden die Entscheidungen zum *„Hormonfall"*[128] und dem *„Lege-*

---

119 *EuGH*, Urteil vom 04.04.2000, Rs. C-269/97, Slg. 2000, I-2257, Rdnr. 59, *„Etikettierung von Rindfleisch"*.

120 *Schröer*, EuZW 1992, S. 207 (209); *Nettesheim*, EuR 1993, S. 243 (247); *Breier*, EuR 1995, S. 46 (47 ff.); übersichtliche Darstellung der *EuGH*-Rechtsprechung hinsichtlich Art. 95 EG: *Kamann*, ZEuS 2001, S. 23 (30 ff.).

121 *EuGH*, Urteil vom 05.10.2000, Rs. C-376/98 u. 74/99, Slg. 2000, I-8419, Rdnr. 76 ff., *„Tabakwerbeurteil"*, in dem Art. 95 I EG von Art. 152 IV EG abgegrenzt wird, wobei letztere Norm ein Harmonisierungsverbot enthält. Zu dieser besonderen Fallgestaltung, vgl.0.

122 *EuGH*, Urteil vom 09.10.2001, Rs. C-377/98, Slg. 2001, I-7079, Rdnr. 27 f., *„Biopatentrichtlinie"*.

123 *EuGH*, Urteil vom 10.12.2002, Rs. C-491/01, Slg. 2002, I-11453, Rdnr. 60, *„Tabakprodukturteil"*. In dieser Entscheidung wurde Art. 95 I EG von Art. 133 EG abgegrenzt.

124 *EuGH*, Urteil vom 04.10.1991, Rs. 70/88, Slg. 1991, I-4529, Rdnr. 17, *„Tschernobyl"*.

125 *EuGH*, Urteil vom 17.03.1992, Rs. C-155/91, Slg. 1993, I-939, Rdnr. 7, *„Abfallrichtlinie"*

126 *EuGH*, Urteil vom 28.06.1994, Rs. C-187/93, Slg. 1994, I 2857, Rdnr. 17 ff., 25, *„Abfallverbringungsordnung"*.

127 *EuGH*, Urteil vom 13.05.1997, Rs. C-233/94, Slg. 1997, I-2405, Rdnr. 10, *„Einlagensicherung"*.

128 *EuGH*, Urteil vom 23.02.1988, Rs. C 68/86, Slg. 1988, 855, Rdnr. 14/15, *„Hormonfall"*.

hennenfall"[129], in denen der EuGH sich ausdrücklich mit der Spezialitätsproblematik auseinandersetzte.

3.) Beispiel: Binnenmarktkompetenz und Umweltschutzkompetenz

Anhand des *Beispiels* einer möglichen Kollision der Regelungsbereiche der binnenmarktbezogenen Rechtsangleichung gemäß Art. 95 I EG und des Umweltschutzes gemäß Art. 175 EG sollen die Abgrenzungsschwierigkeiten verdeutlicht werden.

a.) Spezialitätsverhältnis zwischen Art. 175 EG und Art. 95 EG?

Bei Art. 175 EG handelt es sich um die genuine Kompetenz der Gemeinschaft zum Erlass von Umweltschutzmaßnahmen.

aa.) Umweltschutz im Binnenmarkt

Aus Artt. 6, 95 EG geht jedoch hervor, dass darüber hinaus auch andere Rechtsgrundlagen, insbesondere Art. 95 I EG, zum Erlass von umweltschützenden Maßnahmen herangezogen werden können.[130] Die Querschnittsklausel des Art. 6 EG verpflichtet die Gemeinschaft, bei der Festlegung und Durchführung von Maßnahmen auf dem Gebiet der Gemeinschaftspolitiken (Art. 3 EG) die Erfordernisse des Umweltschutzes zu beachten. Ähnliches ergibt sich auch aus der Verpflichtung zur Sicherung eines hohen Schutzniveaus im Bereich des Umweltschutzes gemäß Art. 95 III EG. Da Umweltschutzbestimmungen im Rahmen eines Systems unverfälschten Wettbewerbs von erheblicher Bedeutung für die Verwirklichung des Binnenmarktes sind, erfassen die auf Art. 95 I EG gestützten Rechtsakte oft umweltrechtliche Themen. Dies führt dann meist zu Überschneidungsproblemen mit Art. 175 EG, ohne dass ein besonderes Spezialitätsverhältnis besteht.[131]

bb.) Art. 95 EG als lex specialis zu Art. 175 EG?

Die *Umweltschutzkompetenz,* Art. 175 EG, ist anwendbar, wenn Umweltprobleme sich nicht auf einen Mitgliedstaat beschränken und daher ein Bedürfnis nach gemeinschaftlichem Handeln besteht. Hinsichtlich des Sachbereichsziels erfasst

---

129 *EuGH*, Urteil vom 23.02.1988, Rs. 131/86, Slg. 1988, 905, Rdnr. 19, „*Legehennenfall*".

130 *Kahl*, in: Calliess/Ruffert, Art. 95 EG, Rdnr. 47.

131 Zu den jeweiligen Vorteilen der Kompetenznormen, vgl. *Voß/Wenner*, NVwZ 1994, S. 332 (333).

Art. 175 EG einen großen Teil dessen, was auch von dem Sachbereichsziel Umweltschutz auf der Grundlage der Rechtsangleichungskompetenz des Art. 95 EG verfolgt werden kann.

Anders als bei Art. 175 EG muss im Rahmen von Art. 95 EG *kein europäischer Mehrwert* entstehen, es reicht, wenn die Maßnahme dem Binnenmarktziel dient. Art. 175 EG erlaubt aber kein Handeln im alleinigen Interesse des Funktionierens des Binnenmarktes und könnte dem Binnenmarkt nicht Rechnung tragen.[132] Die erforderliche Zielüberschneidung liegt folglich nur bei dem Sachbereichsziel des Umweltschutzes vor. Diese tatbestandlichen Unterschiede schließen ein Spezialitätsverhältnis zwischen Art. 95 EG und Art. 175 EG aus.

b.) Entscheidungen des EuGH zur Abgrenzung von Art. 95 I EG zu Art. 175 EG

Der EuGH musste sich bereits häufiger mit der Abgrenzung von Art. 175 EG zu Art. 95 I EG auseinandersetzen.[133] Zunächst hielt der Gerichtshof in der „*Titandioxid*"-Entscheidung[134] Art. 95 I EG für die vorrangige Rechtsgrundlage. Dabei wies er ausdrücklich auf die weitergehenden Beteiligungsrechte des Europäischen Parlaments im Rahmen von Art. 95 I EG hin. In den nachfolgenden Entscheidungen änderte der EuGH jedoch seine Rechtsprechung und entschied zugunsten von Art. 175 EG als vorrangiger Rechtsgrundlage.[135] Er begründet seine Entscheidung damit, dass der Hauptzweck der jeweils vorgesehenen Harmonisierung die Sicherstellung der Effizienz der Bewirtschaftung von Abfällen im Interesse des Umweltschutzes sei. Nur nebenbei wirke sie sich auf die Wettbewerbs- und Handelsbedingungen aus.[136] Da der Gerichtshof hinsichtlich des Umweltschutzes kei-

---

132 *Epiney*, Umweltrecht in der EU, S. 68.

133 *EuGH*, Urteil vom 11.06.1991, Rs. C-300/89, Slg. 1991, I-2867, Rdnr. 23, „*Titandioxid*"; *EuGH*, Urteil vom , Rs. 70/88, Slg. 1991, I-4529, Rdnr. 17, „*Tschernobyl*"; *EuGH*, Urteil vom 17.03.1992, Rs. C-155/91, Slg. 1993, I-939, Rdnr. 7, „*Abfallrichtlinie*"; *EuGH*, Urteil vom 28.06.1994, Rs. C-187/93, Slg. 1994, I-2857, Rdnr. 17 ff., 25, „*Abfallverbringungsordnung*".

134 *EuGH*, Urteil vom 11.06.1991, Rs. C-300/89, Slg. 1991, I-2867, Rdnr. 23, „*Titandioxid*"; *kritisch* zu diesem Urteil: *Everling*, EuR 1991, S. 179 (182); weiteres Beispiel: *EuGH*, Urteil vom 13.07.1995, Rs. C-350/92, Slg. 1995, I-1985, Rdnr. 30, „*Arzneimittelschutzzertifikat* „.

135 *EuGH*, Urteil vom 17.03.1992, Rs. C-155/91, Slg. 1993, I-939, Rdnr. 7, „*Abfallrichtlinie*"; *EuGH*, Urteil vom 28.06.1994, Rs. C-187/93, Slg. 1994, I 2857, Rdnr. 17 ff., 25, „*Abfallverbringungsordnung*".

136 Dadurch unterscheide sie sich von der Richtlinie 89/428/EWG des Rates vom 21. Juni 1989 über die Modalitäten zur Vereinheitlichung der Programme zur Verringerung und späteren Unterbindung der Verschmutzung durch Abfälle der Titandioxid-Industrie (ABl. L 201, S. 56), die Gegenstand des Titandioxid-Urteils (a. a. O.) war und die darauf gerichtet ist, die nationalen Rechtsvorschriften über die Produktionsbedingungen in einem bestimmten Industriesektor mit dem Ziel der Beseitigung der Wettbewerbsverzerrungen in diesem Sektor anzugleichen. *EuGH*, Urteil vom 17.03.1992, Rs. C-155/91, Slg. 1993, I-939, Rdnr. 20, „*Abfallrichtlinie*".

ne klare Stellung hinsichtlich der Spezialität gegenüber Art. 95 I EG bezogen hat, haben sich insbesondere auch in diesem Themenbereich Kriterien für die Abgrenzung der Rechtsgrundlagen im Einzelfall entwickelt.

4.) Abgrenzung der Rechtsgrundlagen im Einzelfall

Soweit der betreffende Rechtsakt die Aspekte mehrer Politikbereiche in unterschiedlichem Umfang regelt und daher eine Kompetenzüberschneidung zwischen zwei Rechtsgrundlagen vorliegt und kein ausdrückliches oder implizites Spezialitätsverhältnis feststellbar ist, muss anhand des *jeweiligen Einzelfalles* und anhand bestimmter Zuordnungskriterien die richtige Ermächtigungsgrundlage ermittelt werden.

a.) Auswahlkriterien für die richtige Ermächtigungsgrundlage

Im Zusammenhang mit der Abgrenzung der Umweltschutzkompetenz gemäß Art. 175 EG von Art. 95 I EG sind in der Literatur[137] und vom EuGH Kriterien entwickelt worden, anhand derer die Wahl der richtigen Ermächtigungsgrundlage im Einzelfall vorgenommen werden kann. Diese Abgrenzungskriterien lassen sich als allgemeingültige Kriterien auf jeden anderen Kompetenzkonfliktfall gleichberechtigter, nebeneinander stehender Rechtsgrundlagen übertragen.[138]

aa.) Objektiver Ansatz

Aus den unterschiedlichen Positionen in der Literatur hat sich letztlich der „*objektive Ansatz*" gegenüber den anderen Theorien[139] durchgesetzt. Demnach hat eine Abgrenzung aufgrund von objektiven Kriterien zu erfolgen. Maßgeblich ist dabei aber nicht die objektive Wirkung einer Maßnahme, da diese notwendigerweise nur im Wege einer unsicher bleibenden Prognose beurteilt werden kann.[140]

---

137 Vgl. z.B. *Epiney*, JZ 1992, S. 564 (565); *Everling*, EuR 1991, S. 179 ff.

138 *Ullrich*, ZEuS 2000, S. 243(268).

139 Die *Spezialitätstheorie*, die von einem methodischen Konkurrenzverhältnis zwischen den finalen Kompetenzen und Art. 95 I EG ausgeht. Der *subjektive Ansatz*, nach dem es allein auf den subjektiven Willen des Gemeinschaftsgesetzgebers und das mit dem Rechtsakt verfolgte Handlungsziel ankommt. Die „neue Theorie", die die Wahl der Rechtsgrundlage von einem Intensitätskriterium abhängig macht. Vgl. zu den einzelnen Ansichten statt vieler: *Ullrich*, ZEuS 2000, S. 243 (255 ff.); ausführlich auch *Trüe*, System der Rechtsetzungskompetenzen, S. 544 ff.

140 *Voß/Wenner*, NVwZ, S. 332 (334). *Stein*, in: Schwarze, Werbung und Werbeverbote, S. 52 (52), der darauf hinweist, dass es nachrangig sei, was die Organe vorgeben erreichen zu wollen.

Eine sachgerechte Abgrenzung kann vielmehr nur anhand der Gewichtung der von der Regelung betroffenen Aspekte vorgenommen werden.[141] Nach überwiegender Auffassung im Schrifttum entscheiden demnach der sachliche Schwerpunkt, der materielle Regelungsgehalt, die objektive Sachnähe des betreffenden Gemeinschaftsrechtsaktes sowie die objektiv erkennbare Zielsetzung über die Wahl der Rechtsgrundlage.[142] Hierbei ergibt sich der Sinn einer Regelung aus der Gesamtschau des Normtextes und des gesetzgeberischen Willens.

bb.) Vom EuGH entwickelte Abgrenzungskriterien

Auch der EuGH sah sich vor die Aufgabe gestellt, zur Abgrenzung von Art. 95 I EG und Art. 175 EG Stellung zu nehmen und dabei sachgerechte Kriterien zu ihrer Abgrenzung zu entwickeln.[143] Diese Kriterien hat der Gerichtshof später auch bei Rechtsgrundlagenstreitigkeiten außerhalb des Umweltrechts angewendet.[144]

(1) Titandioxidentscheidung

Im Rahmen der *Titandioxidentscheidung*[145] konstatierte der Gerichtshof einen klaren Vorrang der Binnenmarktkompetenz, so dass dieser faktisch eine *lex specialis-Wirkung* zukam. Er begründete diese Entscheidung mit der ausdrücklichen Erwähnung des Umweltschutzes in Art. 95 III EG.[146] Auch argumentierte er mit der Parlamentsbeteiligung im Rahmen von Art. 95 I EGV (in der Fassung der EEA).[147] Das mit dem Verfahren der Zusammenarbeit verfolgte Ziel, die Beteiligung des Parlaments am Gesetzgebungsverfahren zu stärken, würde ansonsten in Frage gestellt. Das Urteil stieß in der Literatur auf scharfe Kritik.[148]

---

141 *Ullrich*, ZEuS 2000, S. 243 (258). Z.B. auf Art. 65 EG, vg hierzu auch Kapitel IX.B.II.

142 *Langeheine*, in: Grabitz, Art. 100a EGV, Rdnr. 94; *Pipkorn/Bardenhewer-Rating/Taschner* in: von der Groeben/Schwarze, Art. 95 EG, Rdnr. 25; *Wagner*, Mindestharmonisierung, S. 58; *Ullrich*, ZEuS 2000, S. 243 (258); *Calliess*, in: Calliess/Ruffert, Art. 95 EG, Rdnr. 17; *Voß/Wenner*, NVwZ 1994, S. 332 (334).

143 *Ullrich*, ZEuS 2000, S. 243 (259 ff.); *Voß/Wenner*, NVwZ 1994, S. 332 (335).

144 *EuGH*, Urteile vom 23.02.1999, Rs. C-42/97, Slg. 1999, I-869, Rdnr. 63, „*Sprachenvielfalt*"; *EuGH*, Urteil vom 25.02.1999 , Rs. C-164/97 u. Rs. C-165/97, Slg. 1999, I-1139, Rdnr. 14/16, „Schutz des Waldes".

145 *EuGH*, Urteil vom 11.06.1991, Rs. C-300/89, Slg. 1991, I-2867, Rdnr. 20 ff., „*Titandioxid*".

146 *EuGH*, Urteil vom 11.06.1991, Rs. C-300/89, Slg. 1991, I-2867, Rdnr. 21-25, „*Titandioxid*".

147 In der heutigen Fassung sehen sowohl Art. 95 I EG als auch Art. 175 EG die Beteiligung des Parlaments vor.

148 *Beyer*, JuS 1997, S. 294 (297); *Nettesheim*, EuR 1993, S. 243 (256); *Schröer*, EuR 1991, S. 356 (567); *Stein*, in: FS für Everling, Bd. II, S. 1439 (1447); anders *Pernice*, NVwZ 1990, S. 201 (202), der Art. 95 I EG als lex specialis ansieht und darauf hinweist, dass Art. 95 EG in sich die Ziele Binnenmarkt und Umweltschutz vereine.

(2) Schwerpunktkriterium

In den darauf folgenden Entscheidungen hat sich der EuGH bei dem horizontalen Kompetenzkonflikt zunehmend der im Schrifttum vorgeschlagenen Abgrenzung nach dem Schwerpunkt der Maßnahme angenähert.[149] In seiner Rechtsprechung zieht er seither das Kriterium des *objektiv zu bestimmenden Hauptzwecks* der gemeinschaftlichen Maßnahme heran. Dabei stellt er den objektiven Regelungsschwerpunkt in den Vordergrund seiner Abgrenzung und betrachtet ergänzend die objektiven Wirkungen der Maßnahme. Danach reicht nicht jeder Binnenmarktbezug aus, um eine Heranziehung des Art. 95 EG zu rechtfertigen. Liegt der objektive Schwerpunkt einer Maßnahme nämlich in einem anderen Bereich und werden nur nebenbei bzw. akzessorisch die Wettbewerbsbedingungen betroffen, so ist die jeweilige Sachkompetenznorm die richtige Rechtsgrundlage.[150]

(3) Tabakwerbeurteil

In seiner Entscheidung zum *Tabakwerbeurteil* ging der EuGH nicht auf die Schwerpunkttheorie ein. In dieser Entscheidung befand der EuGH die Tatsache, dass eine Verbesserung des Binnenmarktes erreicht wird, als ausreichend für die Heranziehung des Art. 95 EG. Dies gelte unabhängig davon, ob daneben noch in massiver Art und Weise andere Politiken verfolgt werden.[151] Selbst wenn somit der sachliche Schwerpunkt einer Harmonisierungsmaßnahme der Gesundheitsschutz ist, kann sie nach diesem Urteil auf Art. 95 EG gestützt werden. Voraussetzung sei allein die Beseitigung von Unterschieden in den nationalen Rechtsordnungen und ein Beitrag zur Verbesserung des Binnenmarktes. Die Besonderheit an diesem Fall war, dass der Gemeinschaftsgesetzgeber im Sachbereich des Gesundheitsschutzes über keine Kompetenz verfügte.[152]

---

149 *EuGH*, Urteil vom , Rs. 70/88, Slg. 1991, I-4529, Rdnr. 17, „*Tschernobyl*“; *EuGH*, Urteil vom 17.03.1992, Rs. C-155/91, Slg. 1993, I-939, Rdnr. 7, „*Abfallrichtlinie*“; *EuGH*, Urteil vom 28.06.1994, Rs. C-187/93, Slg. 1994, I 2857, Rdnr. 17 ff., 25, „*Abfallverbringungsordnung*“; *EuGH*, Urteil vom 25.02. 1999, Rs. C-164/97 u. C-165/97, Slg. 1999, I-1139, Rdnr. 12, „*Schutz des Waldes*“.

150 *EuGH*, Urteil vom 17.03.1992, Rs. C-155/91, Slg. 1993, I-939, Rdnr. 20, „*Abfallrichtlinie*“.

151 *EuGH*, Urteil vom 05.10.2000, Rs. C-376/98 u. 74/99, Slg. 2000, I-8419, Rdnr. ,78, 88, „*Tabakwerbeurteil*“. Hierbei beruft sich der *EuGH* ausdrücklich darauf, dass der Gesundheitsschutz ein wesentlicher Bestandteil der übrigen Politiken der Gemeinschaft ist und Art. 95 III EG ausdrücklich vorschreibt, dass bei Harmonisierungen von einem hohen Schutzniveau ausgegangen wird.

152 Vgl. hierzu Kapitel IV.B.

cc.) Ergebnis: Abgrenzungskriterien im Einzelfall

Auch wenn der EuGH sich nicht strikt an bestimmte Kriterien bei der Abgrenzung von Kompetenzen gehalten hat, gebietet die geforderte Strukturierung der Eingrenzungsmöglichkeiten von Kompetenznormen, dass die bislang entwickelten Abgrenzungsmerkmale als Grundlage für die gerichtliche Überprüfung von Gemeinschaftsrechtsakten aufgenommen werden. Die konkrete Abgrenzung von Rechtsgrundlagen muss auf *objektive, gerichtlich nachprüfbare Kriterien* gestützt werden.[153] Die Abgrenzung im Einzelfall und flexible Kriterien tragen insbesondere bei zieldiffusen Rechtsakten nicht zur Rechtssicherheit bei.

Bei Maßnahmen mit „Mischcharakter" und der fehlenden Möglichkeit der Doppelabstützung muss eine Abgrenzung anhand des so genannten *Schwerpunktkriteriums* erfolgen. Bei der Ermittlung des Schwerpunktes der Maßnahme muss man sich mit der sachlichen Gewichtung der Maßnahme auseinander setzen. Somit ist für die Wahl einer Ermächtigungsgrundlage mit Binnenmarktbezug ausschlaggebend, dass das Binnenmarktziel wenigstens nicht nachrangig ist.[154] Darüber hinaus stellt der EuGH zusätzlich noch auf die vom Rechtsakt verursachten Wirkungen ab.[155] Ungeachtet der Schwerpunkttheorie ist im Rahmen von Art. 95 I EG maßgeblich, ob eine Harmonisierungsmaßnahme darauf gerichtet ist, Rechtsunterschiede zwischen den Mitgliedstaaten zu beseitigen und dergestalt zu einer tatsächlichen Verbesserung des Binnenmarktes beizutragen.[156]

b.) Konsequenz für den Gemeinschaftsgesetzgeber

aa.) Objektiv nachprüfbare Kriterien

Zu den objektiven, gerichtlich nachprüfbaren Kriterien gehören insbesondere *Ziel* und *Inhalt* des Rechtsaktes.[157] Diese beiden Kriterien müssen daher vor Erlass

---

153 *EuGH*, Urteil vom 28.06.1994, Rs. C-187/93, Slg. 1994, I 2857, Rdnr. 17, *„Abfallverbringungsordnung"*; *EuGH*, Urteil vom 17.03.1992, Rs. C-155/91, Slg. 1993, I-939, Rdnr. 7, *„Abfallrichtlinie"*; *EuGH*, Urteile vom 4.04.2000, Rs. C-269/97, Slg. 2000, I-2257, Rdnr. 43, *„Etikettierung von Rindfleisch"*; 30.01.2001, Rs. 36/98, Slg. 2001, I-779, Rdnr. 58, *„Auswärtige Beziehungen"*; *EuGH*, Urteil vom 10.12.2002, Rs. C-491/01, Slg. 2002, I-11453, Rdnr. 93, *„Tabakprodukturteil"*.

154 *Reher/Schöner*, EWS 1998, S. 294 (295).

155 Dies zumindest nicht ausschließend: *EuGH*, Urteil vom 17.03.1992, Rs. C-155/91, Slg. 1993, I-939, Rdnr. 7, *„Abfallrichtlinie"*; *Gundel*, EuR 2003, S. 100 (105); *Breier*, EuR 1995, S. 46 (47); *Boeck*, Abgrenzung der Rechtsetzungskompetenzen, S. 125 ff.

156 Vgl. *Schweitzer/Schröder/Bock*, Binnenmarkt und Gesundheitsschutz, S. 29.

157 *EuGH*, Urteil vom 10.12.2002, Rs. C-491/01, Slg. 2002, I-11453, Rdnr. 93, *„Tabakprodukturteil"*; Urteil vom 17.03.1992, Rs. C-155/91, Slg. 1993, I-939, Rdnr. 19, *„Abfallrichtlinie"*.

der Maßnahme bereits feststehen. Für die Feststellung, auf welchem Sachgebiet sich die Regelung in erster Linie auswirkt, stellt der Gerichtshof sowohl auf die beabsichtigte, also *subjektive*, als auch auf die tatsächliche, also *objektive Wirkung* der Maßnahme ab.

bb.) Darlegungspflicht des Gemeinschaftsgesetzgebers

Wichtig ist in diesem Zusammenhang die ordnungsgemäße Begründung des Rechtsaktes gemäß Art. 253 EG. Der Gemeinschaftsgesetzgeber hat daher in den *Erwägungsgründen darzulegen*, warum er die Maßnahme zur Erreichung des Gemeinsamen Marktes bzw. des Binnenmarktes für erforderlich hält. Nur wenn die Begründung die Überlegungen des Gesetzgebers klar und eindeutig zum Ausdruck bringt, kann der EuGH seine Kontrollfunktion im Hinblick auf die Wahl der richtigen Rechtsgrundlage wahrnehmen.[158] Ein Rechtsakt, dem sich bereits nach den Erwägungsgründen nicht entnehmen lässt, welches Ziel er verfolgt, ist bereits wegen der Verletzung wesentlicher Formvorschriften gemäß Art. 230 I EG nichtig, ohne dass auf die Frage der (Un-) Zuständigkeit einzugehen ist.

Der Gemeinschaftsgesetzgeber verfügt über eine *Einschätzungsprärogative.*[159] Ein relevanter Ermessensfehlgebrauch liegt bei der Wahl der Rechtsgrundlage demnach nur dann vor, wenn der fragliche Rechtsakt inhaltlich offensichtlich ungeeignet ist, das beabsichtigte Ziel zu erreichen.[160] Der Gerichtshof prüft auch, ob die einzelnen Bestimmungen das angestrebte Ziel tatsächlich inhaltlich zu erreichen vermögen.[161] Auf diese Weise ist sichergestellt, dass die subjektive Zielsetzung des Gemeinschaftsgesetzgebers bei der Wahl der Rechtsgrundlage nicht allein ausschlaggebend ist.

5.) Zusammenfassung

Zusammenfassend lässt sich festhalten, dass die Wahl zwischen mehreren Rechtsgrundlagen anhand eines zweistufigen Prüfungsschemas zu erfolgen hat. In einem *ersten Schritt* ist die Spezialität der in Betracht kommenden Normen festzustellen. Diese kann sich zum einen aus dem Gesetzeswortlaut, zum anderen implizit aus der Rechtsnorm ergeben.

---

158 *EuGH*, Urteil vom 12.11.1996, Rs. C-84/94, Slg. 1996, I-5755, Rdnr. 74, „*Arbeitszeitrichtlinie*“.

159 Kapitel VI.D.II.

160 *EuGH*, Urteil vom 12.11.1996, Rs. C-84/94, Slg. 1996, I-5755, Rdnr. 74, „*Arbeitszeitrichtlinie*“.

161 *EuGH*, Urteil vom 11.06.1991, Rs. C-300/89, Slg. 1991, I-2867, Rdnr. 11, „*Titandioxid*“.

Kann ein solches Vorrangverhältnis zugunsten einer Norm nicht ermittelt werden, ist in einem *zweiten Schritt* eine konkrete Abgrenzung der Kompetenzgrundlage im Einzelfall vorzunehmen. Diese konkrete Abgrenzung erfolgt nach objektiven, gerichtlich nachprüfbaren Kriterien, zu denen insbesondere das Ziel und der Inhalt der Maßnahme zählen. Maßgeblich für die Abgrenzung ist dabei der Schwerpunkt des jeweiligen Gesetzgebungsaktes. Problematisch ist aber auch hier, dass die maßgeblichen Abgrenzungskriterien, wie das Ziel oder die Wirkung einer Maßnahme, im Wege einer *unsicher bleibenden Prognose* bestimmt werden und daher einer objektiven Überprüfung nur begrenzt zugänglich sind.[162] Die vom Gerichtshof in neuerer Zeit in den Vordergrund gestellte Schwerpunktmethode kann die Doppelabstützung zudem nicht in allen Fällen ersetzen.[163]

D. Harmonisierungsverbote

Einige Sachgebiete enthalten Bestimmungen, die eine Rechtsangleichung ausdrücklich untersagen.[164] In diesem Fall ergeben sich besondere Schwierigkeiten im Anwendungsbereich des Art. 95 EG.[165] Fraglich ist, wie ein Rechtsakt zu bewerten ist, der auf die binnenmarktbezogene Rechtsangleichung gerichtet ist, zudem aber Regulierungen im Bereich der Harmonisierungsverbote trifft.

I. Einordnung der Harmonisierungsverbote

1.) Negative Kompetenzzuweisungen / Tatbestandsmerkmale

Normen, die eine Regelung zugunsten der mitgliedstaatlichen Kompetenzebene treffen, werden als *negative Kompetenzzuweisungen*[166] bezeichnet. Sie bilden das

162 So auch *Voß/Wenner*, NVwZ 1994, S. 332 (337); Kapitel VI.D.II.

163 Kapitel IV.C.I.

164 So z.B. Art. 150 IV EG im Bereich der beruflichen Bildung, Art. 151 V EG für die Kulturpolitik, Art. 152 IV EG für das Gesundheitswesen. Diese Fallkonstellation liegt dem „*Tabakwerbeurteil*", *EuGH*, Urteil vom 05.10.2000, Rs. C-376/98 u. 74/99, Slg. 2000, I-8419, zugrunde.

165 Im Zuge dieser Konstellation weitet sich der *horizontale Kompetenzkonflikt* zu einem *vertikalen Kompetenzkonflikt* und damit zu einer Frage der Kompetenzabgrenzung zwischen Gemeinschaft und Mitgliedstaaten aus. *Calliess*, Jura 2001, S. 311 (315); *Kamann*, Europablätter 1999, S. 83 (89).

166 *Negative Kompetenzzuweisungen* sind ebenfalls Kompetenzbestimmungen, weil auch sie der öffentlichen Gewalt Schranken setzen. Sie legen ausdrücklich fest, dass soweit ein bestimmtes Sachgebiet betroffen ist, gerade keine Kompetenz der Gemeinschaft vorliegt. Vgl. *Mayer*, ZaöRV 61 (2001), S. 577 (583).

Gegenstück zu den *positiven Kompetenzzuweisungen*[167] an die Union. Die Harmonisierungsverbote werden als *spezielle* negative Kompetenzbestimmungen interpretiert. Zu nennen sind Artt. 149 I, 150 I, 152 V EG, die eine ausdrückliche Verantwortung der Mitgliedstaaten für die „Lehrinhalte und die Gestaltung des Bildungswesens", „Inhalte und Gestaltung der beruflichen Bildung", die „Organisation des Gesundheitswesens und die medizinische Versorgung" festlegen.

Von Bogdandy/Bast bezeichnen die genannten Vertragsbestimmungen als *negative Tatbestandsmerkmale* einer Ermächtigungsnorm[168], da sie die Reichweite der *konkreten* Befugnis limitieren und sich nicht allgemein auf die Kompetenzordnung auswirken. Diese Bezeichnung vermag auch den Charakter der in Artt. 149 I, 150 I, 152 V EG enthaltenen Harmonisierungsverbote widerzuspiegeln. Sie wirken nicht als Querschnittsnormen zur Begrenzung der Verbandskompetenz als solche, sondern beziehen sich auf den jeweiligen Sachbereich.

2.) Sinn und Zweck der Harmonisierungsverbote

Die normierten Harmonisierungsverbote sollen eine Nivellierung der hohen Sicherheitsstandards in den Mitgliedstaaten auf ein niedrigeres gemeinschaftliches Niveau ausschließen.[169] Ihr Hauptzweck ist es, den Mitgliedstaaten die politische Option offen zu halten, durch nationale Regelungen ein Optimum z.B. an Gesundheitsschutz zu gewährleisten, auch wenn diese gegenüber den Zielen der Gemeinschaft in einem Konflikt stehen.

II. Problematik im Tabakwerbeurteil

An den Konflikt zwischen nationalen Schutzinteressen und gemeinschaftlichen, wirtschaftlichen Interessen knüpft die im *Tabakwerbeurteil*[170] auftretende Problematik an. Hier erfasste die auf Art. 95 I EG gestützte Maßnahme den Gesundheitsschutz. Damit greift sie in einen Bereich der primär mitgliedstaatlichen Zuständigkeit ein, die gemäß Art. 152 IV, lit. c) EG eine Harmonisierung aus-

167 Die *positive Kompetenzzuweisung* ist die Zurechnung eines Sachgebietes zu einer Kompetenz. Sie ist der Normalfall der Kompetenzzuweisung. Regelmäßig knüpfen solche Bestimmungen die Inanspruchnahme der Kompetenz an die Erfüllung bestimmter Tatbestandsmerkmale. Vgl. *Mayer*, ZaöRV 61 (2001), S. 577 (582).

168 *von Bogdandy/Bast*, EuGRZ 2001, S. 441 (446).

169 *Willms*, in: von der Goeben/Schwarze, Art. 129 EGV, Rdnr. 7.

170 *EuGH*, Urteil vom 05.10.2000, Rs. C-376/98 u. 74/99, Slg. 2000, I-8419, Rdnr. 32, „*Tabakwerbeurteil*"; vgl. auch14.12.2004, Rs. C-434/02, Slg. 2004, I-11825, Rdnr. 32 ff., „*Arnold André GmbH*".

schließt.[171] In der Sache handelt es sich hier um eine Konkurrenzfrage zwischen Art. 95 EG und Art. 152 EG. Auch die neue *Tabakwerberichtlinie II*[172] birgt die Gefahr der Kompetenzüberschreitung im Hinblick auf Regelungen im Gesundheitsbereich. Zwar gibt sie als ein Ziel der Maßnahme die Beseitigung von Hindernissen an, die dem Verkehr von Waren und Dienstleistungen entgegenstehen. Sie trägt aber ebenfalls zur Stärkung des Gesundheits- und Verbraucherschutzes durch die Gemeinschaft bei.

III. Verschiedene Abgrenzungskriterien

Für die Lösung dieser Abgrenzungsproblematik gibt es unterschiedliche Ansätze.

1.) Schwerpunkttheorie

Teilweise wird auf die Rechtsprechung zum horizontalen Kompetenzkonflikt zurückgegriffen.[173] Die Abgrenzung würde dann nach dem Inhalt und Hauptzweck (Schwerpunkt) der Maßnahme vorgenommen. Danach könnte sich die Gemeinschaft zumindest dann nicht auf Art. 95 EG stützen, wenn der zu erlassende Rechtsakt die Marktbedingungen in der Gemeinschaft nur nebenbei harmonisiert.[174]

Allerdings wurde in der Rechtsprechung zu den Rechtsangleichungskompetenzen bisher nicht gefordert, dass bei vertikalen Kompetenzkonflikten das Hauptziel der Maßnahme die Harmonisierung zur Förderung des Binnenmarktes sein muss.[175] Im *Tabakwerbeurteil* gingen die Klägerin und das Schrifttum zwar davon aus, dass die Maßnahme, die überwiegend gesundheitspolitischen Charakter habe und damit nur nachrangig das Binnenmarktziel verfolge, nicht auf

---

171 Harmonisierungsmaßnahmen sind zudem in folgenden Normen spezifisch ausgeschlossen: Artt. 149 IV, 150 IV, 151 V EG.

172 RL 2003/33/EG; aber hier entschied der EuGH gegen eine Komepetenzüberschreitung des Gemeinschaftsgesetzgeber: *EuGH*, Urteil vom 12.12.2006, Rs. C-380, Slg. 2006, I-0000, Rdnr. 95, *„Tabakwerbeurteil II"*.

173 *Calliess*, Jura 2001, S. 311 (314); *von Danwitz*, Produktwerbung, S. 36; *Eckert*, ZLR 2000, S. 636 (649 f.); *Kamann/Schroeder*, Europablätter 1999, S. 83 (90).

174 *EuGH*, Urteil vom 04.10.1991, Rs. C-70/88, Slg. 1991, I-4529, Rdnr. 17, *„Tschernobyl"*; *EuGH*, Urteil vom 17.03.1993, Rs. C-155/91, Slg. 1993, I-939, Rdnr. 19, *„Abfallrichtlinie"*; *EuGH*, Urteil vom 28.06.1994, Rs. C-187/93, Slg. 1994, I 2857, Rdnr. 25, *„Arbeitszeitrichtlinie"*; *EuGH*, Urteil vom 12.11.1996, Rs. C-84/94, Slg. 1996, I-5755, Rdnr. 45, *„Arbeitszeitgestaltung"*; *Jarass*, AöR 121 (1996), S. 173 (179).

175 *Reher/Schöner*, EWS 1998, S. 294 (295).

Art. 95 EG gestützt werden könne.[176] Der EuGH hat sich aber, anders als GA *Fennelly*, nicht zur Relevanz des Schwerpunktes geäußert. Er hält eine maßgebliche Bedeutung des sachpolitischen Zieles Gesundheitsschutz nicht für ein Hindernis, das der Anwendung der Rechtsangleichungskompetenz entgegenstehen würde.[177] Maßgeblich für den EuGH ist lediglich, dass die *Voraussetzungen des Art. 95 EG* vorliegen und dass durch seine Anwendung der ausdrückliche Ausschluss jeglicher Harmonisierung (z.B. gemäß Art. 152 VI, lit. c EG) *nicht umgangen* wird.

2.) Umgehungsverbot

Der Gerichtshof hat sich damit begnügt, den vertikalen Konflikt durch die *Statuierung eines Umgehungsverbotes* aufzulösen.[178] So führt der EuGH aus, dass andere Artikel des EG-Vertrages nicht als Rechtsgrundlage herangezogen werden dürfen, um den ausdrücklichen Ausschluss einer Harmonisierung gemäß Art. 152 IV lit. c) EG zu umgehen.[179] Andererseits dürften auf der Grundlage anderer Vertragsbestimmungen erlassene Harmonisierungsmaßnahmen Auswirkungen auf den Schutz der menschlichen Gesundheit haben. Dies bestätige Art. 95 III EG und die ihm korrespondierende gesundheitspolitische Querschnittsklausel des Art. 152 I EG. Sie verpflichtet die Gemeinschaftsorgane, im Rahmen der Verfolgung anderer Vertragsziele ein hohes Gesundheitsschutzniveau, aber eben nur als „Sekundärziel" bzw. als Annex zur Hauptregelung, anzustreben.[180]

176 *EuGH*, Urteil vom 05.10.2000, Rs. C-376/98 u. 74/99, Slg. 2000, I-8419, Rdnr. 32, „*Tabakwerbeurteil*"; *von Danwitz*, EuZW 1999, S. 622 (625); *Schroeder*, EuZW 2001, S. 489 (492); *Schneider*, NJW 1998, S. 576 (577), *Wägenbaur*, EuZW 2000, S. 549 (550).

177 Schlussanträge des GA Fennelly vom 15.06.2000, *EuGH*, Rs. C-376/98 u. 74/99, Slg. 2000, I-8419, Rdnr. 68, „*Tabakwerbeurteil*".

178 *von Danwitz*, in: Dauses, B II, 5., Rdnr. 114.

179 *EuGH*, Urteil vom 05.10.2000, Rs. C-376/98 u. 74/99, Slg. 2000, I-8419, Rdnr. 68, „*Tabakwerbeurteil*"; 14.12.2004, Rs. C-434/02, Slg. 2004, I-11825, Rdnr. 32 ff., „*Arnold André GmbH*".

180 Wichard, in: Calliess/Ruffert, Art. 152, Rdnr. 22. Mayer sieht darin eine Abgleichung von einer positiven (Art. 95 EG) und einer negativen (Art. 152 IV lit. c) EG) Kompetenzbestimmung. Mayer, ZaöRV 61 (2001), S. 577 (597).Götz, JZ 2001, S. 34 (36); Stein, EWS 2001, S. 12 (14). Einzelne Stimmen in der Literatur kritisieren, dass durch die Entscheidung die Anwendung des Schwerpunktkriteriums auch im Rahmen der horizontalen Kompetenzabgrenzung wieder gefährdet sei. Allerdings verkennen sie, dass die aus der horizontalen Kompetenzabgrenzung bekannte Schwerpunkttheorie neben dem vom *EuGH* entwickelten Kriterium des Umgehungsverbots angewendet werden kann. Hinsichtlich der Anwendung des Schwerpunktkriteriums ist jedoch Vorsicht geboten. Dieses Abgrenzungsmittel lässt viel Raum für verschiedene Blickwinkel und Interpretationsmöglichkeiten. Dadurch besteht die Gefahr, dass die Schwerpunkttheorie dazu benutzt wird, den Anwendungsbereich des

3.) Positive und negative Integration

Ein weiteres Argument für die Vornahme einer Rechtsangleichung gemäß Art. 95 I EG ist der systematische Zusammenhang zwischen der *positiven* und der *negativen Integration.*[181] So wird argumentiert, dass das Harmonisierungsverbot des Art. 152 IV lit. c) EG unter Art. 95 EG keine Anwendung findet. Binnenmarktbezogene Rechtsangleichung umfasse die Befugnis zur Vollharmonisierung gerade auch von solchen nationalen Regelungen, die die Grundfreiheiten aus Gründen des Allgemeinwohls rechtmäßig beschränken.[182] Wollte man den unionalen Gesetzgeber im Anwendungsbereich der Grundfreiheiten von der Verfolgung originär gesundheitspolitischer Ziele ausschließen, hätte dies eine problematische Einseitigkeit des Gemeinschaftsrechts zur Folge. Denn die Mitgliedstaaten könnten den Effekten der Grundfreiheiten aufgrund der verbleibenden Sachkompetenz entgegenwirken, ohne dass dem Gemeinschaftsgesetzgeber adäquate Instrumente auf europäischer Ebene zur Verfügung stünden.[183]

4.) Ergebnis

Harmonisierungsverbote sind aufgrund der aufgeführten Argumente nicht abschließend zu sehen. In Anlehnung an das vom EuGH eingeführte Kriterium des Umgehungsverbots sind sie dahingehend auszulegen, dass Harmonisierungsmaßnahmen nur im *Kernbereich* der jeweiligen Sachmaterie verboten sind. Nur so kann den Integrationszielen im Allgemeinen und den Zielen des Binnenmarktes im Konkreten mit der Rechtsangleichung gemäß Art. 95 I EG hinreichend Rechnung getragen werden.

E. Verbleibender Beurteilungsspielraum

Trotz des Bemühens um konkrete Abgrenzungskriterien verbleibt bei der Wahl der richtigen Rechtsgrundlage ein großer Beurteilungsspielraum bei den rechtssetzenden Organen. Sie müssen die Spielräume der einzelnen Kompetenzgrundlagen ausfüllen, soweit diese eine *Prognose* über die Eignung zur Zielverfolgung bzw. über die Wirkungen des Rechtsakts erfordern.

Art. 95 EG einzuschränken. Die Einordnung nach dem Schwerpunkt soll daher nicht als alleiniges Abgrenzungskriterium, sondern nur nachgeordnet und unter weiter Auslegung herangezogen werden.

181 Vgl. vertiefend Kapitel I.C.III.1.).

182 *von Bogdandy/Bast*, EuGRZ 2001, S. 441 (449).

183 *Scharpf*, Regieren in Europa, S. 70; *von Bogdandy/Bast*, EuGRZ 2001, S. 441 (449).

Die korrekte Anwendung der Kompetenzgrundlagen obliegt dabei nach den vertraglichen Regelungen zum Rechtssetzungsverfahren zunächst der *Kommission*, die fast ausnahmslos das Initiativmonopol hat. Indem sie ihre Vorschläge für Rechtsakte auf eine Kompetenzgrundlage stützt, macht sie eine Vorgabe für die anderen Rechtssetzungsorgane, von der diese nur schwer abweichen können. Gemäß Art. 250 I EG kann der Vorschlag der Kommission, auch bezüglich der Rechtsgrundlage, nur einstimmig abgeändert werden.[184]

Hinsichtlich dieses Beurteilungsspielraums ist die *Prüfungsdichte des EuGH* sehr begrenzt. Im Rahmen seiner Rechtskontrolle kann er lediglich die Plausibilität der Erwägungen innerhalb des Beurteilungsspielraums überprüfen. Er kann nicht die Aufgaben der Kommission, des Rates und des Parlaments im Rechtssetzungsverfahren übernehmen. Dies scheint der EuGH auch in seinen Urteilen anzuerkennen. Dort heißt es, die *Kompetenzwahl müsse „nach objektiven Kriterien“* erfolgen.[185] Die Aussage spiegelt das Spannungsverhältnis zwischen der Gewährung eines Beurteilungsspielraums einerseits und der Forderung nach gerichtlicher Kontrollierbarkeit andererseits wider.

Damit können die rechtsetzenden Organe der Gemeinschaft im Rahmen der Verträge ihre politischen Ziele selbst bestimmen und, soweit dafür Kompetenzgrundlagen zur Verfügung stehen, diese durch Rechtssetzung verfolgen. Eine Beurteilung der zu regelnden Materie ist mithin der Kommission und dem Rat überlassen; eine gerichtliche Kontrolle ist nur hinsichtlich der Grenzen des Beurteilungsspielraums möglich.[186] Hier bemüht sich der EuGH allerdings um objektiv nachprüfbare Kriterien.

Mit Hinblick auf Art. 95 I EG lässt sich festhalten, dass die Vorrangregelungen wie der Spezialitätsgrundsatz dem Beurteilungsspielraum des Gemeinschaftsgesetzgebers bereits Grenzen setzen. In den sonstigen Fällen ist der EuGH dazu aufgerufen, das Kriterium der Schwerpunkttheorie konsequenter in seine Entscheidungen einzubeziehen. Da die Schwerpunkttheorie meist nicht den gewünschten Begrenzungseffekt herbeizuführen vermag, sollte der Gerichtshof auch

---

184 Dies gilt vorbehaltlich des Art. 251 IV, V EG.

185 *EuGH*, Urteil vom 11.06.1991, Rs. C-300/89, Slg. 1991, I-2867, Rdnr. 10, „*Titandioxid*“; *EuGH*, Urteil vom , Rs. 70/88, Slg. 1991, I-4529, Rdnr. 9, „*Tschernobyl*“; *EuGH*, Urteil vom 17.03.1992, Rs. C-155/91, Slg. 1993, I-939, Rdnr. 7, „*Abfallrichtlinie*“; *EuGH*, Urteil vom 28.06.1994, Rs. C-187/93, Slg. 1994, I 2857, Rdnr. 17, „*Abfallverbringungsordnung*“; *EuGH*, Urteil vom 12.11.1996, Rs. C-84/94, Slg. 1996, I-5755, Rdnr. 25, „*Arbeitszeitrichtlinie*“; *EuGH*, Urteil vom 13.05.1997, Rs. C-233/94, Slg. 1997, I-2405, Rdnr. 10, „*Einlagensicherung*“; *EuGH*, Urteil vom 25.02. 1999, Rs. C-164/97 u. C-165/97, Slg. 1999, I-1139, Rdnr. 12, „*Schutz des Waldes*“.

186 *Lietzmann*, in: Rengeling, Europäisches Umweltrecht, S. 163 (178); *Gunther*, EuZW 2005, S. 171 (172).

hier seine Prüfungskompetenz nicht zu weit zurücknehmen. Vielmehr ist eine kritische Auseinandersetzung in jedem Einzelfall geboten.

Kapitel V. Art. 95 EG – ausschließliche, konkurrierende oder parallele Kompetenz?

Die Einordnung des Art. 95 EG als ausschließliche, konkurrierende oder parallele Kompetenz[1] war lange Zeit eine Problematik in der gemeinschaftlichen Kompetenzordnung.

A. Relevanz der Einordnung des Art. 95 EG

Die Frage hat insbesondere Relevanz für den Umfang der Handlungsbefugnis der Mitgliedstaaten. Bei der Einordnung des Art. 95 EG als *ausschließliche* Zuständigkeit würde die Rechtsangleichung im Binnenmarkt allein der Gemeinschaft vorbehalten sein. Bei einer Zuordnung des Art. 95 EG zu den *nicht-ausschließlichen* Zuständigkeiten würde die Gemeinschaft mit den Mitgliedstaaten oder deren Gesamtheit konkurrieren, oder parallel gesetzgebend tätig werden. Danach wäre es primär das Recht und die Pflicht der Mitgliedstaaten, die der Gemeinschaft vom Vertrag gesetzten Binnenmarktziele zu verwirklichen. Die Gemeinschaft dürfte nur rechtsangleichend tätig werden, wenn das anzustrebende Binnenmarktziel durch einseitige oder multilaterale Rechtsanpassung der Staaten nicht erreichbar ist.[2]

B. Ausschließliche Kompetenzen

Die ausschließliche Kompetenz ist im Vertrag von Maastricht in Art. 5 II EG erstmals ausdrücklich genannt worden, was ein Hinweis für eine grundsätzliche,

1 Die gemeinschaftliche Kompetenzordnung weist eine der deutschen Zuständigkeitsverteilung ähnliche Struktur auf. Allerdings kann die Konzeption der „ausschließlichen“ und der „konkurrierenden“ Gesetzgebung aus dem nationalen Verfassungsrecht nicht direkt auf die Gemeinschaft übertragen werden, denn die Unterscheidung passt nicht ohne weiteres für die Beurteilung der offenen Kompetenznormen der Gemeinschaft. Anders als im deutschen Grundgesetz enthalten die Verträge der Gemeinschaft auch keine systematische Einordnung der jeweiligen Kompetenzen. Hinsichtlich der genauen Begriffsbestimmung besteht in Literatur, Rechtsprechung und Praxis Uneinigkeit. Die in der Literatur vorgenommene Kategorisierung nach ausschließlichen, konkurrierenden und parallelen Kompetenzen ist ein Erkenntnisbehelf mit z.T. fließenden Abgrenzungen. Vgl. *Everling*, FS für Stern, S. 1227 (1234); *Streinz*, EuR, Rdnr. 128; *ausführlich*: *Calliess*, Subsidiaritätsprinzip, S. 77.

2 Vgl. *Schwartz*, FS für Everling, Bd. II, S. 1331 (1332).

vertragliche Anerkennung der Unterteilung ist. Danach findet das Subsidiaritätsprinzip nur in den Bereichen Anwendung, die nicht der ausschließlichen Zuständigkeit der Europäischen Gemeinschaft zugeordnet sind.

I. Inhalt der ausschließlichen Zuständigkeit

1.) Sperrwirkung

Kennzeichnend für ausschließliche Rechtsetzungskompetenzen der Gemeinschaft ist, dass bereits die bloße Existenz der entsprechenden Ermächtigungsnorm mitgliedstaatliches Handeln im Kompetenzbereich ausschließt[3] und so eine „*Sperrwirkung*“[4] entfaltet. Diese Sperrwirkung gilt unabhängig von einem konkreten Tätigwerden der Gemeinschaft.[5]

2.) Ausnahme: „Sachwalter des gemeinsamen Interesses“

Hat sich der Gemeinschaftsgesetzgeber trotz dringenden Regelungsbedarfs der Materie als handlungsunfähig erwiesen, gestattet der EuGH[6] den Mitgliedstaaten, als „*Sachwalter des gemeinsamen Interesses*“, nationale Maßnahmen nach Konsultation und Zustimmung der Kommission aufrecht zu erhalten oder zu ergänzen. Soweit das Gemeinschaftsrecht dies ausdrücklich vorsieht, können die Mitgliedstaaten somit auch im Bereich ausschließlicher Gemeinschaftskompetenzen Regelungen treffen.[7]

II. Zusammenhang zwischen Subsidiarität und ausschließlicher Zuständigkeit

Sinn und Zweck des Subsidiaritätsprinzips liefern Argumente, die bei der Abgrenzung der Zuständigkeitsformen hinzugezogen werden können. Dies liegt daran, dass die Definition der ausschließlichen Zuständigkeit über den Umfang des Anwendungsbereichs der Subsidiarität entscheidet und damit zum „*Schlüsselbe-*

---

3 *EuGH*, Urteil vom 14.07.1976, Rs. C- 3, 4, 6/76, Slg. 1976, Rdnr. 30/33, „*Kramer*“; *EuGH*, Urteil vom 24.11.1993, Rs. C- 405/92, Slg. 1993, Rdnr. 12, „*Mondiet*“.

4 *Nettesheim*, in: von Bogdandy, Europäisches Verfassungsrecht, S. 415 (446). Ausführlich zur Sperrwirkung: *Furrer*, Die Sperrwirkung des sekundären Gemeinschaftsrechts, S. 90.

5 *EuGH*-Gutachten 17/5, Slg. 1975, S. 1355 (1363 ff.); *Jarass*, EuGRZ 1994, S. 209 (210); *Streinz*, EuR, Rdnr. 130.

6 *EuGH*, Urteil vom 05.05.1981, Rs. C-804/79, Slg. 1981, Rdnr. 30, „*Seefischerei*“.

7 *Nettesheim*, in: von Bogdandy, Europäisches Verfassungsrecht, S. 415 (446); *EuGH*, Urteil vom 18.02.1986, Rs. C- 174/84, Slg. 1986, Rdnr. 31, „*Bulk Oil*“.

griff" für das Subsidiaritätsprinzip in Art. 5 II EG wird.[8] Die Bestimmung der ausschließlichen Gemeinschaftskompetenz ist daher eng mit der Beurteilung und Funktion des Subsidiaritätsprinzips verbunden.[9]

Teilweise wird das Subsidiaritätsprinzip als Möglichkeit zur Renationalisierung oder als eine wesentliche Einschränkung der Gemeinschaftstätigkeit, oft im Interesse eigener Machtpositionen, angesehen.[10] Diese Ansicht spricht sich für eine *enge Auslegung* des Begriffs der „ausschließlichen Zuständigkeit" aus, so dass ein breites Anwendungsfeld für das Subsidiaritätsprinzip gesichert bleibt. Andere sehen in dem Subsidiaritätsprinzip eine Gefahr für die Dynamik der europäischen Integration und legen den in den Verträgen nicht definierten Begriff der ausschließlichen Zuständigkeit *weit* aus.[11]

C. Nicht-ausschließliche Kompetenzen

Im Bezug auf die nicht-ausschließlichen Kompetenzen tauchen in der Rechtsprechung des EuGH die Begrifflichkeiten der konkurrierenden[12] und der parallelen[13] Kompetenz auf, ohne dass auf ihre konkrete Ausgestaltung eingegangen wird. Dementsprechend gibt es keine eindeutigen Definitionen zu den Begrifflichkeiten.

I. Konkurrierende Kompetenzen

1.) Inhalt

Im Rahmen der konkurrierenden Kompetenzen haben die Mitgliedstaaten so lange das Recht regelnd tätig zu werden, solange die Gemeinschaft ihre Kompetenzen nicht wahrgenommen und ein Sachgebiet abschließend geregelt hat. Folglich

---

8 *Calliess*, EuZW 1995, S. 693 (693); anders *Kinkel*, FS für Stern, S. 1287 (1293), der davor warnt, die Bedeutung der Kompetenzdifferenzierung zu überschätzen. Die ausschließlichen Kompetenzen würden durch den Grundsatz der Verhältnismäßigkeit ähnlich begrenzt wie die nicht ausschließlichen Kompetenzen durch die Subsidiaritätskriterien.

9 *Nettesheim*, in: von Bogdandy, Europäisches Verfassungsrecht, S. 415 (446); *Calliess*, Subsidiaritätsprinzip, S. 78 ff.

10 *Mertens*, Subsidiarität als Verfassungsprinzip, in: Mertens, Die Subsidiarität Europas, S. 77 (80/81); *Goppel*, EuZW 1993, S. 367 (370).

11 *Pescatore*, FS für Everling, Bd. II, S. 1071 (1074); *Jickeli*, JZ 1995, S. 57 (64).

12 Urteil vom 31.03.1971, *EuGH*, Rs. 22/70, Slg. 1971, 263, Rdnr. 30, „*Europäisches Übereinkommen über Straßenverkehr*".

13 *EuGH*-Gutachten 2/91, vom, ABl.1993, C 109/7, Rdnr. 8.

bietet die konkurrierende Kompetenzordnung im Gegensatz zu der ausschließlichen Kompetenz den Mitgliedstaaten einen größeren Gestaltungsfreiraum. Der aktuelle Kompetenzbereich der Mitgliedstaaten bleibt dadurch stets in Bewegung.[14] Diese Eigenschaft hat dazu geführt, dass die konkurrierenden Kompetenzen bei den Gemeinschaftskompetenzen den Regelfall darstellen.[15]

Die diesem Kompetenztyp innewohnende Dynamik ist allerdings mit Transparenzproblemen hinsichtlich des aktuell verbleibenden Kompetenzbereichs der Mitgliedstaaten verbunden. Diese Problematik wird dadurch ausgeglichen, dass die staatliche Kompetenz erst zum spätest möglichen Zeitpunkt eingeschränkt wird und zudem keine Rechtsetzungsdefizite entstehen.[16] Zu den wichtigsten Bereichen der gemeinschaftlichen konkurrierenden Kompetenzen zählen u.a. die Zollunion-Anwendungsmaßnahmen[17], die Agrarpolitik (Artt. 32 ff. EG), steuerliche Vorschriften (Artt. 90 ff. EG), Wirtschaftspolitik (Art. 99 EG), Umweltschutz (Artt. 174 ff. EG).[18]

2.) Sperrwirkung

Der mitgliedstaatliche Kompetenzverlust in Form einer *primärrechtlichen Sperrwirkung* für nationale Tätigkeiten der Mitgliedstaaten tritt bei den konkurrierenden Kompetenzen nur dann ein, soweit und solange die Gemeinschaft von ihrer Kompetenz Gebrauch gemacht hat.[19] Die unmittelbar im Vertrag angelegte Sperre wird durch die Inanspruchnahme der Kompetenz ausgelöst und nicht durch den dem Sekundärrecht innewohnenden Vorranganspruch.

Das Handlungsverbot der Mitgliedstaaten kann einzelne abschließend geregelte Sachfragen betreffen, aber auch vollständig geregelte Bereiche umfassen.[20] Der Umfang, in dem zu der betroffenen Materie dann noch nationale Rechtsetzung ergehen darf, hängt von der jeweiligen Handlungsform ab. Während im Rahmen der Richtlinie ein nationaler Rechtssetzungsakt erforderlich ist, schließt die gleiche Regelung in der Form der Verordnung nationales Handeln aus. Wird die gemeinschaftsrechtliche Vorschrift aufgehoben, leben die mitgliedstaatlichen Kompetenzen wieder auf.

---

14 *von Bogdandy/Bast*, EuGRZ 1994, S. 441 (448).

15 *Jarass*, EuGRZ 1994, S. 209 (210); Streinz, in: *Streinz*, Art. 5 EG, Rdnr. 22.

16 *von Bogdandy/Bast*, EuGRZ 1994, S. 441 (449).

17 Die Festsetzung des gemeinsamen Zolltarifs selbst fällt unter die ausschließliche Kompetenz, *Streinz*, in: Streinz, Art. 5 EG, Rdnr. 16.

18 Vgl. Streinz, in: Streinz, Art. 5 EG, Rdnr. 22.

19 *Calliess*, in: Calliess/Ruffert, Art. 5, Rdnr. 32; *Streinz*, EuR, Rdnr. 132.

20 Vgl. zu letzterem: *EuGH*, Urteil vom 25.11.1986, Rs. 218/85, Slg. 1986, 3513, Rdnr. 12, „*Cerafel*".

II. Parallele Kompetenzen

Um eine parallele Kompetenz[21] handelt es sich, wenn die Mitgliedstaaten und die EG *nebeneinander* tätig werden können, ohne dass die Ausübung der Gemeinschaftskompetenz eine Sperrwirkung für die Mitgliedstaaten entfaltet.[22] Gemäß Art. 10 EG darf das mitgliedstaatliche Handeln nicht die Gemeinschaftspolitik behindern oder unterlaufen und der Vorrang des Gemeinschaftsrechts muss beachtet werden.[23] Dies hat zur Folge, dass die mitgliedstaatliche Gesetzgebungskompetenz auch im Rahmen der parallelen Kompetenzen eingeschränkt ist.[24] Im Bereich der parallelen Kompetenzen stehen sich die jeweils ergriffenen Maßnahmen der Gemeinschaft und der Mitgliedstaaten grundsätzlich nicht im Wege, sondern verstärken sich in ihrer Wirksamkeit gegenseitig.[25] Dies gilt insbesondere für die Querschnittsaufgaben. Parallele Kompetenzen gehen über wirtschaftliche Interessen hinaus und flankieren die Binnenmarktpolitik, wie z.B. durch Koordinierung der Wirtschaftpolitik (Art. 98 EG), oder Verwaltungskooperation (Artt. 40 a), lit. d), 44 II, lit. b, 66, 135, 280 II EG). Weitere parallele Kompetenzen betreffen das Kartellrecht (Artt. 81, 82 EG) und die Regionalpolitik (Artt. 158-162 EG).

D. Problem: Einordnung des Art. 95 EG

Im Mittelpunkt der Diskussion bezüglich der Abgrenzung zwischen ausschließlichen und nicht ausschließlichen Zuständigkeiten steht der „Bereich" des Binnenmarktes.[26] Hierbei ist es insbesondere sehr umstritten, ob es sich bei Art. 95 EG um eine konkurrierende, parallele oder um eine ausschließliche Kompetenz handelt.

---

21 *Jarass* bestreitet die Notwendigkeit für diese Kategorie, da es sich hierbei um Bereiche handelt, in denen die Gemeinschaftskompetenz auf bestimmte Teilfelder beschränkt ist. In diesen Teilfeldern bestehe eine ausschließliche oder eine konkurrierende Kompetenz der Gemeinschaft, in den sonstigen Teilfeldern eine ausschließliche Kompetenz der Mitgliedstaaten. Vgl. *Jarass*, AöR 121 (1996), S. 173 (190).

22 Streinz, in: *Streinz*, Art. 5 EG, Rdnr. 26.

23 *Streinz*, EuR, Rdnr. 136.

24 Z.B. im Beihilfenrecht, vgl. *von Bogdandy/Bast*, EuGRZ 1994, S. 441 (450).

25 *von Bogdandy/Bast*, EuGRZ 1994, S. 441 (448).

26 Ausführlich zu der Abgrenzung der ausschließlichen und nicht-ausschließlichen Zuständigkeit und den unterschiedlichen Ansichten im Schrifttum, vgl. *Calliess*, Subsidiaritätsprinzip, S. 81 ff.

I. Art. 95 EG – eine ausschließliche Zuständigkeit?

1.) Argumente für eine ausschließliche Zuständigkeit

Für einen ausschließlichen Charakter des Art. 95 EG werden unterschiedliche Argumente vorgebracht.

a.) Binnenmarkt erfüllt funktionales und materielles Element

Die Kommission fordert im Einzelnen das kumulative Vorliegen eines *funktionalen* und eines *materiellen* Elements. Danach muss eine Verpflichtung der Gemeinschaft bestehen, als alleinige Instanz bestimmte Aufgaben wahrzunehmen (*funktionales* Element). Darüber hinaus müssen die Mitgliedstaaten das Recht verlieren, einseitig tätig zu werden (*materielles* Element).[27] Aus der Einfügung des *Binnenmarktziels* im Rahmen der EEA schließt die Kommission, dass der gesamte Bereich des Binnenmarktes und damit auch die Rechtsharmonisierung als ausschließliche Kompetenz zu definieren sind.[28] Die Herstellung des Binnenmarktes sei nämlich eine Aufgabe, die erfolgreich nur von einem überstaatlichen Hoheitsträger erledigt werden könne. Die Kommission räumt allerdings selber ein, dass keine deutliche Trennlinie zwischen den Binnenmarktmaßnahmen und den begleitenden konkurrierenden Zuständigkeiten der Mitgliedstaaten verläuft.[29]

b.) Wesen der Rechtsangleichung

Für die Einordnung der Rechtsangleichungskompetenzen zur Verwirklichung des Binnenmarktes und damit auch der Rechtsangleichungsnormen als ausschließliche Kompetenz[30] wird zudem angeführt, dass solche Maßnahmen an sich nur auf Gemeinschaftsebene beschlossen werden können. So haben sich auch die *Generalanwälte Jacobs* und *Fennelly* im Rahmen des *Biopatenturteils*[31] und des *Tabakwerbeurteils*[32] für eine ausschließliche Kompetenz ausgesprochen. Sie begründen ihre Auffassung damit, dass es den Mitgliedstaaten rein tatsächlich nicht möglich sei, ihre Verwaltungs- und Rechtsvorschriften zu harmonisieren. Diese

27 *Kommission der EG*, Brüssel 27.10.1992, KOM (92) 1990 endg. S. 7.

28 *Kommission der EG*, Brüssel 27.10.1992, KOM (92) 1990 endg. S. 7.

29 *Kommission der EG*, Brüssel 27.10.1992, KOM (92) 1990 endg. S. 4.

30 *Müller-Graff*, ZHR 159 (1995), S. 34 (66 ff.), *Lienbacher*, in: Schwarze, Art. 5 EG, Rdnr. 14; *Pipkorn*, EuZW 1992, S. 697 (699).

31 Schlussanträge des GA *Jacobs* vom 14.06.2001, *EuGH*, Rs. 377/98, Slg. 2001, I-7079, Rdnr. 81, „*Biopatentrichtlinie*".

32 Schlussanträge des GA *Fennelly* vom 15.06.2000, *EuGH*, Rs. C-376/98 und C-74/99, Slg. 2000, I-8419, Rdnr. 131 ff., 135, 142, „*Tabakwerbeurteil*".

Vorschriften würden nämlich in den Anwendungsbereich des EG-Vertrages fallen. Ein kollektives Vorgehen durch einen völkerrechtlichen Vertrag wäre daher nach dem Grundsatz der Gemeinschaftstreue gemäß Art. 10 EG untersagt.

c.) Besondere Verpflichtung der Gemeinschaft

Teilweise ist Art. 95 I EG ein ausschließlicher Charakter zugesprochen worden, weil er die Gemeinschaft nicht nur ermächtigt, sondern besonders nachdrücklich und dringlich rechtlich verpflichtet, die Grundfreiheiten insoweit, als sie nicht unmittelbar wirksam sind, im Wege der Rechtsangleichung zu gewährleisten.[33]

d.) Verhältnismäßigkeitgrundsatz

Ein weiteres Argument für eine ausschließliche Zuständigkeit der Gemeinschaft gemäß Art. 95 EG ergibt sich aus Art. 5 EG. Danach muss das Handeln des Gemeinschaftsgesetzgebers auch bei einer ausschließlichen Kompetenz am Verhältnismäßigkeitsprinzip gemessen werden.[34] Eine Rechtsangleichungsmaßnahme kann, auch wenn man Art. 95 I EG als ausschließliche Kompetenz qualifiziert, einer inhaltlichen Kontrolle nicht entzogen werden. Die Maßnahme muss nämlich den Anforderungen der Verhältnismäßigkeit gemäß Art. 5 III EG entsprechen. Unterstützung findet dieses Argument insbesondere bei denen, die keine großen inhaltlichen Unterschiede zwischen Art. 5 II und III EG sehen.[35]

2.) Biopatenturteil des EuGH

Der EuGH[36] ist in den angesprochenen Fällen nicht der Ansicht der Generalanwälte gefolgt. Im *Biopatenturteil*[37] hat der Gerichtshof die in Frage stehende

---

33 *Schwartz*, FS für Everling, Bd. II, S. 1331 (1347).

34 *Götz*, JZ 2001, S. 34 (36) hält diesen Ansatz unter dem Blickwinkel einer Kontrolle und Begrenzung der Kompetenzausübung der Gemeinschaft für besser geeignet als denjenigen des Subsidiaritätsprinzips.

35 *Jarass*, AöR 121 (1996), S. 171 (192); *Schmidhuber/Hitzler*, NVwZ 1992, S. 720 (723); *Claasen*, ZRP 1993, S. 57 (58).

36 Nach seiner Rechtsprechung liegt eine ausschließliche Zuständigkeit vor, wenn nach dem Zweck und dem Sinn einer Bestimmung die Mitgliedstaaten, unabhängig vom Tätigwerden der Gemeinschaft auf Gemeinschafts- ebenso wie auf internationaler Ebene, nicht mehr handlungsbefugt sein sollen. (*EuGH*, Gutachten 1/75 vom 11.11.1975, Slg. 1975, 1355, Rdnr. 32; *EuGH*, Gutachten 1/76 vom 26.04.1977, Slg. 1977, 741; *EuGH*, Gutachten 1/78 vom 4.10.1979, Slg. 1979, 2871; *EuGH*, Gutachten 2/91 vom 19.03.1993, Slg. 1993, I-1061). Aufgrund dieser Definition hat sich der *EuGH* positiv hinsichtlich der Handelspolitik gemäß Art. 133 EG (*EuGH*, Urteil vom 15.12.1976, Rs. C-41/76, Slg. 1976, 1921 (1937), „*Donckerwolcke*"), der Erhaltung der Fischbestände gemäß Art. 102 der Beitrittsakte 1972 (*EuGH*, Urteil vom

Maßnahme an dem Subsidiaritätsprinzip gemessen, ohne überhaupt auf dessen Anwendbarkeit im Rahmen von Art. 95 EG einzugehen. Im *Tabakprodukturteil* hat er schließlich die Binnenmarktkompetenz des Art. 95 I EG ausdrücklich als nicht ausschließliche Zuständigkeit bezeichnet.[38]

3.) Argumente für eine nicht-ausschließliche Zuständigkeit der EG

a.) Harmonisierungskompetenzen grundsätzlich konkurrrierend

Die Einordnung des EuGH wird auch durch die Vermutung aus Art. 95 I EG bestätigt, wonach die Mitgliedstaaten in der Regel eine konkurrierende Regelungskompetenz für diejenigen Materien haben, die einer Harmonisierung bedürfen.[39] Eine ausschließlich Gemeinschaftszuständigkeit liegt daher nur dann vor, wenn die Mitgliedstaaten unabhängig vom konkreten Tätigwerden der Gemeinschaft nicht handlungsbefugt sind.[40] Diese Eigenschaft widerspricht aber dem materiell integrativen Charakter des Art. 95 EG, der eben nur dort als Rechtsangleichungskompetenz eingesetzt werden soll, wo das für den Binnenmarkt erforderlich ist.

b.) Tätigwerden der Mitgliedstaaten im Binnenmarkt

Das Argument der *Generalanwälte*, die Rechtsangleichung könne lediglich auf Gemeinschaftsebene erreicht werden, so dass die anzugleichenden Rechtsgebiete damit dem Wesen nach bereits der ausschließlichen Zuständigkeit zuzuordnen seien, überzeugt nicht. Es kann nicht davon ausgegangen werden, dass die Mitgliedstaaten z.B. im Binnenmarktbereich auch bei gesetzgeberischer Untätigkeit der Gemeinschaft jegliche Kompetenz von vornherein verloren haben. Die Ausschließlichkeit der gemeinschaftlichen Rechtsangleichungskompetenz würde zu einer weitgehenden Blockade des gesamten nationalen Wirtschaftsrechts führen.[41] Solange die Gemeinschaft keine Rechtsangleichung in einem Bereich be-

---

05.05.1981, Rs. 804/79, Slg. 1981, 1045, Rdnr. 18, *„Seefischerei“*), des internen Organisations- und Verfahrensrecht (*Calliess*, in: Calliess/Ruffert, Art. 5, Rdnr. 26), sowie hinsichtlich der Festlegung des Zolltarifs und des materiellen Zollrechts (*EuGH*, Urteil vom 18.02.1970, Rs. 40/69, Slg. 1970, 69 (80), *„Hauptzollamt Hamburg/Bollmann“*) geäußert.

37 *EuGH*, Urteil vom 9.10.2001, Rs. C-377/98, Slg. 2001, I-7079, Rdnr. 30-34, *„Biopatentrichtlinie“*.

38 *EuGH*, Urteil vom 10.12.2002, Rs. C-491/01, Slg, 2002, I-11453, Rdnr. 179, *„Tabakprodukturteil“*.

39 *Calliess*, in: Calliess/Ruffert, Art. 5, Rdnr. 12/24.

40 *Calliess*, Jura 2001, S. 311 (317); *Selmayr/Kamann/Ahlers*, EWS 2003, S. 49 (58).

41 So auch: *Streinz*, in: Streinz, Art. 5 EG, Rdnr. 19.

schlossen hat oder mit Mindestnormen erfasst, bleiben die Mitgliedstaaten weiterhin zur Regelung befugt.[42]

c.) Wesen von Art. 95 I EG

Zudem entspricht es dem Wesen der Rechtsangleichung, keine abschließende und vollständige Uniformität anzustreben, sondern lediglich die rechtlich oder tatsächlich gewichtigsten Hindernisse für den Binnenmarkt durch eine Annäherung der nationalen Rechtsordnungen abzubauen.[43] Darüber hinaus würde verkannt, dass die Ermächtigung des Art. 95 EG angesichts ihrer funktionalen Ausrichtung nicht auf einen wie auch immer abgegrenzten Sachbereich „Binnenmarkt" beschränkt ist. Tatsächlich kann die Rechtsangleichungskompetenz in fast allen Materien bedeutsam werden, wenn und soweit die Gewährleistung des Binnenmarktes mittelbar bezweckt wird.[44] Folglich kann sich die Ausschließlichkeit einer Kompetenz nicht aus dem Umstand ergeben, dass die Gemeinschaft zur Erfüllung einer bestimmten Aufgabe verpflichtet ist.[45]

d.) Widerspruch zu Artt. 30, 39 III und 46 EG

Auch der Wortlaut des Vertrages spricht gegen diese Ansicht. Im Rahmen der Artt. 30, 39 III und 46 EG verbleibt den Mitgliedstaaten die Zuständigkeit zum Erlass von Schranken. Diese Vorschriften würden ihren Sinn verlieren, wenn die Beseitigung der Hindernisse im Binnenmarkt zur ausschließlichen Zuständigkeit der Gemeinschaft gehörte.[46]

e.) Objektive Einschränkungskriterien des Subsidiaritätsprinzips

Für eine nicht-ausschließliche Zuständigkeit im Bereich der Rechtsangleichung gemäß Art. 95 I EG spricht schließlich auch die Funktion des Subsidiaritätsprinzips. Bei Art. 95 EG handelt es sich um eine Querschnittskompetenz, die durch einen weiten Tatbestand gekennzeichnet ist und keine expliziten Einschränkungsmöglichkeiten vorsieht. Mit der Anwendung des Subsidiaritätsprinzips auf die Rechtsangleichungskompetenz wird das Handeln des Gemeinschaftsgesetzgebers weiteren Voraussetzungen unterworfen. Das Subsidiaritätsprinzip gewähr-

42 *Everling*, FS für Stern, S. 1227 (1235).
43 Vgl. Kapitel I, II.
44 *Jarass*, EuGRZ 1994, S. 209 (210); *Streinz*, in: Streinz, Art. 5 EG, Rdnr. 19; *von Borries*, EuR 1994, S. 263 (275).
45 *Jarass*, AöR 121 (1996), S. 173 (190).
46 *Calliess*, Subsidiaritätsprinzip, S. 83.

leistet damit zusätzliche *objektive Kriterien* zur Einschränkung der gemeinschaftlichen Rechtssetzung nach Art. 95 I EG.

f.) Ergebnis

Damit handelt es sich bei den Binnenmarktkompetenzen und insbesondere bei Art. 95 EG nicht um eine ausschließliche Zuständigkeit.

II. Art. 95 EG als konkurrierende oder parallele Kompetenz?

Während ein überwiegender Teil der Literatur und auch der EuGH sich eindeutig dagegen ausgesprochen haben, Art. 95 EG als ausschließliche Kompetenz einzustufen, ist noch nicht geklärt, ob sich die Norm der konkurrierenden oder der parallelen Kompetenz zuordnen lässt. Nach dem überwiegenden Teil der Literatur ist Art. 95 EG eine *konkurrierende Kompetenz*.[47] Anderer Ansicht ist *Nettesheim*[48]. Er spricht sich für die Kategorie der *parallelen Kompetenz* aus. Seiner Ansicht nach ist die konkurrierende Kompetenz dem EG-Recht fremd. Die Sperrwirkung gehe grundsätzlich von der Kompetenznorm selbst aus. Sie sei eben keine mittelbare Folge der Anwendung einer Vorrangregelung. Vielmehr nehme die abschließende Inanspruchnahme der Kompetenz und nicht die Kollision mit dem gesetzten Recht den Mitgliedstaaten die Handlungsmöglichkeit. Eine etwaige primärrechtliche Sperrwirkung für den jeweiligen Sachbereich entfalte die Rechtsetzung der EU nicht.

Nettesheim sieht seine Position durch die Rechtsprechung des EuGH unterstützt, der davon ausgeht, dass die Wahrnehmung der Kompetenzbestimmungen durch die Gemeinschaft die Mitgliedstaaten noch nicht daran hindert, ihrerseits in dem jeweiligen Bereich tätig zu werden, soweit sie nur den Vorranganspruch des jeweiligen Sekundärrechts sowie die allgemeine Loyalitätspflicht des Art. 10 EG beachten. Die Ansicht von *Nettesheim* überzeugt nicht. Ein Nebeneinander von gemeinschaftlicher und mitgliedstaatlicher Gesetzgebung ist bereits aus faktischen Gründen nicht möglich. Ist ein Teilgebiet oder ein gesamtes Sachgebiet aufgrund von Gemeinschaftsrecht in allen Mitgliedstaaten angeglichen worden, so würde ein paralleles Tätigwerden der Mitgliedstaaten dem Sinn und Zweck der Rechtsangleichung widersprechen. Sinn und Zweck der Angleichung ist nämlich nicht nur die Regelung einer Materie an sich, sondern gerade die Schaffung glei-

---

47 *von Bogdandy/Bast*, EuGRZ 2001, S. 415 (448); *Streinz*, EuR, Rdnr. 132; *Jarass*, AöR 121 (1996), S. 173 (191); *Schweitzer/Schroeder/Bock*, Binnenmarkt und Gesundheitsschutz, S. 83.

48 *Nettesheim*, in: von Bogdandy, Europäisches Verfassungsrecht, S. 450.

cher Standards und Verhältnisse im Binnenmarkt. Zwar kann das betroffene Teil- oder Sachgebiet unter Berücksichtigung des Vorrangs des Europarechts und des Art. 10 EG weiter regelungstechnisch ausgestaltet werden, aber eine umfassende Regelung der Materie ist unter Inanspruchnahme von Art. 95 EG durch die Gemeinschaft nicht mehr möglich. Demzufolge handelt es sich bei Art. 95 EG um eine konkurrierende Kompetenz.

E. Europäischer Verfassungsprozess

Der Entwurf des Vertrages über eine Europäische Verfassung sieht mit Art. I-12 Verf.EU eine Kompetenzordnung für die Europäische Union vor, in der sowohl die unterschiedlichen Kompetenzformen und ihre rechtlichen Folgen definiert, als auch die Sachpolitiken diesen zugeordnet werden. Der Verfassungsentwurf unterscheidet zwischen einer *ausschließliche Zuständigkeit* (Art. I-12 I Verf.EU) und einer *geteilten Zuständigkeit* (Art. I-12 II Verf.EU) zwischen Mitgliedstaaten und Union, die der oben erörterten konkurrierenden Zuständigkeit entspricht. Letztere überlässt den Mitgliedstaaten die Regelungskompetenz, „sofern und soweit die Union ihre Zuständigkeit nicht ausgeübt hat oder entschieden hat, diese nicht mehr auszuüben".

Darüber hinaus sieht der Europäische Verfassungsentwurf in Art. I-12 V 1 Verf.EU vor, dass die Union in bestimmten Bereichen Regelungen zur *Koordinierung, Ergänzung und Unterstützung der Maßnahmen* der Mitgliedstaaten erlässt, ohne dass dadurch die Zuständigkeit der Union in diesem Bereich an die Stelle der Zuständigkeit der Mitgliedstaaten tritt". In diesen Bereichen dürfen rechtlich bindende Maßnahmen der Union keine Harmonisierung der Rechts- und Verwaltungsvorschriften beinhalten (Art. I-12 V 2 Verf.EU). Diese Zuständigkeit entspricht der oben erörterten parallelen Kompetenz. Auch enthält der Verfassungsentwurf in Art. I-12 Verf.EU ff. einen Katalog, in dem die unterschiedlichen Rechtsgebiete einem Zuständigkeitsbereich zugeordnet werden. Diesem Katalog lässt sich entnehmen, dass der Binnenmarkt gemäß Art. I-14 II lit. a.) Verf.EU der geteilten Zuständigkeit zugeordnet ist und bestätigt damit das oben gefundene Ergebnis.

Kapitel VI. Art. 5 EG als normative Grenze für die Handlungsbefugnis des Art. 95 EG

Die Schrankentrias[1] des Art. 5 EG stellt die normativen Grenzen der Handlungsbefugnis des Art. 95 EG auf. Der gesamte Art. 5 EG verkörpert in dieser Formulierung das gemeinschaftliche Subsidiaritätsprinzip, wobei Art. 5 II EG das Subsidiaritätsprinzip im engeren Sinne enthält.

A. Die Schrankentrias des Art. 5 EG

In Art. 5 I EG ist das Prinzip der begrenzten Einzelermächtigung geregelt, wonach die Frage zu stellen ist, ob die Gemeinschaft überhaupt tätig werden *kann* *(„Kann-Frage)*.[2] Nach dem Subsidiaritätsprinzips gemäß Art. 5 II EG ist zu entscheiden, ob die Gemeinschaft im konkreten Fall von der ihr zustehenden Kompetenz Gebrauch machen darf („*Ob-Frage*"). Nach dem Verhältnismäßigkeitsprinzip gemäß Art. 5 III EG bestimmt sich schließlich, nach welcher Art, in welchem Umfang und in welcher Intensität die Union handeln darf („*Wie-Frage*").

B. Adressaten

Adressaten des Prinzips der begrenzten Einzelermächtigung, des Subsidiaritäts- und Verhältnismäßigkeitsprinzips sind das Europäische Parlament, der Rat und die Kommission. Gegenstand der Prinzipien des Art. 5 EG sind sämtliche Maßnahmen und Handlungsformen dieser Organe. Sie zielen zwar schwerpunktmäßig, aber nicht ausschließlich auf die Normsetzung in all ihren Stufen ab.[3]

---

1 Mit dem Prinzip der begrenzten Einzelermächtigung, Art. 5 I EG, dem Subsidiaritätsprinzip, Art. 5 II EG, und dem Prinzip der Verhältnismäßigkeit, Art. 5 III EG, enthält Art. 5 EG eine „europarechtliche Schrankentrias" für die Kompetenzausübung der Gemeinschaft. Eine Einschränkung besteht lediglich hinsichtlich des Subsidiaritätsprinzips, welches nicht auf ausschließliche Kompetenzen anwendbar ist.

2 Dazu ausführlich Kapitel VII.A.

3 Vgl. Schlussfolgerung der Tagung des *Europäischen Rates* der Staats- und Regierungschefs in Edinburgh am 11.12.1992, Europa Archiv 1993, D 2.

C. Subsidiarität, Art. 5 II EG

Das Subsidiaritätsprinzip ist durch den Vertrag von Maastricht normativ verankert und mit dem Vertrag von Amsterdam Art. 5 EG durch das *Subsidiaritätsprotokoll*[4] ergänzt worden. Letzteres sollte die Kriterien des Art. 5 EG präzisieren und deren strikte Beachtung und Anwendung sicherstellen.

I. Inhalt

Beim Subsidiaritätsprinzip geht es um die *Ausübung der Kompetenzen,* und damit gerade nicht um die Einschränkung der Anwendung unmittelbar geltender Vertragsbestimmungen oder die Verteilung der Kompetenzen zwischen Gemeinschaft und Mitgliedstaaten.[5] Es betrifft mithin die Frage, wer von zwei konkurrierend Zuständigen tätig werden darf.

II. Anwendbarkeit auf Art. 95 EG

Aus Art. 5 II EG ergibt sich, dass das Subsidiaritätsprinzip lediglich auf nichtausschließliche Zuständigkeiten der Gemeinschaft anwendbar ist. Bei Art. 95 EG handelt es sich um eine konkurrierende Kompetenznorm, so dass die Kompetenz der Gemeinschaft zur Rechtsangleichung hinsichtlich der Verwirklichung der Binnenmarktziele gegenüber den mitgliedstaatlichen Kompetenzen subsidiär ist.[6]

---

4 *Protokoll über die Anwendbarkeit der Grundsätze der Subsidiarität und der Verhältnismäßigkeit*: Protokoll Nr. 30 von 1997 zum Vertrag zur Gründung der Europäischen Gemeinschaft; dieses hat gemäß Art. 311 EG denselben normativen Status wie der EG-Vertrag.

5 *Müller-Graff*, ZHR 159 (1995), S. 34 (47); *Koenig/Lorz*, JZ 2003, S. 167 (167) sprechen insofern von einer Kompetenzausübungsmaxime. Vgl. auch *Mertens*, Subsidiarität als Verfassungsprinzip, in: Mertens, Die Subsidiarität Europas, S. 77 (81), der das Subsidiaritätsprinzip auch als Kompetenzzuweisungs- oder Kompetenzübertragungsschranke begreift. Vgl. zudem *Everling*, FS für Stern, S. 1227 (1232), der das Subsidiaritätsprinzip ebenso wie den Verhältnismäßigkeitsgrundsatz trotz Normierung als allgemeine Prinzipien ansieht, die im Rahmen aller konkreten Regelungen Berücksichtigung verlangen, aber ohne Verbindung mit einer konkreten Rechtsnorm keiner unmittelbaren Anwendung fähig sind.

6 *Pieper*, Subsidiarität, S. 202.

III. Prüfung im Rahmen von Rechtsakten gemäß Art. 95 I EG

Ein Tätigwerden der Gemeinschaft gemäß Art. 95 I EG ist nach dem Subsidiaritätsprinzip nur zulässig, sofern und soweit die Binnenmarktziele auf Ebene der Mitgliedstaaten nicht ausreichend erreicht werden (*Negativkriterium*,[7] *Effizienztest*[8]) und daher wegen ihres Umfangs oder ihrer Wirkungen besser auf Gemeinschaftsebene erreicht werden können (*Positivkriterium*,[9] *Erforderlichkeitskriterium*[10])." Negativ formuliert: Die Gemeinschaft darf nicht handeln, wenn die Ziele der in Betracht gezogenen Rechtsangleichungsmaßnahmen von den Mitgliedstaaten ausreichend (*Negativkriterium*) oder mindestens genau so gut erreicht werden können (*Positivkriterium*).[11] Das Positivkriterium steht kumulativ zu dem Negativkriterium, ist aber erst dann zu prüfen, wenn feststeht, dass die Maßnahmen der Mitgliedstaaten nicht ausreichen.[12]

1.) Das Negativkriterium – „nicht ausreichend"

Eine Konkretisierung erfährt das Negativkriterium zunächst durch Nr. 5 des *Subsidiaritätsprotokolls*.[13] Danach ist darauf abzustellen, ob die Mitgliedstaaten das angestrebte Binnenmarktziel nicht ausreichend erreichen können. Die im Hinblick auf Art. 5 II EG notwendige Zielbestimmung stellt nicht auf die Rechtsangleichung selbst ab. Dies hätte nämlich zur Folge, dass dieses Ziel sinnvoll nur durch die Gemeinschaft, nicht aber auf Ebene der einzelnen Mitgliedstaaten zu erreichen wäre. Die Erforderlichkeit der Rechtsangleichung ist vielmehr erst das Ergebnis der Prüfung.[14]

---

7 *Calliess*, Subsidiaritätsprinzip, S. 104.

8 *Langguth*, in: Lenz, Art. 5 EG, Rdnr. 34.

9 *Calliess*, Subsidiaritätsprinzip, S. 104.

10 *Lienbacher*, in: Schwarze, Art. 5 EG, Rdnr. 18 ff.

11 *Calliess*, in: Calliess/Ruffert, Art. 95 EG, Rdnr. 35; *Calliess*, Subsidiaritätsprinzip, S. 104.

12 *von Borries*, EuR 1994, S. 263 (277).

13 *Protokoll über die Anwendbarkeit der Grundsätze der Subsidiarität und der Verhältnismäßigkeit*: Protokoll Nr. 30 von 1997 zum Vertrag zur Gründung der Europäischen Gemeinschaft; *Europäischer Rat von Edinburgh*, Schlussfolgerungen des Vorsitzes, KOM (92) 1050 vom 13.12.1992, Teil A, Anlage 1, III., S. 7. Anders: *Kommission der EG*, Brüssel 27.10.1992, KOM, (92) 1990 endg., Anhang, S. 10. Sie nimmt in diesem Fall den so genannten „komparativen Effizienztest" vor, anhand dessen geprüft wird, ob die Mitgliedstaaten über die Mittel, einschließlich der finanziellen Mittel, zur Erreichung der Ziele verfügen.

14 *Herrnfeld*, in: Schwarze, Art. 95 EG, Rdnr. 18 i.V.m. Rdnr. 25.

Nach überwiegender Ansicht[15] ist entscheidend, ob die Mitgliedstaaten[16] mit dem angestrebten Binnenmarktziel gesetzgeberisch *überfordert* sind. Hierbei soll die aktuelle Sach- und Rechtslage in den Mitgliedstaaten[17] neben einer hypothetischen Abschätzung von deren Möglichkeiten und Fähigkeiten zum Erlass künftiger Binnenmarktmaßnahmen geprüft werden.[18] Es ist vergleichend zu untersuchen, ob die jeweilige binnenmarktbezogene Regelung zufriedenstellend von den Mitgliedstaaten allein geregelt werden kann oder mangels gemeinschaftlicher Regelungen die Binnenmarktziele oder die Interessen anderer Mitgliedstaaten erheblich bzw. spürbar beeinträchtigt werden.[19] Eine Überforderung der Mitgliedstaaten liegt nicht vor, wenn sie alle die Ziele der geplanten Maßnahme erreichen können.[20] Nach Maßgabe des Art. 5 II EG soll eine Angleichung aufgrund von Art. 95 I EG erfolgen, wenn nur durch die Schaffung harmonisierter Bestimmungen in allen Mitgliedstaaten die Beseitigung der Funktionsstörungen des Binnenmarktes zu erreichen ist.

Indem zunächst bei jeder gemeinschaftlichen Gesetzgebungsmaßnahme geprüft wird, ob die Sachmaterie nicht genauso gut von den Mitgliedstaaten geregelt werden könnte, wird verhindert, dass die Gemeinschaft zunehmend Bereiche an sich zieht und auf die schnellere, einfachere und wirkungsvollere Aufgabenerfüllung durch die Zentralinstanz verweist.[21]

---

15 Nach einer anderen Auffassung kommt es darauf an, ob die Maßnahmen der Mitgliedstaaten im Hinblick auf ihren Umfang und ihrer tatsächlichen und rechtlichen Wirkung zur Zielverwirklichung ausreichen oder ein Handeln der Gemeinschaft *erforderlich* ist. *Gegen das Erforderlichkeitskriterium* spricht aber, dass die in den Vertrag von Maastricht eingeflossene Version des Art. 5 II EG ein Kompromiss zwischen den verschiedenen Vorschlägen der Mitgliedstaaten und daher hinter dem deutschen Vorschlag zurück geblieben ist. Dieser sah vor, dass die Gemeinschaft nach dem Subsidiaritätsprinzip nur insofern tätig wird, „...wie die Maßnahme aufgrund ihrer Tragweite oder ihrer Auswirkungen die Grenzen eines Mitgliedstaates überschreitende Lösungen *erfordern* ...". Zitiert nach *Konow*, DÖV 1993, S. 405 (406). Vgl. zu den unterschiedlichen Ansichten: *Schink*, DÖV 1992, S. 385 (387); *Stewing*, DVBl. 1992, S. 1516 (1518); *Calliess*, Subsidiaritätsprinzip, S. 110; *Kenntner*, NJW 1998, S. 2871 (2873); *Lienbacher*, in: Schwarze, Art. 5 EG, Rdnr. 19 ff.; *Kahl*, AöR 118 (1993), S. 414 (426); *von Borries*, EuR 1994, S. 263 (276).

16 Hierbei kommt es auf die Fähigkeit aller Mitgliedstaaten an. *Bieber*, Subsidiarität im Sinne des EU-Vertrages, S. 165 (177); *Streinz*, in: Streinz, Art. 5 EG, Rdnr. 38, *Hirsch*, in: Hrbek, Das Subsidiaritätsprinzip in der EU, S. 93 (99).

17 So muss z.B. zunächst festgestellt werden, ob einige Mitgliedstaaten bereits tätig geworden sind und gegebenenfalls welchen Inhalt diese Regelungen haben.

18 *Calliess*, Subsidiaritätsprinzip, S. 111; *Schmidhuber/Hitzler*, NVwZ 1992, S. 720 (723).

19 *Calliess*, Subsidiaritätsprinzip, S. 111.

20 *Hirsch*, in: Hrbek, S. 93 (98), *Dreher*, JZ 1999, S. 105 (108).

21 *Schmidhuber/Hitzler*, NVwZ 1992, S. 720 (723).

2.) Positivkriterium – „besser"

Stellt sich heraus, dass die Mitgliedstaaten zum Erlass der in Frage stehenden Binnenmarktmaßnahme nicht in der Lage sind, so ist im Rahmen des Positivkriteriums der Nachweis zu erbringen, dass Rechtsangleichungsmaßnahmen auf Gemeinschaftsebene aufgrund ihrer Größenordnung oder ihrer Auswirkungen im Verhältnis zu einem Tätigwerden auf der Ebene der Mitgliedstaaten deutliche Vorteile schaffen würden.[22]

Die Kommission schließt an den komparativen Effizienztest[23] den so genannten *Mehrwert-Test* an.[24] Dabei wird geprüft, wie effizient das Handeln der Gemeinschaft im Vergleich zu dem Handeln der Mitgliedstaaten ist. Die Bewertung der Effektivität erfolgt unter Berücksichtigung der Größenordnung und des grenzüberschreitenden Charakters eines Problems sowie der Folgen eines Verzichts auf gemeinschaftliche Maßnahmen.

Der *qualitative Mehrwert* des Gemeinschaftshandelns muss sich gerade daraus ergeben, dass das Binnenmarktziel auf der Ebene der Mitgliedstaaten nicht in genügendem Maße erreicht werden kann. Eine nur ebenso „effektive" Wirkung der Gemeinschaftsmaßnahme reicht nicht aus, um das Tätigwerden auf Unionsebene zu rechtfertigen.[25] Kann auch die Gemeinschaft keine vollständige Erfüllung herbeiführen, ist die Frage zu prüfen, wer näher an die Verwirklichung des Ziels unter Berücksichtigung des Mitteleinsatzes herankommt.[26] Wenn eine Maßnahme also nicht „besser", sondern nur „genauso gut" auf Gemeinschaftsebene erreicht werden kann, darf nicht die Gemeinschaft, sondern dürfen nur die Mitgliedstaaten tätig werden.[27]

IV. Die Kontrolle durch den EuGH

Die Weiterentwicklung des Subsidiaritätsprinzips setzt eine volle Überprüfbarkeit durch den EuGH voraus.

22 *Europäischer Rat von Edinburgh*, Schlussfolgerungen des Vorsitzes, KOM (92) 1050 vom 13.12.1992, Teil A, Anlage 1, III., S. 7; *Protokoll über die Anwendbarkeit der Grundsätze der Subsidiarität und der Verhältnismäßigkeit*: Protokoll Nr. 30 von 1997 zum Vertrag zur Gründung der Europäischen Gemeinschaft; *Simma/Weiler/Zöckler*, Kompetenzen und Grundrechte, S. 66/67.

23 Kapitel VI.C.III.1.).

24 *Kommission der EG*, Brüssel 27.10.1992, KOM (92) 1990 endg., Anhang, S. 10.

25 *Kinkel*, FS für Stern, S. 1287 (1295); *Calliess*, Subsidiaritätsprinzip, S. 112; *Koenig/Lorz*, JZ 2003, S. 167 (168).

26 *Lienbacher*, in: Schwarze, Art. 5 EG, Rdnr. 23.

27 *von Borriess*, EuR 1994, S. 263 (277).

1.) Kontrolle von Beurteilungen des Gemeinschaftsgesetzgebers

Auch wenn mit dem in Art. 5 II EG verwendeten Rechtsbegriff *„nicht ausreichend*“ und *„besser*“ objektive Kriterien aufgestellt werden, anhand derer die Subsidiarität eines Rechtssetzungsaktes festgestellt wird, verbleibt dem Gemeinschaftsgesetzgeber ein weiter Beurteilungsspielraum.

a.) Beurteilungsspielraum

Im Rahmen von Art. 95 I EG *beurteilt* der Gemeinschaftsgesetzgeber, ob die Mitgliedstaaten mit der Erreichung der Binnenmarktziele überfordert sind und die Gemeinschaft durch Rechtsangleichung die Handelshemmnisse und Wettbewerbsverzerrungen besser beseitigen kann. Die Voraussetzungen der Prüfungspunkte müssen jeweils durch Wertungen ermittelt werden.[28] Die Kontrolle des EuGH beschränkt sich auf die Frage, ob der Beurteilungsspielraum richtig ausgeübt worden ist. Dem Gemeinschaftsgesetzgeber wird ein entsprechend weites Legislativermessen immer dann zugebilligt, wenn es um die Beurteilung der künftigen (und ungewissen) Wirkungen seines Tätigwerdens oder aber um mögliche wirtschaftliche Entwicklungen geht.[29]

b.) Prognoseentscheidung

Eine weitere Schwierigkeit ergibt sich daraus, dass es sich sowohl bei dem Negativ- als auch bei dem Positivkriterium um eine *Prognoseentscheidung*[30] handelt. So muss im Rahmen der *Negativprüfung* die Prognose aufgestellt werden, ob die 25 Mitgliedstaaten in der Lage sind, zur Verwirklichung des Binnenmarktes beizutragen. Angesichts der Tatsache, dass dies meist nur durch inhaltlich aufeinander abgestimmte Vorschriften erreichbar und daher in der Praxis schwer zu verwirklichen ist, fällt die Prüfung in vielen Fällen positiv für die Gemeinschaft aus.[31] Dies gilt insbesondere für Maßnahmen aufgrund von Art. 95 I EG, da die Binnenmarktziele meist besser auf Gemeinschaftsebene und durch die Anglei-

---

28 *Calliess*, in: Calliess/Ruffert, Art. 5, Rdnr. 61; *Lienbacher*, in: Schwarze, Art 5, Rdnr. 24.

29 *EuGH*, Urteil vom 13.05.1997, Rs. C-233/94, Slg. 1997, I-2405 Rdnr. 55, *„Einlagensicherheit*“; bestätigt durch *EuGH*, Urteil vom 10.12.2002, Rs. C-491/01, Slg. Slg. 2002, I-11453, Rdnr. 123 *„Tabakprodukturteil*“. Diese Ansicht unterstrich der *EuGH* auch im *Bananenurteil*, in dem er von dem Wesen des Subsidiaritätsprinzips auf ein breites Ermessen des Gemeinschaftsgesetzgebers schloss (vgl. *EuGH*, Urteil vom 05.10.1994, Rs. C-280/93, Slg. 1994,I-4973, Rdnr. 47, *„Bananenurteil*“).

30 Zur Problematik der Prognoseentscheidung im Zusammenhang mit den Grundrechten sowie der Rücknahme der Kontrolldichte durch den *EuGH*, vgl. ausführlich Kapitel VII.A.III.4.)b.).

31 *Lienbacher*, in: Schwarze, Art. 95 EG, Rdnr. 24.

chung der Rechts- und Verwaltungsvorschriften der Mitgliedstaaten erreicht werden können.

Auch beim *Positivkriterium* kann nur unter prognostischen Gesichtspunkten eine entsprechende Beurteilung vorgenommen werden, wobei es darauf ankommt, wer eher in der Lage sein wird, die Handelshemmnisse und Wettbewerbsverzerrungen zu beseitigen.[32] Angesichts der besonderen Qualität von Rechtsangleichungsmaßnahmen können Handelshemmnisse und Wettbewerbsverzerrungen besser durch Angleichung der mitgliedstaatlichen Regelungen behoben werden.[33] Aufgrund des weiten Beurteilungsspielraums, der bei der Nachprüfbarkeit und Kontrolle der Inanspruchnahme einer subsidiären Kompetenz die gerichtliche Überprüfbarkeit der Maßnahme erschwert, wird die Justitiabilität des Subsidiaritätsprinzips teilweise gänzlich bestritten.[34]

2.) Justitiabilität des Subsidiaritätsprinzips

Eine Norm ist dann justitiabel, wenn sie im Streitfall der Justiz Entscheidungsmaßstäbe zu liefern vermag.[35]

a.) Mangelnde Bestimmtheit und Beurteilungsspielraum

Gegen die gerichtliche Überprüfbarkeit[36] werden vor allem die mangelnde Bestimmtheit der Rechtsbegriffe und der weite Beurteilungsspielraum im Rahmen der Subsidiaritätsprüfung angeführt. Mangels konkreter Prüfungskriterien werde man je nach Kenntnis und Beurteilung der Sachlage und den Erfordernissen des Gemeinwohls[37] zu verschiedenen Auffassungen kommen.[38] Dieses Argument vermag nicht zu überzeugen. Dem EuGH steht bei nicht exakt fassbaren Kriterien, wie denen des Art. 5 II EG, ein weiter Konkretisierungsspielraum zu.[39] So hat er bereits früher Normen des Gemeinschaftsrechts mit vergleichbarem Abstraktionsgrad ausgelegt und angewendet. Als Beispiel sei der ähnlich unbestimmte

32 *Lienbacher*, in: Schwarze, Art. 95 EG, Rdnr. 24.

33 *von Borries*, EuR 1994, S. 263 (284).

34 Vgl. *Calliess*, Subsidiaritätsprinzip, S. 297; *Pipkorn*, EuZW 1992, S. 697 (700); *Schmidhuber/Hitzler*, NVwZ 1992, S. 720 (724); *Calliess*, EuGRZ 2003, S. 181 (184 ff.).

35 *Grimm*, KritV 1994, S. 6 (8).

36 *Scherer*, DVBl 1993, S. 281 (284); *Weber*, JZ 1993, S. 325 (328); *Blanke*, DVBl 1993, S. 819 (828); *Schweitzer/Fixon*, Jura 1992, S. 579 (582); *Lienbacher*, in: Schwarze, Art. 5 EG, Rdnr. 25 ff.

37 Zum Begriff des Gemeinwohls, vgl. *Calliess*, Göttinger Online-Beiträge zum Europarecht, Nr. 10, S. 1 (3 ff.).

38 *Emiliou*, ELR 1992, S. 402.

39 *von Borries*, EuR 1994, S. 263 (283).

und offene Grundsatz der Verhältnismäßigkeit[40] genannt, der durch die gerichtliche Entwicklung von Kriterien einen konkreten Inhalt bekommen hat.[41]

Letztlich prüft der EuGH im Rahmen der Subsidiarität lediglich die Verletzung von Beurteilungsgrenzen.[42] Denn die Entscheidung, ob die Tatbestandsmerkmale des Art. 5 II EG vorliegen und ob die Gemeinschaft tätig werden soll, erfordert die Bewertung komplexer Sachverhalte, die der EuGH wohl nur daraufhin überprüfen kann, ob sie auf unzutreffenden Tatsachen beruhen oder ob der Beurteilungsspielraum missbräuchlich ausgeübt wurde. Für den Gerichtshof besteht die Bedeutung des Art. 5 II EG deshalb vor allem darin, dass dieser ihn zu einer maßvollen Praxis veranlasst, die die Belange der Gemeinschaft und der Mitgliedstaaten angemessen und funktionsgerecht gegeneinander abwägt.[43]

b.) Rechtsprechung des EuGH zum Subsidiaritätsprinzip

Bisher gibt es nur wenige Äußerungen des *EuGH* zum Subsidiaritätsprinzip. Der Grund dafür wird darin gesehen, dass die Verletzung des Art. 5 II EG nicht gerügt wurde und der Gerichtshof sich nicht veranlasst sah, eine nähere Prüfung vorzunehmen.[44] Im Rechtsstreit um die *Arbeitszeitrichtlinie* 93/104/EG[45] wurde z.B. nach Auffassung des EuGH nur ein Verstoß gegen das Verhältnismäßigkeitsprinzip gerügt und daher keine gerichtliche Prüfung des Subsidiaritätsprinzips vorgenommen.[46] Im Rechtsstreit um die *Tabakwerbung*[47] wurde zwar in Form einer eigenständigen Rüge geltend gemacht, dass das Subsidiaritätsprinzip verletzt sei. Das Urteil enthält jedoch keine Stellungnahme des *EuGH* zum Subsidiaritätsprinzip, da die Richtlinie bereits auf einer falschen Rechtsgrundlage ba-

---

40 *EuGH*, Urteil vom 17.12.1970, Rs. 11/70, Slg. 1970, 1125 (1135), „*Internationale Handelsgesellschaft*“; *EuGH*, Urteil vom 29.04.1982, Rs. 147/81, Slg. 1982, 1389 (1396 f.), „*Merkur Fleischimport*“.

41 Dasselbe gilt auch für die Grundfreiheiten, vgl. hierzu Kapitel I.A.IV.1.)d.).

42 *Zuleeg*, Justitiabilität des Subsidiaritätsprinzips, in: Nörr/Oppermann, Subsidiarität, S. 185 (194); *Everling*, FS für Stern, S. 1227 (1232).

43 *Jickeli*, JZ 1995, S. 57 (62).

44 *Schima*, ÖJZ 1997, S. 761 (764 ff.).

45 *EuGH*, Urteil vom 12.11.1996, Rs. C-84/94, Slg. 1996, I-5755, Rdnr. 47, „*Arbeitszeitrichtlinie*“.

46 *Calliess* sieht in diesem Urteil dennoch eine problematische Aussage zum Entscheidungsspielraum des Rates im Rahmen des Art. 5 II EG: Es heißt dort: „Sobald der Rat festgestellt hat, dass...die in diesem Bereich bestehenden Bedingungen...harmonisiert werden müssen, setzt die Erreichung dieses Zieles unvermeidlich ein gemeinschaftsweites Vorgehen voraus.“ (*EuGH*, Urteil vom 12.11.1996, Rs. C-84/94, Slg. 1996, I-5755, Rdnr. 47, „*Arbeitszeitgestaltung*“). *Calliess*, Subsidiaritätsprinzip, S. 298; ähnlich *Colneric*, EuZW 2002, S. 709 (713).

47 *EuGH*, Urteil vom 05.10.2000, Rs. C-376/98, 74/99, Slg. 2000, I-8419, Rdnr. 118, „*Tabakwerbeurteil*“.

sierte und schon deswege nichtig war. Erst in seinem Urteil zu der Klage der Niederlande[48] auf Nichtigerklärung der *Biopatentrichtlinie* 98/44/EG prüfte der *EuGH*, ob das Subsidiaritätsprinzip der auf Art. 95 EG gestützten Maßnahme entgegen stehe. Dies lehnte er mit folgender Begründung ab:

„Das Ziel der Richtlinie, durch Vermeidung und Ausräumung der Unterschiede in den Rechtsvorschriften und Praktiken der Mitgliedstaaten im Bereich des Schutzes biotechnologischer Erfindungen das reibungslose Funktionieren des Binnenmarktes zu gewährleisten, hätte durch Maßnahmen auf der Ebene allein der Mitgliedstaaten nicht erreicht werden können. Da das Ausmaß dieses Schutzes unmittelbare Auswirkungen auf den Handel und folglich auch auf den innergemeinschaftlichen Handel hat, liegt es im Übrigen auf der Hand, dass das fragliche Ziel auf Grund des Umfangs und der Wirkungen der in Betracht gezogenen Maßnahmen besser auf Gemeinschaftsebene erreicht werden konnte."[49]

Das *Biopatenturteil* weist darauf hin, dass der EuGH das Subsidiaritätsprinzip grundsätzlich für justitiabel hält. Weiter lässt sich in dieser Entscheidung die Bereitschaft des EuGH erkennen den Anwendungsbereich der Rechtsangleichungskompetenz des Art. 95 I EG aufgrund des Subsidiaritätsprinzips zu begrenzen. Zudem beschreibt der EuGH die EG als Rechtsgemeinschaft, in der „*weder die Mitgliedstaaten noch die Gemeinschaftsorgane der Kontrolle darüber entzogen sind, ob ihre Handlungen im Einklang mit der Verfassungsurkunde der Gemeinschaft, dem Vertrag und den darin enthaltenen Grundsätzen, stehen.*"[50]

c.) Systematik und inhaltlicher Zusammenhang des Subsidiaritätsprinzips

Hauptargumente[51] für die Justitiabilität des Subsidiaritätsprinzips sind der Sinn und Zweck des Art. 5 II EG. Das Subsidiaritätsprinzip dient der Beschränkung der gemeinschaftlichen Kompetenzausübung. Die Pflicht der Gemeinschaftsorga-

---

48 *EuGH*, Urteil vom 09.10.2002, Rs. C-377/98, Slg. 2001, I-7079, Rdnr. 30 ff., „*Biopatentrichtlinie*".

49 *EuGH*, Urteil vom 09.10.2002, Rs. C-377/98, Slg. 2001, I-7079, Rdnr. 32, „*Biopatentrichtlinie*".

50 *EuGH*, Urteil vom 09.10.2002, Rs. C-377/98, Slg. 2001, I-7079, Rdnr. 32, „*Biopatentrichtlinie*"; *Europäischer Rat von Edinburgh*, Schlussfolgerungen des Vorsitzes, *Kommission der EG Brüssel* 13.12.1992, KOM (92) 1050, Teil A, Anlage 1, III., S. 4a.

51 Überwiegend sprechen sich die Stimmen in der Literatur für eine gerichtliche Überprüfbarkeit des Subsidiaritätsprinzips aus: *Pipkorn*, EuzW 1992, S. 697 (700); *Kahl*, AöR 118 (1993), S. 414 (441); *von Borries*, EuR 1994, S. 263 (282 ff.);*Jarass*, EuGRZ, S. 209 (211); *Müller-Graff*, ZHR, 159 (1995), S. 34 (56); *Kinkel*, FS für Stern, S. 1287 (1296); *Zuleeg*, Justitiabilität des Subsidiaritätsprinzips, in: Nörr/Oppermann, Subsidiarität, S. 185 (194); *Calliess*, in: Calliess/Ruffert, Art. 5, Rdnr. 65 f.; *Streinz*, in: Streinz, Art. 5 EG, Rdnr. 42, der die Frage der Justitiabilität praktisch nur dann für bedeutsam hält, wenn effektive Kontrollmechanismen entwickelt werden.

ne, ihre Maßnahmen am Subsidiaritätsprinzip zu messen, würde unterlaufen, wenn der EuGH die Einhaltung der Verpflichtung nicht kontrollierte.

Hirsch[52] geht sogar so weit, zu behaupten, dass für eine föderal strukturierte Gemeinschaft die Justitiabilität der Kompetenzlage unabdingbar und systemimmanent sei. Kein Staat, so argumentiert er, würde seine Gesetzgebungszuständigkeit abgeben, wenn ihm nicht die Möglichkeit verbliebe, die Einhaltung der Kompetenzgrenzen zu kontrollieren. *Zusammenfassend* lässt sich mithin sagen, dass das Subsidiaritätsprinzip dem Grunde nach justitiabel ist, den Gemeinschaftsorganen aber auch einen Beurteilungsspielraum gewährt, soweit die Wirksamkeit und der Nutzen von Maßnahmen einzuschätzen sind.

3.) Begründungspflicht

Von besonderem Interesse ist im Zusammenhang mit dem Subsidiaritätsprinzip die in Art. 253 EG vorgeschriebene Begründungspflicht für Rechtsakte.[53] Die vom EuGH in langjähriger Rechtsprechung entwickelten Grundsätze sind auch auf das Subsidiaritätsprinzip anwendbar.[54] Nach Nr. 9 Spiegelstrich 2 des Subsidiaritätsprotokolls muss das Ergebnis dieser Diskussion und „die Sachdienlichkeit" des Vorschlags „ausführlich" in der Begründung des Vorschlags dokumentiert sein. Der Gemeinschaftsgesetzgeber muss daher bei Erlass von Rechtsakten aufgrund von Art. 95 I EG im Rahmen der Subsidiarität zu folgenden Prüfungskriterien Stellung nehmen:[55]

Das mit der Maßnahme verfolgte *Gemeinschaftsziel* des Binnenmarktes ohne Handelshemmnisse und Wettbewerbsverzerrungen muss erörtert werden. Es müssen präzise Gründe dafür angegeben werden, warum die *Mitgliedstaaten* die Beseitigung der Handelshemmnisse und Wettbewerbsverzerrungen auf ihrer Ebene nur *unzureichend* verwirklichen können. Zudem muss dargelegt werden, warum die angestrebten Binnenmarktziele besser auf Gemeinschaftsebene durch Rechtsangleichung erreicht werden können.[56] Eine ausdrückliche Erwähnung des Subsidiaritätsprinzips ist insoweit nicht zu verlangen.[57]

---

52 *Hirsch*, in Hrbek, Das Subsidiaritätsprinzip in der EU, S. 93 (102).

53 *Colneric*, EuZW 2002, S. 709 (713/714). Hinsichtlich des Inhalts der Begründungspflicht, vgl.: *EuGH*, Urteil vom 13.05.1997, Rs. C-233/94, Slg.1997, I-2405, Rdnr. 28, „*Einlagensicherheit*".

54 *von Borries*, EuR 1994, S. 263 (283).

55 Vgl. Kapitel III.C.I.1.).

56 Vgl. *Schweitzer/Schröder/Bock*, Binnenmarkt und Gesundheitsschutz, S. 87.

57 *EuGH*, Urteil vom 13.05.1997, Rs. C-233/94, Slg.1997, I-2405, Rdnr. 28, „*Einlagensicherheit*".

4.) Ausmaß der gerichtlichen Kontrolle

Anhand der Begründung des Gemeinschaftsgesetzgebers prüft der EuGH die einzelnen Voraussetzungen des Art. 5 II EG. Dabei ist zu berücksichtigen, dass die Justitiabilität des Subsidiaritätsprinzips nicht gleichbedeutend mit einer „umfassenden" Überprüfung durch den EuGH ist, sondern bei den einzelnen Tatbestandsvoraussetzungen mit unterschiedlicher Intensität erfolgt.[58] Die Prüfung erstreckt sich auf die folgenden Punkte:[59]

Anwendbarkeit: Zunächst muss der Gemeinschaftsgesetzgeber prüfen, ob eine ausschließliche oder eine nicht-ausschließliche Kompetenz vorliegt, da nur im letzteren Fall eine Subsidiaritätsprüfung erforderlich ist.

In *formeller Hinsicht* kann der EuGH überprüfen, ob die Voraussetzungen des Art. 253 EG und damit das Erfordernis einer ausreichenden Begründung eingehalten wurden. Für das Ausmaß der gerichtlichen Kontrolle der *materiellen Prüfungspunkte* kommt es darauf an, ob die Organe der Gemeinschaft jeweils nur eine Entscheidungsmöglichkeit haben oder ob sie über einen Beurteilungsspielraum verfügen. In letzterem Fall prüft der EuGH an dieser Stelle, ob der Gemeinschaftsgesetzgeber den Rahmen seines Beurteilungsspielraums nicht überschritten hat oder zu offensichtlich fehlerhaften Schlussfolgerungen gekommen ist.[60]

5.) Prognosecharakter als Defizit des Subsidiaritätsprinzips

Die Kontrolle gemeinschaftlicher Gesetzgebungsmaßnahmen durch das Subsidiaritätsprinzip leidet unter dem Prognosecharakter. Die bislang entwickelten Kriterien sind zu weit gefasst. Es kann noch keine effiziente Einschränkung der gemeinschaftlichen Kompetenzausübung festgestellt werden. Das Subsidiaritätsprinzip muss zukünftig struktureller gehandhabt werden. Der EuGH muss dem Gemeinschaftsgesetzgeber weitere Vorgaben machen, anhand derer eine Prognoseentscheidung objektiv überprüft werden kann. Denn gerade bei *Kompetenznormen wie Art. 95 I EG*, die bereits einen schwer zu systematisierenden Tatbestand haben und daher sehr weit gefasst sind, sollte das Subsidiaritätsprinzip mit Hilfe objektiv bestimmbarer Kriterien zur Einschränkung dienen.

---

58 *Lambers*, EuR1993, S. 229 (241); *von Borries*, EuR 1994, S. 263 (283).

59 Vgl. *Lambers*, EuR1993, S. 229 (240 ff.); *von Borries*, EuR 1994, S. 263 (283 f.); *Calliess*, in: Calliess/Ruffert, Art. 5, Rdnr. 65 ff.

60 *Schmidhuber/Hitzler*, NVwZ 1992, S. 720 (725); *Pipkorn*, EuZW 1992, S. 697 (700); *Lambers*, EuR1993, S. 229 (240); *von Borries*, EuR 1994, S. 263 (284).

V. Konkrete Ausformungen des Subsidiaritätsprinzips durch Art. 95 i.V.m. Art. 3 I lit. h) EG

Konkrete Ausformungen des Subsidiaritätsprinzips finden sich mehr oder weniger ausdrücklich in verschiedenen Kompetenznormen des EG-Vertrages. Überall dort, wo entweder ausdrücklich oder mit Formulierungen wie „*erforderlich*"[61] auf das Subsidiaritätsprinzip hingewiesen wird, wird Art. 5 EG durch die jeweilige Kompetenznorm konkretisiert und präzisiert.[62] Der Wortlaut des Art. 95 I EG weist nicht auf eine solche Ausprägung des Subsidiaritätsprinzips hin. Lediglich im Zusammenhang mit Art. 3 I lit. h) EG findet sich im Hinblick auf die Rechtsangleichung die Formulierung „*soweit dies für das Funktionieren des Gemeinsamen Marktes erforderlich ist*". Auch wenn Art. 3 I lit. h) EG an sich nur die Definition einer Tätigkeit der EG, nicht aber eine Handlungsbefugnis enthält, erlangt er in Verbindung mit Spezialnormen auch die Funktion einer Kompetenznorm für die jeweils umschriebenen Bereiche.[63] Daraus folgt, dass die in den Einzelvorschriften enthaltenen Regelungen auch im Hinblick auf die inhaltliche Bestimmung der Aufgabenbereiche in Art. 3 I EG auszulegen und anzuwenden sind.[64]

Art. 95 EG muss daher im Zusammenhang mit Art. 3 I lit. h) EG gelesen werden, so dass er um ein *spezielleres Erforderlichkeitskriterium* ergänzt wird, welches die Frage des „ob" eines Tätigwerdens der EG weitergehend begrenzt. Daher muss unter Heranziehung des Art. 3 I lit. h) EG bei einer Rechtsangleichungsmaßnahme gemäß Art. 95 EG die Subsidiaritäts- und Verhältnismäßigkeitsprüfung mit Blick auf das Ziel des Funktionierens des *Gemeinsamen Marktes* bzw. *Binnenmarktes* geprüft werden.[65]

VI. Regelung der Subsidiarität im Europäischen Verfassungsvertrag

Im Entwurf für den Europäischen Verfassungsvertrag ist das Subsidiaritätsprinzip in Art. I-11 III Verf.EU normiert worden.[66] Der Wortlaut des Art. 5 II EG ist weitestgehend übernommen worden, so dass das *Negativ-* wie auch das *Positivkriterium* nach wie vor keine Konkretisierung erfahren haben. Neu eingefügt

---

61 Z.B. Art. 44 II EG Artt. 94, 95 i.V.m. 3 I lit. h) EG.

62 *Calliess*, Subsidiaritätsprinzip, S. 127.

63 *EuGH*, Urteil vom 22.01.1974, Rs. 6 u. 7/73, Slg. 1974, 223 (254), „*Istituto Chemioterapico*".

64 *EuGH*, Urteil vom 28.11.1978, Rs. 97/78, Slg. 1978, 2311 , Rdnr. 3 ff., „*Schumalla*"; *EuGH*, Urteil vom 26.06.1980, Rs. 136/79, Slg. 1980, 2033, Rdnr. 28, „National *Panasonic*".

65 *Calliess*, Subsidiaritätsprinzip, S. 130; *Müller-Graff*, NJW 1993, S. 13 (17 ff.) hinsichtlich der Erforderlichkeit im Rahmen der Rechtsangleichung.

66 Vgl. hierzu: *Mager*, ZEuS 2003, S. 471 ff.; *Calliess*, EuGRZ 2003, S. 181 ff.; *Schröder*, JZ 2004, S. 8 (11 ff.).

wurde die Anforderung, dass „*die Ziele der in Betracht gezogenen Maßnahmen weder auf zentraler noch auf regionaler oder lokaler Ebene ausreichend erreicht werden können*". Damit unterscheidet sich Art. I-11 III, 1 Verf.EU vor allem dadurch von Art. 5 II EG, dass bei der Effizienzprüfung im Rahmen des Negativkriteriums hinsichtlich der mitgliedstaatlichen Ebene ausdrücklich auch die regionale und lokale Ebene einbezogen werden müssen.

Auch die Tatsache, dass die Verknüpfung des Negativkriteriums mit dem Positivkriterium sprachlich verändert wurde – aus „*und daher*" wurde „*sondern vielmehr*" – hat nicht zur gewünschten Klarheit geführt. Die für das Subsidiaritätsprinzip relevanten Streitpunkte hinsichtlich der Auslegung der Begriffe „ausreichend" und „nicht-ausreichend" werden mithin auch durch den neuen Verfassungsvertrag, sollte dieser in Kraft treten, nicht geklärt.[67]

D. Verhältnismäßigkeit, Erforderlichkeit Artt. 5 III, 3 I lit. c.) EG

Maßnahmen aufgrund von Art. 95 I EG müssen zudem verhältnismäßig gemäß Art. 5 III EG sein.[68]

I. Leitlinie für die Gesetzgebung gemäß Art. 95 I EG

Im Rahmen der gemeinschaftlichen Gesetzgebung gemäß Art. 95 I EG ist das Verhältnismäßigkeitsprinzip als allgemeine *Leitlinie* von grundlegender Bedeutung.[69] Es bildet eine eigenständige Rechtmäßigkeitsanforderung für jede Art von

67 Zu den im Rahmen des Subsidiaritätsprinzip vorgenommenen Änderungen, ausführlich: *Schröder*, JZ 2004, S. 8 (11 ff.).

68 Das allgemeine Verhältnismäßigkeitsprinzip wurde durch den Vertrag von Maastricht in den EGV eingefügt und durch das Subsidiaritätsprotokoll näher ausgestaltet. (Protokoll über die Anwendbarkeit der Grundsätze der Subsidiarität und der Verhältnismäßigkeit: Protokoll Nr. 30 von 1997 zum Vertrag zur Gründung der Europäischen Gemeinschaft). Aber bereits vorher ist der Grundsatz in ständiger Rechtsprechung des Gerichtshofs als grundlegendes Prinzip des Gemeinschaftsrechts anerkannt und in zahllosen Entscheidungen angewendet worden (vgl. *EuGH*, Urteil vom 17.12.1970, Rs. 11/70, Slg. 1970, 1125 (1135), „*Internationale Handelsgesellschaft*"; *EuGH*, Urteil vom 29.04.1982, Rs. 147/81, Slg. 1982, 1389 (1396 f.), „*Merkur Fleischimport*").
Ausführlich zum Verhältnismäßigkeitsprinzip: *Emmerich-Fritsche*, Der Grundsatz der Verhältnismäßigkeit, S. 5 ff.; *Schildknecht*, Der Verhältnismäßigkeitsgrundsatz in der *EuGH*-Rspr., S. 3 ff.

69 *von Danwitz*, EWS 2003, S. 393 (394). Dem Grundsatz der Verhältnismäßigkeit kommen darüber hinaus die folgenden Funktionen zu (ausführlich hierzu: *Pache*, NVwZ 1999, S. 1033 [1036]): In Ermangelung ausdrücklicher Schrankenbestimmungen ist es der *Rechtsmaßstab für*

Gemeinschaftshandeln und dient so dem Schutz individueller Freiheitsrechte, der möglichst weitgehenden Schonung von mitgliedstaatlichen Befugnissen und Interessen und ganz allgemein der Deregulierung.[70] Über die freiheitssichernde Funktion im Bereich der Grundrechte und grundrechtsähnlichen Grundsätzen hinaus,[71] soll das Verhältnismäßigkeitsprinzip also insbesondere die *Interessen der Mitgliedstaaten* vor Kompetenzeingriffen der Gemeinschaft *schützen*.[72]

II. Maßstab für jede Beurteilung im Rahmen der Rechtsetzung gemäß Art. 95 EG

Bei der Prüfung der jeweiligen binnenmarktbezogenen Rechtsangleichungsmaßnahme müssen sämtliche Beurteilungen des Gemeinschaftsgesetzgebers dem Verhältnismäßigkeitsprinzip entsprechen. Das heißt, dass sowohl die Wahl der *Form* (Richtlinie oder Verordnung),[73] als auch die *Intensität* der Vereinheitlichung[74] und der *Inhalt der Maßnahme* verhältnismäßig sein müssen.[75] Mithin wirkt sich die Begrenzungswirkung des Art. 5 III EG auch auf den Grundrechtsschutz der Gemeinschaftsbürger aus. Ein Grundrechtseingriff ist nur insoweit gerechtfertigt, als dieser verhältnismäßig ist.[76]

Gemäß Art. 5 III EG ist zu prüfen, ob die Maßnahme der Gemeinschaft über das für die Erreichung der Ziele des EG-Vertrages *erforderliche Maß* hinausgeht. Die Handlungen der Gemeinschaftsorgane dürfen nach der Rechtsprechung des EuGH daher die Grenzen dessen nicht überschreiten, was zur Erreichung der mit der fraglichen Regelung zulässigerweise verfolgten Ziele *geeignet* und *erforder-*

---

die Rechtfertigung von Gemeinschaftsbeschränkungen (*von Danwitz*, EWS 2003, S. 393 [394]). Hierbei begründet das Prinzip den rechtlichen Maßstab für den bei der Grundrechtsverwirklichung erforderlichen Ausgleich zwischen Individual- und Gemeinwohlinteressen. An dieser Rechtslage wird auch die Aufnahme der Grundrechte-Charta in die Europäische Verfassung nichts ändern. Art. II-112 I 2 Verf.EG spricht ausdrücklich von dem allgemeinen Erfordernis der Verhältnismäßigkeit der in der Charta garantierten Rechte, ohne dass ein abgestufter Vorbehalt für die Einschränkbarkeit der in der Charta verbrieften Rechte besteht. Die dritte wesentliche Funktion des Verhältnismäßigkeitsgrundsatzes besteht darin, als *Auslegungsdirektive* zur Interpretation des Gemeinschaftsrechts beizutragen.

70 *Pache*, NVwZ 1999, S. 1033 (1036).

71 Vgl. *von Danwitz*, EWS 2003, S. 393 (401), der den Individualrechtsschutz durch die gemeinschaftsgerichtliche Verhältnismäßigkeitskontrolle für zu gering hält.

72 *Europäischer Rat* (Edinburgh), Bull EG, 12-1992, 15, Rdnr. 43; Urteil vom 22.10.1998, Rs. C-36/97 und 37/97, Slg. 1998, I-6337, Rdnr. 32 ff. „*Kellinghusen*"; *von Borries*, EuR 1994, S. 263 (271); *Jarass*, AöR 121 (1996), S. 173 (193).

73 *Calliess*, Jura 2001, S. 311 (317); vgl. Kapitel VIII.

74 *von Danwitz*, in: Dauses, B II, Rdnr. 87; vgl. Kapitel II.C.

75 *Everling*, FS für Stern, S. 1227 (1234).

76 Vgl. hierzu Kapitel VII.A.

lich ist.[77] Dabei ist, wenn mehrere geeignete Maßnahmen zur Auswahl stehen, die am wenigsten belastende zu wählen. Ferner müssen die verursachten Nachteile in *angemessenem Verhältnis* zu den angestrebten Zielen stehen.[78]

III. Prüfung im Rahmen von Rechtsakten gemäß Art. 95 I EG

Daraus ergibt sich bei der Prüfung im Rahmen von Rechtsangleichungsmaßnahmen gemäß Art. 95 I EG die folgende vierstufige Verhältnismäßigkeitsprüfung.

1.) Zulässiges Ziel

Das zulässige Ziel einer Gemeinschaftsmaßnahme ergibt sich allgemein aus den entsprechenden primärrechtlichen Aufgaben und Zielen der Gemeinschaft. Aber auch die konkreten Ziele, welche die Gemeinschaft mit ihren Sekundärrechtsakten verfolgt, werden im Regelfall in den jeweiligen Begründungserwägungen ausdrücklich genannt.[79] Angesichts der auf Einzelermächtigungen beruhenden Rechtssetzungsbefugnisse der Gemeinschaft können nur solche Sachaufgaben der Gemeinschaft als legitime Gemeinwohlziele anerkannt werden, die der Gemeinschaft zur Wahrnehmung übertragen sind. Bei Rechtsangleichungsmaßnahmen nach Art. 95 I EG muss die jeweilige Beurteilung an dem den Kompetenzraum eröffnenden Binnenmarktziel gemessen werden. Das konkrete Ziel der Maßnahme ergibt sich aus der Beseitigung von Handelshemmnissen und Wettbewerbsbe-

---

77 So: *Schilling*, EuGRZ 2000, S. 3 (23); *Pache*, NVwZ 1999, S. 1033 (1036); *Koenig/Kühling*, EWS 2002, S. 12 (15). Auch wenn Art. 5 III EG lediglich die „Erforderlichkeit" einer Maßnahme anspricht, ist die Niederlegung des Erforderlichkeitskriteriums – auch bzw. gerade wegen der Einbeziehung der anderen Kriterien in die Verhältnismäßigkeitsprüfung vor der gesetzlichen Normierung des Prinzips – als Kodifizierung sämtlicher Prüfungsschritte zu verstehen. Vgl. *Pache* NVwZ 1999, S. 1033 (1035); *Schmidhuber/Hitzler*, NVwZ 1992, S. 720 (722); *Streinz*, EuR, Rdnr. 703; *von Danwitz*, EWS 2003, S. 393 (395).
Dabei ist zu beachten, dass der Gerichtshof in jüngerer Rechtsprechung lediglich die Geeignetheit und die Erforderlichkeit einer Maßnahme prüft; zu einer Abwägung auf Grund einer Angemessenheitsprüfung kommt es regelmäßig nicht. Z.B. *EuGH*, Urteil vom 13.05.1997, Rs. C-233/94, Slg. 1997, I-2461, Rdnr. 55, *„Einlagensicherheit"*; *EuGH*, Urteil vom 22.10.1998, Rs. C-36/97 u. C-37/97, Slg. 1998, I-6362 Rdnr. 33, *„Kellinghusen"*; *EuGH*, Urteil vom 11.02.2002, Rs. C-210/00, Slg. 2002,I-6453, Rdnr. 59, *„Käserei Champignon Hofmeister"*; EuGH, Urteil vom 14.12.2004, Rs. C-434/02, Slg. 2004, I-11825, Rdnr. 48, *„Arnold André GmbH"*.

78 *EuGH*, Urteil vom 11.07.1989, Rs. 267/87, Slg. 1989, I-2237, Rdnr. 21, *„Schräder"*; nachfolgend wurde die dreistufige Verhältnismäßigkeitsdefinition eingeführt: *EuGH*, Urteil vom 05.05.1998, Rs. C-180/96, Slg. 1998, I-2265, Rdnr. 96, *„Rinderwahnsinn"*; ausführlich zum Ganzen und m.w.N.: *von Danwitz*, EWS 2003, S. 393 (395).

79 *Rengeling/Szczekalla*, Grundrechte der EU, § 7, Rdnr. 443.

schränkungen.[80] Aufgrund der Verknüpfung zwischen der Verhältnismäßigkeitsprüfung und dem jeweils angestrebten Binnenmarktziel muss der Regelungsgegenstand der Maßnahme bereits im Vorfeld möglichst präzise bestimmt sein.[81]

2.) Geeignetheit

Ein auf Grund von Art. 95 I EG erlassener Gemeinschaftsakt muss gemäß Art. 5 III EG *geeignet* sein, das jeweilige, sich aus der Verwirklichung des Binnenmarktes ergebende Ziel zu erreichen.[82] Die jeweilige Maßnahme muss geeignet sein, die Erreichung oder das Funktionieren eines Binnenmarktes ohne Handelshemmnisse und Wettbewerbsverzerrungen zu fördern. Die Regulierung darf dabei nicht über das erforderliche Maß hinausgehen und die davon ausgehenden Belastungen dürfen nicht außer Verhältnis zu den zu erwartenden Vorteilen stehen.

Insgesamt kommt dem Gemeinschaftsgesetzgeber ein großer Spielraum bei der Beurteilung der Geeignetheit von Maßnahmen zu. Dieser Spielraum greift insbesondere bei der Bewertung komplexer empirischer Zusammenhänge.[83] Dementsprechend heißt es für Maßnahmen aus dem Bereich der gemeinsamen Marktorganisation, dass ihre *„Rechtmäßigkeit... nur dann beeinträchtigt sein kann, wenn (sie) zur Erreichung des vom zuständigen Organ verfolgten Ziels offensichtlich ungeeignet sind*".[84]

3.) Erforderlichkeit

Das wesentliche Kriterium bei der Prüfung des Grundsatzes der Verhältnismäßigkeit ist die Erforderlichkeit. Im Rahmen der *Erforderlichkeitsprüfung* einer Rechtsangleichungsmaßnahme wird geprüft, ob bei einer Betrachtung ex ante kein anderes gleich wirksames, aber weniger eingriffsintensives Mittel für die Erreichung der Binnenmarktziele zur Verfügung gestanden hat. Hierbei reicht der Umstand, dass eine Angleichungsmaßnahme für die Errichtung bzw. das Funk-

80 *Pache*, NVwZ 1999, S. 1033 (1036).

81 *von Danwitz*, EWS 2003, S. 393 (398).

82 Abstrakt: *Pache*, NVwZ 1999, S. 1033 (1036). Vgl. zur Prüfung der Geeignetheit im Zusammenhang mit Art. 95 EG: 14.12.2004, Rs. C-434/02, Slg. 2004, I-11825, Rdnr. 35 ff., *„Arnold André GmbH*".

83 *EuGH*, Urteil vom 13.05.1997, Rs. C-233/94, Slg. 1997, I-2461, Rdnr. 55, *„Einlagensicherheit*"; *Koenig/Kühling*, EWS 2002, S. 12 (15); *Schilling*, EuGRZ 2000, S. 3 (23).

84 *EuGH*, Urteil vom, Rs. C-280/93, Slg. 1994, I-4973, Rdnr. 90, *„Bananenmarktordnung*".

tionieren des Binnenmarktes „*nützlich wäre*“,[85] nicht für die Anwendbarkeit von Art. 95 I EG aus.[86]

a.) „Mittelhierarchie“

Auch dieses Merkmal verlangt eine prognostische Einschätzung und nicht selten eine Wertung der verschiedenen Alternativen.[87] Der Gemeinschaftsgesetzgeber muss bei der Wahl zwischen den verschiedenen *Handlungsformen*[88] und den unterschiedlichen *Intensitätsgraden*[89] von Maßnahmen, die unterschiedlich weitreichende Gestaltungsmöglichkeiten der Mitgliedstaaten enthalten, eine „*Mittelhierarchie*“ finden. Dem zufolge ist die gegenseitige Anerkennung gegenüber der Harmonisierung vorrangig, Unterstützungsmaßnahmen gehen einer Reglementierung vor, Rahmenregelungen verdienen den Vorzug vor detaillierten Regelungen und schließlich besteht ein Vorrang von Empfehlungen vor Richtlinien und von Richtlinien vor Verordnungen.[90]

b.) Berücksichtigung der Verhältnismäßigkeit bei Art. 95 III EG

Daneben sind gemäß Art. 95 III EG der Gesundheits-, der Verbraucher-, der Umweltschutz und die Sicherheit als abwägungserhebliche Belange in die *Erforderlichkeitsprüfung* einzubeziehen. Aus Art. 5 III EG ergibt sich dementsprechend, dass die jeweilige Maßnahme zur Gewährleistung eines hohen Schutzniveaus nicht außer Verhältnis zum jeweiligen Binnenmarktelement in Art. 95 I EG stehen darf. Anders als Art. 95 I EG, der eine entsprechende Regelung aus sich heraus legitimiert und sie insgesamt rechtfertigen kann, ist die Pflicht des Gemeinschaftsgesetzgebers, gemäß Art. 95 III EG ein hohes Schutzniveau zu gewährleisten, lediglich ein bei der Ausgestaltung der Regelung zu berücksichtigender Aspekt.[91] Dies führt im Ergebnis dazu, dass sich die angebliche Existenz „milderer Mittel“ nicht unter Ausblendung z.B. gesundheitspolitischer Erwägungen begründen lässt.[92]

---

85 So *Langeheine*, in: Grabitz/Hilf, Art. 100 EGV, Rdnr. 36.

86 *Herrnfeld*, in: Scharze, Art. 95 EG, Rdnr. 25; *Kahl*, in: Calliess/Ruffert, Art. 95 EG, Rdnr. 11.

87 *von Bogdandy/Nettesheim*, in: Grabitz/Hilf, Art. 3 b EGV, Rdnr. 51.

88 Vgl. unten Kapitel VIII.

89 Vgl. oben Kapitel II,C.

90 Schmidhuber, DVBl. 1993, S. 417 (419); *Calliess*, in: Calliess/Ruffert, Art. 5 EG, Rdnr. 52; *Langguth*, in: Lenz, Art. 5 EG, Rdnr. 37; *Emmerich-Fritsche*, Der Grundsatz der Verhältnismäßigkeit, S. 300 ff.

91 *von Danwitz*, EWS 2003, S. 393 (399).

92 *Görlitz*, EuZW 2003, S. 485 (487); *Wägenbaur*, EuZW 2000, S. 549 (550 f.): Hinsichtlich der Rechtsangleichungsmaßnahmen, z.B. im Bereich der Warenverkehrsfreiheit, sieht *Wägenbaur*

c.) Aspekt der Bürgernähe

Eine besondere Bedeutung kommt im Rahmen der Erforderlichkeitsprüfung dem Aspekt der Bürgernähe zu. So sind im Rahmen der Güterabwägung Abstriche bei der Verwirklichung von Binnenmarktzielen insoweit hinzunehmen, als örtliche, regionale oder nationale Eigentümlichkeiten betroffen sind.[93]

4.) Angemessenheit; Verhältnismäßigkeit im engeren Sinne

Zuletzt stellt sich die Frage, ob die jeweilige Harmonisierungsmaßnahme *verhältnismäßig im engeren Sinne* ist,[94] dass heißt, ob die eingesetzten Mittel in einem angemessenen Verhältnis zum angestrebten Zweck stehen.[95] Im Rahmen dieser Abwägung wird geprüft, ob der jeweilige Eingriff in die Kompetenz der Mitgliedstaaten nicht außer Verhältnis zu dem erreichten Gewinn für den Binnenmarkt steht.[96] Dabei soll soviel Raum für nationale Entscheidungen belassen wer-

---

das Verhältnismäßigkeitsprinzip zumindest dann gewahrt, wenn die unter Berücksichtigung des Art. 95 III EG definierten gesetzgeberischen Maßnahmen nicht die wirtschaftliche bzw. physische Existenz des gesamten Produkts in Frage stellt. Als Beispiel wird die Begrenzung des Natriumgehalts in Mineralwässern, ein Höchstgehalt für Schwermetalle in Lebensmittelkonserven oder ein Verbot von künstlichen Farbstoffen, die sich durch natürliche Stoffe ersetzen lassen, genannt. Würde eine Rechtsangleichungsmaßnahme die wesentlichen Charakteristiken einer Ware hingegen so nachhaltig verändern, dass sie sich letztlich nicht mehr bzw. nur schwerlich vermarkten lässt, oder gar die Existenz einer Ware in Frage stellen, so ist sie nicht mehr verhältnismäßig.

93 *Pipkorn*, EuZW 1992, S. 697 (700).

94 Die Verhältnismäßigkeit im engeren Sinne wird nicht ausdrücklicher in Art. 5 III EG erwähnt. Eine eigenständige Angemessenheitsprüfung ist daher nicht gesicherter Bestandteil der gemeinschaftsrechtlichen Prüfung. Angesichts der Funktion, die der Angemessenheitsprüfung zukommt, wird gefordert, dass ihr im Gemeinschaftsrecht eine ebenso entscheidende Rolle wie im deutschen Recht zustehen sollte, um das grundrechtliche Schutzniveau gewährleisten zu können, wie es Art. 53 Verf.EU verlangt. Ausführlich hierzu: *von Danwitz*, EWS 2003, S. 393 (399); *kritisch* zur bisherigen Rechtsprechung und der unzureichenden Prüfungsdichte: auch *Pache*, NVwZ 1999, S. 1033 (1039); *Huber*, EuZW 1997, S. 517 (521); *Nettesheim*, EuZW 1995, S. 106 (106).

95 Abstrakt: *Lienbacher*, in: Schwarze, Art. 5 EG, Rdnr. 39; *Kischel*, EuR 2000, S. 380 (384); *Pache*, NVwZ 1999, S. 1033 (1036); *Emmerich-Fritsche*, Der Grundsatz der Verhältnismäßigkeit, S. 213 ff. m.w.N.

96 *Herrnfeld*, in: Schwarze, Art. 94 EG, Rdnr. 40; *Möstl*, EuR 2002, S. 318 (343). *Möstel* fordert unter Berufung auf *GA Fenelly*, dass die Verhältnismäßigkeit der Maßnahme an beiden Zielen, dem Binnenmarkt und dem konkreten Sachziel (insbesondere den in Art. 95 III EG aufgezählten Bereichen des Gesundheits-, Verbraucher- und Umweltschutzes) zu messen sei. Wie nämlich aus Art. 95 III 1 EG ersichtlich sei, verleihe die Binnenmarktkompetenz nicht eindimensional allein die Befugnis zur Verfolgung des Binnenmarktziels, sondern schließe dabei auch eine Kompetenz zur gestalterischen Verfolgung der jeweils betroffenen Sachziele ein. Ebenso: *Koenig/Kühling*, EWS 2002, S. 12 (15); Schlussantrag des *GA Fennelly* vom 15.06.2000, Rs. C-376/98 u. 74/99, Slg. 2000, I-8419, Rdnr. 58, „*Tabakwerbeurteil*".

den, wie dies im Einklang mit dem Erreichen und dem Funktionieren des Binnenmarktes möglich ist. Zudem müssen bewährte nationale Regelungen sowie Struktur und Funktionsweise der Rechtssysteme der Mitgliedstaaten geachtet werden.[97] Im Rahmen der Angemessenheitsprüfung werden die Vor- und Nachteile der jeweiligen Maßnahme umfassend gewürdigt, so dass der EuGH selbst davon gesprochen hat, eine „*Globalabwägung*" vorzunehmen.[98]

IV. „Nichtjustiziables Legislativermessen"

Auch wenn die Justitiabilität des Verhältnismäßigkeitsprinzips unbestritten ist,[99] wird auch im Rahmen der Verhältnismäßigkeit von einem „*nichtjustitiablen Legislativermessen*" gesprochen.[100] Ausgangspunkt des Problems ist, dass dem Gemeinschaftsgesetzgeber auch im Rahmen der Verhältnismäßigkeit einer Maßnahme ein weiter Beurteilungsspielraum zusteht. Gemeinschaftsrechtsakte werden nur auf eine offensichtliche Fehlerhaftigkeit bzw. auf ein offensichtliches Missverhältnis hinsichtlich der sich aus den Regelungen für die betroffenen Wirtschaftsteilnehmer ergebenden Nachteile überprüft.[101] Bei Zugrundelegung dieser Justitiabilitätsgesichtspunkte wird deutlich, dass *allein* die (theoretisch denkbare) Existenz möglicher milderer Mittel noch nicht ausreicht, einen Verstoß gegen den gemeinschaftsrechtlichen Verhältnismäßigkeitsgrundsatz zu begründen. Vielmehr bedarf es dazu zusätzlich einer offenkundigen Überschreitung des Legislativermessens.[102]

Kritisiert wurde die mangelnde Prüfungsintensität des EuGH insbesondere in dem Urteil zum Fall „*Schräder*"[103] und im sogenannten „*Bananenurteil*"[104]. In diesen Entscheidungen hat der Gerichtshof, nachdem er festgestellt hatte, dass die Maßnahme „*nicht offensichtlich ungeeignet*" ist, die weiteren Prüfungskriterien –

---

97 Vgl. Nr. 7 des *Protokolls* Nr. 30 von 1997 zum Vertrag zur Gründung der Europäischen Gemeinschaft.

98 *EuGH*, Urteil vom 24.10.1973, Rs. 5/73, Slg. 1973, 1091, Rdnr. 22, „*Balkan-Import-Export*"; *kritisch* hierzu: *Huber*, EuZW 1997, S. 517 (521); *Pache*, NVwZ 1999, S. 1033 (1040).

99 *Lienbacher*, in: Schwarze, Art 5 EG, Rdnr. 36.

100 *Görlitz*, EuZW 2003, S. 485 (487); *Huber*, EuZW 1997, S. 517 (521); *Stein*, EuZW 1998, S. 261 (262); *Dauses*, EuZW 1997, S. 705 (705); *Pache*, NVwZ 1999, S. 1033 (1038).

101 *EuGH*, Urteil vom 13.05.1997, Rs. C-233/94, Slg. 1997, I-2405 Rdnr. 56, „*Einlagensicherheit*"; bestätigt durch *EuGH*, Urteil vom 10.12.2002, Rs. C-491/01, Slg. 2002, I-11453, Rdnr. 123 „*Tabakprodukturteil*", vgl. zu dieser Problematik auch *Pache*, NVwZ 1999, 1033 (1038ff.), der in diesem Zusammenhang von einer bloßen *Evidenzkontrolle* ausgeht.

102 *Görlitz*, EuZW 2003, S. 485 (487).

103 *EuGH*, Urteil vom 11.07.1989, Rs. 265/87; Slg. 1989, S. 2237, Rdnr. 21, „*Schräder*".

104 *EuGH*, Urteil vom 05.10.1994, Rs. C-280/93, Slg. 1994, S. I-4973, Rdnr. 91, „*Bananenurteil*".

Erforderlichkeit und Angemessenheit – gar nicht geprüft. Aufgrund einer solchen unvollständigen Prüfung der Verhältnismäßigkeit sei der EuGH nicht in der Lage, einen effektiven Grundrechtsschutz zu gewährleisten.[105]

Daraus folgt, dass auch das Verhältnismäßigkeitsprinzip – aufgrund der geringen Prüfungsdichte des EuGH und dem weiten Legislativermessen des Gemeinschaftsgesetzgebers – keine wesentliche Einschränkung des durch die Harmonisierungskompetenz des Art. 95 I EG eröffneten Rechtssetzungsspielraums bewirkten. *Von Danwitz* hält es daher zu Recht für bedenklich, dass nach dem statistischen Befund der Gerichtshof bisher noch in keinem einzigen Fall einen Harmonisierungsrechtsakt wegen Verstoßes gegen den Grundsatz der Verhältnismäßigkeit beanstandet hat.[106] Vor diesem Hintergrund muss die Begrenzungswirkung des Art. 5 III EG für die Rechtsangleichung im Rahmen von Art. 95 I EG als nicht ausreichend bewertet werden. Auch hier wird das Problem des großen Legislativermessens, welches fast schon als besonderes Merkmal des Art. 95 I EG bezeichnet werden kann, fortgesetzt.

V. Regelung des Verhältnismäßigkeitsprinzips im zukünftigen Europäischen Verfassungsvertrag

Im Entwurf über die Europäische Verfassung ist das Verhältnismäßigkeitsprinzip in Art. I-11 IV Verf.EU und in Art. II-112 I 2 Verf.EU normiert. Gemäß Art. I-11 IV Verf.EU dürfen die Maßnahmen sowohl „*inhaltlich wie formal* nicht über das für die Erreichung der Ziele der Verfassung erforderliche Maß hinaus" gehen.[107] Mit dieser Änderung ist die heute schon Geltung beanspruchende Voraussetzung in den Vertrag aufgenommen worden, die den Gemeinschaftsgesetzgeber verpflichtet, das Verhältnismäßigkeitsprinzip sowohl bei der Wahl der Handlungsform, als auch bei der Handlungsintensität und der Bestimmung des materiellen Gehalts der Regelung zu berücksichtigen. Zusätzlich wird das Verhältnismäßigkeitsprinzip in Art. II-112 I 2 Verf.EU erwähnt. Hierbei handelt es sich um eine Spezialregelung für die Prüfung der Gemeinschaftsgrundrechte. Mangels weiterer Ausgestaltung des Verhältnismäßigkeitsprinzips durch den Ver-

---

105 *Huber*, EuZW 1995, S. 517 (521); *Stein*, EuZW 1998, S. 261 (262). Auch im Tabakwerbeurteil II räumt der EuGH dem Gemeinschaftsgesetzgeber ein weiten Ermessenspielraum ein: *EuGH*, Urteil vom 12.12.2006, Rs. C-380, Slg. 2006, I-0000, Rdnr. 145, „*Tabakwerbeurteil II*".

106 *von Danwitz*, EWS 2003, S. 393 (394); *Koch*, EuR 2000, S. 380 (382 ff., 391 ff.); *Kenntner*, ZRP 2000, S. 423 (424); *kritisch*: *von Bogdandy*, JZ 2001, S. 157 (165/170); optimistischer: *Renegling/Szczekalla*, Grundrechte der EU, § 7, Rdnr. 524.

107 Das kursiv Geschriebene kennzeichnet die durch den Entwurf eingefügten Worte.

fassungsentwurf wird dem Gemeinschaftsgesetzgeber jedoch ein weitreichender Beurteilungsspielraum verbleiben und sich daher an der bisherigen Rechtsprechungspraxis des EuGH voraussichtlich nichts ändern.

E. Zusammenfassung

Das Subsidiaritätsprinzip – da auf die konkurrierende Rechtsangleichungskompetenz des Art. 95 I EG anwendbar – und das Verhältnismäßigkeitsprinzip ergänzen den Tatbestand der Rechtsangleichungskompetenz um weitere Voraussetzungen. Bislang vermögen die herausgearbeiteten Kriterien dennoch nicht die gewünschte Beschränkungswirkung zu entfalten. Die Kontrolldichte des Gerichtshofes richtet sich nach dem Beurteilungsspielraum des Gemeinschaftsgesetzgebers. Je größer der Beurteilungsspielraum, desto geringer ist die Möglichkeit des Gerichtshofes, die Rechtmäßigkeit der Maßnahme zu überprüfen. Um ein ausgewogenes Verhältnis zwischen der Flexibilität der Gemeinschaft zum Erlass von Rechtsangleichungsmaßnahmen auf der einen und der richterlichen Kontrolle gemeinschaftlicher Gesetzgebungsakte auf der anderen Seite zu erreichen, müsste eine striktere Handhabung der einzelnen Kriterien durch den EuGH erfolgen.

Das Subsidiaritätsprinzip ist zwar, wie gezeigt, grundsätzlich durchaus justitiabel. Diese Möglichkeit hat der EuGH bisher allerdings nicht genutzt. Folge ist, dass Rechtsangleichungsmaßnahmen der Gemeinschaft derzeit in der Praxis nicht justitiabel sind. Der Gerichtshof ist aufgefordert, konkretere Kriterien zu entwickeln, anhand derer eine objektive Beurteilung der Ermessensentscheidungen möglich wäre. Auf diesem Wege könnte den Kriterien aus Art. 5 EG zu mehr Wirksamkeit verholfen und dem Gemeinschaftsgesetzgeber insbesondere bei Normen wie Art. 95 I EG eine Möglichkeit an die Hand gegeben werden, sein Handeln anhand objektiv bewertbarer Kriterien zu rechtfertigen.

In der Rechtsprechungspraxis des EuGH fließt die Prüfung der Grundrechte in die allgemeine Verhältnismäßigkeitsprüfung ein. Gleich zwei Gründe sprechen aber dafür, dass der EuGH den Grundrechten auch im Rahmen der Rechtmäßigkeitsprüfung von Gemeinschaftsrechtsakten mehr Aufmerksamkeit schenken und eine gesonderte Prüfung anstreben sollte. Zum einen bieten die Grundrechte weitere objektiv heranziehbare Kriterien, um die Rechtsangleichungskompetenzen wie Art. 95 I EG zu begrenzen. Zum anderen stimmt die allgemeine Verhältnismäßigkeitsprüfung nicht mit der Verhältnismäßigkeitsprüfung im Rahmen der

Grundrechte überein.[108] Eine getrennte Prüfung der Grundrechte ist unter diesem Aspekt geboten.

108 Vgl. zum Mehrwert der Verhältnismäßigkeitsprüfung im Rahmen der Grundrechte Kapitel VII.A.III.4.)b.)aa.).

Kapitel VII. Negative Kompetenznormen

Bei der Überprüfung von Gemeinschaftsmaßnahmen gemäß Art. 95 I EG ist weiterhin zu untersuchen, ob der Gesetzgeber den Rechtsakt inhaltlich korrekt ausgestaltet hat. Er unterliegt nämlich materiell-rechtlichen Bindungen.[1] Neben den normativen Grenzen der Schrankentrias[2] des Art. 5 EG hat der Gesetzgeber die durch die Gemeinschaftsrechtsordnung gewährleisteten Grundfreiheiten und die gemeinschaftlichen Grundrechte als Begrenzung des Tatbestandes von Art. 95 EG zu beachten. In diesem Zusammenhang wird bei den Grundrechten[3] und den Grundfreiheiten auch von *negativen Kompetenzen* gesprochen.

A. Die Grundrechte als negative Kompetenznormen

Die Gemeinschaftsverträge kennen bisher keinen geschriebenen Grundrechtskatalog, so dass der Grundrechtsschutz in der Gemeinschaft anhand einzelner, vom EuGH entwickelter grundrechtlicher Garantien erfolgen muss.[4] Die Hauptfrage ist, wie Grundrechte gegenüber einer *nicht-staatlichen Hoheitsgewalt* gesichert werden können. Im Rahmen von gemeinschaftlichen Rechtsangleichungsmaßnahmen kann ein solcher Schutz nur gewährleistet werden, wenn der Gemeinschaftsgesetzgeber an die Gemeinschaftsgrundrechte gebunden ist.

---

1 *Schweitzer/Schroeder/Bock*, Binnenmarkt und Gesundheitsschutz, S. 92.

2 Vgl. hierzu ausführlich Kapitel VI.

3 Die Grundrechte sind *negative Kompetenznormen*, da sie als Abwehrrechte die private Sphäre des Einzelnen vor Übergriffen im Interesse des Allgemeinwohls schützen. Sie haben die Funktion eines allgemeinen Freiheitsmaßstabes und sind Bestandteil des von den Gemeinschaftsorganen zu wahrenden Rechts. *Simma/Weiler/Zöckler*, Kompetenzen und Grundrechte, S. 84, 87; *Pernice*, JZ 2000, S. 866 (869).

4 Der *EuGH* entwickelte gestützt auf seine Kompetenz zur Wahrung des Rechts (Art. 220 EG) grundrechtliche Verbürgungen in Gestalt ungeschriebener Rechtsgrundsätze. Die Bereitschaft des *EuGH* zur Anerkennung der Grundrechte beruhte auf der Erkenntnis, dass die bedrohliche Lücke der fehlenden Grundrechtssicherheit im Gemeinschaftsrecht dessen Legitimität, Vorrang und einheitliche Anwendung in Frage stellte. Ausführlich: *Ehlers*, Jura 2000, S. 468 (468 f.); *Kühling*, in: von Bogdandy, Europäisches Verfassungsrecht, S. 583 (588).

I. Bindung des Gemeinschaftsgesetzgebers

Die Bindung des Gemeinschaftsgesetzgebers an die Gemeinschaftsgrundrechte ist vertraglich nicht normiert. Art. 6 II EU schreibt die Achtung der Grundrechte als allgemeinen Rechtsgrundsatz für die *Union* fest. Dies klärt allerdings noch nicht die Frage, ob die *Organe der EG* Adressaten der Grundrechte sind. In der Literatur wird dies überwiegend bejaht.[5] Der Begriff der „Union" in Art. 6 II EU wird damit im weiteren Sinne zur Bezeichnung der internationalen und supranationalen Tätigkeit der Gemeinschaft verstanden. Diese Auffassung wird auch durch Art. 46 lit. d) EU bestätigt, der eine Kontrolle des Handelns der EG-Organe vorsieht und damit eine entsprechende Bindung der Europäischen Gemeinschaft impliziert.[6] Damit ist auch der Gemeinschaftsgesetzgeber an die Gemeinschaftsgrundrechte gebunden.

II. Quellen der Gemeinschaftsgrundrechte

Die Prüfung der Grundrechtskonformität gemeinschaftlicher Rechtsangleichungsmaßnahmen basiert teils auf geschriebenem Vertragsrecht, teils auf allgemeinen Rechtsgrundsätzen, die der EuGH im Wege der Rechtsfortbildung entwickelt hat.

1.) Die geschriebenen Grundrechte

Die geschriebenen Grundrechte haben – abgesehen von den Grundfreiheiten – punktuellen Charakter und betreffen das Gleichheitsgebot[7], die Unionsbürgerrechte[8] und Verfahrensrechte. Mangels sachlicher Berührungspunkte kommen diese Grundrechte bei einer Grundrechtsprüfung von Gemeinschaftsmaßnahmen gemäß Art. 95 I EG nicht zum tragen.

---

5 *Everling*, ZfRV 1992, S. 241 (249); *Pechstein/Koenig*, Die Europäische Union, S. 117; *Ehlers*, Jura 2002, S. 468 (473).

6 Vgl. *Pechstein/Koenig*, Die Europäische Union, S. 117; *Kühling*, in: von Bogdandy, Europäisches Verfassungsrecht, S. 583 (588). So auch der *EuGH*, der von einer Doppelabstützung der Grundrechte auf Art. 6 II EU und auf die allgemeinen Rechtsgrundsätze ausgeht. *EuGH*, Urteil vom 06.03.2001, Rs. C-274/99, Slg. 2001, I-1611, Rdnr. 37 f., *„Connolly"*.

7 Die geschriebenen Gleichheitsrechte verbürgen nicht allgemein einen Anspruch auf Gleichbehandlung, sondern verbieten in besonderen Fällen eine Diskriminierung (Artt. 12, 31, 72, 90, 141, 294 EG).

8 Unionsbürgerrechte: Artt. 18 ff., 255 EG.

2.) Die „ungeschriebenen" Grundrechte

Fehlt es an geschriebenen Gewährleistungen, basiert die Anerkennung der Gemeinschaftsgrundrechte auf dem Richterrecht des EuGH.

a.) Rechtserkenntnisquellen

Bei der Ausgestaltung der Gemeinschaftsgrundrechte orientiert sich der EuGH an den Verfassungsüberlieferungen der Mitgliedstaaten und an der EMRK.[9] Hierbei handelt es sich um *Rechtserkenntnisquellen*. Diese binden anders als eine *Rechtsquelle* nicht unmittelbar, sondern haben nur *normähnliche* Wirkung.[10] Der EuGH geht in seiner Rechtsprechung grundsätzlich von keiner unmittelbaren, rechtlichen Bindung an die mitgliedstaatlichen Grundrechtsverbürgungen oder an die EMRK aus und will sich so eine möglichst weitgehende Flexibilität für die Grundrechtskonkretisierung bewahren. Dies erreicht er durch *Rechtsvergleichung*. Dabei geht er so vor, dass er die aus seiner Sicht angemessenste Regelung bestimmt, ohne sich formal an einem Maximal- oder Minimalstandard der Mehrheit der Kodifikationen zu orientieren.[11]

aa.) EMRK

Das in der Rechtsprechung des Europäischen Gerichtshofs für Menschenrechte entwickelte Schutzniveau gilt für den EuGH allerdings als Mindeststandard.[12] In der jüngsten Rechtsprechung des EuGH ist der zunehmende Rückgriff auf den

---

9 *EuGH*, Gutachten vom 28. März 1996, 2/94, Slg. 1996, I-1759, Rdnr. 33; *EuGH*, Urteil vom 29.05.1997, Rs. C-299/95, Slg. 1997, I-2629, Rdnr. 14, „*Kremzow*".

10 Vgl. *Kingreen*, in: Calliess/Ruffert, Art. 6 EU, Rdnr. 33. *Rechtsquelle* für die Grundrechte ist allein Art. 6 II EG. Insofern erübrigt sich der Rückgriff auf die ungeschriebenen „*allgemeinen Rechtsgrundsätze*", die der *EuGH* bislang auch materiell zur Begründung der Bindung der Gemeinschaft an die Grundrechte heranzieht. Mittlerweile erwähnt der *EuGH* Art. 6 II EU zunehmend neben den klassischen Rechtserkenntnisquellen: *EuGH*, Urteil vom 15.12.1995, Rs. C-415/93, Slg.1995, I-4921, Rdnr. 79, „*Bosmann*"; *EuGH*, Urteil vom 28.03.2000, Rs. C-7/98, Slg. 2000, I-1935, Rdnr. 26 f., „*Krombach*"; *EuGH*, Urteil vom 06.03.2001, Rs. C-274/99, Slg. 2001, I-1611, Rdnr. 38, „*Connolly*".

11 *Wetter*, Die Grundrechte-Charta des europäischen Gerichtshofes, S. 53. Die Rechtsvergleichung bildet dabei den Wertungshintergrund für die spätere Konkretisierung, wodurch ein Standard entwickelt wird, der den nationalen Wertungen ebenso wie denen der EMRK gerecht wird und sich ferner in die Gemeinschaftsstrukturen und -ziele einfügt. *Kühling*, in: von Bogdandy, Europäisches Verfassungsrecht, S. 583 (598); *Pernice*, NJW 1990, S. 2409 (2414); *EuGH*, Urteil vom 18.06.1991, Rs. C-260/89, Slg. 1991, I-2925, Rdnr. 41, „*Rundfunk und Fernsehen*".

12 *EuGH*, Urteil vom 18.06.1991, Rs. C-260/89, Slg. 1991, I-2925, Rdnr. 41, „*Rundfunk und Fernsehen*".

EGMR und dessen Auslegung der EMRK zu beobachten, die weitgehend zu einer *faktischen Bindungswirkung* führt.[13] Das schließt allerdings nicht aus, dass in Einzelfällen eine abweichende Dogmatik entwickelt wird.[14] Zu berücksichtigen ist der Funktionsunterschied zwischen der auf Minimalkonsens angelegten EMRK und der EU, die eine höhere Integrationsdichte anstrebt. Diese erfordert die zusätzliche Berücksichtigung der mitgliedstaatlichen Grundrechtstraditionen.

bb.) Verfassungsüberlieferung der Mitgliedstaaten

Maßgeblich für die Konkretisierung der Grundrechte durch den EuGH sind des Weiteren die Verfassungsüberlieferungen der Mitgliedstaaten. Die Rechtserkenntnisquelle der gemeinsamen Verfassungsüberlieferungen spielt insbesondere dann eine Rolle, wenn die EMRK ein bestimmtes Grundrecht – z.B. die Berufsfreiheit – nicht garantiert.[15]

b.) Charta der Grundrechte der Europäischen Union

Die Charta der Grundrechte bekräftigt die Grundrechte der EMRK.[16] Die Grundrechte-Charta ist ein Grundrechtskatalog der Union. Die Mitgliedstaaten berührt sie lediglich bei der Durchführung des Unionsrechts. Mit der Einfügung der Europäischen Grundrechte-Charta in den Verfassungsvertrag und der damit einhergehenden Rechtsverbindlichkeit wird der gerichtliche Grundrechtsschutz vorangetrieben.[17] Bislang konnte sie die Erwartungen, die mit ihrer Unterzeichnung einhergingen, nicht erfüllen. Dies liegt unter anderem[18] daran, dass die Charta

---

13 *EuGH*, Urteil vom 06.03.2001, Rs. C-274/99, Slg. 2001, I-1611, Rdnr. 37, „*Connolly*".

14 So enthält die EMRK z.B. keine Berufsfreiheit, was zu einer Ausweitung des Schutzbereichs der Eigentumsfreiheit geführt hat. Im Rahmen der Unionsgrundrechtsdogmatik können Fälle dieser Eigentumsfreiheit dagegen unter das Unionsgrundrecht der Berufsfreiheit gefasst werden.

15 *EuGH*, Urteil vom 28.04.1998, Rs. C-200/96, Slg. 1998, I-1953, Rdnr. 21, „*Metronome*".

16 Ausführlich zur Rolle der EMRK und der Grundrechte-Charta in der Verfassungsentwicklung: *Grabenwarter*, FS für Steinberger, S. 1129 ff.

17 *Kritisch*: *von Bogdandy*, JZ 2001, S. 157 159 ff.); *Kühling*, in: von Bogdandy, Europäisches Verfassungsrecht, S. 583 (592 f.). Letzterer warnt davor, den gerichtlich orientierten Grundrechtsschutz deutscher Prägung auf die Gemeinschaftsebene zu übertragen. Jede judikative Grundrechtsexpansion bewirke zugleich eine Machtverlagerung von der legislativen und exekutiven Gewalt auf die Rechtsprechungsgewalt in der Verfassungsrealität.

18 Ein anderer Grund liegt in der fehlenden inhaltlichen Ausgestaltung der einzelnen Grundrechte. Aber auch wenn die Grundrechte-Charta in Teilaspekten eine dogmatische Stringenz vermissen lässt, kann von einer Katalysatorwirkung der Charta für die Fortentwicklung der unionalen Grundrechtsdogmatik ausgegangen werden. Ein Impuls könnte von der einheitlichen Schrankensystematik nach Art. 52 I GRCh (Art. II-112 I Verf.EU) ausgehen. Vgl. *Kühling*, in: von Bogdandy, Europäisches Verfassungsrecht, S. 583 (594); *Schmitz*, JZ 2001, S. 833 (835).

nicht in Art. 6 II EG aufgenommen wurde.[19] Daher fehlt ihr die rechtliche Verbindlichkeit, so dass sie keine eigenständige Rechtserkenntnisquelle darstellt, sondern lediglich als *Erkenntnismittel* herangezogen werden kann. Dies erfolgt, indem sie als Ausdruck der in Art. 6 II EG genannten Verfassungsüberlieferungen der Mitgliedstaaten in die Rechtsprechung des EuGH einfließt.[20]

III. Struktur der Grundrechtsprüfung

Die Grundrechtskonformität einer Rechtsangleichungsmaßnahme wird in *drei Schritten* geprüft.[21] Im *ersten Schritt* wird der Schutzbereich des Grundrechts bestimmt und untersucht, ob die betroffene Position des Einzelnen in diesen *Schutzbereich* fällt. Dann wird geprüft, ob der angegriffene Rechtsakt die geschützte Position *beeinträchtigt*. Zuletzt wird nach einer *Rechtfertigung* für die Beeinträchtigung des Grundrechts gesucht.

1.) Besonderheiten hinsichtlich der inhaltlichen Ausgestaltung

Hinsichtlich der inhaltlichen Ausgestaltung der Grundrechtsprüfung ergeben sich allerdings einige Besonderheiten. Diese beruhen auf der Eigenschaft der Europäischen Gemeinschaft als Staatenverbund und auf der Tatsache, dass die Grundrechte der Gemeinschaft nicht vertraglich festgelegt sind.[22] Die divergierende

19 *Kingreen*, in: Calliess/Ruffert, Art. 6 EU, Rdnr. 35 a; *Calliess*, EuZW 2001, S. 261 (267); *Grabenwarter*, DVBl. 2001, S. 1 (11); *Schwarze*, EuZW 2001, S. 517 (517 f.).

20 Dies ist strittig: Die *Kommission* geht sogar davon aus, dass der *EuGH* die Charta als Teil der allgemeinen Grundsätze des Gemeinschaftsrechts (Art. 220 EG) auslegen und diese dadurch rechtsverbindlich wird. *Kommission der EG*, Brüssel 1.10.2000, KOM (2000), 644 endg., S. 6.

21 Dies entspricht dem in der deutschsprachigen Rechtswissenschaft entwickelten System. *Rengeling/Szczekalla*, Grundrechte der EU, § 7, Rdnr. 506. *Schweitzer/Schroeder/Bock*, Binnenmarkt und Gesundheitsschutz, S. 93, gehen von einem *zweiststufigen Prüfungsaufbau* aus, indem Eingriff und Schutzbereich in einem einzelnen Prüfungspunkt zusammengefasst werden. Anders als z.B. in Frankreich, wo eine *einstufige Untersuchung* der Grundrechtskonformität dominiert. Vgl. *von Bogdandy*, JZ 2001, S. 157 (167); *Hirsch*, in: Kreuzer u.a., Europäischer Grundrechtsschutz, S. 9 (17).

22 Probleme können in diesem Zusammenhang insbesondere daraus erwachsen, dass in den einzelnen Mitgliedstaaten *unterschiedlich hohe Schutzniveaus* garantiert werden. Bei der Suche nach einer ausgewogenen Lösung richtet sich der *EuGH* weder nach dem niedrigsten noch nach dem höchsten Schutzniveau. Daraus folgt, dass sowohl die Bestimmung des Schutzbereichs von Grundrechten als auch die Rechtfertigung von Grundrechtseingriffen auf Gemeinschaftsebene nicht zwingend im Ergebnis die konkrete Ausgestaltung des Grundrechtsschutzes aus den nationalen Verfassungsordnungen oder internationalen Menschenrechtsverträgen übernimmt. *Simma/Zöckler/Weiler*, Kompetenzen und Grundrechte, S. 91; *EuGH*, Urteil vom 21.09.1989, Rs. C-46/87 und 227/88, Slg. 1989, 2859, Rdnr. 17 ff., „*Hoechst AG*".

Formulierung von Grundrechten in den Verfassungen der Mitgliedstaaten, in der EMRK und in dem Grundrechtskatalog des Europäischen Parlaments erschwerte bislang eine inhaltliche Strukturierung der Unionsgrundrechte.

Der Vergleich zwischen den gemeinschaftlichen und den mitgliedstaatlichen sowie anderen supranationalen Grundrechtsstandards wird dadurch erschwert, dass die Grundrechte in die Struktur und Ziele der Gemeinschaft eingepasst werden müssen.[23] Dabei geht es um das Einfügen in die Besonderheiten einer supranationalen Rechtsordnung. Sie erfolgt durch teleologische Auslegung vor dem Hintergrund der Aufgaben und Ziele der EG.[24] So hält der Gerichtshof es für berechtigt, den Gemeinschaftsgrundrechten bestimmte Begrenzungen vorzubehalten, die durch die dem allgemeinen Wohl dienenden Ziele der Gemeinschaft gerechtfertigt sind.[25]

2.) Schutzbereich der Grundrechte

Der *Schutzbereich* umschreibt denjenigen Handlungsbereich, der durch das Grundrecht prinzipiell gewährleistet wird und dessen hoheitliche Beschränkung einen Rechtfertigungsbedarf auslöst.

a.) Fehlende Strukturen und Definitionen

Soweit sich der EuGH auf ungeschriebene Grundrechte beruft, fehlt es oftmals an einer genauen Umschreibung des Schutzbereichs. Stattdessen geht der Gerichtshof direkt auf die Rechtfertigungsgründe ein.[26] Soweit hingegen an die EMRK angeknüpft wird, sind klarere Strukturen zu erkennen. In diesen Fällen finden sich auch Ausführungen zum grundrechtlichen Schutzgut.[27] Trotz ausdrücklicher Manifestation der Grundrechte in der Grundrechte-Charta[28] muss der EuGH die sachlich geschützten Rechtspositionen, deren Einschränkbarkeit geprüft wird,

---

23 *EuGH*, Urteil vom 17.12.1970, Rs. C-11/70, Slg. 1970, 1125, Rdnr. 4, „*Internationale Handelsgesellschaft*“.

24 *Kühling*, in: von Bogdandy, Europäisches Verfassungsrecht, S. 583 (591).

25 *EuGH*, Urteil vom 14.05.1974, Rs. C-4/73, Slg. 1974, 491, Rdnr. 14, „*Nold*“.

26 Kritisch: *Nettesheim*, EuZW 1995, S. 106 f.; *Rengeling/Szczekalla*, Grundrechte der EU, § 7, Rdnr. 508 ff.

27 *EuGH*, Urteil vom 11.01.2000, Rs. C-174/98 P u. C-189/98 P, Slg. 2000, I-1, Rdnr. 17 ff., „*van der Wal*“; *EuGH*, Urteil vom 28.03.2000, Rs. C-7/98, Slg. 2000, I-1935, Rdnr. 39, „*Krombach*“; *EuGH*, Urteil vom 06.03.2001, Rs. C-273/99 u. 274/99, Slg. 2001, I-1575, Rdnr. 39 ff., „*Connolly*“.

28 Die genaue Bestimmung der Schutzbereiche ist bis dahin meist unterblieben, was die Konturen der einzelnen Grundrechte verwischte. Diese Vorgehensweise beruht weitgehend auf dem Umstand, dass der *EuGH* die Grundrechte als allgemeine Rechtsgrundsätze entwickelt hat. *Von Bogdandy*, JZ 2001, S. 157 (167); *Storr*, Der Staat 36 (1997), S.547 (558 f.).

noch deutlicher benennen.[29] Dieses Defizit wird jedoch voraussichtlich durch die schriftliche Fixierung der Grundrechte in den primärrechtlichen Verträgen behoben werden. Zentrale Grundrechte im Zusammenhang mit der Grundrechtskonformitätsprüfung von Rechtsakten gemäß Art. 95 I EG sind die Grundrechte der Meinungsfreiheit sowie der Berufsfreiheit und des Eigentums.[30]

b.) Eröffnung des Schutzbereiches bei Rechtsakten gemäß Art. 95 I EG

Eine Gelegenheit, über die Vereinbarkeit eines auf Art. 95 I EG gestützten Rechtsaktes mit den Grundrechten zu entscheiden, hätte das Verfahren über die Rechtmäßigkeit der so genannten *Tabakwerberichtlinie*[31] und das Verfahren über die Rechtmäßigkeit der so genannten *Tabakproduktrichtlinie*[32] geboten.

aa.) Der Schutzbereich der Meinungsfreiheit

Das Recht auf freie Meinungsäußerung[33] gehört zu den Grundrechten, deren Schutz der EuGH in ständiger Rechtsprechung sichert.[34] Bei seinen Entscheidungen nimmt der EuGH meist Bezug auf Art. 10 EMRK und auf die Rechtsprechung des EGMR.[35]

---

29 So auch *Kühling*, in: von Bogdandy, Europäisches Verfassungsrecht, S. 583 (614).

30 Vgl. z.B. *Simma/Zöckler/Weiler*, Kompetenzen und Grundrechte, S. 127 ff.

31 RL 98/43/EG; *EuGH*, Urteil vom 05.10.2000, Rs. C-376/98 u. 74/99, Slg. 2000, I-8419, „*Tabakwerbeurteil*".

32 RL 2001/33/EG; *EuGH*, Urteil vom 10.12.2002, Rs. C-491/01, Slg. 2002, I-11453, „*Tabakprodukturteil*".

33 Hierzu gehören die Presse-, Informations- und Rundfunkfreiheit. Vgl. ausführlich: *Grabenwarter*, VVDStRL 60 (2001), S. 292 (325 ff.) m.w.N.
Bereiche der freien Meinungsäußerung sind das *Öffentliche Dienstrecht* der Gemeinschaft (*EuGH*, Urteil vom 06.03.2001, Rs. C-274/99, Slg. 2001, I-1611, Rdnr. 37 f., „*Connolly*"), die *Presse- und Rundfunkfreiheit* (*EuGH*, Urteil vom 17.01.1984, Rs. C-43/82 und 63/82, Slg. 1984, I-19, Rdnr. 34, „*VBVB und VBBB*") und die *kommerzielle Kommunikation* (hierbei knüpft der *EuGH* an die weit gespannte Meinungs- und Informationsfreiheit des Art. 10 EMRK an: *EuGH*, Urteil vom 4.10.1991, Rs. C-159/90, Slg. 1991, I-4685, Rdnr. 30, „*Grogan*").

34 *EuGH*, Urteil vom 13.12.1989, Rs. C-100/88, Slg. 1989, I-4285, Rdnr. 16, „*Oyowe und Traore*"; *EuGH*, Urteil vom 18.06.1991, Rs. C-260/89, Slg. 1991, I-2925, Rdnr. 41, „*Rundfunk und Fernsehen*"; *EuGH*, Urteil vom 25.07.1991, Rs. C-288/89, Slg. 1991, I-4007, Rdnr. 22 ff., „*Stichting*"; *EuGH*, Urteil vom 06.03.2001, Rs. C-274/99, Slg. 2001, I-1611, Rdnr. 37 f., „*Connolly*".

35 Dies rührt aus der Tatsache, dass die *EuGH*-Rechtsprechung bislang mangels entsprechender grundrechtsrelevanter Sachverhalte nur sehr fragmentarisch ist.

(1) Tabakwerbeurteil

Hätte der EuGH in seinem *Tabakwerbeurteil*[36] die Richtlinie nicht bereits wegen einer ungeeigneten Rechtsgrundlage für ungültig erklärt, so wäre ein möglicher Verstoß gegen die Meinungsfreiheit zu prüfen gewesen.[37] Problematisch ist bereits die Eröffnung des Schutzbereichs der kommerziellen Kommunikationsfreiheit für die Unternehmer.[38] Die unternehmerische Meinungsäußerung wird nämlich nicht in demselben Umfang geschützt wie politische oder gesellschaftliche Meinungsäußerungen.[39] Unter Berufung auf Art. 10 I EMRK und die Rechtsprechung des EGMR wies *GA Fennelly* darauf hin, dass zur freien Meinungsäußerung auch Informationen wirtschaftlicher Natur zählen.[40] Folgt man der großzügigen Auslegung der Meinungsfreiheit durch den EGMR,[41] der sich der EuGH grundsätzlich anschließt, so ist jede Werbebotschaft, auch die nur symbolisch vermittelte, eine Aussage mit Kommunikationsgehalt und unterfällt damit dem Schutz der positiven Meinungsfreiheit.[42]

36 *EuGH*, Urteil vom 05.10.2000, Rs. C-376/98 u. 74/99, Slg. 2000, I-8419, Rdnr. 118, „*Tabakwerbeurteil*".

37 Die streitgegenständliche Richtlinie verbot generell jede Form von Werbung und Sponsoring für Tabakerzeugnisse in der Gemeinschaft. Deutschland hatte im Rahmen seiner Nichtigkeitsklage gegen diesen Rechtsakt u.a. vorgetragen, dass die Richtlinie Art. 10 EGMRK verletze, weil die betroffenen Unternehmen die Öffentlichkeit nicht mehr über ihre Produkte unterrichten könnten.

38 Zur Einordnung der Werbung als Schutzgut der Grundfreiheiten, vgl. *Hatje*, in: Schwarze, Werbung und Werbeverbot, S. 46 (48). Zur Grundrechtsfähigkeit von Juristischen Personen ganz allgemein, vgl. *EuGH*, Urteil vom 17.12.1970, Rs. C-11/70, Slg. 1970, 1125 ff., „*Internationale Handelskammer*"; *Schwarze*, EuZW 2001, S. 517 ff.

39 *Schorkopf*, in: Ehlers, Grundrechte und Grundfreiheiten, § 14, Rdnr. 64. A.A. *Di Fabio*, AfP 1998, S. 564 (568/569), der diese Differenzierung erst auf der Ebene der Schrankenziehung für maßgeblich hält. *Schweitzer/Schroeder/Bock*, Binnenmarkt und Gesundheitsschutz, S. 94, die darauf hinweisen, dass qualitativ nicht zwischen dem Schutz politischer und wirtschaftlicher Motive unterschieden wird.

40 Dazu gehören seiner Ansicht nach auch die Verbreitung von Informationen, die Äußerung von Ideen oder die Verbreitung von Bildern als Teil der Verkaufsförderung einer Wirtschaftstätigkeit und das entsprechende Recht, solche Mitteilungen zu empfangen. Schlussanträge des GA *Fennelly* vom 15.06.2000, Rs. C-376/98 u. 74/99, Slg. 2000, I-8419, Rdnr. 154 ff., „*Tabakwerbeurteil*".

41 Zu den Hintergründen vgl. *Di Fabio*, AfP 1998, S. 564 (568 f.).

42 Die „*positive*" *Meinungsfreiheit* garantiert den Herstellern von Tabakerzeugnissen deshalb prinzipiell das Recht zur freien Gestaltung der Produktverpackung sowie das Recht, ihr Produkt durch bestimmte Hinweise auf der Packung zu bewerben. So auch: *Schweitzer/Schroeder/Bock*, Binnenmarkt und Gesundheitsschutz, S. 94; *Di Fabio*, AfP 1998, S. 564 (568); *Koenig/Kühling*, EWS 2002, S. 12 (14).

(2) Tabakprodukturteil

Bei der Tabakproduktentscheidung ging es um die Kommunikation bestimmter Informationen und Meinungen über die Gefahren und Auswirkungen des Rauchens.[43] Im Zusammenhang mit dem Urteil wurde insbesondere die Frage der *negativen Meinungsfreiheit,* deren Grundrechtsgehalt bislang ungeklärt war, thematisiert. Die negative Meinungsfreiheit schützt vor dem Zwang zur Kommunikation fremder Inhalte, d.h. bestimmte Informationen nicht herauszugeben oder weiterzuleiten oder bestimmte Meinungen kundzutun. Aufgrund der überwiegenden Anerkennung dieser Schutzkomponente in den Mitgliedstaaten der EG ist sie auch im Bereich der Gemeinschaft Bestandteil des Schutzbereiches der Meinungsfreiheit.[44] Der EuGH hat sich selbst in der Entscheidung nicht zu den Grundrechten geäußert.

(3) Tabakwerberichtlinie II

Auch die neue, am 26.05.2003 in Kraft getretene *Tabakwerberichtlinie II*[45] sieht eine weitreichende Verbotsregelung im Hinblick auf Werbung für Tabakerzeugnisse und das damit in Verbindung stehende Sponsoring in den Medien vor. Gegen diese Richtlinie war eine Klage Deutschlands vor dem EuGH[46] und eine Klage eines mittelständischen Verlages vor dem EuG[47] anhängig. Das mittelständische Unternehmen rügte unter anderem einen Verstoß gegen die in Art. 11 I GRCh (Art. II-71 VerfEU) und Art. 10 I EMRK geschützte Meinungsfreiheit, insbesondere gegen das Recht der „commercial speech". Denn durch die Richtlinie werde die Gestaltung von Werbeanzeigen und redaktionellen Berichterstattungen beeinträchtigt, ohne dass dadurch die Ziele der Richtlinie erreicht werden könnten.

bb.) Der Schutzbereich der Berufsfreiheit

Auch der Schutz der unternehmerischen Freiheit und das Recht auf freie Berufsausübung werden vom EuGH als allgemeine Rechtsgrundsätze anerkannt und

---

43 Ausführlich hierzu: *Koenig/Kühling*, EWS 2002, S. 12 (13 f.); *Schroeder*, EuZW 2001, S. 489 (494 f.); *Schweitzer/Schroeder/Bock*, Binnenmarkt und Gesundheitsschutz, S. 94 ff.; *Schorkopf*, in: Ehlers, Europäische Grundrechte und Grundfreiheiten, § 14, Rdnr. 68 f.

44 *Schweitzer/Schroeder/Bock*, Binnenmarkt und Gesundheitsschutz, S. 94; *Koenig/Kühling*, EWS 2002, S. 12 (14); *Schroeder*, EuZW 2001, S. 489 ff.

45 2003/33/EG.

46 *EuGH*, Urteil vom 12.12.2006, Rs. C-380/03 Slg. 2006, 0000, Rdnr. 153 ff. Der EuGH lehnte im Rahmen der Verhältnismäßigkeit eine Ermessensüberschreitung hinsichtlich der Meinungsfreiheit durch den Gemeinschaftsgesetzgeber ab.

47 EuG, Rs. T-310/03, Abl. EG Nr. C 289/2003, S. 27.

wurden in Artt. 15, 16 GRCh (Artt. II-75, 76 Verf.EU) niedergelegt.[48] Die Gemeinschaftsrechtsordnung gewährleistet demnach eine umfassende wirtschaftliche Betätigungsfreiheit und garantiert im weitesten Sinne die Freiheit der Arbeit, des Handels und sonstiger unternehmerischer Tätigkeit. Dieser Schutz der individuellen Freiheit im Wirtschaftsbereich ist für das Gemeinschaftsrechtssystem von zentraler Bedeutung. Der EG liegt wie bereits eingangs erörtert ein marktwirtschaftliches Konzept zu Grunde, das die Gemeinschaft u.a. verpflichtet, den Wettbewerb im Binnenmarkt zu schützen (vgl. Art. 3 I lit. g) EG).[49]

Im Falle der *Tabakrichtlinien* ist auch der Schutzbereich der Berufsfreiheit eröffnet, da es hier um die wirtschaftliche Betätigung der Tabakindustrie, der Werbebranche und der medialen Träger der Werbung geht.[50] Eine gezielte Beschränkung der Werbung für bestimmte Produkte (wie in der Tabakwerberichtlinie) berührt insofern auch den Schutzbereich der Berufsfreiheit des betroffenen Unternehmens.[51]

cc.) Der Schutzbereich der Eigentumsfreiheit

Auch das Eigentumsrecht wird in der Gemeinschaftsrechtsordnung als allgemeiner Rechtsgrundsatz gewährleistet.[52] Wie im deutschen Verfassungsrecht zeichnet sich auch das Eigentumsgrundrecht auf Gemeinschaftsebene durch einen so ge-

---

48 *EuGH*, Urteil vom 13.12.1979, Rs. C-44/79, Slg. 1979, I-3727, Rdnr. 17, „*Hauer*"; *EuGH*, Urteil vom 15.07.2004, Rs. C-37/02 u. 38/02, Slg. 2004, I-, Rdnr. 36, „*Traditionelle Bananenimporteure*". Die Berufsfreiheit ist zwar nicht durch internationale Menschenrechtsverträge geschützt, sie findet aber in den Verfassungen der Mitgliedstaaten ihren Niederschlag. Ausführlich zum Grundrecht der Berufsfreiheit: *Wunderlich*, Das Grundrecht der Berufsfreiheit, S. 3 ff.; *Baur/Lückenbach*, ET 2002, S. 420 ff.; zum Verhältnis von Berufsfreiheit und Eigentumsrecht: *Penski/Elsner*, DÖV 2001, S. 265 ff.

49 *Schweitzer/Schroeder/Bock*, Binnenmarkt und Gesundheitsschutz, S. 106; *Ruffert*, in: Ehlers, Grundrechte und Grundfreiheiten, § 15, Rdnr. 2 f.; *Simma/Zöckler/Weiler*, Kompetenzen und Grundrechte, S. 124. Die Autoren weisen darauf hin, dass auch die Grundfreiheiten des EG-Vertrages und die dahinter stehende Philosophie der Integration durch grenzüberschreitende Wirtschaftstätigkeiten einen starken grundrechtlichen Bezug haben und der Schutz der Beruffreiheit daher auf sicherem Boden stehe.

50 *Papier/Petz*, NJW 1994, S. 1553 (1555). Sie halten die Berufsfreiheit für das durch das Werbeverbot betroffene Hauptgrundrecht.

51 *Simma/Zöckler/Weiler*, Kompetenzen und Grundrechte, S. 124. Bei einem hohen Spezialisierungsgrad mag ein produktspezifisches Werbeverbot sogar die Fortführung des Berufs unmöglich machen. *Di Fabio* weist darauf hin, dass es sich dennoch nicht um eine Berufsausübungsregelung handele und nach der Rechtsprechung des *EuGH* nicht um den Zugang zu einer bestimmten Beschäftigung gehe. *Di Fabio*, AfP 1998, S. 564 (570).

52 *EuGH*, Urteil vom 13.12.1979, Rs. C-44/79, Slg. 1979, I-3727, Rdnr. 17, „*Hauer*"; *EuGH*, Urteil vom 10.07.2003, Rs. C-20/00 u. 64/00, Slg. 2003, I-7411, Rdnr. 46 f., „*Booker Aquavulture Ltd*". Zum Verhältnis zur Berufsfreiheit: *Penski/Elsner*, DÖV 2001, S. 265 ff.

nannten *normgeprägten Schutzbereich* aus, so dass sein Schutzgegenstand normativ erst durch den Gesetzgeber geschaffen werden muss.[53] Der gemeinschaftsrechtliche Eigentumsbegriff umfasst gemäß Art. 17 I, II GRCh (Art. II-77 Verf.EU) alle vermögenswerten subjektiven Rechte, insbesondere das geistige und gewerbliche Eigentum in Form von Patenten, Warenzeichen, Marken und Urheberrechten.[54]

Sowohl die *Tabakwerberichtlinie I, II* als auch die *Tabakproduktrichtlinie* berühren den Schutzbereich der Eigentumsfreiheit. So wird bei Werbeverboten eine Einschränkung der Eigentumsfreiheit bejaht, soweit ein erworbener und geschützter Bestand, wie dies bei der Tabakindustrie wohl der Fall ist, von einer Maßnahme betroffen ist. Dasselbe gilt bei der *Tabakproduktrichtlinie*, die die Tabakhersteller in Art. 6 verpflichtet, detaillierte Produktinformationen zu liefern und bestimmte eingeführte Produktbezeichnungen verbietet.

3.) Eingriff in den Schutzbereich

Ein Eingriff in den Schutzbereich der Grundrechte liegt vor, wenn eine durch das Grundrecht geschützte Rechtsposition beeinträchtigt wird.

a.) Weites Eingriffsverständnis des EuGH

Der EuGH geht tendenziell von einem weiten Eingriffsverständnis aus, der auch mittelbare Auswirkungen hoheitlicher Maßnahmen auf die grundrechtlich geschützten Güter erfassen kann.[55] Doch muss ebenso wie bei den Grundfreiheiten eine gewisse *Nähebeziehung* zwischen Maßnahme und beeinträchtigender Wirkung gegeben sein.[56] Allerdings kann auch einer bloßen Gefährdung von Grund-

---

53 *Calliess*, in: Ehlers, Grundrechte und Grundfreiheiten, § 16, S. 381 (381).

54 Diese Definition ist angelehnt an die gemeinsamen Verfassungsüberlieferungen der Mitgliedstaaten, an Art. 1 des Zusatzprotokolls zur EMRK und an Art. 17 GRCh (Art. II-77 Verf.EU). Sie wird sowohl durch Art. 30 I EG und Art. 295 EG als auch durch den *EuGH* anerkannt. *EuGH*, Urteil vom 31.101974, Rs. C-15/74, Slg. 1974, I-1147, Rdnr. 6/8, „*Centrafarm*".
Bei der Überprüfung von Einschränkungen des Eigentums hat der Gerichtshof unter Berufung auf die gemeinsame Verfassungstradition der Mitgliedstaaten und Art. 1 des Ersten Zusatzprotokolls der EMRK immer wieder die „soziale Funktion" des Eigentumsrechtes betont. *EuGH*, Urteil vom 13.12.1979, Rs. C-44/79, Slg. 1979, I-3727, Rdnr. 20, „*Hauer*"; vgl. *Hartwig*, RabelsZ 63 (1999), S. 561 ff.

55 *EuGH*, Urteil vom 30.07.1996, Rs. C-84/95, Slg. 1996, I-3953, Rdnr. 22 f., „*Bosphorus*"; *EuGH*, Urteil vom 11.07.2002, Rs. C-60/00, Slg. 2002, I-6279, Rdnr. 41, „*Mary Carpenter*". Ausführlich zur Einschränkung der Gemeinschaftsgrundrechte: *Rengeling/Szczekalla*, Grundrechte der EU, § 7, Rdnr. 512 ff.

56 Das Erfordernis der Überschreitung einer gewissen *Spürbarkeitsgrenze* ist hingegen abzulehnen. Meist ist nämlich nicht „gewiss", wann eine bestimmte Spürbarkeitsschwelle überschritten wird.

rechtspositionen bereits ein Eingriffscharakter zugesprochen werden.[57] So weist bereits die Richtlinie selbst und nicht erst der nationale Umsetzungsakt Eingriffsqualität auf.[58] Diese Beurteilung wird damit begründet, dass die Umsetzungspflicht eine eingriffsgleiche Grundrechtsgefährdung bedingt, die durch die mitgliedstaatliche Umsetzung zwangsläufig realisiert wird.[59]

b.) Eingriff in die Meinungsfreiheit durch Rechtsangleichungsmaßnahmen

aa.) Eingriff der Tabakwerberichtlinie in die Meinungsfreiheit

Die *Tabakwerberichtlinien I und II* greifen mit dem generellen Verbot der Werbung für bestimmte Produkte unter anderem in die Meinungsfreiheit der Presse und der Tabakunternehmen ein. Diese werden nämlich daran gehindert, den Leser von den Produkten durch Veröffentlichung bestimmter Anzeigen oder Beilagen in Kenntnis zu setzen.[60]

bb.) Eingriff der Tabakproduktrichtlinie in die Meinungsfreiheit

Bei der Umsetzung der *Tabakproduktrichtlinie* hatten die Mitgliedstaaten ein Wahlrecht.[61] Sie konnten entweder vorsehen, dass die Warnhinweise mit einer Urheberangabe versehen werden oder auf einen solchen Zusatz verzichten. Bei beiden Umsetzungsmöglichkeiten hätte ein Eingriff in die negative Meinungsfreiheit bejaht werden müssen. Bei der ersten Alternative wären die Tabakhersteller

---

Vielmehr soll es dem jeweiligen Gesetzgeber überlassen werden zu bestimmen, was zumutbar (sozialadäquat) und damit hinnehmbar ist. *Rengeling/Szczekalla*, Grundrechte der EU, § 7, Rdnr. 517; *Szczekalla*, Grundrechtliche Schutzpflichten, S. 300 (309 f.) m.w.N. *Anders*: *Ehlers*, in: Ehlers, Grundrechte und Grundfreiheiten, § 13, Rdnr. 39. Zum Inhalt des Spürbarkeitskriteriums, vgl. Kapitel III.C.I.1.)b.)dd.).

57 *Kühling*, in: von Bogdandy, Europäisches Verfassungsrecht, S. 583 (615).

58 Die Tatsache, dass sie von den Mitgliedstaaten noch umgesetzt werden muss, um unmittelbare Wirkung gegenüber dem Einzelnen entfalten zu können, ist hier nicht ausschlaggebend. Bei der Umsetzung der Richtlinie verbleibt den Mitgliedstaaten insofern nur eine Wahlfreiheit hinsichtlich Form und Mittel der Umsetzung. Hinsichtlich der Überprüfbarkeit der Umsetzungsakte, vgl. *Simma/Zöckler/Weiler*, Kompetenzen und Grundrechte, S. 92/93; *Ehlers*, in: Ehlers, Grundrechte und Grundfreiheiten, § 13, Rdnr. 15.

59 *Koenig/Kühling*, EWS 2002, S. 12 (14).

60 *Simma/Zögler/Weiler*, Kompetenzen und Grundrechte, S. 99. Auch sehen sie hier keine Anhaltspunkte für die Annahme einer de minimis-Ausnahme, die wegen Geringfügigkeit einen Eingriff verneinen würde.

61 Vgl. Art. 5 VIII der Tabakproduktrichtlinie, RL 2001/37/EG, *Schweitzer/Schroeder/Bock*, Binnenmarkt und Gesundheitsschutz, S. 96, sehen gerade hierin eine besondere Problematik. Nur bei einer eindeutigen Verpflichtung zum Abdruck eines entsprechenden Hinweises wäre der Eingriff in die Meinungsfreiheit wesentlich entschärft.

verpflichtet gewesen, eine fremde Meinung zu kommunizieren und nach außen den Eindruck zu erwecken, sie seien Urheber der Hinweise. Aber auch im Fall der Warnhinweise mit Urheberangaben liegt ein Eingriff vor, da die negative Meinungsäußerung auch davor schützt, ungewollt als Träger eines hoheitlich bestimmten Inhalts unter Angaben der hoheitlichen Urheberschaft und folglich als Kommunikationsträger hoheitlicher Inhalte herangezogen zu werden.[62]

c.) Eingriff in die Berufs- und Eigentumsfreiheit durch Rechtsangleichungsmaßnahmen

Die *Tabakproduktrichtlinie* schreibt den Tabakherstellern vor, welchen Anforderungen ihre Produkte genügen müssen. Sie wirkt sich dadurch unmittelbar auf den Produktionsprozess aus und greift in die *unternehmerische Freiheit* der Tabakhersteller ein.[63] Indem die *Tabakproduktrichtlinie*[64] die Verwendung bestimmter Produktbezeichnungen auf der Verpackung untersagt, greift sie in die *Eigentumsfreiheit* der Hersteller ein, soweit die Bezeichnungen Bestandteil einer eingetragenen Marke sind.[65] Die Nutzung der Marke und daher des Eigentums selbst werden eingeschränkt, denn gerade für die Aufmachung des Produktes ist die Marke von erheblicher Bedeutung, um eine eindeutige Zuordnung der Marke zu dem Produkt zu ermöglichen.[66]

4.) Rechtfertigung des Eingriffs in die Grundrechte

Ein Eingriff in die Grundrechte durch eine Rechtsangleichungsmaßnahme kann gerechtfertigt sein, soweit die speziellen *Rechtmäßigkeitsvoraussetzungen* erfüllt sind.[67] Die Grundrechte dürfen vom Gemeinschaftsgesetzgeber insoweit einge-

---

62 *Koenig/Kühling*, EWS 2002, S. 12 (14); andere Ansicht *BVerfG*, Beschluss vom 22.01.1997, Az. 2 BvR 1915/91, „*Tabakettiketierung*".

63 *Schweitzer/Schroeder/Bock*, Binnenmarkt und Gesundheitsschutz, S. 106.

64 Vgl. Art. 7 der *Tabakproduktrichtlinie*, RL 2001/37/EG: Dieser verbietet bestimmte Produktbezeichnungen wie „mild", „leicht" etc.

65 Marken genießen als Immaterialgüter eigentumsähnlichen Schutz und verschaffen dem Inhaber das Recht, einen Namen oder ein Kennzeichen einer Ware für sich in Anspruch zu nehmen. Grundsätzlich beurteilt sich der Umfang des eigentumsähnlichen Schutzes von Immaterialgütern danach, wie das betreffende Recht durch die Mitgliedstaaten ausgestaltet ist. Darüber hinaus regelt die VO Nr. 40/95/EG (ABl. 1994, Nr. L11, l) den Schutz von Gemeinschaftsmarken und die VO 89/104/EWG (ABl. 1989, Nr. L, 40, l) das Schicksal der national geschützten Marken.

66 Die Untersagung dieser wesentlichen Nutzungsmöglichkeit stellt sich daher als faktischer Entzug des Eigentums selber dar, ohne formell zu enteignen. *Schweitzer/Schroeder/Bock*, Binnenmarkt und Gesundheitsschutz, S. 101.

67 Im Rahmen der Prüfung der Rechtmäßigkeitsvoraussetzungen wird zwischen einer *spezifischen* Schrankenregelung und einer *allgemeinen* Schrankenregelung unterschieden. Spezifische

schränkt werden, wie dies für die Verwirklichung von dem Gemeinwohl dienenden Gemeinschaftszielen erforderlich ist und der Wesensgehalt des Grundrechts nicht angetastet wird.[68] Die Verhältnismäßigkeit[69] ist das Kernstück dieser Prüfung.

a.) Zulässiges Ziel

Bei der Prüfung der Verhältnismäßigkeit von Grundrechtseingriffen können *alle*[70] Gemeinwohlziele einen Eingriff rechtfertigen.

aa.) Wirtschaftliche, organisatorische Erwägungen des EuGH

Dabei fehlt es nach wie vor an einer Konkretisierung des EuGH hinsichtlich der Frage, wann eine Maßnahme im Allgemeininteresse der Gemeinschaft ist.[71] Die Spannbreite möglicher eingriffslegitimierender Gemeinschaftsinteressen ist in der bisherigen Judikatur des EuGH sehr weit gefasst und reicht von *wirtschaftlichen* Erwägungen[72] bis hin zu *organisatorischen* Interessen[73]. Meist legt der EuGH die Gründe, die der Gemeinschaftsgesetzgeber zur Rechtfertigung des Eingriffs geltend macht, seinen Entscheidungen unkritisch und ohne verfassungsrechtliche Gewichtung zugrunde.[74] Ein Eingriff in das *Eigentumsrecht* oder die *Berufsfreiheit* ist nach der EuGH-Rechtsprechung beispielsweise bereits dann gerechtfertigt, wenn *„diese Beschränkungen tatsächlich dem Gemeinwohl dienenden Zwecken der Gemeinschaft entsprechen und nicht einen im Hinblick auf den er-*

Grundrechtsschranken kennt etwa die EMRK. Neben der generellen Regelung in *Art. 18 EMRK* sind für jedes Grundrecht spezifische Eingriffvoraussetzungen festgelegt. Die *Charta* sieht *kein differenziertes* Schrankensystem vor, das auf die einzelnen Grundrechte abgestimmt wäre. Der Gesetzesvorbehalt wird in Art. 52 I 1, 1. HS GRCh (Art. II-112 I 2 Verf.EU) geregelt. Weiter wird eine allgemeine Schrankenregelung formuliert (Art. 52 I 2 GRCh, Art. II-112 I 2 Verf.EU). Neben dem Verhältnismäßigkeitsgrundsatz enthält die Charta auch eine Wesensgehaltsgarantie (Art. 52 I 2, 2. HS GRCh; Art. II-112 I 1 Verf.EU) als weitere Schranken-Schranke.

68 *EuGH*, Urteil vom 14.05.1974, Rs. C-2/74, Slg. 1974, I-631, Rdnr. 14, *„Nold"; siehe* schon *EuGH*, Urteil vom 17.12.1970, Rs. C-11/70, Slg. 1970, I-1125, Rdnr. 4 *„Internationale Handelsgesellschaft"*.

69 Kapitel VI.D.III.

70 Kapitel VI.D.III.1.).

71 *Storr*, Der Staat 36 (1997), S. 547 (562).

72 *EuGH*, Urteil vom 21.02.1991, Rs. C-143/88 u. 92/89, Slg. 1991, I-415, Rdnr. 76, *„Zuckerfabrik"*.

73 *EuGH*, Urteil vom 05.10.1994, Rs. C-404/92, Slg. 1994, I-4737, Rdnr. 19, *„Aidstest"*.

74 *EuGH*, Urteil vom 05.10.1994, Rs. C-280/93, Slg. 1994, I-4973, Rdnr. 81, *„Bananenurteil"*; *EuGH*, Urteil vom 13.12.1994, Rs. C-306/93, Slg. 1994, I-5555, Rdnr. 24, *„Méthode champenoise"*.

folgten Zweck unverhältnismäßigen, nicht tragbaren Eingriff darstellen, der die gewährleisteten Rechte in ihrem Wesensgehalt antastet".[75]

bb.) Forderung nach strengerem Ansatz

Im Schrifttum wird überwiegend ein strengerer Ansatz im Hinblick auf die Prüfung der tatsächlichen Einschlägigkeit der vorgebrachten Ziele gefordert.[76] Nicht jede Überlegung zur politischen Opportunität einer Maßnahme kann einen Grundrechtseingriff rechtfertigen.[77] Für eine strengere Prüfung der vorgebrachten Beschränkungsgründe spricht auch die Formulierung des Verhältnismäßigkeitsgrundsatzes in Art. 52 I 2 GRCh (Art. II-112 I 2 Verf.EU), der verlangt, dass die Einschränkungen „*den von der Union anerkannten dem Gemeinwohl dienenden Zielsetzungen oder den Erfordernissen des Schutzes der Rechte und Freiheiten anderer tatsächlich entsprechen*". Das Erfordernis einer *tatsächlichen* Zielförderung verlangt eine strenge Prüfung, ob die vorgebrachten zulässigen Ziele auch wirklich den Eingriff zu begründen vermögen.[78] Eine konkrete Bestimmung der Gemeinschaftsziele ist zudem nicht nur wegen des Gemeinschaftsvorbehalts von Relevanz, sondern auch für eine sinnvolle Abwägung mit anderen Interessen, etwa denen der Mitgliedstaaten, der Gemeinschaftsbürger oder bei einem Zielkonflikt verschiedener Gemeinschaftsinteressen.[79]

cc.) Legitimes Ziel bei Rechtsakten gemäß Art 95 I EG

Bei der Ausgestaltung eines auf Art. 95 I EG gestützten Rechtsaktes ist es die Pflicht des Gemeinschaftsgesetzgebers gemäß Art. 95 III EG, z.B. ein hohes Gesundheitsschutzniveau zu gewährleisten. Dieser Aspekt ist allerdings kein Gesichtspunkt, der eine entsprechende Regelung aus sich heraus legitimiert und sie insgesamt rechtfertigen könnte. Sowohl bei der *Tabakwerbe*- als auch bei der *Tabakproduktrichtlinie* war das erkennbar vorrangige Gemeinschaftsziel der Gesundheitsschutz. Hierbei handelt es sich um ein schutzwürdiges Gemeinwohlziel,

---

75 *EuGH*, Urteil vom 05.10.1994, Rs. C-280/93, Slg. 1994, I-4973, Rdnr. 78, „*Bananenurteil*".

76 Beispiel: GA *van Gerven* zweifelte in dem konkreten Fall daran, dass das wirtschaftliche Wohl des Landes in der konkreten Situation als legitimierender Zweck eines Eingriffs in die geschützte Privatsphäre des Individuums herangezogen werden kann. Schlussanträge des GA *van Gerven* vom 27.04.1994, Rs. C-404/92, Slg. 1994, I-4739, Rdnr. 27; vgl. zu den Anforderungen: *von Danwitz*, EWS 2003, S. 393 (398).

77 *Nettesheim*, EuZW 1995, S. 106 (107).

78 *Kühling*, in: von Bogdandy, Europäisches Verfassungsrecht, S. 583 (618).

79 *Storr*, Der Staat 36 (1997), S. 547 (562).

das als Grundrechtsschranke anerkannt ist.[80] Zweifelhaft erscheint aber die Verhältnismäßigkeit der einzelnen Richtlinienbestimmungen.[81]

Ein Ziel der am 26.05.2003 in Kraft getretenen *Tabakwerberichtlinie II* war es, mit den getroffenen Regelungen Hindernisse zu beseitigen, die dem freien Verkehr mit Waren und Dienstleistungen entgegenstehen. Die Richtlinie spiegelt jedoch ebenfalls eine Tendenz innerhalb der EU wieder, im Bereich des Gesundheits- und Verbraucherschutzes stärker tätig zu werden. Insofern hat sich im Vergleich zu den Vorgängerrichtlinien nicht viel geändert. Damit ist auch bei dieser Richtlinie fraglich, ob Art. 95 I EG die richtige Rechtsgrundlage sein kann.

b.) Grundsatz der Verhältnismäßigkeit

Das Verhältnismäßigkeitsprinzip findet neben Art. 5 III EG auch in Art. 52 I GRCh (Art. II-112 I Verf.EU) Erwähnung, so dass eine *gesonderte Prüfung* der Verhältnismäßigkeit für die Grundrechte geboten und auch erforderlich ist.[82]

aa.) Mehrwert zur allgemeinen Verhältnismäßigkeitsprüfung

Aufgrund inhaltlicher Unterschiede enthält die grundrechtliche Verhältnismäßigkeitsprüfung einen Mehrwert gegenüber der allgemeinen Verhältnismäßigkeitsprüfung. Das Ziel, an das die jeweilige Rechtsangleichungsmaßnahme beiden Verhältnismäßigkeitsprüfungen geknüpft werden ist das Funktionieren des Gemeinsamen Marktes. Wesentlicher Unterschied der beiden Prüfungen liegt in den gegenläufigen Rechtsgütern, an denen das Ziel gemessen werden muss. Im Rahmen der *allgemeinen Verhältnismäßigkeitsprüfung* ist der Schutz mitgliedstaatlicher Kompetenzen das gegenläufige Rechtsgut. Bei der *Grundrechtsprüfung* muss das verfolgte Gemeinschaftsziel, das Funktionieren des Gemeinsamen Marktes, an den Grundrechtsgewährleistungen gemessen werden. Bei Ersterem handelt es sich folglich um eine Zweckprüfung, bei Letzterem um eine Abwägung mit dem jeweiligen Grundrechtsschutzgut. Relevant wird dieser Unterschied im Rahmen der Erforderlichkeits- und Angemessenheitsprüfung, da hier die Abwägung mit dem gegenläufigen Schutzgut vorgenommen wird.

---

80 *EuGH*, Urteil vom 16.06.1995, Rs. C-368/95, Slg. 1995, I-3689, Rdnr. 26, „*Familiapress*".

81 Ausführlich hierzu: *Schweitzer/Schroeder/Bock*, Binnenmarkt und Gesundheitsschutz, S. 97 ff.; *Di Fabio*, AfP 1998, S.564 (569).

82 Im Gegensatz zu deutschen Gepflogenheiten findet die Verhältnismäßigkeitsprüfung im europäischen Recht grundsätzlich nicht im Rahmen der Prüfung einzelner Grundrechte, sondern in einer eigenständigen Prüfung statt.

bb.) Besonderheiten der Verhältnismäßigkeitsprüfung

Hinsichtlich der Verhältnismäßigkeitskontrolle bei den Grundrechten gilt das zur Verhältnismäßigkeit im Allgemeinen Gesagte.[83] Die Prüfungsintensität des EuGH bleibt, soweit überhaupt berücksichtigt, allerdings weit hinter dem bezüglich der Verletzung der europäischen Grundfreiheiten entwickelten Standard zurück. Formal wendet der Gerichtshof zwar den Verhältnismäßigkeitsmaßstab an, beschränkt sich aber auf eine allgemeine, nicht einzelfallbezogene Plausibilitätskontrolle.[84]

(1) Geeignetheit

Auch im Rahmen der Grundrechtsprüfung wird untersucht, ob die Maßnahme geeignet ist, das angestrebte Ziel zu erreichen. Die Eingriffsgründe werden nunmehr daraufhin kontrolliert, ob sie mit den angewandten Mitteln verwirklicht werden können und dabei auch tatsächlich zu diesem Zweck eingesetzt werden.[85] Auf dieser Prüfungsstufe ist den hoheitlich handelnden Organen, namentlich der Legislativen, ein weiter Spielraum einzuräumen. Bei der *Tabakproduktrichtlinie* ließ sich angesichts dieses Beurteilungsspielraums kaum bestreiten, dass Warnhinweise und Abbildungen zur Verbesserung des Gesundheitsschutzes grundsätzlich geeignet sind.

(2) Erforderlichkeit

Bei der Beurteilung der Effizienz alternativer Handlungsoptionen kommt dem Gemeinschaftsgesetzgeber eine Einschätzungsprärogative zu. Dieser wird der Gemeinschaftsgesetzgeber dadurch gerecht, dass er unter Heranziehung der Rechtsvergleichung alternative Regelungsmöglichkeiten sucht, die trotz geringerer Eingriffsintensität ebenso effektiv die angestrebten Ziele zu erreichen vermögen.[86] Anzumerken bleibt, dass der Gerichtshof es oft vorzieht, sich einer Auseinandersetzung mit den Alternativmaßnahmen von vornherein zu entziehen und seine Ausführungen auf die Feststellung beschränkt, dass an der Erforderlichkeit

---

83 Kapitel VI.D.III.

84 *Frenz*, EuR 2002, S. 603 (611); *von Danwitz*, EWS 2003, S. 393 (396); *Caspar*, DÖV 2000, S. 349 (358 f.); *Dauses*, EuZW 1997, S. 705; *Pauly*, EuR 1998, S. 242 ff.; *Schilling*, EuGRZ 1998, S. 177 (182 ff.).

85 Diesem auf die Tatsächlichkeit abstellende Ansatz trägt Art. 52 I GRCh (Art. II-112 I Verf.EU) sowie die Verhältnismäßigkeitsrechtsprechung des *EuGH* in anderen Gebieten Rechnung. *EuGH*, Urteil vom , Rs. C-262/99, Slg. 2001, I-3547, Rdnr. 69, 70, „*Louloudakis*".

86 Ein Beleg für die Relevanz einer solchen Untersuchung ist die Argumentation des EGMR im Fall „*Informationsverein Lentia*". EGMR, Urteil vom 24.11.1993, EuGRZ 1994, S. 549, § 39.

der Maßnahme, angesichts des weiten Beurteilungsspielraums der Gemeinschaftsorgane, jedenfalls im Ergebnis kein Zweifel besteht. Bei der *Tabakproduktrichtlinie* wurde der Eingriff sowohl in die Meinungs-, die Eigentums- als auch in die Berufsfreiheit von der Literatur nicht als erforderlich angesehen.[87]

(3) Verhältnismäßigkeit im engeren Sinne

Dem Herausarbeiten der Abwägungsparameter im Rahmen der Prüfung der Verhältnismäßigkeit i.e.S. kommt die größte Bedeutung zu.[88] Die auf den bisherigen Stufen erarbeiteten Ergebnisse liefern erste Ansatzpunkte für die Prüfung. Die Geeignetheitskontrolle zeigt den Grad der Wirksamkeit der Maßnahme auf. Nun findet eine Prüfung statt, welche öffentlichen oder privaten Interessen das Ziel der Maßnahme legitimieren, wobei die Schwere des Eingriffs berücksichtigt werden muss. Erkenntnisse aus der Erforderlichkeitsprüfung geben hier Orientierung. Nach der Feststellung, ob eine erhebliche Reduzierung geschützter und zentraler Positionen vorliegt, ist eine Abwägung der betroffenen Interessen vorzunehmen. In diesem Prüfungspunkt bestehen die größten Versäumnisse in der bisherigen Kontrolltätigkeit des EuGH. Zwar prüft er, ob ein grundrechtsgeschütztes Individualinteresse berührt ist, verzichtet aber in den Fällen, in denen diese Frage zu bejahen ist, auf eine Gewichtung des Individualinteresses und der Eingriffsintensität.[89] Eine fundierte Abwägung erfordert allerdings eine Stellungnahme zum grundrechtlichen Freiheitsgehalt des berührten Individualinteresses und der Art der Beeinträchtigung.[90]

---

87 Durch die Verbreitung von vermeintlich unwahren Behauptungen wie „*Rauchen verursacht tödlichen Lungenkrebs*" wird intensiver in die *Meinungsfreiheit* eingegriffen, als es durch den Gesundheitsschutz gerechtfertigt ist. Aufgrund einer bereits bestehenden Richtlinie hinsichtlich des Schutzes vor Irreführungen war zudem fraglich, ob der Eingriff in die *Eigentumsfreiheit* erforderlich war. Die Anwendung dieser Richtlinie zur Untersagung irreführender Produktbezeichnungen im Einzelfall ist ein milderes Mittel als ein pauschales Verbot. Bezüglich der Berufsfreiheit bestanden hauptsächlich Zweifel, ob das Herstellungs- bzw. Ausfuhrverbot zur Umgehungsverhinderung erforderlich ist. Vgl. ausführlich: *Schweitzer/Schroeder/Bock*, Binnenmarkt und Gesundheitsschutz, S. 97 f.; 103 f.; 107 f.

88 *Kühling*, in: von Bogdandy, Europäisches Verfassungsrecht, S. 583 (619).

89 Damit fehlt die zweifache Kontrollperspektive anhand gegenläufiger Ansatzpunkte. Während die Geeignetheit und Erforderlichkeit ihre Aussage aus dem Vergleich der hoheitlichen Maßnahme mit anderen Mitteln bezieht, resultiert die Angemessenheitsprüfung aus einem abwägenden Vergleich des eingesetzten Mittels mit den Einschränkungen, die mit seiner Anwendung für die Allgemeinheit und für den Einzelnen einhergehen. *Von Danwitz*, EWS 2003, S. 393 (399); *Nettesheim*, EuZW 1995, S. 106 (106); relativierend: *Kischel*, EuR 2000, S. 380 (380 ff.). *EuGH*, Urteil vom 05.10.1994, Rs. C-280/93, Slg. 1994, I-4973, Rdnr. 81, „*Bananenurteil*"; *EuGH*, Urteil vom 13.12.1994, Rs. C-306/93, Slg. 1994, I-5555, Rdnr. 24, „*Méthode champenoise*".

90 *Nettesheim*, EuZW 1995, S. 106 (107).

cc.) Kontrolldichte und Beurteilungsspielräume

(1) Prognoseentscheidungen bei wirtschaftlichen Sachverhalten

Grundsätzlich wird dem Gemeinschaftsgesetzgeber ein sehr weitgehender Gestaltungsspielraum bei der Regelung wirtschaftlicher Sachverhalte zugebilligt.[91] Dies gilt insbesondere bei der Auswahl der zur Zielerreichung geeigneten Mittel und bei der Verhältnismäßigkeit der Grundrechtseingriffe. Im Bereich der Sachverhaltsaufklärung beruht der Beurteilungsspielraum auf der Komplexität der von der Wirtschaftsgesetzgebung geregelten Materie und dem *Prognosecharakter* einer Folgeanalyse, die eine vollständige Datenerfassung und –bewertung ausschließen.[92] Dementsprechend übt der EuGH bei wirtschaftlichen Sachverhalten praktisch keine Kontrolle aus.[93] Die Vielfalt und Komplexität mache eine Abwägung bei wirtschaftlichen Sachverhalten unmöglich.[94] Bei wirtschaftspolitischen Maßnahmen, die eine umfassende Wirkung entfalten sollen, können nicht alle Einzelfälle von vornherein berücksichtigt werden. Auch Art. 95 I EG befasst sich mit dem Binnenmarkt und damit mit wirtschaftlichen Sachverhalten. Dem Gemeinschaftsgesetzgeber wird daher ein weiter Beurteilungsspielraum zugestanden und die legislativen Rechtsangleichungsmaßnahmen selten einer auf den Grundrechten basierenden Verhältnismäßigkeitskontrolle unterzogen.

(2) Differenzierung hinsichtlich des Gegenstandes der Prognose

Die Ungewissheit über die Auswirkung eines Gesetzes der Zukunft kann die Befugnis des Gesetzgebers nicht ausschließen, ein Gesetz zu erlassen. Daher sind Prognosen seitens des Gemeinschaftsgesetzgebers grundsätzlich erforderlich. Die Ungewissheit reicht allerdings nicht aus, einen der gerichtlichen Kontrolle nicht zugänglichen Prognosespielraum des Gesetzgebers zu begründen.

Daher muss nach dem Gegenstand der Prognose differenziert werden. Bei der Kontrolle der *Rechtmäßigkeit eines Rechtsaktes an der Kompetenznorm* des Art. 95 I EG ist dem Gemeinschaftsgesetzgeber ein Beurteilungsspielraum zu

---

91 *Pollak*, Verhältnismäßigkeit und Grundrechte, S. 130; Kapitel VI.D.III.3.)b.).

92 *Kischel*, EuR 2000, S. 380 (388); *EuGH*, Urteil vom 07.02.1973, Rs. 40/72, Slg. 1973, 125 (142), „*Schröder KG*".

93 *EuGH*, Urteil vom 05.10.1994, Rs. 280/93, Slg. 1994, I-4973, Rdnr. 78, „*Bananenurteil*". Er begründet seine Ansicht damit, dass dem Rat bei der Schaffung einer Gemeinsamen Marktorganisation ein weiter Ermessensspielraum bei der Beurteilung zukünftiger Entwicklungen zuzugestehen sei. Zu den aus dieser Rechtsprechung resultierenden Defiziten der Verhältnismäßigkeitsprüfung vgl. *Storr*, Der Staat 36 (1997), S. 547 (566); *von Bogdandy*, JZ 2001, S. 158 (163).

94 *EuGH*, Urteil vom 14.10.1973, Rs. C-5/73, Slg. 1973, 1091, Rdnr. 21, „*Balkan-Import-Export*".

gewährleisten, dessen Grenzen im Einzelfall zu bestimmen sind. Bei der *gesetzgeberischen Erwägung im Rahmen der Grundrechtsprüfung* selbst darf die Prüfungsdichte aber nicht völlig zurückgenommen werden.[95] Ein Vergleich zu der Rechtsprechung des BVerfG verdeutlicht, welche Konsequenzen eine Rücknahme der Kontrolldichte durch den EuGH für die Grundrechte und das Verhältnismäßigkeitsprinzip haben kann.

(3) Unterschiede zwischen der Rechtsprechung des EuGH und des BVerfG

Das BVerfG richtet die Verhältnismäßigkeit eines Rechtsaktes an der Intensität eines Grundrechtseingriffs aus. Der EuGH folgt *nicht dem subjektiven Ansatz* des deutschen Rechts, so dass eine Ermittlung des Gewichts der betroffenen Individualinteressen unterbleibt.[96] Teilweise unternimmt der Gerichtshof zwar eine umfassende Würdigung aller Vor- und Nachteile einer Maßnahme,[97] beschränkt sich damit aber auf eine *objektive Betrachtung* der Interessen, die jeweils durch eine Maßnahme beeinträchtigt werden.[98] Diese isolierte, vom grundrechtlichen Gewährleistungszusammenhang losgelöste Prüfung in der Rechtsprechung des EuGH ist eine besondere Schwäche der gemeinschaftsrechtlichen Verhältnismäßigkeitsprüfung.[99] Mangels Berücksichtigung der Grundrechte vergegenwärtigt sich der EuGH die Schwere des Eingriffs nicht. Auch ist eine Abwägung im Sinne der Angemessenheitsprüfung nicht möglich, wenn die subjektiv-rechtlich geschützten Interessen nicht vorab festgestellt werden.

(4) Erfordernis der Intensivierung gerichtlicher Kontrolle

Mit seiner Rechtsprechung im Bananenmarkt-Urteil eröffnet der EuGH dem Gemeinschaftsgesetzgeber die Möglichkeit, eine Gemeinsame Marktordnung zu schaffen, ohne auf die Auswirkungen seiner Regelungen im Einzelfall Rücksicht nehmen zu müssen. Der primäre Sinn von Grundrechten besteht darin, dem Einzelnen Schutz vor Eingriffen einer Hoheitsgewalt zu geben. Das Verhältnismäßigkeitsprinzip sichert dabei, dass in die Grundrechte nicht durch übermäßige Begrenzungen eingegriffen wird.

---

95 *Nettesheim*, EuZW 1995, S. 106 (107).

96 *Storr*, Der Staat 36 (1997), S. 547 (566).

97 *EuGH*, Urteil vom 13.11.1990, Rs. C-331/88, Slg. 1990, I-4023, Rdnr. 17, „*The Queen/Ministry of Agriculture*"; *EuGH*, Urteil vom 05.10.1994, Rs. C-280/93, Slg. 1994, I-4973, Rdnr. 94 f., „*Bananenurteil*".

98 *von Danwitz*, EWS 2003, S. 393 (396).

99 *Stieglitz*, Allgemeinen Lehren des Grundrechtsverständnis, S. 142.

Zwar ist es richtig, dass das *„besonders zwingende Erfordernis der Praktikabilität wirtschaftlicher Maßnahmen"* eine Globalabwägung zwischen den Vorteilen und den Unzuträglichkeiten der beabsichtigten Maßnahmen rechtfertigen kann.[100] Gleichwohl überzeugt eine generelle Beschränkung der Verhältnismäßigkeitsprüfung für wirtschaftslenkende Maßnahmen des Gemeinschaftsgesetzgebers nicht, da sie die besagte Grundrechtsrelevanz verkennt. Die individualisierende Tendenz des Verhältnismäßigkeitsgrundsatzes wird nicht hinreichend Rechnung getragen; der Grundsatz wird auf einen bloßen inhaltlichen Gestaltungsspielraum reduziert. Der Sinn der Grundrechte und die grundrechtswahrende Funktion des EuGH werden mithin verfehlt.[101] Deshalb bedarf es einer wertenden Entscheidung in jedem Einzelfall.

(5) Differenzierte Maßstäbe für die Beurteilung von Prognoseentscheidungen

Da es sich bei vielen auf Art. 95 I EG gestützten Rechtsakten aber um Prognoseentscheidungen handelt, ist die Prüfungsdichte des EuGH gering. An dieser Stelle ist der EuGH daher gefordert, differenzierte Maßstäbe zu entwickeln, nach denen Prognosen des Gesetzgebers beurteilt werden und anhand derer transparent wird, mit welcher Prüfungsintensität die jeweilige Einschätzungsprärogative des Gemeinschaftsgesetzgebers beurteilt wird.[102] Als ein möglicher Anhaltspunkt könnte die Rechtsprechung des BVerfG dienen, das bis in die jüngste Vergangenheit hinein um eine Erhöhung und klarere Strukturierung der Kontrolldichte von Prognoseentscheidungen gerungen hat.[103] Auch hier darf die Prognose bei

100 *EuGH*, Urteil vom 14.10.1973, Rs. C-5/73, Slg. 1973, 1091, Rdnr. 21, *„Balkan-Import-Export"*.

101 *Storr*, Der Staat 36 (1997), S. 547 (568 f.); *Nettesheim*, EuZW 1995, S. 106 (107); *Calliess*, DÖV 1997, S. 888 (898); *von Danwitz*, EWS 2003, S. 393 (396 f.).

102 Die Kontrollpraxis des *EuGH* gestaltet sich in vielerlei Hinsicht flexibel. Mit der Feststellung eines Entscheidungsspielraums ist für den *EuGH* noch keine genau abgegrenzte und endgültige Bestimmung des Kontrollumfangs verbunden. *Schwarze*, in: Schmidt-Aßmann, Das Ausmaß der gerichtlichen Kontrolle im Wirtschaftsverwaltungs- und Umweltrecht, S. 201 (235).

103 Zu legislativen Prognoseentscheidungen des *BVerfG* ausführlich bereits: *Breuer*, Der Staat 16 (1977), S. 21 ff. Zur aktuellen Diskussion der Erhöhung der gerichtlichen Kontrolldichte: *BVerfG*, NJW 2003, S. 41; *Jochum*, NJW 2003, S. 28 (29); auch im Vergleich zum *EuGH*: *Calliess*, EuGRZ 2003, S. 181 (192 ff.). Eine andere Lösung bietet *Kühling* mit der vom EGMR abgeleiteten Rechtsfigur der *margin of appreciation* an, die dem hier vorgestellten Modell ähnelt, aber der es an einer klaren Strukturierung mangelt: Nach dieser Kontrolldichtekonzeption wird den Mitgliedstaaten der Konvention grundsätzlich ein Spielraum bei der Bestimmung des angemessenen Ausgleichs privater Interessen inter se oder privater und öffentlicher Interessen zugestanden. In den Bereichen, in denen bereits eine stärkere Entwicklung gemeineuropäischer Standards gewährleistet ist, steht den Mitgliedstaaten ein geringerer Bewertungsspielraum zu. *Kühling* hält die Rechtsfigur für geeignet, die Verhältnismäßigkeitsprüfung, insbesondere die Abwägung im Rahmen der Angemessenheitsprüfung, zu steu-

der Beurteilung wirtschaftspolitischer Zusammenhänge vom Gericht nur dann als rechtsmissbräuchlich abgelehnt werden, wenn die Maßnahme bei Ausschöpfung aller Erkenntnismöglichkeiten im Zeitpunkt des Erlasses eindeutig als zweckuntauglich eingeschätzt werden musste.[104] Aber auch Prognosen enthalten stets ein *Wahrscheinlichkeitsurteil*, dessen Grundlagen ausgewiesen werden können und müssen; diese sind einer Beurteilung nicht entzogen.[105]

Das BVerfG hat im Zusammenhang mit dieser Problematik abgestufte Maßstäbe entwickelt, die von einer *(1) Evidenzkontrolle*[106] über eine *(2) Vertretbarkeitskontrolle*[107] bis hin zu einer *(3) intensivierten inhaltlichen Kontrolle*[108] reichen. Im Einzelnen maßgebend sind die Eigenart des in Rede stehenden Sachbereichs, die Möglichkeit sich ein hinreichend sicheres Urteil zu bilden, und die Bedeutung der betroffenen Rechtsgüter.[109] Für die gerichtliche Beurteilung der Tauglichkeit einer Maßnahme ist entscheidend, ob der Gesetzgeber aus seiner Sicht davon ausgehen durfte, dass mit der ergriffenen Maßnahme seine Vorstellungen verwirklicht werden könnten. Im Einzelnen wird wie folgt geprüft:

i.) Evidenzkontrolle

Aufgrund des Gestaltungsspielraums wird, soweit sich nicht eindeutig feststellen lässt, dass andere wirksame Mittel zur Verfügung stehen, grundsätzlich davon ausgegangen, dass die gesetzliche Regelung nicht übermäßig belastend und deshalb verfassungsgemäß ist.[110] Mithin reicht es grundsätzlich aus, dass die Maßnahme objektiv geeignet, zur Zielerreichung erforderlich ist und *keine evidenten Zweifel* an der Richtigkeit der zugrunde liegenden Tatsachen bestehen.

---

ern. So würde sie eine Differenzierung nach Sachgebieten ebenso wie eine auf der Zeitschiene variierende Kontrolldichte, die der Tatsache zwischenzeitlich erstarkter gemeinsamer Auffassungen genügend Beachtung schenkt, ermöglichen. *Kühling*, in: von Bogdandy, Europäisches Verfassungsrecht, S. 583 (621 ff.).

104 Das Gericht ist bei seiner Prüfung nämlich nicht an die Rechtsauffassung des Gesetzgebers gebunden. Zudem dürfen Unklarheiten in der Bewertung von Tatsachen nicht zu Lasten des Grundrechtsträgers gehen. Daher kann sich das Gericht über Wertungen und tatsächliche Beurteilungen des Gesetzgebers zumindest dann hinwegsetzen, wenn sie widerlegbar sind. *BVerfGE* 45, 187 (238).

105 *Calliess*, DÖV 1997, S. 888 (898).

106 *BVerfGE* 37, 1 (20); 40 196 (223).

107 *BVerfGE* 50, 290 (333); 30, 250 (263); 39, 210 (225 f.).

108 *BVerfGE* 39, 1 (46/51 ff.); 45, 187 (238).

109 *BVerfGE* 50, 290 (332); *BVerfG* 83, 130 (141).

110 *BVerfGE* 39, 210 (225 f.).

ii.) Vertretbarkeitskontrolle

Sofern eine gesetzgeberische Einschätzungsprärogative besteht, deckt sie die legislative Prognose überdies nur dann, wenn der Gesetzgeber die verfügbaren empirischen Daten und Erfahrungssätze in ernstzunehmender Weise verwertet hat.[111] Der Maßstab der *Vertretbarkeit* verlangt, dass der Gesetzgeber sich an einer sachgerechten und vertretbaren Beurteilung des erreichbaren Materials orientiert hat.[112] Er muss die ihm zugänglichen Erkenntnisquellen ausgeschöpft haben, um die voraussichtlichen Auswirkungen seiner Regelung so zuverlässig wie möglich abschätzen zu können und einen Verstoß gegen Verfassungsrecht zu vermeiden. Bei der Vertretbarkeitskontrolle handelt es sich eher um Anforderungen an das Verfahren, die, soweit ihnen Genüge getan wird, die Voraussetzungen für die inhaltliche Vertretbarkeit erfüllen. Ist dies nicht geschehen, so fehlt es an einer plausiblen und vertretbaren Prognose. Auch immanente Grenzen unterliegen judikativer Kontrolle.

iii.) Intensivierte inhaltliche Kontrolle

Kann diese Unsicherheit durch empirische Daten sowie Erfahrungssätze in ernstzunehmender Weise ausgeschlossen werden, scheidet ein Prognosespielraum und damit eine Einschätzungsprärogative des Gesetzgebers aus.[113] Dann ist eine intensivierte oder gar umfassende inhaltliche Kontrolle durch das Gericht möglich.[114] Je intensiver der geschütze Grundrechtsbereich und je intensiver der Eingriff in ein Grundrecht ist, desto intensiver muss auch die Kontrolle durch den Gerichtshof sein. Dies ist erforderlich, um der Unterschiedlichkeit der Eingriffsintensität auch im Rahmen einer Differenzierung der Kontrolldichte Rechnung tragen zu können.

IV. Relevanz der Grundrechtsprüfung

Die Grundrechtsprüfung hat beim Erlass eines Rechtsaktes nicht immer eine Relevanz. In den Fällen, in denen der Tatbestand der einschlägigen Rechtsgrundlage nicht erfüllt ist, oder ein Verstoß gegen die Schrankentrias des Art. 5 I EG vorliegt, ist notwendig auch eine Verletzung der Grundrechte gegeben. Eine Prüfung

---

111 *Calliess*, DÖV 1997, S. 888 (898).

112 *BVerfGE* 39, 210 (225 f.); 50, 290 (334).

113 Künftiger Entwicklungen können nämlich hinsichtlich mancher Tatsachen vorhergesehen werden.

114 *Calliess*, DÖV 1997, S. 888 (898).

des Grundrechtsverstoßes ist in diesen Fällen wegen der anderweitigen Gründe für die Unwirksamkeit des Rechtsaktes entbehrlich. Eine selbständige substantielle Prüfung der Frage des Schutzes der Grundrechte ist deshalb nur erforderlich, wenn der EG eine Kompetenz zur Rechtsangleichung nicht abgesprochen werden kann und sie zur Rechtssetzung befugt wäre.[115]

V. Die Regelung der Grundrechte im Europäischen Verfassungsvertrag

Die Grundrechte-Charta soll mit Änderungen in den Europäischen Verfassungsvertrag aufgenommen werden. Damit wird sie ihre volle rechtliche Wirkung entfalten und die richterlich entwickelten Grundrechte ablösen. Allerdings ist die viel kritisierte Schrankensystematik, die sich nach wie vor aus einer undifferenzierten Einheitsschranke sowie einem querlaufenden Transfer der weit reichenden und veralteten Schranken aus der EMRK zusammensetzt, beibehalten worden.

VI. Zusammenfassung

In den Grundrechten der Gemeinschaft findet sich ein wichtiger Rechtsmaßstab für Beschränkungen wirtschaftlicher Freiheit. Bei der Ausgestaltung kompetenzmäßiger Harmonisierungsrechtsakte unterliegt der Gemeinschaftsgesetzgeber keinen engeren wirtschaftsliberalen Freiheitsmaßstäben als vormals der nationale Gesetzgeber beim Erlass der nunmehr harmonisierten mitgliedstaatlichen Regelung.[116]

Um den Normgebern und den Normanwendern Orientierungspunkte zu setzen und dem Normadressaten Rechtssicherheit zu verschaffen, ist allerdings eine transparente, fundierte und entschiedene Grundrechtsjudikatur erforderlich, die auf eine kohärente Dogmatik gestützt ist. Daher muss die bisherige Grundrechtsdogmatik in Zukunft weiter fortentwickelt und dem Verhältnismäßigkeitsprinzip mehr Bedeutung beigemessen werden.[117]

---

115 *Simma/Zöckler/Weiler*, Kompetenzen und Grundrechte, S. 85.

116 Dies gilt zumindest insoweit als man von einem im Wesentlichen vergleichbaren Grundrechtsstandard auf europäischer und nationaler Ebene ausgeht. *Möstl*, EuR 2002, S. 318 (347).

117 Vgl. zur Rolle der Grundrechte für die europäische Integration: *von Bogdandy*, JZ 2001, S. 157 ff.; *Schröder*, JZ 2002, S. 849 (851). Zu der Problematik, ob und in welchem Maß nicht zumindest das deutsche Umsetzungsgesetz der Tabakrichtlinie auch an den deutschen Grundrechtsgewährleistungen des Grundgesetzes gemessen werden könnte, vgl. *Lindner*, DÖV 2000, S. 543 (546 f.).

B. Die Grundfreiheiten als negative Kompetenznormen

Neben den Grundrechten setzen auch die Grundfreiheiten der gemeinschaftlichen Rechtsangleichung Grenzen für die inhaltliche Gestaltung. Die spezifische Funktion der Grundfreiheiten ist es – wesentlich enger als die der Grundrechte –, den Zugang zum Markt eines anderen Mitgliedstaates zu sichern, also die Freiheit der grenzüberschreitenden Wirtschaftstätigkeit gegen spezifische Hemmnisse des zwischenstaatlichen Wirtschaftsverkehrs zu schützen.[118] Anders als bei den unstreitig einschlägigen Grundrechten ist die Frage, welche Maßgaben für sekundärrechtliche Harmonisierungsmaßnahmen aus den Grundfreiheiten des EG-Vertrages folgen, schwieriger zu beantworten.

I. Von der negativen Integration zur negativen Kompetenznorm

Den Grundfreiheiten ist grundsätzlich die Funktion als Gleichheits- und Freiheitsrecht sowie eine leistungsrechtliche Komponente zugesprochen worden. In dieser Funktion ergänzen sich die Rechtsangleichung und die Grundfreiheiten.

1.) Veränderung der Situation am Markt

Dieses Zusammenspiel der negativen und positiven Integration[119] galt zumindest solange, wie die tradierten nationalen Markt- und Machtstrukturen mit ihren untereinander stark divergierenden staatlichen Regelungsdichten und den Mechanismen der Abschottung beseitigt werden mussten. Mit zunehmender Homogenität des Binnenmarktes verliert der funktionale Zwang zur Wirtschaftsfreiheit an Kraft. Diese Entwicklung macht die Grundfreiheiten in der ihnen zunächst zugedachten Funktion immer entbehrlicher.

Nach dem Erstarken der Union bekennt sich die Gemeinschaft zu einer Vielzahl von wirtschaftspolitischen Zielen, vgl. Art. 2 EG, sowie zu einer offenen Marktwirtschaft mit freiem Wettbewerb, vgl. Art. 4 EG. Die Entwicklung der Grundfreiheiten zu Wirtschaftsgrundfreiheiten auch gegenüber dem Gemeinschaftsgesetzgeber fügt sich daher in das objektivrechtliche Bekenntnis des EG-Vertrages zur offenen Marktwirtschaft ein.[120]

---

118 *Scheffer*, Die Marktfreiheiten als Ermessensgrenze, S. 158.

119 Kapitel I.C.III.1.).

120 *Di Fabio*, AfP 1998, S. 564 (566), weist darauf hin, dass dadurch auch die funktionelle Schieflage der europäischen Verträge, die Individualrechte zunächst nur instrumentell als Integrationshebel gewährten, hin zu einer Union der Bürger mit starken, eigenwertigen und durchsetzbaren Freiheitsrechten korrigiert werden könnte. A.A. *Möstl*, EuR 2003, S. 318

2.) Bindungswirkung

Überwiegend[121] wird davon ausgegangen, dass neben den Mitgliedstaaten als primären Adressaten der Grundfreiheiten auch der Gemeinschaftsgesetzgeber an diese gebunden ist.[122] Die Grundfreiheiten sollen nämlich im gesamten Gemeinschaftsgebiet Anwendung finden. Sie stehen an der Spitze der gemeinschaftlichen Normenhierarchie und gehen daher im Kollisionsfall dem Sekundärrecht vor.[123] Es wäre widersprüchlich, wenn die Gemeinschaft den Mitgliedstaaten Pflichten auferlegen dürfte, die für sie selbst nicht gelten.

3.) Materiell-rechtliche Konsequenzen für den Gemeinschaftsgesetzgeber

Unklar bleibt, welche Aussage den Grundfreiheiten für den Gemeinschaftsgesetzgeber zu entnehmen sind.[124] So wird *teilweise* vertreten, dass die Gewährleistung der Grundfreiheiten durch den Akt der Harmonisierung regelmäßig gar nicht berührt sein könne. Denn sie zielen nicht auf eine allgemeine Liberalisierung der Wirtschaft, sondern auf eine Beseitigung der spezifisch den grenzüberschreitenden Austausch behindernden Hemmnisse ab. Dies habe zur Folge, dass Harmoni-

---

(332), der behauptet, die Grundfreiheiten würden dadurch mit einer Aufgabe betraut, die ihre spezifische Funktion und Gewährleistung sprengen würde.

121 Teilweise sprechen sich die Stimmen gegen die Bindung des Gemeinschaftsgesetzgebers aus. Begründet wird diese Ansicht damit, dass die Gemeinschaftsrechtsakte die Grundfreiheiten regelmäßig nicht berühren, sondern als subjektive Rechte der Unionsbürger gegen die Mitgliedstaaten konzipiert sind. *Barents*, GYIL 33 (1990), S. 9 ff.; zumindest *kritisch*: *Di Fabio*, AfP 1998, S. 564 (565 ff.), der sich allein für eine *mittelbare Bindung* der Gemeinschaftsorgane an die Grundfreiheiten ausspricht, mit der Folge dass sie nicht als subjektives Recht gegenüber den Gemeinschaftsgesetzgeber geltend gemacht werden können. Von einer *mittelbaren* Bindung spricht auch: *Schwarze,* in: Schwarze, Werbung und Werbeverbot, S. 9 (15).

122 *Überblick: Scheffer,* Die Marktfreiheiten als Ermessensgrenze, S. 104-120, *Schwemer*, Die Bindung des Gemeinschaftsgesetzgebers an die Grundfreiheiten, S. 54; vgl. aber auch: *Roth*, EuR S. 1987, 7 ff.; *Götz*, JZ 1989, 1021 ff.; *Mestmäcker*, FS für Börner, S. 277 (284); *Möstl*, EuR 2002, S. 318 (322); *Ehlers*, Jura 2001, S. 266 (274); *Schroeder/Schweitzer/Bock*, Binnenmarkt und Gesundheitsschutz, S. 110; *Selmayr/Kamann/Ahlers*, EWS 2003, S. 49 (59); *Ehlers*, Jura 2001, S. 266 (275); *Jarass*, EuR 2000, S. 705 (715); *Kingreen/Störmer*, EuR 1998, S. 263 (277); *Epiney*, in: Calliess/Ruffert, Art. 28 EG, Rdnr. 45; *EuGH*, Urteil vom 09.08.1994, Rs. C-51/93, Slg. 1994, I-3879, Rdnr. 11, *„Meyhui NV"*; *EuGH*, Urteil vom 25.06.1997, Rs. C-114/96, Slg. 1997, I-3629, Rdnr. 27, *„Kieffer"*: Ausdrücklich haben der *EuGH* und das Gericht erster Instanz eine Verletzung der Grundfreiheiten durch die Gemeinschaftsorgane bisher allerdings noch nicht bejaht.

123 *Ehlers*, in: Ehlers, Grundrechte und Grundfreiheiten, § 7, Rdnr. 41; einschränkend: *von Bogdandy*, JZ 2001, S. 157 (166), der der gemeinschaftlichen Rechtsprechung entnimmt, dass lediglich offensichtliche Verstöße der Rechtsetzungsorgane der Union verboten sind.

124 *Ehlers*, Jura 2001, S. 266 (275); *Jarass*, EuR 2000, S. 705 (715); *Kingreen/Störmer*, EuR 1998, S. 263 (277).

sierungsmaßnahmen typischerweise allein an dem allgemeinen Freiheitsmaßstab der Gemeinschaftsgrundrechte, nicht aber an den Grundfreiheiten gemessen werden könnten.[125]

Harmonisierungsmaßnahmen können aber durchaus ihrem Regelungsinhalt nach den spezifisch auf den Marktzutritt bezogenen Gewährleistungsgehalt der Grundfreiheiten berühren.[126] Gemeinschaftsrechtsakte können selbst zwischen Sachverhalten unterschiedlicher staatlicher Herkunft diskriminieren oder sonst unmittelbar den Marktzutritt erschweren.[127] Wie der Fall der *Tabakwerberichtlinie*[128] zeigt, können die auf Art. 95 I EG gestützten Rechtsakte jedoch auch die Dienstleistungs- und die Warenverkehrfreiheit beschränken oder wie in dem Bereich der Tabakwerbung nahezu abschaffen.[129]

4.) Ergebnis: Begrenzung der Rechtsangleichungsmaßnahmen

Mithin dürfen auch bei Rechtsangleichungsmaßnahmen im Binnenmarkt keine Handelshemmnisse errichtet werden.[130] Soweit Angleichungsmaßnahmen die Freiheiten des Binnenmarktes stören, können die in den Grundfreiheiten gewährten liberalen Wirtschaftsfreiheiten auch gegen den Gemeinschaftsgesetzgeber gerichtet sein.[131]

II. Prüfungsmaßstab

Die Rechtskontrolle von Gemeinschaftsrechtsakten anhand der Grundfreiheiten entspricht zwar nicht ganz der Prüfung mitgliedstaatlicher Maßnahmen, kann aber an diese angelehnt werden: Zunächst ist zu fragen, ob die Maßnahme die Grundfreiheiten *beschränkt*. Dabei liegt der Schwerpunkt auf einer *materiellen*, auf den individuellen Freiheitsverlust zielenden Fragestellung.[132] Der in die Grundfreiheiten eingreifende Gemeinschaftsrechtsakt ist dann *gerechtfertigt*, wenn er tat-

---

125 *Caspar*, EuZW 2000, S. 237 (241); auch *Möstel*, EuR 2003, S. 318 (333) lehnt eine Prüfung anhand der Grundfreiheiten ab.

126 *Scheffer*, Die Marktfreiheiten als Ermessensgrenze, S. 144 ff.

127 *Barents*, GYIL 33 (1990), S. 9 (21 ff.); *EuGH*, Urteil vom 29.02.1984, Rs. 37/83, Slg. 1984, 1229, Rdnr. 17 ff., „*Rewe*".

128 98/43/EG. Vgl. zu der Problematik unter dem Stichwort „*Verbotsregelung*": Kapitel III.F.

129 *Schneider*, NJW 1998, S. 564 (566); *von Danwitz*, Produktwerbung, S. 38.

130 *EuGH*, Urteil vom 20.04.1978, Rs. C-80, 81/77, Slg. 1978, 927, Rdnr. 35/36, „*Société les Commissinaires Réunis*"

131 *Di Fabio*, AfP 1998, S. 564 (566); *Schwarze*, EuGRZ 1986, 293.

132 Stünde hingegen eine *mitgliedstaatliche* Maßnahme auf dem Prüfstand, läge der Schwerpunkt in einem formellen, auf Gleichheit gerichteten Gesichtspunkt.

sächlich den Harmonisierungszielen der Artt. 28, 49 EG dient und verhältnismäßig ist.[133] Schließlich muss auch eine *Verhältnismäßigkeitskontrolle* vorgenommen werden.

1.) Beeinträchtigung des Schutzbereichs der Grundfreiheiten

Anders als bei den Grundrechten ist der Schutzbereich der Grundfreiheiten genau bestimmt. Zunächst muss ein grenzüberschreitender Bezug gegeben sein. Ferner werden nur die Verhaltensweisen geschützt, die sich auf den Warenverkehr, die Betätigung von Arbeitnehmern, die Niederlassung, den Dienstleistungsverkehr sowie den Kapitalmarktverkehr beziehen. Schließlich darf keine ausdrückliche Bereichsausnahme vorliegen.[134]

Der EuGH überprüft nicht jede Beschränkung der wirtschaftlichen Handlungsfreiheit der einzelnen Marktteilnehmer durch den Gemeinschaftsgesetzgeber.[135] Behinderungen des innergemeinschaftlichen Handels liegen nur dann vor, wenn durch eine Maßnahme des Gemeinschaftsgesetzgebers keine gemeinschaftsweit einheitlichen Anforderungen gestellt werden, wenn also z.B. unterschiedliche Anforderungen an Waren hinsichtlich ihrer Bezeichnung, ihrer Form, ihrer Abmessung, ihres Gewichts, ihrer Zusammensetzung, ihrer Aufmachung, ihrer Kennzeichnung oder ihrer Verpackung gestellt werden.[136]

Die *Tabakwerberichtlinie* schränkt die Dienstleistungsfreiheit der Werbeagenturen sowie die Warenverkehrsfreiheit der verbreitenden Medien durch das völlige Werbeverbot materiell ein.[137] Aber auch hinsichtlich der *Tabakproduktrichtlinie* ließ sich eine Beeinträchtigung der Grundfreiheiten feststellen. Die Richtlinie sah in Art. 5 EG vor, dass die Etikettierung der Verpackung in der jeweilige Amtssprache vorzunehmen sei. Die Tabakerzeugnisse hätten damit je

---

133 *Di Fabio*, AfP 1999, S. 564 (566).

134 Eine solche ausdrückliche Ausklammerung aus dem Schutzbereich liegt z.B. bei Artt. 39 IV, 45 I, II i.V.m. 55, 86 EG vor.

135 *Jarass*, EuR 1995, S. 202 (216); *Schweitzer/Schroeder/Bock*, Binnenmarkt und Gesundheitsschutz, S. 111.

136 *EuGH*, Urteil vom 13.09.2001, Rs. C-169/99, Slg. 2001, 5901, Rdnr. 38 f., „*Schwarzkopf/Zentrale*". Hier ging es um eine Harmonisierungsmaßnahme, die die Verpflichtung anordnete, die Warnhinweise in der jeweiligen Landessprache anzubringen. Eine Behinderung des Warenverkehrs ist darin zu sehen, dass unterschiedliche Verpackungen zu verwenden sind, was zusätzliche Aufmachungskosten nach sich zieht.

137 So: *Di Fabio*, AfP 1998, S. 564 (566); a.A.: *Möstl*, EuR 2003, S. 318 (345). Er ist der Ansicht, dass das Werbeverbot zwar eine jedermann gleichermaßen treffende Beschränkung wirtschaftlicher Freiheit bewirke, aber keine darüber hinaus gehende Behinderung gerade des grenzüberschreitenden Wirtschaftsverkehrs zur Folge habe. Das Verbot betreffe, die ausschließlich an den Grundrechten zu messende Frage, welche Waren und Dienstleistungen im Binnenmarkt überhaupt zulässig sind oder zulässigerweise verboten werden dürfen.

nach dem Ort ihres Inverkehrbringens mit anderen Etiketten versehen werden müssen, was zusätzliche Aufmachungskosten verursacht und so zu Behinderungen im innergemeinschaftlichen Handel geführt hätte.[138]

2.) Rechtfertigung eines Eingriffs

a.) Zweck des Allgemeininteresses

Jede gemeinschaftliche Beeinträchtigung der Grundfreiheiten ist insofern gerechtfertigt, als ein Zweck des Allgemeininteresses vorliegt, der den Erfordernissen des freien Warenverkehrs möglicherweise vorgeht.[139] Nach den ausdrücklichen Schrankenregelungen (Artt. 30, 39 III, 46 i.V.m. 55, 57 I, 58 I EG) sind zumindest Beschränkungen aus Gründen der öffentlichen Ordnung und Sicherheit erlaubt. Darüber hinaus hat der EuGH in der *Cassis de Dijon*-Entscheidung[140] zwingende Erfordernisse der Mitgliedstaaten als ungeschriebene Rechtfertigungsgründe anerkannt. Der Schwerpunkt der Prüfung der Grundfreiheiten liegt aber auch hier bei der Verhältnismäßigkeitskontrolle.

b.) Verhältnismäßigkeitsprüfung

Neben den Anhaltspunkten, welche der Rechtsprechung des EuGH zu nationalen Maßnahmen zu entnehmen sind, bildet das *Verhältnismäßigkeitsprinzip* den zentralen Maßstab zur Überprüfung der Ermessensbetätigung des Gemeinschaftsgesetzgebers.[141] Das Verhältnismäßigkeitsprinzip ermöglicht die Überprüfung der vorgenommenen Abwägung zwischen dem mit der Regelung verfolgten Allgemeininteresse und den Grundfreiheiten.[142] Danach muss die Einschränkung der Grundfreiheiten im Hinblick auf einen *legitimen Zweck geeignet* und *erforderlich* sein.

---

138 Da die Verpackungen hätten verändert werden müssen, ist es ausgeschlossen, dass es sich um eine Verkaufsmodalität im Sinne der *Keck*-Rechtsprechung handelt, so dass ein Ausschluss vom Tatbestand des Art. 28 EG unter diesem Gesichtspunkt nicht in Betracht kommt.

139 *EuGH*, Urteil vom 13.09.2001, Rs. C-169/99, Slg. 2001, I-5901, Rdnr. 38, *„Schwarzkopf/ Zentrale"*.

140 *EuGH*, Urteil vom 20.02.1979, Rs. C-120/78, Slg. 1979, 649, *„Cassis de Dijon"*.

141 Vgl. Kapitel VI.D. Hinsichtlich der Grundfreiheiten, vgl. *Jarass*, EuR 2000, S. 705 (721 ff.); *EuGH*, Urteil vom 09.08.1994, Rs. C-51/93, Slg. 1994, I-3879, Rdnr. 20 ff., *„Meyhui"*; *EuGH*, Urteil vom 25.06.1997, Rs. 114/96, Slg. 1997, I-3629, Rdnr. 31 ff., *„Kieffer"*.

142 *Scheffer*, Die Marktfreiheiten als Ermessensgrenze, S. 168.

aa.) Geeignetheit

Im Rahmen der *Geeignetheit* wird die Gemeinschaftsregelung zunächst auf ihre innere Schlüssigkeit hin geprüft und der Frage nachgegangen, ob das gewählte Mittel zur Erreichung des verfolgten Ziels tauglich ist. Die Grundfreiheiten sind an dieser Stelle nicht von unmittelbarer Bedeutung. Allerdings ist eine schon von der Zielvorgabe ungeeignete Regelung auch nicht mit den Grundfreiheiten vereinbar.[143]

bb.) Erforderlichkeit

Die Grundfreiheiten fließen aber ausdrücklich in die Prüfung der Erforderlichkeit mit ein. Insbesondere ist zu prüfen, ob und wieweit die Vorschriften des Herkunftslandes in ausreichender Weise dem inländischen Regelungszweck Rechnung tragen.[144] Bei Diskriminierungen ist zu untersuchen, ob nicht eine sonstige Beschränkung die Grundfreiheiten weniger belastet als eine diskriminierende Beschränkung.[145] Wegen der genauen Prüfung der Erforderlichkeit ist die Verhältnismäßigkeitskontrolle des EuGH im Rahmen der Grundfreiheiten in der Intensität mit der des BVerfG für die deutschen Grundrechte vergleichbar. Parallel ist auch die Einräumung eines breiten Einschätzungsspielraums.[146] Es sind substantiierte, sachlich vertretbare Darlegungen erforderlich, die vom EuGH anhand eines strengen Kontrollmaßstabs überprüft werden.

cc.) Verhältnismäßigkeit im engeren Sinne

Verhältnismäßig im engeren Sinne ist eine Regelung nur dann, wenn das zur Geltung zu bringende Allgemeininteresse unter Berücksichtigung der Intensität des Eingriffs nicht außer Verhältnis zu den Grundfreiheiten steht, welche eingeschränkt werden oder nach dem Willen des Gemeinschaftsgesetzgebers zurücktreten müssen. Im *Tabakwerbeurteil* war die Grundfrage, ob die Gemeinschaft

---

143 Hinsichtlich des Tabakprodukturteils wurde unter Hinweis auf die Geeignetheitsprüfung z.B. argumentiert, dass die vorgeschriebenen Warnhinweise inhaltlich unsachlich und teilweise schlicht falsch gewesen seien. Vgl. *Schweitzer/Schroeder/Bock*, Binnenmarkt und Gesundheitsschutz, S. 95 ff., 113.

144 Zur Warenverkehrsfreiheit: *EuGH*, Urteil vom 15.09.1994, Rs. C-293/93, Slg. 1994, I-4249, Rdnr. 15, „*Lodomira Neeltje*“; zur Dienstleistungsfreiheit: *EuGH*, Urteil vom 19.01.1991, Rs. C-76/90, Slg. 1991, I-4221, Rdnr. 15, „*Caves Neto Costa*“; zur Niederlassungsfreiheit: *EuGH*, Urteil vom 30.11.1995, Rs. C-55/94, Slg. 1995, I-4186, Rdnr. 38, „*Gebhard*“.

145 Eine Diskriminierung ist in der Regel unzulässig, wenn das Ziel auch durch eine unterschiedslos anwendbare Regelung erreicht werden kann. *Jarass*, EuR 2000, S. 705 (722).

146 *Heilbronner*, EuGRZ 1989, S. 101 (119).

etwa beim Tabakwerbeverbot eine Kompetenz zur Sicherung bestimmter öffentlicher Interessen wie der Volksgesundheit besitzt und ob eine aus diesem Grunde vorgenommene Einschränkung der Werbung verhältnismäßig ist.[147]

dd.) Intensität der Prüfung

Auch bei den Grundfreiheiten hängt die praktische Bedeutung der Verhältnismäßigkeitsprüfung wesentlich davon ab, wie die gerichtliche Kontrolldichte bestimmt wird. Insbesondere setzt die Beurteilung der Verhältnismäßigkeit regelmäßig Prognosen und Einschätzungen über die Wirkungsweise der nationalen Regelungen voraus. Auch hier stellt sich die Frage, wie weit dem Gemeinschaftsgesetzgeber ein gerichtlich nicht überprüfbarer Beurteilungsspielraum zukommt. Trotz unterschiedlicher Vorgehensweisen nimmt der EuGH bei den Grundfreiheiten eine sorgfältige und strenge Prüfung der Verhältnismäßigkeit vor. Allerdings ist bei der Überprüfung von Gemeinschaftsrechtsakten vielfach eine geringere Prüfungsintensität als bei mitgliedstaatlichen Maßnahmen festzustellen.[148] Dabei ist die Kontrolldichte bei der Geeignetheits- und Erforderlichkeitsprüfung höher als bei der Angemessenheitsprüfung. Bei diskriminierenden Beschränkungen ist die Kontrollintensität zudem höher als bei unterschiedslos anwendbaren Beschränkungen.[149]

C. Abgrenzung zwischen Grundrechten und Grundfreiheiten

Grundsätzlich kann zwar von einer sachlichen Verwandtschaft zwischen den Grundfreiheiten und den Grundrechten gesprochen werden,[150] allerdings sind die Stoßrichtungen durchaus unterschiedlich.[151] Daher muss bei der Überprüfung eines Rechtsaktes anhand der negativen Kompetenznormen eine klare Grenzzie-

---

147 Auf der einen Seite schränkt ein Totalwerbeverbot für Tabakwaren die weitere Marktintegration ganz erheblich ein. Auf der anderen Seite stellt sich die Frage, ob ein solches Werbeverbot tatsächlich den Gesundheitsschutz befördert oder nur eine Verschiebung zwischen den Marktanteilen verhindert. Vgl. *Schwarze*, in: Schwarze, Werbung und Werbeverbot, S. 9 (16).

148 Hierbei ergibt sich die schwierige, bislang vom *EuGH* unbeantwortete Frage, von welchen Umständen die Intensität der Prüfung abhängt. *Jarass*, EuR 2000, S. 705 (723); *Craig/de Búrca*, EU Law, S. 356 ff.

149 *Jarass*, EuR 2000, S. 705 (723).

150 So berührt die Beschlagnahme in anderen Mitgliedstaaten transferierten Geldes die Eigentumsfreiheit und die Kapitalverkehrsfreiheit. Vgl. mit weiteren Beispielen: *Frenz*, EuR 2002, S. 603 (608).

151 Zu den inhaltlichen Verbindungen, möglichen Überschneidungen und den Unterschieden der Grundfreiheiten und der Gemeinschaftsgrundrechte, vgl. ausführlich: *Frenz*, EuR 2002, S. 603 (608).

hung zwischen den Grundrechten und den Grundfreiheiten vorgenommen werden.

I. Unterschiedliche Stoßrichtung

Die Grundrechte und die Grundfreiheiten sind nicht Teile eines einheitlichen Freiheitssystems. Die historische Entwicklung[152] und die derzeit bevorstehende Aufnahme der Grundrechte in das europäische Vertragswerk zeigen, dass die Grundrechte auf eigenen Fundamenten stehen.[153]

Die *Grundfreiheiten* wollen Benachteiligungen infolge von Grenzen und Divergenzen zwischen den Mitgliedstaaten beseitigen.[154] Resultiert die Beeinträchtigung in einer Benachteiligung auf Grund des Grenzübertritts, sind die Grundfreiheiten und nicht die Grundrechte einschlägig. Die Grundfreiheiten schützen allerdings grundsätzlich nur die Staatsangehörigen *anderer* Mitgliedstaaten der EG gegen das Handeln eines Mitgliedstaates.[155] Der nötige Schutz vor Beschränkungen wirtschaftlicher Freiheit durch Harmonisierungsmaßnahmen kann nur im geringen Umfang von den Grundfreiheiten geleistet werden.

Die *Grundrechte* hingegen wollen generell Freiheitsbereiche schützen, wenngleich die Gemeinschaftsgrundrechte nur zum Tragen kommen, sofern gemeinschaftsrelevante Felder berührt sind. Maßgeblich ist in diesem Zusammenhang daher nicht der grenzüberschreitende Aspekt einer Maßnahme, sondern dass ein Sachbereich auf die Gemeinschaft übertragen und von ihr geregelt wird. Die *Grundfreiheiten* gebieten den Gemeinschaftsorganen, für einen möglichst reibungslosen grenzüberschreitenden Verkehr von Waren, Personen, Dienstleistungen und Kapital zur Effektuierung des Binnenmarktes Sorge zu tragen.[156] Die *Grundrechte* kommen hingegen zum Zuge, wenn nicht nur der reibungslose Ver-

152 Während die Grundfreiheiten von Anfang an Bestandteil des Gemeinschaftsrechts sind, wurden die Grundrechte in einem längeren Prozess von der Rechtsprechung des *EuGH* entwickelt.

153 Begründet wird die Ansicht damit, dass die Grundrechte jenseits des Europarechts in vielen einzelnen Mitgliedstaaten eine sehr lange Tradition haben und die Grundfreiheiten im Vergleich dazu recht jungen Datums sind. *Frenz*, EuR 2002, S. 603 (615). *Frenz* ist der Ansicht, dass die Grundrechte sogar den Keim in sich tragen, auf lange Sicht das Übergewicht zu erlangen.

154 *Schilling*, EuGRZ 2000, S. 3 (4).

155 *Möstl*, EuR 2002, S. 318 (328).

156 *Schwemer*, Die Bindung des Gemeinschaftsgesetzgebers an die Grundfreiheiten, S. 30 ff.

kehr zwischen den Mitgliedstaaten betroffen ist, sondern die Freiheit als solche angetastet wird.[157]

II. Verhältnis zwischen Grundrechten und Grundfreiheiten

1.) Grundsatz

Soweit sich die Anwendungsbereiche der *ungeschriebenen* Gemeinschaftsgrundrechte und der Grundfreiheiten überschneiden, gehen die Grundfreiheiten als spezielle und ausdrücklich in die Verträge aufgenommene Gewährleistungen den Gemeinschaftsgrundrechten vor.[158]

2.) Konkurrierende Anwendung

Der Schutzgehalt der verschiedenen Gewährleistungen kann aber auch *konkurrierend* zur Anwendung kommen. Das ist der Fall, wenn ein Verhalten in den Schutzbereich der Grundfreiheiten fällt und sich die an sich zulässige Beschränkung der Grundfreiheiten an den Gemeinschaftsgrundrechten messen lassen muss, weil die Schranken „im Lichte der Gemeinschaftsgrundrechte auszulegen sind".[159] Die Gemeinschaftsgrundrechte verstärken dann in ihrer Funktion als Schranken-Schranken bzw. als Auslegungsregeln für die Interpretation der Schrankenregelung die durch die Grundfreiheiten selbst gewährten Garantien.[160]

3.) Kollision von Grundrechten und Grundfreiheiten

In Betracht kommt aber auch eine *Kollision* von Grundrechten und Grundfreiheiten. Eine solche Konstellation ist gegeben, wenn eine durch die Grundfreiheiten geschützte Betätigung im Einzelfall dem Wertgehalt eines Gemeinschaftsgrundrechts nicht gerecht wird.[161] Es bedarf dann einer verhältnismäßigen Zuord-

157 Beispiel: Wird der Warenverkehr durch zusätzliche Kontrollen behindert, ist Art. 28 EG zu prüfen. Wird hingegen der Verkauf etwa von bestimmten schadstoffhaltigen Produkten untersagt, greift die Eigentumsfreiheit. Vgl. *Frenz*, EuR 2002, S. 603 (609).

158 *Ehlers*, in: Ehlers, Grundrechte und Grundfreiheiten, §13, Rdnr. 12; a.A. *Kingreen*, in: Calliess/Ruffert, Art. 6 EU, Rdnr. 81, der die Annahme einer Idealkonkurrenz für vorzugswürdig hält, um die unterschiedlichen Schutzrichtungen und Schutzwirkungen der Grundfreiheiten und EG-Grundrechte zur Geltung zu bringen.

159 *EuGH*, Urteil vom 26.06.1997, Rs. C-368/95, Slg. 1997, I-3689, Rdnr. 24, „*Familiapress*".

160 *Ehlers*, in: Ehlers, Grundrechte und Grundfreiheiten, § 13, Rdnr. 12.

161 Dies ist der Fall, wenn z.B. die Freiheit des Warenverkehrs dazu benutzt würde, persönlichkeitsverletzende Schriften über die Grenzen zu bringen.

nung der freiheitsrechtlich geschützten unterschiedlichen Rechtsgüter im Rahmen einer Interpretation der Schrankenregelungen.[162] Die Schutzpflicht, die sich aus den Gemeinschaftsgrundrechten ergeben kann, kann einen Mitgliedstaat dazu verpflichten, die Ausübung einer Grundfreiheit zu beschränken.[163]

162 *Schindler*, Die Kollision von Grundfreiheiten und Gemeinschaftsgrundrechten, S.121 ff., 186.

163 *EuGH*, Urteil vom 25.07.1991, Rs. C-288/89, Slg. 1991, I-4007, Rdnr. 23, „*Stichting*".

Kapitel VIII. Handlungsformen

Bei Art. 95 I EG stehen dem Gemeinschaftsgesetzgeber verschiedene Handlungsinstrumente zur Disposition. Art. 95 EG ermächtigt zum Erlass von „*Maßnahmen zur Angleichung der Verwaltungs- und Rechtsvorschriften*". Rechtsangleichung gemäß Art. 95 I EG kann mithin durch Verordnung, Art. 249 I i.V.m. II EG, Richtlinie, Art. 249 I i.V.m. III EG, Entscheidung, Art. 249 I i.V.m. IV EG, durch Empfehlung oder Stellungnahme, Art. 249 I i.V.m. V EG erfolgen.[1] Bei der Wahl der richtigen Handlungsform stellt sich hier meist die Frage, ob die Rechtsangleichung durch Richtlinie oder durch Verordnung zu treffen ist.

Ausgangspunkt muss auch hier die Tatsache sein, dass die Rechtsangleichung im Dienst der Verwirklichung der Vertragsziele steht. Die getroffene Maßnahme, Verordnung, Richtlinie oder Empfehlung, muss formal ein *geeignetes* Instrument zur Erreichung der angestrebten Ziele sein. Es wird an dieser Stelle auch von einer *prozeduralen Subsidiarität* gesprochen.[2] Dafür muss bei jedem Rechtsakt, auch hinsichtlich der Handlungsform, eine Verhältnismäßigkeitsprüfung vorgenommen werden, sog. instrumentale Verhältnismäßigkeitsprüfung.[3]

A. Die Richtlinie, Art. 249 I, III EG als richtige Handlungsform

I. Bedeutung von Richtlinien

Die Richtlinie gemäß Art. 249 I i.V.m. III EG ist seit Beginn der Integration die zentrale Handlungsform der Rechtsangleichung. Im Rahmen von Art. 94 EG waren zunächst nur Maßnahmen in Form der Richtlinie möglich. Die erweiterten Handlungsmöglichkeiten aufgrund des später eingeführten Art. 95 EG wurden daher zunächst als Systembruch gesehen.[4] Die meisten Rechtsangleichungsmaßnahmen erfolgen auch heute noch durch das Instrument der Richtlinie. Sie ist für jeden Mitgliedstaat, an den sie gerichtet wird, hinsichtlich des zu erreichenden

1 Dies ergibt sich aus Art. 94 EG, der ausdrücklich und ausschließlich die Richtlinie als richtige Handlungsform benennt, während Art. 95 I EG keine bestimmte Handlungsform vorsieht.

2 *Calliess*, Jura 2001, S. 311 (317); *ders.*, Subsidiaritäts- und Solidaritätsprinzip, S.116 ff; *Schwartz*, FS für Hallstein, S. 474 (500); *Verloren van Themaat*, FS für Ophüls, S. 243 (253).

3 Vgl. zur *Verhältnismäßigkeitsprüfung*: Kapitel VI.D.

4 So: *Everling*, FS für Steindorff, S. 1155 (1166); *von Danwitz*, in: Dauses, B II, 5., Rdnr. 88.

Zieles verbindlich, wobei die Wahl des Mittels und der Form den staatlichen Stellen überlassen ist. Hieraus folgt ein zweistufiges Rechtssetzungsverfahren.[5] Zunächst erlässt der Gemeinschaftsgesetzgeber eine Richtlinie, in einem zweiten Verfahren wird diese Richtlinie vom nationalen Gesetzgeber umgesetzt.

1.) Umsetzungspflicht

Die Richtlinie richtet sich mithin an die Mitgliedstaaten und enthält finale Vorgaben, die vollständig, genau und innerhalb der gesetzten Frist umgesetzt werden müssen.[6] Diese Pflicht ergibt sich aus Art. 249 III EG, aus der Richtlinie selbst oder, wie teilweise[7] vertreten wird, aus Art. 10 EG. Die Zweistufigkeit soll eine Schonung mitgliedstaatlicher Regelungsstrukturen herbeiführen und den Mitgliedstaaten Spielräume für eigene Entscheidungen belassen.[8] Der Spielraum der Mitgliedstaaten bezieht sich dabei auf die Wahl der sprachlichen und inhaltlichen Form sowie auf die Wahl des Mittels. Dabei muss berücksichtigt werden, welche Form und welches Mittel für die Gewährleistung der praktischen Wirksamkeit der Richtlinie („*effet utile*"), unter Berücksichtigung des mit ihr verfolgten Zwecks, am besten geeignet ist.[9]

2.) Wahrungspflicht

Die die Richtlinie umsetzende, nationale Rechtsvorschrift steht nicht mehr zur unbeschränkten Disposition der Mitgliedstaaten. Die nationalen Gesetzgeber sind nicht mehr zu einer autonomen Änderung befugt, soweit dabei der von der Richtlinie gezogene Rahmen überschritten wird. Durch diese Sperrwirkung bewirkt auch die Richtlinie eine Einschränkung der Kompetenz der Mitgliedstaaten.[10]

3.) Rechtsangleichung durch Richtlinien

Die Rechtsangleichung durch Richtlinien zielt auf die Modifikation und nicht auf die Verdrängung oder Beseitigung innerstaatlichen Rechts ab und lässt die Identität der nationalen Rechtsordnungen unberührt. Sie dient dem Interesse der Mitgliedstaaten, indem die Freiheit zur innerstaatlichen Rechtsgestaltung nur in dem für das Integrationsziel notwendigen Maße beeinträchtigt wird. Auf der anderen

---

5 *Hilf*, EuR 1993, S. 1 (4).
6 *Ruffert*, in Calliess/Ruffert, Art. 249 EG, Rdnr. 43; *Streinz*, EuR, Rdnr. 388 ff.
7 *Zuleeg*, in: von der Groeben/Schwarze, Art. 5 EG, Rdnr. 5.
8 *Bleckmann*, EuR, Rdnr. 417.
9 *EuGH*, Urteil vom 08.04.1976, Rs. C-48/75, Slg. 1976, 497, Rdnr. 69/73, „*Royer*".
10 *Haag*, in: BBPS, Die EU, Rdnr. 395.

Seite muss die Gemeinschaft nicht auf die einzelstaatlichen Besonderheiten Rücksicht nehmen, da sie sich auf die Umschreibung der gewünschten Ergebnisse der Rechtsangleichung beschränkt und die Umsetzung den Mitgliedstaaten überlässt.[11] Aufgrund dieser hohen Flexibilität ergehen die meisten Rechtsangleichungsmaßnahmen in der Form von Richtlinien.

II. Entwicklung des Richtlinienrechts durch den EuGH

Die Richtlinie ist aufgrund ihrer komplexen Gestalt und aufgrund der zu knappen Regelung in Art. 249 III EG immer wieder Gegenstand von wissenschaftlichen Diskussionen und Entscheidungen des EuGH gewesen.[12] Die wesentliche Gestalt der Richtlinie ist heute auf die Rechtsprechung des EuGH zurückzuführen.[13]

1.) Umfang der inhaltlichen Regelung der Richtlinie

Hinsichtlich der Frage, wie *detailliert* eine Richtlinie als Rahmengesetz sein darf, hat sich eine weite Auslegung des Art. 249 I i.V.m. III EG durchgesetzt. Nur so kann die Richtlinie als Handlungsform zur Erfüllung der vom Vertrag gestellten Aufgaben wirksam eingesetzt werden. Inhalt, Form, Formulierung und Mittel des jeweiligen Rahmengesetzes richten sich danach, was „*erforderlich*" im Sinne des Vertrages ist.[14] Der Umsetzungsspielraum der Mitgliedstaaten kann daher auch bei der Richtlinie auf ein Minimum beschränkt sein. In Einzelfällen sind die Zielvorgaben in einer Richtlinie auch so detailliert, dass den Mitgliedstaaten bei der inhaltlichen Umsetzung kaum ein Gestaltungsspielraum verbleibt. Der Inhalt der Richtlinie ist in diesen Fällen so umfassend vorgegeben, dass ein mit der Direktwirkung vergleichbarer Zustand vorliegt.[15]

2.) Verspätete Umsetzung durch die Mitgliedstaaten

Darüber hinaus ist die Umsetzung der Richtlinie in nationales Recht auf Hindernisse gestoßen, was auch die angestrebte Rechtsangleichung beeinträchtigt. Die Umsetzungspflichten werden von den Mitgliedstaaten in der Gemeinschaftspraxis

---

11 *Verloren van Themaat*, FS für Ophüls, S. 243 (253); *Scherzberger*, Jura 1992, S. 572 (575).
12 Zu den *Grenzen der Rechtsfortbildung* durch den *EuGH*, vgl. Kapitel I.A.IV.1.)a.).
13 *Scherzberg*, Jura 1992, S. 572 (573).
14 *Gleichmann*, Methoden der Rechtsangleichung, S. 35 (38).
15 *Scherzberger*, Jura 1992, S. 572 (575); *Hayder*, RabelsZ 53 (1989), S. 623 (668).

häufig zu spät oder nur fehlerhaft befolgt.[16] Eine *verspätete Umsetzung* führt zu vorübergehender Unterschiedlichkeit der mitgliedstaatlichen Rechtsordnungen. Eine fehlerhafte Umsetzung verhindert langfristig eine Angleichung mitgliedstaatlicher Normen.[17]

Daher bedarf es zur effektiven Durchsetzung von Richtlinien „flankierender" Maßnahmen.[18] Um auf die Mitgliedstaaten mehr Druck auszuüben und um den Richtlinien zu mehr Effektivität zu verhelfen, hat der EuGH die *Direktwirkung*[19] von Richtlinien begründet und *Staatshaftungsansprüche* für die betroffenen Bürger ermöglicht. Soweit einer Richtlinie keine Direktwirkung zugesprochen werden kann, sind dem Bürger unter bestimmten Voraussetzungen gegen den pflichtwidrigen Mitgliedstaat Staatshaftungsansprüche zuerkannt worden, soweit dem Einzelnen wegen des Verstoßes gegen die aus Art. 249 EG bestehenden Verpflichtungen ein Schaden entstanden ist.[20]

3.) Direktwirkung von Richtlinien

Im Rahmen der Direktwirkung von Richtlinien muss zwischen der *vertikalen* und der *horizontalen* Direktwirkung differenziert werden.

a.) Vertikale Direktwirkung

Bei der *vertikalen Direktwirkung* handelt es sich um Rechtsstreitigkeiten zwischen einer natürlichen oder juristischen Person auf der einen Seite und dem Staat auf der anderen Seite. Soweit eine Richtlinie subjektive Rechte festlegt, die der

---

16 Die Ausgabe des Binnenmarktanzeigers vom 05.05.2003 belegt, dass das mittlere Umsetzungsdefizit der Mitgliedstaaten bei Binnenmarktrichtlinien inzwischen auf 2,4 % angestiegen ist; im letzten Jahr lag es noch bei 1,8 %. Als Umsetzungsdefizit wird der Prozentsatz der Richtlinien bezeichnet, die nach Ablauf der festgesetzten Frist noch nicht in nationales Recht umgesetzt worden sind. Nur fünf Mitgliedstaaten – Dänemark, Schweden, Finnland, Spanien und das Vereinigte Königreich – haben mit 1,5% oder weniger die Zielvorgabe des Europäischen Rates erreicht. Vgl. auch *Kahl*, in: Calliess/Ruffert, Art. 14 EG, Rdnr. 25; *Müller-Graff*, EuR 2002, S. 7 (13).

17 *Vogel*, RabelsZ 5 (2001), S. 591 (604).

18 Z.B. *EuGH*, Urteil vom 02.02.1989, Rs. C-22/87, Slg. 1989, 143, „*Kommission/Italien*", betreffend der Umsetzung der *Konkursausfallrichtlinie*: *EuGH*, Urteil vom 10.04.1984, Rs. C-14/83, Slg. 1984, 1891, „*Colson/Kamann*", betreffend die Richtlinie zur Gleichberechtigung von Mann und Frau.

19 Vgl. Kapitel VIII.A.II.3.).

20 *EuGH*, Urteil vom 19.11.1991, Rs. C-6/90 und C-9/90, Slg. 1991, I-5357, „*Francovich*", bei dieser Entscheidung wurde eine Kompetenzüberschreitung kritisiert. *EuGH*, Urteil vom 05.03.1996, Rs. C-46/93 und C48/93, Slg. 1996, I-1029, „*Brasserie du Pêcheur*"; *EuGH*, Urteil vom 08.10.1996, Rs. C-178, 179, 188-190/94, Slg. 1996, 4845, „*MP Travel Line*".

Bürger gegenüber dem Staat geltend machen kann, und soweit die weiteren Voraussetzungen gegeben sind, kann eine Richtlinie sich auch ohne Umsetzung direkt an den Bürger richten. Der jeweilige Mitgliedstaat muss die fristgerechte Umsetzung der inhaltlich unbedingten und hinreichend genauen Richtlinie versäumt haben und der Mitgliedstaat muss sich zum Nachteil eines Bürgers auf Vorschriften berufen, die bei erfolgter Umsetzung der Richtlinie nicht mehr angewendet werden dürfen.[21]

b.) Horizontale Direktwirkung

Bei der horizontalen Direktwirkung sind ausschließlich Private an der Streitigkeit beteiligt. Grundsätzlich können Richtlinien keine horizontale Direktwirkung entfalten.[22] Die vertikale Direktwirkung stellt eine Sanktion gegenüber dem Mitgliedstaat dar. Privatpersonen sind dagegen nicht Adressat der Richtlinie und der Transformationspflicht aus Art. 249 III EG. Streitigkeiten zwischen Privaten müssen daher durch eine richtlinienkonforme, das heißt möglichst am Wortlaut und Zweck der Richtlinie ausgerichtete Interpretation des nationalen Rechts gelöst werden.[23] Der EuGH ist der Ansicht, dass der Bürger durch die Pflicht gemeinschaftskonformer Auslegung des nationalen Rechts und, wenn diese nicht möglich ist, durch die Staatshaftung der Mitgliedstaaten ausreichend geschützt ist.[24]

Lediglich in Einzelfällen hat der EuGH Ausnahmen von diesem Grundsatz zugelassen. Zu nennen ist die Entscheidung „*Unilever*“[25], die Entscheidung „*CIA*-

21 *EuGH*, Urteil vom 28.02.1991, Rs. C-131/88, Slg. 1991, I-825, „*Trinkwasserrichtlinie*“; ausführlich: *Streinz*, EuR, Rdnr. 394.

22 Erstmals: *EuGH*, Urteil vom 26.02.1986, *EuGH*, Rs. C-152/84, Slg. 1986, 737, „*Marshall*“; bestätigt durch *EuGH*, Urteil vom 14.07.1994, Rs. C-91/92, Slg. 1994, I-3325, „*Faccini Dori*“. *Kritisch* gegenüber der Stellung des Gerichtshofes insbesondere im Zusammenhang mit der Rechtsangleichung: *Müller-Graff*, EuR 2002, S. 7 (62 f.).

23 Statt vieler: *Gundel*, EuZW 2000, S. 143 (144); *Heß*, JZ 1995, S. 150 (151); *EuGH*, Urteil vom 12.12.1996, Rs. 129/95, Slg. 1996, I-6609, Rdnr. 26, „*Mindestvorschriften bei der Arbeit mit Bildschirmen*“, Richtlinie 90/270/EWG.

24 *EuGH*, Urteil vom 14.07.1994, Rs. C-91/92, Slg. 1994, I-3325, Rdnr. 20 ff., „*Faccini Dori*“.

25 *EuGH*, Urteil vom 26.09.2000, Rs. C-443/98, Slg. 2000, I-7535, Rdnr. 50 ff., „*Unilever*“. Im Unterschied zu den herkömmlichen Fällen der horizontalen Direktwirkung, legt die in Streit stehende Richtlinie keinem der beiden Streitbeteiligten eine Belastung auf. Das zentrale Argument gegen die horizontale Direktwirkung, dass ein Privater nicht für den Verstoß der Mitgliedstaaten gegen die Umsetzungspflicht zur Verantwortung gezogen werden darf, greift hier nicht, denn dem Privaten werden keine Rechte genommen oder aberkannt. Folge der Entscheidung war, dass eine objektive Wirkung der Richtlinie als Vorwirkung auf private Rechtsstreitigkeiten angenommen werden muss

Security“[26] oder das „*Belone-Urteile*“[27]. Die genannten Urteile machen deutlich, dass auch bei grundsätzlicher Anerkennung der EuGH-Rechtsprechung zum Ausschluss der horizontalen Direktwirkung diese Konsequenz nicht automatisch für alle Fälle gelten kann.[28] Die abweichende Behandlung ist bei diesen Urteilen sachlich gerechtfertigt, weil das entscheidende Argument gegen die Anerkennung der horizontalen Direktwirkung, nämlich die mit ihr korrespondierenden Belastungen eines gleichermaßen „unschuldigen“ Dritten, nicht eingreift.

III. Die Richtlinie als Mittel der Rechtsangleichung

Die Richtlinie ist dann die richtige Handlungsform,[29] wenn für die Erreichung der Gemeinschaftsziele keine gemeinschaftseigene Rechtssetzung mit unmittelbarer Wirkung in den Mitgliedstaaten erforderlich ist und die Wirkung auf gleiche oder bessere Weise durch ein zweistufiges Verfahren erreicht werden kann. Aus Sicht der Gemeinschaft ist es meist nicht zweckmäßig, Normenkomplexe aus ihrer Einbettung in den Zusammenhang des nationalen Rechts herauszulösen und auf die Ebene der Gemeinschaft zu transportieren.[30] Auf die Richtlinie wird daher zugegriffen, wenn die zu regelnde Materie nicht bereits überwiegend gemeinschaftsrechtlich vorgeprägt ist und auch zukünftig nicht gemeinschaftsrechtlich ausgestaltet werden soll.[31] Von besonderer Bedeutung ist dies in Fällen, in denen sensible gesellschaftliche Bereiche von historischer, nationaler Bedeutung durch den Gemeinschaftsrechtsakt tangiert werden.

Anders als die Richtlinie tritt die Verordnung als zusätzlicher Rechtsakt neben die bestehenden nationalen Vorschriften, so dass die Rechtsangleichung durch Verordnung eine gewisse Unübersichtlichkeit für die Gesetzesanwender mit sich bringt.[32] Soweit es sich nicht um eine punktuelle Verdrängung oder vollständige Vereinheitlichung des bislang mitgliedstaatlichen Rechts handelt, sondern lediglich die Angleichung einzelner Bereiche der nationalen Rechtsordnungen be-

---

26 *EuGH*, Urteil vom 30.04.1996, Rs. C-194/94, Slg. 1996, I-2201, „*CIA-Security*“. Hier hatte der *EuGH* die Fallgruppe der zivilgerichtlich-privaten Untersagungsverfahren zu analysieren, mit denen der Konkurrent zur Einhaltung des richtlinienwidrigen nationalen Rechts gezwungen werden sollte.

27 *EuGH*, Urteil vom 30.04.1998, Rs. C-215/97, Slg. 1998, 2191, „*Bellone*“. Hier war allerdings der Staat noch „*zwischengeschaltet*“.

28 Vgl. ausführlich zu dieser Problematik: *Gundel*, EuZW 2001, S. 143 (145).

29 Zur Richtlinie als Mittel der Rechtsangleichung, vgl. auch *Conrad*, Das Konzept der Mindestharmonisierung, S. 42 ff.

30 *Von der Groeben*, NJW 1970, S. 359 (362).

31 *Scherzberger*, Jura 1992, S. 572 (574).

32 *Oehlert*, JuS 1997, S. 317 (321).

zweckt wird, ist die Richtlinie die gemeinschaftsrechtlich gebotene Handlungsform.[33] Dieses Ergebnis entspricht auch dem Verhältnismäßigkeitsprinzip.[34] Da die Richtlinie einen geringeren Eingriff in die Hoheitsgewalt der Mitgliedstaaten vornimmt, ist sie zumindest im Rahmen der Erforderlichkeitsprüfung gegenüber der eingriffsintensiveren Verordnung[35] vorrangig.

B. Die Verordnung, Art. 249 I i.V.m. II EG

I. Bedeutung der Verordnung

Die Verordnung hat gemäß Art. 249 I i.V.m. II EG allgemeine Geltung, ist in allen ihren Teilen verbindlich und gilt unmittelbar in jedem Mitgliedstaat. Von ihrer Bedeutung entspricht die Verordnung gemäß Art. 249 I i.V.m. II EG einem Gesetz im nationalen Sinne. Eine Umsetzung in nationales Recht ist daher nicht erforderlich. Auch den Bürgern können daher bei hinreichender Bestimmtheit des Gesetzes unmittelbar Rechte eingeräumt und Pflichten auferlegt werden.[36]

II. Rechtsangleichung durch Verordnungen

Die Verordnung ist das stärkste Mittel der Integration, da durch sie einheitliches Recht in der ganzen Gemeinschaft gesetzt wird.[37] Die nationalen Gesetzgeber, insbesondere die nationalen Parlamente sind an dem Zustandekommen der Verordnung nicht beteiligt, so dass es eine Einschränkung der mitgliedstaatlichen Gesetzgebungskompetenz zur Folge hat. Hinzu kommt, dass die Verordnung, da sie für alle Mitgliedstaaten abgefasst ist, sich in ihrer Gesetzesterminologie in aller Regel nicht optimal in die Terminologie der einzelnen Mitgliedstaaten einfügt.[38] Unterschiede bei der Übersetzung können zu Divergenzen in der Anwendung des Textes in den jeweiligen Mitgliedstaaten führen. Auf der anderen Seite hat die Verordnung für den Gemeinschaftsgesetzgeber den Vorteil, dass ein Gesetz unverzüglich nach der Veröffentlichung angewendet werden kann. Im Rahmen der Kompetenznormen, in denen die Handlungsform der Verordnung zuläs-

33 *Scherzberger*, Jura 1992, S. 572 (575).
34 Vgl. hierzu Kapitel VI.D.
35 Vgl. hierzu Kapitel XIII.B.
36 *EuGH*, Urteil vom 14.12.1971, Rs. 20/71, Slg. 1971, 1039Rdnr. 9, „*Politi s.a.s.*"; *Streinz*, EuR, Rdnr. 380; *Bleckmann*, EuR, Rdnr. 409.
37 *Oehlert*, JuS 1997, S. 317 (319).
38 *Oehlert*, JuS 1997, S. 317 (321).

sig ist, sind verhältnismäßig wenige Maßnahmen in dieser Form ergangen. Ein Beispiel für Rechtsangleichungsmaßnahmen in Form der Verordnung ist die Verordnung zum Insolvenzrecht.[39]

III. Die Verordnung als Mittel der Rechtsangleichung

Bei der Verordnung handelt es sich um die Setzung unmittelbar anwendbaren Gemeinschaftsrechts neben oder anstelle des nationalen Rechts.[40] Aufgrund des intensiven Eingriffs in die nationalen Rechtsordnungen hat die Kommission in dem Annex zur EEA festgehalten, dass sie bei ihren Vorschlägen nach Art. 95 EG der Rechtsform der Richtlinie den Vorzug geben werde, wenn die Angleichung von gesetzlichen Vorschriften erforderlich sei.[41] Ein Rechtsakt ergeht in der Form der Verordnung, wenn sich aus der Verhältnismäßigkeitsprüfung ergibt, dass diese Handlungsform für den konkreten Sachverhalt *erforderlich* ist. Dies ist der Fall, wenn die territoriale Abschottungswirkung der nationalen Rechtsordnungen durch gemeinschaftsweit einheitlich geltendes Recht überwunden werden soll, oder die Angleichung des nationalen Rechts wegen seiner territorial beschränkten Geltung zu keinem befriedigenden Ergebnis führt.[42]

C. Zusammenfassung

In der gemeinschaftsgerichtlichen Kontrolle finden die aufgeführten Erwägungen im Rahmen der Verhältnismäßigkeit ihren Niederschlag. Weder der Gerichtshof noch der EG-Vertrag halten sonstige Abgrenzungskriterien bereit. Hinsichtlich der zu wählenden Handlungsform entstehen jedoch nur selten Abgrenzungsschwierigkeiten, so dass der Prüfung der Wahl der richtigen Handlungsform meist keine besondere Bedeutung zukommt.

---

39 *Verordnung* Nr. 1346/00 des Rates vom 29.05.2000, ABl.EG L 160/1.

40 *von der Groeben*, NJW 1970, S. 359 (362); *Everling*, FS für Steindorff, S. 1155 (1166).

41 Schlussakte der EEA, Erklärung zu Art. 8 a des EWG-Vertrages, BGBl. 1986, Teil II, S. 1102 (1114).

42 *Pipkorn/Bardenhewer-Rating/Taschner*, in: von der Groeben/Schwarze, Art. 95 EG, Rdnr. 69; *Langeheine*, in: Grabitz/Hilf, Art. 100a EGV, Rdnr. 45.

Kapitel IX. Art. 95 EG als Rechtsgrundlage zum Erlass von Rechtsakten im Bereich des Privatrechts, insbesondere des Verbraucherschutzes

Auch die gemeinschaftliche Harmonisierung des Zivilrechtes mit Binnenmarktbezug basiert auf den final und funktional ausgerichteten Befugnisnormen der Artt. 94, 95, 308 EG. Dies liegt insbesondere daran, dass es keine ausdrücklichen und speziellen Rechtsgrundlagen gibt. Zu nennen ist hier insbesondere die *Verbrauchsgüterkaufrichtlinie,*[1] die am 07.07.1999 in Kraft getreten ist.[2] Nach der Umsetzung der Richtlinie sollte jeder Verbraucher innerhalb der Europäischen Union ein einheitliches Mindestschutzniveau vorfinden, wenn er eine bewegliche Sache erwirbt, die sich später als mangelhaft erweist. Aufgrund ihres Regelungsumfangs berührt die *Verbrauchsgüterkaufrichtlinie,* wie kein anderer Rechtsangleichungsakt der Gemeinschaft, den Kernbereich der mitgliedstaatlichen Kompetenzordnung. Vor der *Verbrauchsgüterkaufrichtlinie* stützte der Gemeinschaftsgesetzgeber unter anderem bereits die *Fernabsatzrichtlinie*[3], die *Pauschalreiserichtlinie*[4], sowie die *Richtlinie über Teilnutzungsrechte an Immobilien*[5] auf Art. 95 I EG. Insbesondere im Anschluss an das *Tabakwerbeurteil* stellt sich die Frage, ob die Angleichung im Zivilrecht auf die Binnenmarktkompetenz des Art. 153 III lit. a) i.V.m. Art. 95 EG gestützt werden kann.[6] Bevor diese im Zusammenhang mit dem Verbraucherschutz zentrale Frage erörtert wird, soll zunächst allgemein auf die Rechtsangleichung im Privatrecht eingegangen werden.

---

1 *RL* 1999/44/EG.

2 Die sich mit bestimmten Aspekten des Verbrauchsgüterkaufs und Garantien für Verbrauchsgüter befassende Richtlinie richtete sich an die Mitgliedstaaten und war dort spätestens bis zum 01.01.2002 in nationales Recht umzusetzen.

3 Richtlinie 97/7/EG, „*Fernabsatzrichtlinie*".

4 *RL* 90/314/EG, „*Pauschalreisen*".

5 RL 94/47/EG, „Erwerb von Teilnutzungsrechten an Immobilien".

6 Auch wenn die Frist für die Nichtigkeitsklage gemäß Art. 230 V i.V.m. II EG abgelaufen ist, verbleibt den nationalen Gerichten die Möglichkeit, dem *EuGH* die Kompetenzgemäßheit der Verbrauchsgüterkaufrichtlinie bzw. einzelner Richtlinienbestimmungen als Vorbedingung für eine ansonsten gebotene richtlinienkonforme Auslegung zur Entscheidung vorzulegen (Art. 234 I lit b) EG). *Roth*, JZ 2001, S. 475 (479). Vgl. zu der Kompetenzfrage: *Basedow*, ERPL 9 (2001), S. 35 (43); *Schulte-Nölke*, JZ 2001, S. 917 (917); *Staudinger*, VuR 2001, S. 353; *Basedow*, AcP 200 (2000), S. 445 (473 ff.).

A. Rechtsangleichung im Bereich des Privatrechts

I. Die Rolle des Privatrechts in der Europäischen Integration

Das Integrationskonzept des Vertrages zur Gründung der Europäischen Integration richtet sich insbesondere auf die Verwirklichung der Grundfreiheiten.[7] Indem die Bürger der Mitgliedstaaten von diesen Freiheiten Gebrauch und auf ihre Beschränkungen durch nationale Regelungen aufmerksam machen, bewirken sie die Verbindung der nationalen Märkte in der Realität.[8] Ihre Initiativen fördern den Zusammenschluss der Volkswirtschaften. Das Integrationskonzept setzt damit auf die möglichst *uneingeschränkte grenzüberschreitende Privatautonomie* als treibende Kraft zur Verwirklichung der Integration.[9]

Das Privatrecht hat insbesondere die Aufgabe, dem Einzelnen Wege zur Selbstgestaltung seiner Angelegenheiten bereitzustellen und ihm diese Freiheit durch Schutznormen zu erhalten.[10] Die diesbezüglichen Gemeinsamkeiten der Privatrechte der Mitgliedstaaten sind die Grundlage für das europäische Gemeinschaftsrecht und damit eine Integrations*grundlage*.

Zugleich erfüllt das mitgliedstaatliche Privatrecht auch die Rolle als Integrations*mittel*. In dieser Funktion passt es den Spielraum privatrechtlicher Handlungsmöglichkeiten an gemeinschaftsrechtliche, beispielsweise vertragliche Vorgaben an. Es ergänzt unmittelbar in den Mitgliedstaaten geltendes und bewusst unvollständig gebliebenes Gemeinschaftsrecht, das privatrechtliche Bereiche betrifft. Es setzt Richtlinien zur Privatrechtsangleichung in nationales Privatrecht um. Auf diese Weise wird das Privatrecht zudem selber zum Integrations*gegenstand*.[11]

II. Bedürfnis nach Rechtsangleichung im Bereich des Privatrechts

Das Bedürfnis nach einer Angleichung von Privatrechtsnormen ergibt sich aus den *Gemeinschaftszielen*. Die Rechtsangleichng soll zur Errichtung und gemäß Art. 3 I lit. h) EG zum reibungslosen Funktionieren des Gemeinsamen Marktes

---

7 Vgl. Kapitel I.B.II.1.)c.).

8 Kapitel I.B.II.1.)c.)bb.).

9 *Rittner*, JZ 1990, S. 838 (841); *Baur*, FS für Friauf, S. 2 (5); *Basedow*, in: Kieninger/Remien, Privat- und Wirtschaftsrecht im Zeichen der Europäischen Integration, S. 101 (110); ausführlich: *Müller-Graff*, in: ders., Gemeinsames Privatrecht in der EG, S. 9 (14 f.); *Taschner*, in: Müller-Graff, Gemeinsames Privatrecht in der EG, S. 225 (228).

10 *Zöllner*, JuS 1988, S. 329 (333); *Remien*, JZ 1992, S. 277 (283/284); *Rittner*, JZ 1990, S. 838 (841).

11 *Müller-Graff*, NJW 1993, S. 13 (13).

beitragen und in der Folge alle in Art. 2 EG genannten Ziele fördern.[12] Hierbei unterscheidet Art. 3 I lit. h) EG nicht nach *Privatrecht* und öffentlichem Recht, so dass mitgliedstaatliche Regelungen des Privatrechts von einer Rechtsangleichung nicht ausgenommen sind. Nach der Angleichung von privatrechtlichen Vorschriften besteht ein Bedürfnis, wenn divergierende Privatrechtsregeln das Funktionieren des Binnenmarktes behindern.[13]

Aber auch im Privatrecht muss grundsätzlich für jedes Vorhaben (z.B. Verbraucherschutz, Produkthaftung, Fernabsatzgeschäfte) einzeln, also nicht rechtsgebietsweise entschieden werden, ob eine Angleichung der Rechtsordnungen erforderlich ist.[14] Die Entscheidung obliegt im Rahmen der gegebenen Ermächtigungsnormen dem rechtspolitischen Gestaltungsspielraum des Gemeinschaftsgesetzgebers sowie der Kontrolle des EuGH.

B. Rechtsgrundlage für die Rechtsangleichung im Privatrecht

Eine ausdrückliche Kompetenz für die horizontale Angleichung der Privatrechtsvorschriften der Mitgliedstaaten existiert nicht, abgesehen von einigen *Spezialermächtigungen* wie der gesellschaftsrechtlichen Ermächtigung des Art. 44 II lit. g) EG, wie der zivilprozessual ausgerichteten Kompetenz des Art. 65 EG oder wie der verbraucherschutzpolitischen Kompetenz gem. Art. 153 EG. Daher muss der Gemeinschaftsgesetzgeber auf die marktfunktional orientierten allgemeinen Kompetenznormen der Artt. 94, 95 EG und Art. 308 EG[15] zurückgreifen.

I. Maßnahmen aufgrund von Art. 44 II lit. g) EG

In Bezug auf das Gesellschaftsrecht dient Art. 44 II lit. g) EG als Ermächtigungsgrundlage für Richtlinien.[16] Die Schutzbestimmungen sollen gemäß Art. 44 II lit. g) EG koordiniert werden, so dass gleichwertige Vorschriften für die Gesellschaften gelten. Ziel der Regelung ist, durch Angleichung mitglied-

---

12 Kapitel I.C.II.1.).

13 Nicht jede Angleichungsmaßnahme setzt einen Marktbezug voraus, vgl. z.B. Art. 118 a EG.

14 *Remien*, JZ 1992, S. 277 (281); *Müller-Graff*, NJW 1993, S. 13 (18).

15 Diese Kompetenz kann vorliegend außer Acht gelassen werden, da sie zu den anderen Ermächtigungsnormen subisidiär und zur Schaffung *„neuen Rechts"* und nicht zur Angleichung bestehenden Rechts gedacht ist. *Basedow*, ERPL 9 (2001), S. 35 (43).

16 Zu den aktuellen Entwicklungen im Europäischen Gesellschaftsrecht, siehe: *Merkt*, in: Kieninger/Remien, Privat- und Wirtschaftsrecht im Zeichen der Europäischen Integration, S. 17 ff.

staatlichen Rechts *Initiativhemmnisse* für die primäre und sekundäre Niederlassung einer Gesellschaft aufgrund der Andersartigkeit der mitgliedstaatlichen Schutzbestimmungen abzubauen.[17] Diese Vorgabe hat zu einer nennenswerten Zahl von Angleichungsrichtlinien geführt. Der Anwendungsbereich ist breit genug, um die meisten Fragen des Gesellschaftsrechts zu umfassen, er ist aber von Art. 95 EG abzugrenzen.

II. Maßnahmen aufgrund von Art. 65 EG

Mit dem Vertrag von Amsterdam ist Art. 65 EG eingefügt worden.[18] Der Gemeinschaft wird aufgrund von Art. 65 EG ermöglicht, die internationalen Privat- und Verfahrensrechte, die Vorschriften des zivilprozessualen Fremdenrechts sowie weitere für die grenzüberschreitende Zusammenarbeit in Zivilsachen fundamentale Normen, insbesondere über den Gerichtszugang, anzugleichen oder zu vereinheitlichen.[19] Der in Art. 65 EG geforderte Binnenmarktbezug wirft die Frage nach der Abgrenzung zu Art. 95 EG auf.[20]

1.) Ergänzungsfunktion zu Art. 95 EG

Aufgrund der Bezugnahme auf den Binnenmarkt in Art. 65 EG wird der Norm teilweise lediglich eine Ergänzungsfunktion zugesprochen. Danach wäre die Anwendung des Art. 65 EG auf die Harmonisierung der von Art. 95 EG ausdrücklich ausgeschlossenen Bestimmungen über die Freizügigkeit sowie die Rechte und Interessen der Arbeitnehmer (Art. 95 II EG) begrenzt. Die Abstützung auf die doppelte Rechtsgrundlage der Artt. 95, 65 EG kommt wegen der unterschiedlichen Verfahren[21] nicht in Betracht. Soweit eine Maßnahme der Verwirklichung mehrerer Freiheiten dient wäre daher stets Art. 95 EG anzuwenden.[22]

---

17 So z.B.: RL 2001/34/EG, „Wertpapierrichtlinie".

18 *Drappatz*, Internationales Zivilverfahrensrecht, S. 45 ff.; *Wagner*, EuZW 2006, S. 424 ff.

19 Bei Art. 65 EG handelt es sich um eine Kompetenzausübungsnorm. Sie verdeutlicht, was unter „Maßnahmen im Bereich der justitiellen Zusammenarbeit in Zivilsachen" i.S.v. Art. 61 lit. c) EG zu verstehen ist. *Leible*, in: Streinz, Art 65 EG, Rdnr. 3,4.

20 Vgl. zu dem Verhältnis von begrenzten Sachbereichsnormen und Art. 95 EG: Kapitel IV.C.III.1.)b.).

21 Art. 251 EG ./. Art. 67 EG.

22 *Basedow*, CMLR 37 (2000), S. 687 (698).

2.) Art. 65 EG als „lex specialis"

Nach der Praxis der Gemeinschaftsorgane handelt es sich bei Art. 65 EG um eine *lex specialis* Regelung für die Bereiche des Internationalen Zivilverfahrens- und Privatrechts sowie sonstigen Zivilprozessrechts.[23] Hätte Art. 65 EG lediglich einen ergänzenden Charakter, so wäre die EuInsVO oder die EuGVO auf die falsche Ermächtigungsgrundlage gestützt worden. Bei der EuInsVO hätte die Maßnahme auf Art. 95 EG gestützt werden müssen, da die Anerkennung und Abwicklung internationaler Insolvenzen nicht nur die Personenfreizügigkeit berührt, sondern genauso Implikationen für den freien Waren-, Dienstleistungs-, und Kapitalverkehr zeitigt.[24]

Die Bewertung des Art. 65 EG als lex specialis wird auch durch die Interpretation des gesetzgeberischen Willens unterstützt. Nach einhelliger Auffassung war Art. 100a EGV als Rechtsgrundlage zur Vereinheitlichung des Internationalen Zivilverfahrensrechts nicht geeignet. Der Amsterdamer Vertrag hätte also folglich zu einem Kompetenzzuwachs in Art. 95 EG geführt. Darüber lässt sich den Materialien aber nichts entnehmen.

III. Maßnahmen aufgrund von Art. 153 EG

1.) Regelungsinhalt des Art. 153 EG

Zu den Aufgaben der Gemeinschaft zählt gemäß Art. 3 I lit. t) EG auch der *„Beitrag zur Verbesserung des Verbraucherschutzes"*. Mit Art. 153 EG (eingeführt als Art. 129 a EGV) ist dem Gemeinschaftsgesetzgeber eine ausdrückliche Regelungskompetenz für den Bereich des Verbraucherschutzes an die Hand gegeben worden. Dieser kann daher nicht nur als Annex zu anderen Materien mitgeregelt werden, sondern selbst zum Hauptgegenstand von Gemeinschaftsmaßnahmen gemacht werden und insbesondere Gegenstand von Harmonisierungsmaßnahmen aufgrund von Art. 95 EG (i.V.m. Art. 153 EG) sein.

Der Verbraucherschutz zählt nicht zu den markt- und wirtschaftsorientierten Kernzielen der Gemeinschaft, sondern zu jenen im Grunde gesellschaftspolitischen Zielen, die häufig mit den Marktzielen in einem Konfliktverhältnis stehen und die erst in den letzten Jahrzehnten der Entwicklung des Gemeinschaftsrechts ausdrücklich Anerkennung erfahren haben.[25]

---

23 *Drappatz*, Internationales Zivilverfahrensrecht, S. 45 ff.; *Remien*, CMLR 38 (2001), S. 53 (74).

24 Entsprechend ist die Argumentation bei der EuGVO.

25 *Lurger*, in: Calliess/Ruffert, Art. 153 EG, Rdnr. 2.

2.) Handlungsformen der Gemeinschaft gemäß Art. 153 EG

Art. 153 III EG beschreibt die Maßnahmen, mittels derer die Gemeinschaft ihren „Beitrag“ zur Gewährleistung eines hohen Verbraucherschutzniveaus leisten soll.

a.) Art. 153 III lit a) EG in Verbindung mit Art. 95 EG

Art. 153 III lit. a) EG nimmt Bezug auf die Maßnahmen, die der Gemeinschaftsgesetzgeber zur Verwirklichung des Binnenmarktes gemäß Art. 95 I EG erlässt. Die eigenständige Bedeutung des Art. 153 III lit. a) EG ist daher gering.[26] Denn er bestätigt lediglich den Regelungsauftrag, der ohnehin im Rahmen des Art. 95 III EG besteht.[27] Maßnahmen, deren einziger oder überwiegender Zweck der Verbraucherschutz ist, und die die Kriterien des Art. 95 EG nicht erfüllen, weil keine marktbezogene Notwendigkeit zur Vereinheitlichung der betreffenden Vorschriften besteht, können demnach nicht unter Art. 153 III lit. a) EG fallen.

Dennoch haben die Angleichungsmaßnahmen der Gemeinschaft durch die Einführung von Art. 129 a I lit. a) EG bzw. Art. 153 III lit. a) EG einen massiven Aufschwung erfahren. Fast alle einschlägigen Richtlinien wurden seither auf Artt. 95 I, Art. 153 III lit. a) EG gestützt. Die Maßnahmen enthalten meist eine duale Begründung. Die Vereinheitlichung der Rechtslage verfolgt zum einen einen freiheitsfördernden Zweck für die Unternehmer. Auf der anderen Seite wird auf einen *positiv-integrativen Zweck* verwiesen, der den Verbraucherschutz innerhalb der Gemeinschaft verbessert. Dies setzt voraus, dass unterschiedliche mitgliedstaatliche Verbraucherschutzstandards ein Spannungsverhältnis zu den Erfordernissen des Binnenmarktes begründen, dessen Auflösung durch Rechtsangleichung erforderlich ist.[28]

b.) Der binnenmarktunabhängige Art. 153 III lit. b) EG

Art. 153 III lit. b) EG räumt der Gemeinschaft die Möglichkeit ein, Maßnahmen zur Unterstützung der Politik der Mitgliedstaaten zu ergreifen und gestattet so die

---

26 Durch die Einführung von Art. 129 a I EGV in den Vertrag von Maastricht waren alle Gemeinschaftsorgane zur Berücksichtigung des Verbraucherschutzes im Rahmen von Binnenmarktmaßnahmen (Art. 95 EG) im Sinne eines Optimierungsgebots verpflichtet und nicht mehr nur die Kommission gemäß Art. 100a III EGV. Mit der Neufassung des Art. 95 III EG ist die Funktion entfallen.

27 Daher vertritt die h.L. die Auffassung, dass auch weiterhin auf Art. 95 EG nur Maßnahmen gestützt werden dürfen, die als einen ihrer Hauptzwecke die Verwirklichung des Binnenmarktes anstreben. *Lurger*, in: Schwarze, Art. 153 EG, Rdnr. 32; *Wichard*, Calliess/Ruffert, Art. 153 EG, Rdnr. 14 f.; *Micklitz/Reich*, EuZW 1992, S. 593 (594).

28 *Müller-Graff*, NJW 1993, S. 13 (17).

Verfolgung einer *binnenmarktunabhängigen* Verbraucherschutzpolitik.[29] Die Gemeinschaft darf die Politik der Mitgliedstaaten unterstützen, ergänzen und seit der Revision durch den Amsterdamer Vertrag auch überwachen.

Allein die Tatsache, dass die Gemeinschaft auf der Grundlage von Art. 153 III lit. b) EG binnenmarktunabhängige Harmonisierungsmaßnahmen erlassen darf, mit denen ein gemeinschaftsweit einheitliches Mindestschutzniveau etabliert werden kann, verdeutlicht, dass die Gemeinschaft berechtigt ist, auch inhaltlich in die mitgliedstaatlichen Politiken einzugreifen. Die Verabschiedung entsprechender Angleichungsvorgaben geht notwendigerweise mit der Entwicklung eigenständiger Vorstellungen von der Erforderlichkeit eines bestimmten Schutzniveaus einher. Ein solcher Vorgang lässt sich praktisch nicht von der Entwicklung *selbständiger Schutzkonzeptionen* trennen.[30] Dies ermöglicht die Verfolgung einer eigenständigen, binnenmarktunabhängigen Verbraucherschutzpolitik, die aber an die Vorgaben des Art. 5 EG und damit an das Subsidiaritätsprinzip und den Grundsatz der Verhältnismäßigkeit gebunden ist.

c.) Abgrenzung zwischen Art. 153 III lit. a) und Art. 153 III lit. b) EG

Die Möglichkeit der Mitgliedstaaten, in dem von Art. 153 III lit. b) EG erfassten binnenmarktunabhängigen Bereich gemäß Art. 153 V EG strengere Schutzmaßnahmen beizubehalten oder zu ergreifen, stellt die Abgrenzung von binnenmarktabhängiger und binnenmarktunabhängiger Verbraucherschutzpolitik in den Vordergrund. Damit die Kompetenz der Gemeinschaft und die damit unmittelbar verknüpfte Schutzverstärkungskompetenz der Mitgliedstaaten zum Wohle eines hohen Verbraucherschutzniveaus in der Gemeinschaft nicht zielwidrig eingeschränkt wird, wird man bei der Wahl der einschlägigen Kompetenzgrundlage auf den Schwerpunkt der Gemeinschaftsmaßnahme abstellen müssen.[31]

---

29 *Wichard*, in: Calliess/Ruffert, Art. 153 EG, Rdnr. 17; *Lurger*, in: Schwarze, Art. 153 EG, Rdnr. 34.

30 Ähnlich *Wichard*, in: Calliess/Ruffert, Art. 153 EG, Rdnr. 19, der darauf hinweist, dass die Nachrangigkeit der gemeinschaftlichen Verbraucherpolitik in der Praxis auf ein Verbot reduziert, die mitgliedstaatlichen Politiken völlig zu vereinheitlichen. Die EG müsse den Mitgliedstaaten Spielraum lassen und dürfe bei auf lit. b) gestützten Maßnahmen der Rechtsangleichung nur Mindeststandards vorgeben.

31 Hinsichtlich der Abgrenzung von Kompetenzen sei auf die Darstellung im Kapitel verwiesen, wo anhand des Gebiets des Umweltrechts näher auf die *Schwerpunkttheorie* eingegangen wird. Vgl. auch *Conrad*, Das Konzept der Mindestharmonisierung, S. 214 ff.

C. Art. 95 EG und die Verbrauchsgüterkaufrichtlinie

Bevor geklärt werden kann, ob bei Erlass der Verbrauchsgüterkaufrichtlinie die tatbestandlichen Voraussetzungen des Art. 95 I EG erfüllt waren, besteht ein Klärungsbedarf hinsichtlich besonderer Fragen des Verbraucherrechts.

I. Das Konzept der Mindestharmonisierung bei der Verbrauchsgüterkaufrichtlinie

Die Verbrauchsgüterkaufrichtlinie gibt keine abschließenden Vorgaben, sondern beschränkt sich auf eine *Mindestharmonisierung* der nationalen Rechtsordnungen.

1.) Keine abschließende Definition der verfolgten Interessen

Im Gegensatz zu den im Rahmen des Art. 95 I EG statuierten strengen Anforderungen für mitgliedstaatliche Schutzverstärkung[32] im Falle abschließender Gemeinschaftsvorgaben, wird im Rahmen der Richtlinien zum Verbraucherschutz von vornherein auf eine abschließende Definition des entsprechenden Gemeinschaftsinteresses und auf Bedingungen für die Schutzverstärkung verzichtet. Auf diesem Wege können die Mitgliedstaaten die jeweiligen Schutzziele oberhalb der gemeinschaftlich determinierten *Mindestschutzniveaus* fördern.

Aufgrund der Beschränkung der Richtlinien auf die Statuierung von Mindestvorgaben müssen sich die eine gemeinschaftsweite Tätigkeit anstrebenden Anbieter jedoch weiterhin mit voneinander abweichenden Verbraucherschutzniveaus in dem Vertragsrecht der einzelnen Mitgliedstaaten auseinandersetzen. Aus ihrer Perspektive wird im Bereich des Verbraucherschutzes auf eine Effektuierung der Grundfreiheiten und auf eine vollständige Beseitigung der wettbewerbsverfälschenden Rechtsunterschiede in dem geregelten Sachbereich verzichtet.[33]

2.) Kompetenzielle Zulässigkeit schrittweisen Vorgehens

Fraglich ist demnach, ob die Richtlinien zum Verbraucherschutz den kompetenziellen Anforderungen von Artt. 94 und 95 EG überhaupt genügen, und ob sie zur

32 Kapitel II.B.IV.2.).

33 Vgl. auch *Conrad*, Das Konzept der Mindestharmonisierung, S. 222.

Errichtung bzw. Funktionsförderung des Binnenmarktes erforderlich sind.[34] Im Rahmen des Integrationsprozesses gilt es zu berücksichtigen, dass jede Harmonisierungsmaßnahme der Gemeinschaft eine Konsensbildung zumindest auf Mehrheitsbasis voraussetzt. Insbesondere in Rechtsgebieten, die durch in hohem Maße voneinander abweichende mitgliedstaatliche Regelungen gekennzeichnet sind, ist eine gemeinschaftsweit abschließende Definition von Schutzinteressen äußerst schwer zu erreichen.

Gerade um diesen, jedem Integrationsprozess inhärenten Schwierigkeiten entgegenzuwirken, ist das Instrument der *Mindestharmonisierung*[35] geschaffen worden. Daraus ergibt sich die Möglichkeit, eine Effektuierung der Grundfreiheiten und die Beseitigung von Wettbewerbsverfälschungen *schrittweise* zu erreichen.[36] Dementsprechend räumt der EuGH dem Gemeinschaftsgesetzgeber auch im Kontext marktfinaler Harmonisierungsmaßnahmen einen weiten *Beurteilungsspielraum* im Hinblick auf ein schrittweises Vorgehen ein.[37] Mindestnormen werden in diesem Kontext als Gestaltungsvariante eines differenzierten und abgestuften Angleichungsinstrumentariums verstanden, mit dem sich ansonsten unerreichbare erste Angleichungsfortschritte erzielen lassen.[38]

II. Anbieter und Nachfragerseite

In den Erwägungsgründen der Richtlinien zum Verbraucherschutz wird die Notwendigkeit ihres Erlasses stets zweiseitig begründet.[39] Zum einen wird auf die Sicht der *Anbieter* abgestellt. Unstreitig besteht zumindest dann ein Bedürfnis nach Rechtsangleichung gemäß Art. 95 EG, wenn Handelshemmnisse oder Wettbewerbsverzerrungen für den Anbieter beseitigt werden müssen.[40] Zum anderen

34 *Micklitz/Reich*, EuZW 1992, S. 593 (598); *Taschner*, in: Everling/Roth, Mindestharmonisierung, S. 159 ff.; *Behrens*, in: Everling/Roth, Mindestharmonisierung, S. 33 (34); *Müller-Graff*, NJW 1993, S. 13 (18).

35 Vgl. zum Handlungsinstrument der Mindestangleichung: Kapitel II.C.IV.3.).

36 So auch Erwägungsgrund 12 *RL* 93/13/EWG *„missbräuchliche Klauseln in Verbraucherverträgen"*. Hier wird ausdrücklich angeführt, dass bei dem derzeitigen Stand der Rechtsvorschriften nur eine teilweise Harmonisierung in Betracht komme und es den Mitgliedstaaten freigestellt bleiben müsse, dem Verbraucher unter Beachtung des Vertrages einen besseren Schutz durch strengere einzelstaatliche Vorschriften zu gewähren.

37 *EuGH*, Urteil vom 29.02.1984, Rs. C-37/83,Slg. 1884, I-1229, Rdnr. 20, *„Rewe"*; *EuGH*, Urteil vom 18.04.1991, Rs. C-63/89, Slg 1991, I-2357, Rdnr. 10, *„Assurences du Crédite"*.

38 *EuGH*, Urteil vom 22.03.1993, Rs. C-11/92, Slg. 1993, I-3545, Rdnr. 22, *„Gallaher"*.

39 Vgl. *Doehner*, Die Schuldrechtsreform, S. 46 ff., 64 ff.; *Conrad*, Das Konzept der Mindestharmonisierung, S. 222.

40 Im Vordergrund der Harmonisierung der einschlägigen Vorschriften stand zunächst das Ziel die wirtschaftliche *Tätigkeit der Anbieter* im gesamten Binnenmarkt, einen Schutz der aktiven,

kann auch im Hinblick auf den *Verbraucherschutz* ein Bedarf nach Rechtsangleichung bestehen.[41]

Divergierende Privatrechtsordnungen halten die Verbraucher von grenzüberschreitenden Aktivitäten innerhalb des Binnenmarktes ab.[42] Dies steht im Widerspruch mit den *Grundfreiheiten*, die auch zugunsten der Endabnehmer unmittelbar geltendes Recht begründen.[43] Verbraucherschutzmaßnahmen der Gemeinschaft offenbaren daher stets einen direkten Bezug zu den Grundfreiheiten und eröffnen damit der Gemeinschaft die Binnenmarktkompetenz des Art. 95 I EG.[44]

III. Art. 95 I EG als ausreichende Rechtsgrundlage für Maßnahmen im Verbraucherschutzrecht

1.) Beseitigung von Hindernissen für die Grundfreiheiten

Art. 95 EG steht der Gemeinschaft als Kompetenzgrundlage für die Angleichung von Verbraucherschutzvorschriften zumindest dann zur Verfügung, wenn sich zum Zeitpunkt des Richtlinienerlasses aus den einschlägigen mitgliedstaatlichen Bestimmungen gerechtfertigte Beinträchtigungen der Grundfreiheiten ergeben. In Betracht kommen hier lediglich *Behinderungen der Warenverkehrsfreiheit.* Die kaufvertraglichen Gewährleistungsrechte sowie die mitgliedstaatlichen Regelun-

---

grenzüberschreitend nachfragenden Verbraucher und unmittelbar damit verbunden eine Steigerung des Wettbewerbs und die Vergrößerung der Auswahl für die Nachfrager. Erwägungsgrund Nr. 4 *RL* 97/7/EG, „*Fernabsatzrichtlinie*"; Erwägungsgrund Nr. 2-5 *RL* 90/314/EG „*Pauschalreiserichtlinie*"; Erwägungsgrund Nr. 1 2, 3, 8, 9 *RL* 94/47/EG „*Richtlinie über Teilnutzungsrechte an Immobilien*".

41 Vgl. hinsichtlich der Frage, ob der Verbraucher als eigenständiger, dem Anbieter gleichgestellter Akteur im Binnenmarkt handelt: *Heiss*, ZEuP 1996, S. 625 (626-628); *Rambow*, EuR 1981, S. 240 (242); *Ulmer*, JZ 1992, S. 1 (3, 4). Zu der Ansicht, dass die Vebraucherinteressen lediglich als nachrangiges Ziel im Binnenmarkt zu berücksichtigen sind: *Steindorff*, Grenzen der EG-Kompetenzen, S. 94.

42 Die Erwägungen für die Verbrauchsgüterkaufrichtlinie stellen darauf ab, dass die Gemeinschaft durch die Maßnahme, die sie nach Art. 95 EG erlässt, einen Beitrag zur Erreichung eines hohen Verbraucherschutzniveaus leiste. Hieran anknüpfend wird ausgeführt, dass der freie Warenverkehr auch Privatpersonen betreffe und es den Verbrauchern aus einem Mitgliedstaat möglich sein muss, auf der Grundlage angemessener einheitlicher Mindestvorschriften im Hoheitsgebiet eines anderen Mitgliedstaates frei einzukaufen. Erwägungsgrund Nr. 2, 4, 5 *RL* 99/44/EG „*Verbrauchsgüterkaufrichtlinie*".

43 *EuGH*, Urteil vom 28.04.1998, Rs. C-120/95, Slg. 1998, I-1831, Rdnr. 46, „*Decker*"; *EuGH*, Urteil vom 07.03.1989, Rs. C-215/87, Slg. 1989, I-617, Rdnr. 10, 19, 22, „*Schumacher*"; *EuGH*, Urteil vom 31.01.1984, Rs. C-286, Slg. 1984, I-377, Rdnr. 16, „*Luisi*".

44 *Tonner*, JZ 1996, S. 533 (537); *Reich*, ZEuP 1994, S. 381 (387 f.); *Heiss*, ZEuP 1996, S. 625 (641 ff.); *Ludwigs*, EuR 2006, S. 370 (384).

gen über Garantieverpflichtungen und den Letztverkäuferrückgriff beziehen sich auf Waren.[45]

a.) Anbieterseite

Ein Rechtsangleichungsakt kann auf Art. 95 EG gestützt werden, wenn Handelshemmnisse für den *Anbieter* beseitigt werden müssen.[46] Nicht jede mitgliedstaatliche Regelung beschränkt die Grundfreiheiten. So beschränken vertriebsbezogene nicht diskriminierende Verkaufsmodalitäten den Handel zwischen den Mitgliedstaaten nicht.[47] Daher kommt es für die Frage nach dem Vorliegen eines Handelshemmnisses auf die systematische Einordnung der in der Verbrauchsgüterkaufrichtlinie angeglichenen Bestimmungen des Gewährleistungs- und Garantierechts an.

aa.) Beeinträchtigung der Warenverkehrsfreiheit

Anknüpfend an die maßgeblichen Entscheidungen zu den Grundfreiheiten[48] wird im Folgenden zu untersuchen sein, ob das stets nicht diskriminierende Gewährleistungs- und Garantierecht als produktbezogene Regelung oder als Verkaufsmodalität mit bzw. ohne zugangsbeschränkenden Charakter einzuordnen ist.[49]

---

45 Das heisst auf bewegliche Sachen, die einen Geldwert haben und deshalb Gegenstand von Handelsgeschäften sein können. Gleiches gilt für Artt. 23 ff., 28 ff. EG. *EuGH*, Urteil vom 10.12.1968, Rs. C-7/68, Slg. 1968, I-633 (642), „*Kommission/Italien*"; *EuGH*, Urteil vom 09.12.1992, Rs. C-2/90, Slg. 1992, I-4431, Rdnr. 23, „*Kommission/Belgien*".

46 Hemmnisse im Binnenmarkt können z.B. aus der Geltung stärkerer Haftungsregelungen im Bestimmungsland resultieren. Diese mindern die Einfuhr von Produkten aus den Mitgliedstaaten. Entsprechendes gilt, soweit unternehmerische Allgemeine Geschäftsbedingungen in den Mitgliedstaaten unterschiedlich behandelt werden. Der grenzüberschreitende Wirtschaftsaustausch wird hier dadurch gehemmt, dass der ausführende Unternehmer sich nicht sicher sein kann, welche Behandlung seine Geschäftsbedingungen erfahren werden und sich daher zunächst über die geltende Rechtslage informieren muss.

47 Vgl. Kapitel III.C.I.1.)b.).

48 *EuGH*, Urteil vom 11.07.1974, Rs. C-8/74, Slg. 1974, I-837, Rdnr. 5, „*Dassonville; EuGH*, Urteil vom 24.11.1993, Rs. C-267/91 u. C-268/91, Slg. 1993, I-6097, Rdnr. *16, „Keck"; EuGH*, Urteil vom 20.02.1979, Rs. C-120/78, Slg. 1979, I-649, Rdnr.14, „*Cassis de Dijon*"; Vgl. Kapitel III.C.1.)b.).

49 A.A. *von Wilmowsky*, JZ 1996, S. 590 (593). Er lehnt die Keck-Rechtsprechung mit dem Argument ab, dass die Grundfreiheiten die Privatautonomie gewährleisten. Daher seien gerade international zwingende Normen stets geeignet den Wirtschaftsverkehr innerhalb des Binnenmarktes zu belasten. Soweit grenzüberschreitende Transaktionen im Raum stehen, wären die betreffenden Normen damit ohne weiteres einem Rechtfertigungstest unterworfen.

(1) Sachmängelgewährleistungsrecht als produktbezogene Regelungen?

i.) Argument der Produktversicherung

Für die Einordnung des kaufrechtlichen Sachmängelgewährleistungsrechts wird der Charakter des Gewährleistungsrechts als „*Produktversicherung*" angeführt.[50] Die Kaufverträge müssten an das jeweils abweichende Gewährleistungsrecht im Ausland angepasst werden, was für die Anbieterseite entsprechende Mehrkosten nach sich ziehe. Für diese Einordnng sprechen auch Überlegungen, wonach die Leistungspflichten und damit das Produkt durch zwingende Normen des Schuldvertragsrechts ausgestaltet werden würden.[51]

ii.) Keine Entsprechung zu der "Mars"-Entscheidung

Der überwiegende Teil der Literatur[52] hat sich der Rechtsprechung des EuGH angeschlossen, wonach Vorschriften des Sachmängelgewährleitungsrechts die Produktbezogenheit abgesprochen wird. In der „*Mars*"-Entscheidung hat der EuGH herausgestellt, dass auch wettbewerbsrechtliche Regelungen Unternehmen dazu veranlassen können, in einem anderen Mitgliedstaat Sonderverpackungen herzustellen, so dass auch in diesem Fall von produktbezogenen Regelungen auszugehen ist.[53] Die dadurch im Vergleich zum Heimatstaat erhöhten Produktionskosten resultieren dort jedoch aus der *engen Verknüpfung* der wettbewerbsrechtlichen Bestimmung mit der Verpackung des Produkts selbst.

Demgegenüber bezogen sich die im Zeitpunkt des Inkrafttretens der Richtlinie existenten Gewährleistungsbestimmungen der Mitgliedstaaten keineswegs direkt auf die Ware.[54] Die Vorschriften über die Mangelhaftigkeit einer Sache verpflichten den Warenhersteller nicht dazu, die Ware entsprechend einem gesetzlich vorgegebenen Sollmaßstab zu produzieren, um eine spätere Gewährleistung und daraus resultierende Belastungen zu vermeiden. Vielmehr hat es der Verkäufer in der Hand, sich über die Beschaffenheit der Sache Kenntnis zu verschaffen. Zudem kann er auf eine Vereinbarung mit dem Käufer hinwirken, die sich am Ist-

---

50 *Langner*, RabelsZ 65 (2001), S. 222 (232), der daraus einen engen Zusammenhang mit der Ware selbst suggeriert.

51 *Steindorff*, EG-Vertrag und Privatrecht, S. 97, 99; *Taschner*, in: Ress, Rechtsprobleme der Rechtsangleichung, S. 88 (94); *Ulmer*, JZ 1992, S. 1 (3).

52 *Franzen*, Privatrechtsangleichung, S. 135 f.; *Remien*, Zwingendes Vertragsrecht und Grundfreiheiten, S. 194 f.; *Mülbert*, ZHR 159 (1995), S. 1 (24);

53 *EuGH*, Urteil vom 06.07.1995, Rs. C-470/93, Slg. 1995, I-1923, Rdnr. 13, „*Mars*".

54 *Franzen*, Privatrechtsangleichung, S. 135 f.; *Remien*, Zwingendes Vertragsrecht und Grundfreiheiten, S. 194 f.; *Mülbert*, ZHR 159 (1995), S. 1 (24); *Streinz*, in: FS für Rudolf, S. 199 (219).

zustand der Ware orientiert.[55] Es kann deshalb keine Rede davon sein, dass die Hersteller Waren produzieren müssten, die einem gesetzlich vorgegebenen Sollmaßstab im Verhältnis zwischen Verkäufer und Konsumenten zu entsprechen hatten. Nicht die Ware ist an einen Sollmaßstab, sondern umgekehrt der Sollmaßstab an die Ware anzupassen. Das Gewährleistungsrecht hat mithin *keine produktbezogene* Eigenschaft.

(2) Sachmängelgewährleistungsrecht eine Verkaufsmodalität?

Die Bestimmungen zum allgemeinen Zivilrecht einschließlich der international zwingenden Gewährleistungs- und Garantieregelungen lassen sich auch schwer unter den Begriff der Verkaufsmodalitäten subsumieren. Denn genauso wenig wie die Regelungskomplexe auf die Gestaltung eines Produkts einwirken, dienen sie unmittelbar dem Vertrieb von Waren.[56] Unter den Verkaufsmodalitäten sind die zeitlichen und räumlichen Bedingungen zusammenzufassen, unter denen die importierten Waren abgegeben werden. Das Schuldvertragsrecht gibt nicht lediglich Bedingungen für den Warenverkehr vor, sondern stellt vielmehr das Instrumentarium zur Verfügung, die Transaktionen überhaupt durchzuführen.[57] Bei den mitgliedstaatliche Bestimmungen zum Garantie- und Gewährleistungsrecht handelt es sich mithin nicht um unmittelbar produkt- oder vertriebsbezogene Vorschriften. Anhand dieser Kriterien kann das Bestehen von Handelshemmnissen daher nicht grundsätzlich ausgeschlossen werden.

bb.) Ungewisse und mittelbare Auswirkungen auf die Grundfreiheiten

Zweifel an dem Vorliegen von Handelshemmnissen im Sinn des Art. 95 I EG bestehen aber aufgrund der ungewissen und mittelbaren Auswirkungen des Gewährleistungs- und Garantierechts auf die Grundfreiheiten.[58]

---

55 Die Möglichkeit blieb dem Verkäufer auch dann, wenn die hergestellte Ware sich nicht für die gewöhnliche (§ 459 I 1 BGB a.F.) oder für die vom Verbraucher vorausgesetzte und für den Verkäufer erkennbare Verwendung eignete (§ 459 I BGB a.F.) oder nicht den von ihm vorgelegten Proben oder Muster (§ 459 BGB a.F.) entsprach.

56 *Furrer*, Zivilrecht im gemeinschaftsrechtlichen Kontext, 80 f.; *Klauer*, Europäisierung des Privatrechts, S. 83.

57 *Schroeder*, in: Streinz, Art. 28 EG, Rdnr. 45.

58 *Roth*, Europäisches Vertragsrecht im Gemeinschaftsrecht, S. 23 (29); *Roth*, in: FS für Großfeld, S. 929 (938).

(1) Vergleich zur Beurteilung des EuGH bei vorvertraglicher Pflichtverletzung

Zwischen den zwingenden Bestimmungen des mitgliedstaatlichen Gewährleistungs- und Garantierechts und dem bislang behandelten Fallmaterial des Gerichtshofs besteht diesbezüglich kein signifikanter Unterschied, der die Annahme eines Eingriffs in die Warenverkehrsfreiheit rechtfertigen würde. Nach Meinung des EuGH löst der schadensersatzbewehrte Verstoß gegen die *vorvertragliche Verpflichtung*, den Käufer auf die mangelnde Bereitschaft der Vertragshändler zur Reparatur parallelimportierter Ware hinzuweisen, *zu ungewisse* und *zu mittelbare Auswirkungen* auf den innergemeinschaftlichen Handel aus.[59] Zwischen dem innerstaatliche Gewährleistungsrecht und dem Institut der vorvertraglichen Pflichtverletzung bestehen vielfältige Überschneidungen, die vor Art. 28 EG eine Gleichbehandlung rechtfertigen. Entsprechend kann im Ergebnis für das Gewährleistungsrecht nichts anderes gelten als für das Institut der vorvertraglichen Pflichtverletzung.[60]

(2) Ungewisse Beeinträchtigung des Handels durch das Gewährleistungsrecht

Genau wie bei den vergleichbaren Entscheidungen des EuGH sind die Auswirkungen der Unterschiede des innerstaatlichen Gewährleistungsrechts auf den freien Warenverkehr fraglich und – was z.B. die Verteuerung der einzuführenden Waren angeht – nicht abschätzbar. Konkret bleibt offen, welchen tatsächlichen Einfluss dieser Normkomplex auf die Entscheidungen des Einzelhändlers ausübt, Waren ins Ausland zu exportieren. Zudem drängen sich auch Zweifel mit Blick auf die Kostenbelastung des Warenanbieters auf. Nur wenn man unter Modellbedingungen eine ökonomische Analyse der betreffenden Vorschriften durchführen würde, ließen sich Auswirkungen auf den Kaufpreis ausmachen.[61] Unter realitätsnahen Voraussetzungen kann man hingegen nicht klar beurteilen, ob das Verbraucherschutzniveau des jeweiligen Gewährleistungs- und Garantierechts sich

59 *EuGH*, Urteil vom 13.10.1993, Rs. C-93/92, Slg. 1993, I-5009, Rdnr. 12, „*CMC Motorradcenter*".

60 Diese Ausführungen gelten auch bezüglich folgender Urteile: *EuGH*, Urteil vom 14.07.1994, Rs. C-379/92, Slg. 1994, I-3453, Rdnr. 24, „*Peralta*"; *EuGH*, Urteil vom 07.03.1990, Rs. C-69/88, Slg. 1990, I-583, Rdnr. 11, „*Krantz*"; *EuGH*, Urteil vom 21.09.1999, Rs. C-44/98, Slg. 1999, I-6269, Rdnr. 21, „*BASF*"; *EuGH*, Urteil vom 17.10.1995, Rs. C-140 u. 142/94, Slg. 1995, I-3257, Rdnr. 29, „*Grappa*";*EuGH*, Urteil vom 18.06.1998, Rs. C-266/96, Slg. 1998, I-3949, Rdnr. 31, „*Corsica Ferries France*". In all diesen Fällen hat sich der *EuGH* darauf festgelegt, einen zu ungewissen und zu mittelbaren Bezug gegenüber der Warenverkehrsfreiheit hervorzuheben. Stets waren die Auswirkungen auf den freien Warenverkehr überhaupt fraglich und nicht abschätzbar.

61 *Eger*, FS für Ott, S. 183 ff.; *Kirchner*, Ökonomische Theorie des Rechts, S. 2 ff.

als „Preistreiber" geriert oder gegenüber anderen Kostenfaktoren nicht weiter ins Gewicht fällt. Mithin besteht für die Grundfreiheiten, insbesondere für die Warenverkehrsfreiheit, hier keine hinreichend konkrete Gefahr. Das Gewährleistungsrecht aus der Sicht des Anbieters begründet für sich genommen noch nicht die Eröffnung des Anwendungsbereichs des Art. 95 I EG.

b.) Verbraucherseite

Daher müsste das Gewährleistungsrecht aus der Sicht des Verbrauchers eine hinreichend konkrete Gefahr für die Grundfreiheiten darstellen. Fraglich ist hier aber bereits, ob die Verbraucherinteressen in dogmatischer Hinsicht den Anbieterfreiheiten vollständig gleichgestellt werden können, so dass jede Maßnahme zur Förderung der grenzüberschreitenden wirtschaftlichen Aktivität der Verbraucher in kompetenzieller Hinsicht unproblematisch auf Art. 95 I EG gestützt werden könnte.

aa.) Grundfreiheiten als Marktzugangsfreiheiten und Nachfragerfreiheiten

Als wichtiger Ansatzpunkt wird hierbei die Verwirklichung der *passiven Seite* der Grundfreiheiten angesehen.[62] Durch eine Reihe von Urteilen hat der Gerichtshof die Grundfreiheiten, die bis dahin als Wirtschaftsfreiheiten der Anbieter und als Mittel der Öffnung inländischer Märkte für ausländische Waren und Dienstleistungen verstanden wurden, um die Facette der *Marktzugangsfreiheiten* bzw. *Nachfragerfreiheiten* ergänzt.[63] Danach muss es den Marktbürgern möglich sein, sich frei in das Hoheitsgebiet eines anderen Mitgliedstaates zu begeben, um dort unter denselben Bedingungen wie die ortsansässige Bevölkerung einkaufen zu können.[64] Ein *Teil des Schrifttums* will dementsprechend Art. 95 EG als eröffnet ansehen, um die Stellung des Verbrauchers als Marktteilnehmer zu verbessern

62 *Hoffmann*, in: Heusel, Vertragsrecht und Verbraucherschutz, S. 39 (47 f.); *Heiss*, ZEuP 1996, S. 625 (641).

63 Zunächst beschloss der *EuGH* in der Rechtssache „*Luisi*", dass der freie Dienstleistungsverkehr die Freiheit der Leistungsempfänger einschließt, sich zur Inanspruchnahme einer Dienstleistung in einen anderen Mitgliedstaat zu begeben, ohne durch Beschränkungen seines Herkunftlandes daran gehindert zu werden. In der Entscheidung „*Cowan*" konkretisierte er das allgemeine Diskriminierungsverbot dahingehend, dass es eine zwingende Folge der Freizügigkeit sei, dass Leib und Leben des grenzüberschreitenden Leistungsempfängers in der gleichen Wiese zu schützen seien, wie dies bei den eigenen Staatsangehörigen und den in diesem Staat wohnhaften Personen der Fall ist. *EuGH*, Urteil vom 31.01.1984, Rs. C-286, Slg. 1984, I-377, Rdnr. 16, „*Luisi*"; *EuGH*, Urteil vom 02.02.1989, Rs. C-186/87, Slg. 1989, I-195, Rdnr. 17, „*Cowan*".

64 *EuGH*, Urteil vom 07.03.1990, Rs. C-362/88, Slg. 1990, I-667, Rdnr. 8, „*GB-INNO-BM*". Vgl. zu der Problematik auch: *Conrad*, Die Konzeption der Mindestharmonisierung, S. 232 f.; *Doehner*, Die Schuldrechtsreform, S. 64 ff.

und so zu einer Verbreitung des Angebots sowie zu einem gesteigerten Preiswettbewerb zu gelangen.[65] Konsequenz dieser Betrachtungsweise wäre aber, dass weite Teile des mitgliedstaatlichen Zivilrechts unter den Bereich der Grundfreiheiten fallen würden und Rechtsangleichungsmöglichkeiten der Gemeinschaft unbegrenzt wären.

Aus diesem Grund billigt die *Gegenposition* den Grundfreiheiten eine nur *beschränkte Funktion* zu, die faktisch auf Marktöffnung zugunsten grenzüberschreitender Anbieter abzielt. Die eigentlichen Träger der wirtschaftlichen Integration innerhalb Europas seien nämlich nicht die Nachfrager, sondern die Anbieter, die sich aufgrund ihres ausgedehnten Transaktionsvolumens leichter neue Absatzmärkte in anderen Mitgliedstaaten erschließen könnten.[66]

bb.) Relevante Hemnisse für die Grundfreiheiten?

Zudem ist fraglich, ob relevante Hindernisse für die Ausübung der grenzüberschreitenden Nachfragerfreiheit bestehen. Die Fremdheit des zur Anwendung kommenden Rechts und das mögliche geringere Schutzniveau in diesem Recht können die Konsumenten dazu veranlassen, ihre wesentliche Nachfrage auf ihren Heimatstaat zu konzentrieren. Eine Behinderung ist aus der Sicht der Unternehmen, die mit fremdem Recht zu tun haben, zu bejahen.[67] Für den Verbraucher entstehen dabei zumindest keine für den Binnenmarkt relevanten Nachteile.

cc.) Keine Entsprechung zum Herkunftslandprinzip

Aus Sicht des *Gastlandes* stellt sich die passive Seite der Grundfreiheiten daher lediglich als Diskriminierungsverbot dar. Für das *Herkunftland* des Verbrauchers besteht nur die Pflicht, dessen Zugang zu den anderen Mitgliedstaaten und damit auch zu deren Rechtsordnungen in keiner Weise zu behindern. Die Grundfreiheiten statuieren daher für die Nachfrager/Verbraucher *nicht die Geltung des*

---

65 *Micklitz*, ZEuP 1998, S. 253 (272, 275); *Hoffmann*, in: Heusel, Vertragsrecht und Verbraucherschutz, S. 39 (43); *Heiss*, ZEuP 1996, S. 625 (641 ff.); *Dauses*, EuZW 1995, S. 425 (429); *kritisch*: *Roth*, JZ 2001, S. 475 (478 f.).

66 *Basedow*, RabelsZ 59 (1995), S. 1 (18); *Franzen*,Privatrechtsangleichung, S. 113 f.; *Lurger*, Vereinheitlichung des Vertragsrechts in der EU, S. 279.

67 *Basedow*, CMLR 33 (1996), S. 1169 (1183); *Weatherill*, in: Craig/de Bùrca, The Evolution of law, S. 693 (718). A.A. *Roth*, JZ 2001, S. 475 (478): Er argumentiert, dass Art. 95 I EG darauf abzielt, rechtliche Hindernisse abzubauen, die die *Ausübung* der grenzüberschreitenden Nachfrage betreffe, nicht aber psychologische Befindlichkeiten der Konsumenten. Diesbezüglich könne die bloße Existenz unterschiedlicher Regelungen in den Zielländern für sich genommen nicht als Hindernis gelten, da sonst eine unbegrenzbare Harmonisierungskompetenz für den Verbraucherschutz entstehen würde.

Herkunftslandprinzips. Dieses ist aber gerade ein prägendes Element des Binnenmarktes.[68] Die Beschränkung der Nachfragerfreiheiten auf die umfassende Gewährung von Marktzugangsrecht und Gleichbehandlungsgebot stellt den entscheidenden Unterschied zu der Interpretation der Grundfreiheiten aus Anbietersicht dar. Die besonderen Schutzinteressen der Verbraucher finden in der Dogmatik der Grundfreiheiten nur als Rechtfertigungsgründe für beschränkende nationale Maßnahmen Beachtung, so dass trotz der Stärkung der Stellung der Nachfrager und damit auch der Verbraucher im Binnenmarkt vieles dafür spricht, dass die Grundfreiheiten ihrem Zuschnitt nach immer noch stark auf die Bedürfnisse der Anbieter ausgerichtet sind.[69]

dd.) Eingeschränkte Konzeption der Nachfragerfreiheit

Dies klärt allerdings noch nicht die Frage, ob und unter welchen Voraussetzungen mitgliedstaatliche Zivilrechtsnormen zu Lasten des Verbrauchers Beeinträchtigungen der Warenverkehrsfreiheit, bzw. Maßnahmen gleicher Wirkung i.S.d. Art. 28 EG, begründen können. Anknüpfend an die Rechtsprechung des EuGH in den Rechtssachen „*GB-INNO*“ und „*Mars*“ ist von einer beschränkten Konzeption der Nachfragerfreiheiten auszugehen.[70] Der EuGH berücksichtigte die Interessen des Nachfragers, soweit sie den Freiheitsbestrebungen der Anbieter nützen. Anders gestaltet sich die Beurteilung, wenn der Verbraucher unter Berufung auf die Grundfreiheiten Interessen verfolgt, die zu denen der Anbieterinteressen gegenläufig sind.[71] In diesen Fällen würde im Rahmen der Grundfreiheitenprüfung die Nachfragerfreiheit auf gleicher Stufe mit der konfligierenden Anbieterfreiheit abgewogen.[72]

Neben dem konzeptionellen Konflikt bleibt auch die Frage offen, wie der Inhalt der Nachfragerfreiheit auf Ebene der Grundfreiheiten zu definieren ist. Weist die Rechtsordnung des Gastlandes ein höheres Verbraucherschutzniveau im Ver-

---

68 Es beseitigt auf effiziente Weise die Abschottungswirkung der nationalen Rechtsordnungen, indem den Unternehmen ein gemeinschaftsweites Agieren in dem Wirtschaftsraum Binnenmarkt ermöglicht wird, ohne sich dem Rechtsregime des jeweiligen Ziellandes unterwerfen zu müssen. *Basedow*, RabelsZ 59 (1995), S. 1 (17); *Steindorff*, ZHR 158 (1994), S. 149 (163).

69 *Schubert*, Der Gemeinsame Markt als Rechtsbegriff, S. 190; *Franzen*, Privatrechtsangleichung, S. 114; *Basedow*, RabelsZ 59 (1995), S. 1 (17).

70 *EuGH*, Urteil vom 07.03.1990, Rs. C-362/88, Slg. 1990, I-667, Rdnr. 8, „*GB-INNO*“; *EuGH*, Urteil vom 06.07.1995, Rs. C-470/93, Slg. 1995, I-1923, Rdnr. 11 ff., „*Mars*“. In diesen Verfahren hatte weder das Verbot preisvergleichender Werbung noch die Untersagung irreführender Angaben auf der Verpackung in den beiden Verfahren noch Bestand, so dass Angebot und Nachfrage seitdem in großzügigen Bahnen verlaufen konnten.

71 *Lurger*, Regulierung und Deregulierung, S. 96.

72 *Remien*, Zwingendes Vertragsrecht und Grundfreiheiten, S. 207; *Lurger*, Vereinheitlichung des Vertragsrechts in der EU, S. 279 f.

gleich zum Heimatland des Verbrauchers auf, so müsste das kundenfreundlichere Recht des Gastlandes eingreifen. Besteht im Gastland hingegen ein geringeres Verbraucherschutzniveau, so folgt dem Verbraucher das günstigere Recht des Heimatlandes nach. Zumindest die letzt genannte Alternative wäre mit dem Gedanken der Rechtssicherheit nicht in Einklang zu bringen.[73] Aus diesem Grund kann basierend auf der Nachfragerseite auch keine hinreichende Beeinträchtigung der Grundfreiheiten nachgewiesen werden. Die Eröffnung der Handlungsbefugnis des Art. 95 I EG kann bei isolierter Betrachtung der beiden Seiten des Sachmängelgewährleistungsrechts mithin nicht bejaht werden.

2.) Spürbare Wettbewerbsverzerrungen

Eine Maßnahme kann auch dann auf Art. 95 EG gestützt werden, wenn sie spürbare Wettbewerbsverzerrungen beseitigt, die dadurch entstehen, dass miteinander konkurrierende Unternehmen durch die in verschiedenen Mitgliedstaaten geltenden Rechtsvorschriften unterschiedlich belastet werden. Dieser Gesichtspunkt stellt in konzeptioneller Hinsicht demnach stets unmittelbar auf die aus Rechtsvorschriften resultierende Belastung der Unternehmer ab.[74] Die *Verbrauchsgüterkaufrichtlinie* soll laut ihrem Erwägungsgrund Nr. 3 dem Abbau von Wettbewerbsverzerrungen dienen, die ihre Ursache in der Unterschiedlichkeit mitgliedstaatlicher Rechtsvorschriften über den Kauf von Verbrauchsgütern gehabt haben. Der Gemeinschaftsgesetzgeber hat allerdings nicht nachgewiesen, dass tatsächlich eine *spürbare* Beeinträchtigung vorliegt.[75] Voraussetzung für den Art. 95 I EG ist aber, dass die durch die Rechtsangleichungsmaßnahme zu beseitigenden Wettbewerbsverzerrungen objektiv belegbar und spürbar sein müssen. Hinsichtlich Verbraucherverträgen und Kollisionsrecht, hier Art. 5 EVÜ, können auf dem Absatzmarkt grundsätzlich keine spürbaren Wettbewerbsverzerrungen entstehen. Das zwingende Verbraucherschutzrecht wird am gewöhnlichen Aufenthalt des Verbrauchers zur Anwendung berufen. Hier konkurrieren aber alle Anbieter zu den gleichen Bedingungen des jeweiligen Absatzmarktstaates. Es können zwar Belastungen aus dem Rücklauf fehlerhafter Ware neben den Aufwendungen für Warenbeschaffung, Lagerhaltung oder Personal entstehen, diese

---

73 *Lurger*, Vereinheitlichung des Vertragsrechts in der EU, S. 280.

74 Die rechtliche Situation der Nachfrager und die damit verknüpfte Intensität ihrer wirtschaftlichen Aktivitäten führen zwar auch zu einer Intensivierung des Wettbewerbs. Durch die Etablierung von Mindeststandards wird der Verbraucher zu grenzüberschreitender Nachfrage ermutigt. Ihre aktive Partizipation im Binnenmarkt fördert die Öffnung der einzelstaatlichen Märkte im Binnnenmarkt. Allerdings reicht dies nicht aus, um die Voraussetzung der Beseitigung von Wettbewerbsverzerrungen zu rechtfertigen. Maßgeblich ist hier demnach allein die Perspektive der Anbieter.

75 *Roth*, JZ 2001, S. 475 (478); *Ehmann/Rust*, JZ 1999, S. 853 (854).

fallen regelmäßig aber nicht weiter ins Gewicht. Spürbare Wettbewerbsverzerrungen resultieren vielmehr aus steuerrechtlichen Vorschriften, wirtschaftslenkenden Gesetzen und sonstige staatlichen Eingriffen, die in ihrer Gesamtheit dazu führen, dass die Kosten beim Erwerb eines Verbrauchsguts von Mitgliedstaat zu Mitgliedstaat erheblich variiern können.

3.) Marktöffnung zugunsten der Nachfragerseite

Legt man der Verbrauchsgüterkaufrichtlinie die zu Art. 95 I EG auf Grundlage des Tabakwerbe- bzw. Tabakprodukturteils entwickelten Kriterien zugrunde, so hätte die Verbrauchsgüterkaufrichtlinie nicht auf die Binnenmarktkompetenz gestützt werden dürfen.[76] Ging man von der Anbieterseite aus, so konnten die Abweichungen im Gewährleistungs-, Garantie- und Regressrecht keinerlei tatbestandliche *Beeinträchtigungen der Warenverkehrsfreiheit* nach sich ziehen. Spürbare *Wettbewerbsverzerrungen* wurden weder nachgewiesen noch durch die richtlinienbedingten Mindeststandards beseitigt. Aufgrund isolierter Berücksichtigung der Nachfragerseite ist der Tatbestand des Art. 95 I EG ebenfalls nicht erfüllt. Die nachfrageorientierte Rechtsprechung des EuGH eröffnet allerdings eine dritte Option. So könnte der erforderliche Binnenmarktbezug durch die Zusammenschau der Anbieter- und Nachfragerseite hergestellt werden.

a.) Nachfrageorientierte Rechtsprechung des EuGH

Der EuGH hat das nachfrageorientierte Harmonisierungskonzept der Gemeinschaft bislang nicht beanstandet, wie die vielfältigen Vorabentscheidungen und Vertragsverletzungsverfahren zum einschlägigen Richtlinienmaterial dokumentieren.[77] Auffällig ist in diesem Zusammenhang, dass der Gerichtshof im Rahmen seiner teleologisch ausgerichteten Interpretation den Schutz der Verbraucher in den Vordergrund seiner Judikatur gestellt hat. Beipielhaft ist die Entscheidung in der Rechtssache „*Leitner*", in der er entschied, dass Art. 5 RL 90/314/EWG („*Pauschalreise-Richtlinie*") auch immaterielle Schäden erfasse, um dem Verbraucher die Möglichkeit zu eröffnen, in sämtlichen Mitgliedstaaten Pauschalrei-

---

76 *Honsell*, JZ 2001, S. 278 f.; *Ehmann/Rust*, JZ 1999, S. 853 f.; *Brüggemeier*, WM 2002, S. 1376 (1386).

77 Anzumerken ist in diesem Zusammenhang, dass der *EuGH* diesen Kurs auch nach Verengung der Binnenmarktkompetenz durch das Urteil zum Tabakwerbeverbot weiterverfolgt hat. *EuGH*, Urteil vom 22.04.1999, Rs. C-423/97, Slg. 1999, I-2195, Rdnr. 23,38, 42, 52, „*Travel Vac SL*"; *EuGH*, Urteil vom 27.06.2000, Rs. C-240 u. 244/98, Slg. 2000, I-4941, Rdnr. 26 f., „*Océano*"; *EuGH*, Urteil vom 15.06.1999, Rs. C-140/97, Slg. 1999, I-3499, Rdnr. 27, „*Rechberger*".

sen zu vergleichbaren Bedingungen zu buchen.[78] Auch in der Entscheidung „*Club-Tour*“ stand der Verbraucherschutz im Vordergrund. Hier subsumierte der EuGH unter den Begriff der Pauschalreise auch eine gemäß den Vorgaben des Konsumenten organisierte Reise.[79] Der EuGH hätte in den Entscheidungen[80] den Schutz des grenzüberschreitend handelnden Verbrauchers in dieser Form nicht betont, wenn er einem nachfrageorientierten Binnenmarktkonzept nicht aufgeschlossen gegenüberstehen würde. Der Gerichtshof fast den Binnenmarkt demnach nicht nur als Instrument zur Beseitigung von Handelsschranken und zur Stärkung des freien Wettbewerbs, verbunden mit reflexartigen Vorteilen für die Nachfragerseite, auf. Er sieht in der Angleichung des Schuldvertragsrechts vielmehr ein Mittel, um dem Verbraucher die grenzüberschreitende Nachfrage von Waren und Dienstleistungen innerhalb der Gemeinschaft zu erleichtern.

b.) Zusammenführung der Anbieter- und Nachfragerseite

Ausgehend von dem Standpunkt des EuGH kann man die marktintegrativen Zielsetzungen nicht ausschließlich an der Anbieter- sondern auch an der Nachfragerseite festmachen. Die isolierte Betrachtung des Ziels der Ermutigung des Verbrauchers zur grenzüberschreitenden Nachfrage mittels der Mindestharmonisierung bewegt sich zwar in einer Grauzone der kompetenziellen Zulässigkeit. Angesichts der Tatsache, dass mit der Statuierung eines Mindestschutzniveaus jedoch stets ein Abbau von wettbewerbsverfälschenden Rechtsunterschieden zugunsten der Anbieter verbunden ist, kann unter konzeptioneller Zusammenführung der beiden Seiten des Marktgeschehens die Zulässigkeit des Art. 95 I EG als Kompetenzgrundlage argumentativ begründet werden.

c.) Kompensation durch positive Integration

Hinzu kommt, dass die Grundfreiheiten eine *negative Integration* einzelner schuldvertraglicher Bestimmungen mit Blick auf den Endabnehmer nicht ermöglichen. Daher muss dem Gemeinschaftsgesetzgeber die Möglichkeit gegeben werden, das konzeptionell angelegte Defizit der Grundfreiheiten zugunsten der Nachfragerseite durch *positive Integration*, also durch Rechtsangleichung, auszugleichen. Dieser Kompensationsgedanke lag der Rechtsangleichungspolitik stets zugrunde.[81] Aus diesem Gedanken erschließt sich auch, dass die Gemeinschaft

---

78 *EuGH*, Urteil vom 12.03.2002, Rs. C-168/00, Slg. 2002, I-2631, Rdnr. 22, „*Leitner*“.

79 *EuGH*, Urteil vom 30.04.2002, Rs. C-400/00, Slg. 2002, I-4051, Rdnr. 13, „*Club Tour*“.

80 Neben den oben genannten Entscheidungen ist ferner folgende Entscheidung zu nennen: *EuGH*, Urteil vom 10.05.2001, Rs. C-144/99, Slg. 2001, I-3541, Rdnr. 18, „*Kommission/Niederlande*“.

81 Vgl. Kapitel I.C.III.1.).

mit der Harmonisierung schuldvertraglicher Regelungskomplexe nicht Verbraucherschutz im herkömmlichen Sinne betreibt, sondern auf die Öffnung des Binnenmarktes zugunsten der privaten Waren- und Dienstleistungsnachfrager abzielt.

d.) Binnenmarktbezug aufgrund Stärkung der Verbraucherposition

Das Argument der binnenmarktfinalen Stärkung der Nachfragerseite mag zwar übezeugen, es steht aber im Widerspruch zu den abschließenden und kompetenzbeschränkenden Voraussetzungen des Art. 95 I EG, wie sie anhand der Tabakrechtsprechung des EuGH entwickelt wurden.

aa.) Kompetenzüberschreitung der Gemeinschaft?

Aus den Erwägungsgründen der Verbrauchsgüterkaufrichtlinie geht hervor, dass ihre Ausgestaltung als Mindestharmonisierungsmaßnahme Ausdruck eines schrittweisen Prozesses mit dem Ziel der Angleichung der Marktbedingungen ist, wobei die Verwirklichung eines hohen Verbraucherschutzniveaus untrennbar hiermit verwoben ist. Der erforderliche Binnenmarktbezug resultiert dabei aber nicht aus der *Beeinträchtigungen der Warenverkehrsfreiheit* der Anbieter oder der Beseitigung *spürbarer Wettbewerbsverzerrungen.* Vielmehr geht es bei der Verbrauchsgüterkaufrichtlinie ausnahmslos darum, die Stellung des grenzüberschreitend aktiven Verbrauchers zu stärken. Verlangt man demnach das konkrete Vorliegen von Hemmnissen für die Grundfreiheiten oder spürbarer Wettbewerbsverzerrungen, so liegt bei der Verbrauchsgüterkaufrichtlinie eine Kompetenzüberschreitung vor.

bb.) Abschließende Wirkung des Art. 95 I EG

Damit wäre man bei der Anfangsfrage angelangt, inwiefern der Gemeinschaftsgesetzgeber die Binnenmarktkompetenz dazu benutzen darf, um vorrangig binnenmarktunabhängige Ziele der Gemeinschaft zu verwirklichen. Unwiderruflich gelangt man wieder zu dem Konflikt zwischen der dynamischen Auslegung der Kompetenzordnung und dem Prinzip der begrenzten Einzelermächtigung. Das Beispiel der Verbrauchsgüterkaufrichtlinie zeigt deutlich, wie schmal der Grad zwischen kompetenzmäßigem und kompetenzwidrigem Handeln ist. Mit plausibler Argumentation lässt sich der Binnenmarktbezug herstellen, ohne dass die Voraussetzungen des Art. 95 I EG im engeren Sinne vorliegen. Unterstütztend wirkt sich auch das Argument der dynamischen Auslegung aus. Ein Kompromiß mit dem Prinzip der begrenzten Einzelermächtigung lässt sich finden, indem aufgrund der Binnenmarktkompetenz nur solche schuldvertraglichen Beziehungen harmonisiert werden, die unmittelbar Einfluss auf die Entscheidungen des Konsumenten ausüben, im Ausland Waren oder Dienstleistungen nachzufragen.[82] Diesen Voraussetzungen wird die Verbrauchsgüterkaufrichtlinie mit den Regelungen über die Vertragswidrigkeit, die Gewährleistungsrechte, die Gewährleistungsfristen und die Garantie gerecht.[83] Soweit man die Voraussetzungen des Art. 95 I EG demnach als Anhaltspunkt, nicht aber als abschließend voraussetzt, so ist die Richtlinie rechtmäßig auf Art. 95 I EG gestützt worden.[84] Fordert man, wie hier, die abschließende Wirkung der Voraussetzungen des Art. 95 I EG, ist die Richtlinie mangels richtiger Rechtsgrundlage nicht wirksam.

4.) Negative Kompetenzen

Soweit man von der Kompetenzmäßigkeit der Richtlinie ausgeht, liegen auch hinsichtlich der negativen Kompetenzvoraussetzungen keine Bedenken gegen die Rechtmäßigkeit vor.

a.) Subsidiaritätsprinzip

Inhaltlich muss die Angleichung der Verbrauchsgüterkaufregelung nach dem Subsidiaritätsprinip, Art. 5 II EG, aufgrund ihres Umfangs und ihrer Wirkung besser auf Ebene der Gemeinschaft als durch die Mitgliedstaaten selbst erreicht werden können. Der Bundesrat mahnte in diesem Zusammenhang die mangelnde „*Implementierungseignung*“ an. Er wies darauf hin, dass die Mitgliedstaaten vor der Alternative stünden, „*entweder ein besonderes Kaufrecht für Verbraucher zu schaffen oder ihr gesamtes Kaufrecht, auch soweit es nicht um den Verbraucherkauf geht, der Struktur der Richtlinie anzupassen*“.[85] Bei dem Subsidiaritätsprinzip geht es allerdings vielmehr darum, ob die Mitgliedstaaten für sich genommen die Stärkung der aktiven Binnenmarktnachfrage durch eine Angleichung des Gewährleistungs- und Garantierechts besser als die Gemeinschaft bewerkstelligt hätte. Diese Frage muss hinsichtlich der Verbrauchsgüterkaufrichtlinie allerdings verneint werden.

---

82 Rechtspolitisch motiviert: *Joerges/Brüggemeier*, in: Müller-Graff, Gemeinsames Privatrecht in der Europäischen Gemeinschaft, S. 301 (328).

83 Dies gilt nach überwiegender Auffassung nicht für Art. 4 der Verbrauchsgüterkaufrichtlinie. In der Sache greift Art. 4 lediglich die Ausübung von Gewährleistungsrechten durch den Verbraucher auf und zielt in der Folge allein auf die Beziehungen zwischen den vorgelagerten Gliedern innerhalb der Absatzkette. Vgl. hierzu: *Doehner*, Die Schuldrechtsreform, S. 50, 73 ff.

84 Zu diesem Schluss kommen: *Doehner*, Die Schuldrechtsreform, S. 85; *Conrad*, Das Konzept der Mindestharmonisierung, S. 247.

85 BRat-Drucks. 696/1/96, 2.

b.) Verhältnismäßigkeitsprinzip

Im Rahmen der Verhältnismäßigkeit gemäß Art. 5 III EG kommt der *Erforderlichkeit* eine besondere kompetenzbegründende und kompetenzbegrenzende Wirkung zu.[86] Im Zusammenhang mit der Verbrauchsgüterkaufrichtlinie stellt sich insbesondere die Frage, ob die Stellung des Verbrauchers bei der Durchführung von Kaufverträgen nur durch eine *Mindestharmonisierung* des innerstaatlichen Gewährleistungs- und Garantierechts gestärkt werden konnte oder ob *weniger tiefgreifende Integrationsmodelle* existieren, die zur Zielerreichung gleichermaßen geeignet gewesen wären. Alternativ wäre an die Aufrechterhaltung und damit die gegenseitige Anerkennung der verschiedenen Regelungsmodelle innerhalb der Gemeinschaft zu denken gewesen. Diese unter den Begriff „*Wettbewerb der Rechtsordnungen*" gefasste Theorie überlässt es der Einschätzung der Normadressaten, den für sie passenden Rechtsrahmen auszuwählen. Dadurch soll sich auf lange Zeit diejenige Rechtsordnung durchsetzen, die den Präferenzen der Marktteilnehmer am nächsten kommt. Bei der Vielfalt unterschiedlichster innerstaatlicher Gewährleistungs- und Garantiebestimmungen sowie mangels informierbarer Akteure ist im Rahmen der Verbrauchsgüterkaufrichtlinien diese Vorgehensweise untauglich.[87]

5.) Handlungsformen

Auch im Privatrecht bedient sich der Gemeinschaftsgesetzgeber überwiegend der *Richtlinie*, wobei er damit auch hier an seine Grenzen stößt. Im Rahmen der *Verbrauchsgüterkaufrichtlinie* sind bei der Umsetzung *Spannungen* mit der Struktur der bestehenden nationalen Gesetzgebung aufgetreten.[88] Die nur auf Verbrauchergeschäfte anwendbare Richtlinie gibt dem Käufer neben dem Recht auf Lieferung einer mangelfreien Sache das Recht auf Beseitigung des Mangels als primären Gewährleistungsanspruch. Das frühere deutsche Kaufrecht, das insoweit nicht zwischen einem Handelskauf und einem Verbraucherkauf unterschied, gab dem Käufer nur das Recht, den Vertrag aufzulösen oder eine Minderung des Preises zu verlangen, aber kein Recht auf Mängelbeseitigung. Der deutsche Gesetzgeber sah sich hinsichtlich der fehlerfreien Umsetzung der Richtlinie vor die

---

86 Vgl hierzu Kapitel VI.D.

87 Ein Durchschnittsverbraucher hätte aus sprachlichen, finanziellen oder räumlichen Gründen kaum die Chance, in sämtlichen Mitgliedstaaten der Gemeinschaft Warenkäufe zu tätigen, um dann im Vergleichswege die für ihn günstigsten Regelungen auszuwählen. Ebenfalls ablehnend: *Hoffmann*, in: Liber amicorum Reich, S. 291 (295); Kieninger, Wettbewerb der Privatrechtsordnungen, S. 379.

88 RL 1999/44/EG (Verbrauchsgüterkaufrichtlinie).

Wahl gestellt, ein gesondertes Gesetz zum Verbraucherkauf zu erlassen oder das Bürgerliche Gesetzbuch umzustrukturieren. Während erstere Alternative zu einem Bedeutungsverlust des BGB geführt hätte, wurde die Einführung eines neuen Kapitels über den Verbraucherkauf für unvereinbar mit dem Geist des BGB gehalten. Der deutsche Gesetzgeber entschied sich für letztere Lösung und nahm eine Generalüberholung des deutschen Rechts der Leistungsstörungen und zur Integration etlicher Sondergesetze zum Verbraucherschutz in das BGB vor.[89] Um diesen Schwierigkeiten entgegen zu wirken wäre die Verordnung die richtige Handlungsform. In einem Bereich wie dem Privatrecht, welches von nationalen Traditionen geprägt und tief im nationlen Recht verwurzelt ist, fällt es den Mitgliedstaaten besonders schwer, zugunsten der Rechtsangleichung Zugeständnisse zu machen. Zudem muss unter Berücksichtigung der Subsidiarität und der Verhältnismäßigkeit festgestellt werden, dass die Richtlinie die geeignetere Maßnahme darstellt. Zum einen reicht für den Anfang aus, dass die Grundlagen der mitgliedstaatlichen Privatrechtsordnung übereinstimmen. Zum anderen sind die Mitgliedstaaten für eine weitergehende Angleichung noch nicht bereit, wie die Diskussionen um ein Europäisches Privatgesetzbuch zeigen.

D. Zusammenfassung

Das Privatrecht, insbesondere das Verbraucherschutzrecht ist zugleich Grundlage, Mittel und Gegenstand der Integration, soweit divergierende Privatrechtsregelungen das Funktionieren des Binnenmarktes behindern. Bei den meisten Maßnahmen kann zwar ein Binnenmarktbezug hergestellt werden. Wie das Beispiel der Verbauchsgüterkaufrichtlinie gezeigt hat, hält sich der Gemeinschaftsgesetzgeber nicht strikt an die konkreten Voraussetzungen des Art. 95 I EG. Nach hier vertretener Auffassung müssen die Tatbestandsvoraussetzungen allerdings strikt eingehalten werden, so dass die Verbrauchsgüterkaufrichtlinie nicht auf Art. 95 I EG hätte gestützt werden dürfen.

---

89 Gesetz zur Modernisierung des Schuldrechts vom 26.11.2001, Bundesgesetzblatt I, 3138; zur Diskussion über die „kleine" und die „große" Lösung bei der Umsetzung der Kaufrechtslinie: *Schulze/Schulte-Nölke*, in: dies., Die Schuldrechtsreform vor dem Hintergrund des Gemeinschaftsrechts, S. 3 ff.

Resümee

Die Rechtsangleichung ist durch die Wechselwirkung mit der europäischen Integration geprägt. Dabei ist die Integration auf der einen Seite die Grundlage für die Rechtsangleichung. Die Rechtsangleichung auf der anderen Seite ist Mittel der Integration und leistet den wichtigsten Beitrag zur Fortentwicklung der Gemeinschaft. Die kulturellen, politischen, wirtschaftlichen und institutionellen Ausprägungen der Integration setzen der Rechtsangleichung zugleich aber auch ihre Grenzen. Denn eine Angleichung der Rechtsordnungen muss von den anderen Integrationsfaktoren getragen werden. So müssen die Unionsbürger sich beispielsweise mit der Gemeinschaft und ihren Zielen identifizieren. An ihrer Zustimmung ist aber die institutionelle und politische Weiterentwicklung der Gemeinschaft in diesen Tagen gescheitert, als sich die französischen und niederländischen Bürger im Volksentscheid gegen den Verfassungsvertrag entschieden haben. Der darin vorgesehenen institutionellen Reform der EU-Institionen bedarf es aber dringlich, um die rechtliche Entwicklung der Gemeinschaft weiterhin vorantreiben zu können. Die derzeitige institutionelle Konstitution führt zu vielen Kompromisslösungen und wird in der Stagnation der Integration enden. Nach der hier vertretenen Ansicht ist die Praxis des Gemeinschaftsgesetzgebers vor diesem Hintergrund, wie die Verbrauchsgüterkaufrichtlinie gezeigt hat, zumindest im jetzigen Zeitpunkt der Integration nicht wegweisend. Im Gegenteil sollte das Augenmerk der Integrationsförderer auf die Absicherung des Status quo gerichtet sein. Besonders hervorzuheben ist hier die flächenmäßige Integration. Den hinzugetretenen Staaten sollte mehr Zeit gelassen werden, um ihre Rechtsordnungen den heutigen Gemeinschaftsanforderungen anzupassen.

Daher muss die finale Kompetenznorm des Art. 95 I EG anhand von objektiv überprüfbaren Kriterien handhabbar gemacht werden. Dem Konflikt der dynamischen Auslegung der Kompetenzordnung auf der einen und dem Prinzip der begrenzten Einzelermächtigung auf der anderen Seite kann durch die Konkretisierung der Voraussetzungen für ein Handeln gemäß Art. 95 I EG entgegengewirkt werden. Der Nachweis eines Binnenmarktbezuges an sich reicht demnach nicht aus. Vielmehr muss durch die Rechtsangleichungsmaßnahme eine Behinderung der Grundfreiheiten *oder* eine spürbare Wettbewerbsverzerrung beseitigt werden. Um sein Handeln transparenter und überprüfbar zu machen, muss der Gemeinschaftsgesetzgeber die Gründe für den Erlass der Maßnahme darlegen. Diese sind in ihrem ganzen Umfang durch den EuGH überprüfbar.

Die Gefahr, dass sich eine Rechtsangleichungsmaßnahme mit den Kompetenzen der Mitgliedstaaten und spezifischen Sachbereichskompetenzen der Gemeinschaft überschneidet, liegt in der Natur der Querschnittskompetenz. Soweit kein ausdrückliches oder implizites Spezialitätsverhältnis besteht, muss eine Abgrenzung im Einzelfall vorgenommen werden. Hierbei werden objektiv nachprüfbare Kriterien herangezogen. Maßgeblich ist das Schwerpunktkriterium, so dass eine Maßnahme nur dann auf Art. 95 I EG gestützt werden kann, wenn mit ihr zumindest nicht nachrangig ein Binnenmarktziel verfolgt wird. Greift eine Maßnahme aufgrund Art. 95 I EG wie bei dem *Tabakwerbeurteil* in einen Regelungsbereich, in dem ein Harmonisierungsverbot besteht, ein, so ist auf das Kriterium des Umgehungsverbots abzustellen. Demnach ist eine Rechtsangleichungsmaßnahme auch in diesem Bereich zulässig, soweit sie nicht den Kernbereich der Materie trifft und damit das Harmonisierungsverbot umgeht.

Neben diesen positiven Möglichkeiten der Eingrenzung des Anwendungsbereichs des Art. 95 I EG sieht das Gemeinschaftsrecht mit dem Subsidiaritäts- und dem Verhältnismäßigkeitsprinzip Grenzen der Handlungsbefugnis der Gemeinschaft vor. Hinsichtlich Art. 95 I EG war der EuGH allerdings sehr zurückhaltend mit seiner Prüfung dieser normativen Grenzen. Hier ist er gehalten, die Konturen stärker herauszuarbeiten und damit objektiv anwendbare Kriterien zu entwickeln. Gleiches gilt für die Begrenzung der Angleichungskompetenz durch die Grundrechte und die Grundfreiheiten. Auf der Ebene der Grundfreiheiten ist, anders als bislang vom EuGH praktiziert, eine weitere Verhältnismäßigkeitsprüfung geboten. Dieses Erfordernis besteht, weil es sich bei der allgemeinen Verhältnismäßigkeitskontrolle um eine Zweckprüfung, bei der Verhältnismäßigkeit eines Grundrechtseingriffs aber um eine Abwägung mit dem jeweiligen Grundrechtsschutzgut handelt.

Betrachtet man schließlich den positiven als auch den negativen Tatbestand des Art. 95 I EG, so ist festzustellen, dass, trotz der finalen Ausrichtung der binnenmarktbezogenen Rechtsangleichungskompetenz, eine objektiv nachprüfbare Beschränkung der Kompetenz möglich ist. Dabei besteht allerdings noch großer Handlungsbedarf seitens des EuGH. Bislang handelt es sich bei seinen Entscheidungen um Beurteilungen im Einzelfall. Wünschenswert wäre es, wenn den entwickelten Kriterien zur Allgemeingültigkeit verholfen werden würde. Insbesondere muss sich der EuGH den Prinzipien des Art. 5 EG und den Grundrechten sowie den Grundfreiheiten mehr zuwenden. Mit den Entscheidungen in der jüngsten Vergangenheit ist der Gerichtshof allerdings auf gutem Weg.

Beiträge zum nationalen und internationalen öffentlichen Recht

Herausgegeben von Burkhard Schöbener

Band 1 Solveig Haß: Die Urteile des Europäischen Gerichtshofs für Menschenrechte. Charakter, Bindungswirkung und Durchsetzung. 2006.

Band 2 Angela Werner: Die Grundrechtsbindung der Bundeswehr bei Auslandseinsätzen. 2006.

Band 3 Florian Stork: Das Anti-Diskriminierungsrecht der Europäischen Union und seine Umsetzung in das deutsche Zivilrecht. 2006.

Band 4 Regine Gerards: Die Europäische Menschenrechtskonvention im Konstitutionalisierungsprozess einer gemeineuropäischen Grundrechtsordnung. 2007.

Band 5 Christian Baudewin: Der Schutz der öffentlichen Ordnung im Versammlungsrecht. 2007.

Band 6 André Scheidtmann: Wirtschafts- und berufsständische Kammern im europäischen Gemeinschaftsrecht. 2007.

Band 7 Marnie Silny: Die binnenmarktbezogene Rechtsangleichungskompetenz des Art. 95 EG. Reichweite und Grenzen der Harmonisierungskompetenz sowie ihre Stellung in der gemeinschaftsrechtlichen Kompetenzverfassung. 2007.

Band 8 Thomas Mösinger: Auswahlkriterien der Standplatzvergabe unter rechtlicher und ökonomischer Analyse. Staatliche Verteilungsentscheidungen als Gegenstand der ökonomischen Analyse des Rechts. 2007.

www.peterlang.de